大乗仏教経典『楞伽経』四巻本

ランカーに入る

―すべてのブッダの教えの核心―

復元梵文原典　日本語訳と研究

常盤　義伸

献辞

五世紀初頭にランカーの地で Laṅkāvatāra sūtram を編集された大慧者たちに、私の復元梵文と日本語試訳とを捧げます。

まえがき

インドの三蔵法師グナバドラがランカー島に渡り、そこから『楞伽経』の梵語原本を西暦四三五年に当時の中国南朝宋に齎し四四三年に漢文に訳出したと伝えられる、その漢訳は伝写されて今日、大正新脩大蔵経第十六巻に、おそらくほぼそのまま、収められている。私はこの漢訳を基に、失われた原梵文を復元する目的で南条文雄博士校訂の大谷大学一九二三年出版の梵文から二〇〇三年にテキスト復元を試み、その試作復元梵文とそれに基づいた漢文の訓読、英訳、日本語訳の四冊一部、私家版を作成した。その後私は、それら四冊のうち英訳以外の三冊の全面的な改訂を意図して、新しい復元梵文とそれに基づく日本語訳、漢文訓読の作成を志し、二〇一六年十月から二〇一七年十二月の間に全四巻の校訂梵文テキストと日本語訳とを作成し終わった。この間に高崎直道教授のご遺志を継承して堀内俊郎氏が大蔵出版の『楞伽経』両氏校註、二〇一五年末発行で四巻本訓読を発表された。

私は当初、四巻を一巻ごとに梵文、日本語訳、漢文訓読をまとめて発表するつもりでいたが、その方針を変更して、四巻全体の梵文テキストと日本語訳完成を目標とした。この梵文テキストは、四巻本漢訳から七十年後、第二の漢訳十巻本が成立するより以前にすでに失われていた原本の復元を意図するもので、現行の南条博士校訂十巻本の形で残されている梵文から漢訳四巻本の原形を復元することに努め、それによって初めて私は一貫した文脈を浮かび上がらせることができた。漢訳四巻本のテキストは、それだけでは読解がきわめて困難だが、現行の梵文と対照して四巻本の梵文を復元することによって、同時に漢文と梵文とを校訂しながら読み通すことが可能になった。すでに我が国南北朝時代の禅僧、虎関師錬がその優れた註釈書『仏語心論』を作成し、そのなかで、この経典の原梵文に接することができないことを嘆いている。これは驚嘆に値する識見である。高崎、堀内両氏も、四巻本校注において師錬の努力を高く評価されている。

現行の欠陥の多い梵文とは大きく異なり復元梵文は、四巻本に従って行なった校訂の結果、一貫した文脈を回復しているので、このテキストの内容を辿ることを可能にしている。このようなテキスト校訂がなされてこなかったインド、中国においてその思想を全面的に把握することは至難であったはずである。それにも拘わらず、五五四年、中国梁朝末に漢文で紹介されたパラマールタ（真諦）の『大乗起信論』は、本経のアーラヤ識・如来の母胎思想の的確な紹介を含む貴重な論書である。唐末の禅者、馬祖、南泉、趙州などは、漢訳四巻本の実践的思想を重視し、彼らの禅思想の中核に取り入れている。しかしインド仏教史に現われる論書に本経からとして引用されるものを見る限りでは、本経の全体像が把握されていたとは、とても言えない。七世紀のチャンドラキールティは『プラサンナパダー』第十五章で本経第三巻の第48偈と第51偈とを「不生」を説く用例として挙げる。その中間の二偈が、「不生」ということを命題で証明するものではないことを述べているのでその前後の偈を取り上げたのではないか、と私は推測している。碩学のご指摘によると、チャンドラキールティは『マドフヤマカ・アヴァターラ（入中論）』において『楞伽経』の如来蔵思想や「唯心」の思想を「不了義教」として批判の対象としたとのこと（山口益『仏教に於ける無と有との対論』弘文堂書房一九三二年、附論「入中論に於ける三界唯心の経文に対する解釈」、小川一乗『仏教思想論集　第三巻　中観思想論』法蔵館二〇〇四年）。それが『楞伽経』の全貌を把握した上でのことなのか、または時代的に関心の向け方が変化したせいなのか、そしてまた、その批判そのものが『楞伽経』批判として妥当と認められるかどうかなど、私は問題が残ると考える。八世紀にシャーンティデーヴァが『シクシャー・サムッチャヤ』第六章に、本経第四巻末の禁肉食のテキストからブッダの考えとされる偈文の殆ど全文とその考えに対する批判とを記しているのは、興味深い。これについては、拙稿日本語訳のあとの「研究」に紹介した。また、同じく八世紀のシャーンタラクシタの『マドフヤマカ・アランカーラ（中観荘厳論）自注』と弟子のカマラシーラの『細注』に経証として『楞伽経』十巻本のテキスト第二～五章と第十章とから計二十偈を引用し、第十章だけに見られる偈のうちの三偈（256、257、258）に本経の究極の立場が示されているとしてこれに引用者の思想的立場に沿った解釈を投入したことは注目される。拙稿でこのことに触れる箇所は他にないので、研究者のご指摘に従って簡単に言及する。

梶山雄一氏論文「瑜伽行中観派の立場」一～七、『仏教における存在と知識』紀伊国屋書店一九八三年。

同英文 Y. KAJIYAMA, 8. Later Mādhyamikas on Epistemology and Meditation, *STUDIES in BUDDHIST PHILOSOPHY* (Selected Papers) Edited by Katsumi MIMAKI et al., 2005, RINSEN BOOK CO. LTD, Kyoto.

一郷正道氏著書二点。(1) 1 MADHYAMAKĀLAṂKĀRA; 2『中観荘厳論の研究―シャンタラクシタの思想―』、文栄堂書店一九八五年。(2)『ハリバドラの伝える瑜伽行中観派思想』東本願寺出版、二〇一五年安居次講。

一郷氏の著書(1)は『中観荘厳論』の偈（チベット文）、その英訳、偈の自注と細注との全文（チベット文）を収める英文著書と日本語訳を収める著書との二冊からなる学位請求論文。

(1)1によって私は、南条校訂本に見られる、引用偈に相当する偈の数を調べることができた。偈頌品と呼ばれる第十章だけにみられるのは八偈。第二、三、六章の計十二偈は第十章に対応する偈をもつが、両者を比較すると、同じ形のものは二偈だけで残り十偈は形が異なり、そのうち四偈が偈頌品、六偈が二、三、六章のものと一致する。この偈頌本は、四巻本より後に付加された雑多な八百八十四偈の集まりで、第二〜第八章つまり元から本文と見なされた箇所の三百七十偈のうち二百十九偈が形の上でだいたい対応するものをそのなかに持つ。今の場合、本文の六偈は偈頌品にその対応偈をもち、それ以外の十四偈は偈頌品からの引用で、偈頌品に対応偈をもたない本文だけの偈の引用は皆無ということになる。その偈頌品だけのうちの三偈、第256、257、258偈をカマラシーラは、一体として『楞伽経』の立場を表わすものだと主張する。それらの偈をここで紹介することは控えさせていただく。しかし、それらの三偈を一体として『楞伽経』の立場を示すと主張するためには経本文にその根拠を求める必要があるはずだが、それはなされていない。結局、問題は、漢訳四巻本の原梵文テキストが早く失われて、後代の仏教者たちは、増広十巻本の、道を覆う密林に迷い込むような本文によりは、簡潔な形の偈頌の群のなかに経の真意を求めてそれらしい偈を探し当てるという方向に向かわざるを得なかったのか、それとも、その必要を感じたせいか、これも今の私には不明である。チベット仏教史では、翻訳されたテキストの校訂の跡は皆無で、註釈者も、同様の状態のテキストを用いて本経の文脈を辿ることができていないのは無理もないことである。師錬の『仏語心論』の貴重さが見直される次第である。

今回発表の復元梵文テキストは、二〇〇三年の私家版よりは遥かに改善されていると信ずるが、梵文語法の専門家による検討を経て研究者が安心して利用できるものとなるための材料を提供することに意味があると私は考える。また、本文の日本語訳は全体の文脈が明らかになることを主眼としたので、私の「研究」も、語釈に止まることのないように、何が問題になっているかを問うようにと心がけたつもりだが、十分に文意を捉え切れていない箇所が少なくないことを恐れる。ただ今回の私の目的は、仏教学研究者に四巻本『楞伽経』の復元梵文テキスト試案を提供することと、仏教思想に関心のある方々にその日本語試訳を提示することである。関心のある方は、ぜひ終わりまで通読され、後に中国禅の源流となったと考えられるこの五世紀初頭のランカー大乗仏教徒の貴重な声に耳を傾けていただければ幸いである。

『楞伽経』のこの復元梵本と日本語試訳とが公益財団法人・禅文化研究所研究報告として取り上げられたことは、それ自体有難いことであることは申すまでもないが、次のことを考慮すると、その意義深さは言い表わせないものがある。一九七六年、当時京都大学人文科学研究所所長であられた柳田聖山氏が、禅文化研究所で以前に推進されていた中国禅録研究班の研究報告として敦煌本『絶観論』のご自身による校定原文と国訳とに私の英語訳注を加えて発行してくださった。研究班の一員としてこの敦煌出土の禅語録に関心を抱いていた私が、柳田氏と共に研究班を指導されていた入矢義高先生のご助言をいただきながらテキストを英訳した大きな動機は、そこに私が読解を試み始めていた『楞伽経』四巻本からの引用が、決して長くないテキストの割には多く見られたからであった。当時、私は引用文の梵語表現を通してこのテキストの理解に貢献できることを喜ぶという程度の状況にあった。今回、久しぶりに自分の英語訳と柳田氏の校定原文とを読み直して、その内容のすばらしさに改めて驚嘆するとともに、師主・入理と弟子・縁門とのこの禅問答が他ならぬランカーでのブッダとマハーマティとの問答を骨格としていること、それは決して単に経文の部分的な引用を含むというレヴェルのことではないことを実感し、深く感動した。柳田氏は、一九八九年中央公論社発行の『大乗仏典中国・日本篇⑪敦煌Ⅱ』に『絶観論』現代語訳を発表され、凡例の最後にこう述べておられる。

かつて鈴木大拙がいったように、本書は小冊ながら、禅旨の大綱を解きつくして、これほど肯綮に当るものはない。学問資料にとどまらぬ、単独の禅テキストとして、充分に味読に値しよう。

禅文化研究所での『楞伽経』研究会は、当時の職員・前田直美様のご配慮で二〇一〇年三月から始まり、二〇一六年四月まで毎月一回、月曜午後、用意していただいた部屋で梵文テキストを読むことができたが私の都合で中止した。一時的な参加者は別として、毎回熱心に参加された方は、主任研究員・西口芳男氏（漢訳訓読と訳注コピーを用意された）、小嶋孝氏（南条校訂梵文コピーを用意された）、種村辰夫氏、そして上記期間の終わりごろ嶋本浩子氏であった。研究会は休会となったが、禅文化研究所所長・道前慈明老師、西口芳男氏、そして編集主幹・西村惠学氏のもと、研究所の格別のご配慮でこのたびの研究報告作成の態勢を整えていただくことになったことを感謝申し上げたい。小嶋氏は、今回私が提出した梵文タイプ原稿のチェックをしていただいた。末尾ながらお礼申上げます。

(1)復元梵文テキスト作成のために使用したテキスト。

『楞伽阿跋多羅宝経』四巻、求那跋陀羅、劉宋元嘉二十年、西暦四四三年訳、大正新脩大蔵経第十六巻、六七〇番。

The *Laṅkāvatāra sūtra* Edited by Dr.Bunyiu Nanjio, at the Otani University Press, Kyoto 1923.

(2)同じ目的で参照したテキスト。

チベット大蔵経北京版第二十九巻、七七五番（九世紀に訳出、現行の梵文テキストと大体一致）。

同七七六番（漢訳四巻本からの法成訳、九世紀）。

『入楞伽経』十巻、菩提留支、西暦五一三年訳、大正蔵十六、六七一番。

『大乗入楞伽経』七巻、実叉難陀、西暦七〇〇—七〇四年訳、大正蔵十六、六七二番。

Saddharmalaṅkāvatārasūtram, Edited by Dr. P.L.Vaidya, Buddhist Sanskrit Texts No. 3, Darbhanga 1963.

(3)テキスト読解のために今回参考にした主な資料（本文に即した参考書は「研究」欄に記した）。

虎関師錬（一二七八—一三四六）『仏語心論』十八巻（一三二五年、四八歳）日本大蔵経五、方等部章疏三。

Jñānaśrībhadra, *hphags pa laṅkar gśegs pahi hgrel pa*, 聖入楞伽経註、東北大・総目録 No. 4018. 羽田野伯猷編集、チベット仏典研究会一九九三年、法蔵館（引用されたテキストの語釈は精密で研究者を益することは間違いないが、文脈を辿るという私の目的には応えてない）。

Professor Dr.Lambert Schmithausen's seminar notes on LaṅkāvatāraVIII, "Emendationsvorschläge und krit. Anmerkungen zum Sanskrit-Text", for the seminar held at Kyoto University in October~December 2005.

新国訳大蔵経『楞伽経』高崎直道、堀内俊郎校註、大蔵出版、二〇一五年十二月。

仏典講座『楞伽経』高崎直道著、大蔵出版、一九八〇年。

鈴木大拙 AN INDEX TO THE LANKAVATARA SUTRA (NANJIO EDITION), The Sanskrit Buddhist Texts Publishing Society, Kyoto 1934.

『楞伽宝経四巻本の研究』梵英日漢四冊一部、常盤義伸私家版二〇〇三年（百部、計四〇〇冊を印刷し自分用二部を残して一、二の例外を除きすべて国内外の研究者に贈呈した）。

以上

二〇一八年一月

総目次

『ランカーに入る―すべてのブッダの教えの核心―』

まえがき …… i

宝経巻一・第一章　本文訳と研究 …… 1

宝経巻二・第二章　本文訳と研究 …… 63

宝経巻三・第三章　本文訳と研究 …… 119

宝経巻四・第四章　本文訳と研究 …… 169

（梵文）*Laṅkāvatārasūtram Sarvabuddhapravacanahṛdayam*

『ランカーに入る
——すべてのブッダの教えの核心——』
宝経巻一・第一章

（大正蔵十六、四八〇上～四八九上）

（第一章を梵文テキストと同じ三十七段に分け各段の番号に見出しとしてテキストから選んだ表現を添え、本文訳のあとに問題となる事柄の究明を目指して「研究」をおく。訳文中、必要に応じて項目の順序を示す数字、または説明の言葉を挿入する。第二章から第四章までも、これに倣う。）

目次

『ランカーに入る —すべてのブッダの教えの核心—』宝経巻一・第一章

1.「あるとき世尊がランカーの町に留まっておられた」……5
2.「マハーマティ・ボサツが世尊を偈でもって賞賛した」……7
3.「マハーマティが世尊に問いを提起した」……8
4.「以上のことを聞いてブッダ、世間を知る人々の第一人者は」……15
5.「百八句」……18
6.「諸識の生・住・滅には二種ある」……21
7.「存在の七種の自性と、七種の第一義」……24
8.「誰であれ、因としては存在しなかった実体が果として現われて時間的存在となりそのあと消滅すると主張するものは」……25
9.「もしも以前に存在しなかった諸識が三つの偶然に集まった縁が働くことによって生ずることが仮にあるとすれば」……28
10.「ボサツ大士は有と無とを離れた自らの最終的な見地、宗、に通じているべきである」……29
11―1.「四つの理由で眼識は生ずる」……30
11―2. 偈頌……32
12.「向上の聖智の三相」……35
13.「聖智による事象の吟味」……36
14.「自心が対象化される流れを如何に清めるか」……39
15―1.「次第にであって一挙にではない事例」……39
15―2.「自心対象化の流れを一挙に如来は人々において清め除く」……40
16.「法性等流ブッダ、化作され化作するブッダ、および法性ブッダ」……41
17.「声聞乗の道標として区分される特徴」……43

18．「異教者たちの言う常住と不可思議と」……44
19．「声聞たちは涅槃を推量する」……46
20．「一切の存在の自性の特徴が不生だとは、自内証聖智の領域であって、無知な凡夫の分別の二の領域の自性ではない」……46
21．「五種の現証」……47
22．「声聞乗種の現証」……47
23．「独覚乗種の現証」……48
24．「如来乗種の現証」……49
25．「未定種の人」……49
26．「特別の種、すなわち解脱を求めるものたちが求めないあり方」……50
27．「ボサツ大士は現実の三つのあり方（自性）の特徴に通じているべきです」……52
28．「個人主体が無我であること」……53
29．「客体の無我の智」……54
30．「増益と損減との悪見を打ち砕いた智者たち」……55
31．「四種の事実に反する増益」……55
32．「ボサツは多様な様相を呈している」……57
33．「一切の現象の空性、不生、不二、無自性の特徴」……58
34．「七種の空性」……58
35．「あらゆるものは自性を離れている」……60
36．「すべての現象は不二」……60
37．「意味される事柄に徹すべきで、教説の言葉に捉われてはならぬ」……61

本文訳と研究

1.「あるとき世尊がランカーの町に留まっておられた」

（四八〇上）本経の以下の内容は、編集者の私の記憶によるものである。

一時世尊はランカーの、ある町が位置する、大海に囲まれたマラヤ山の頂上に滞在しておられた。そこはさまざまの貴重な品種の花にびっしりと飾られており、多くのビクシュ（ビク、出家修行者）の集団とそして多くのボーディサットヴァ（ボサツ、自他の悟りを求めるもの）の集まりとがご一緒していた。ボサツたちは大志を抱く人々で、さまざまのブッダのおられる地域から集まって来ており、少なからぬ仕方の自己集中（三昧）、ものごとに自在な力、神通力をもって遊び戯れる人々で、その筆頭にマハーマティ・ボサツがいた。ボサツたちは、すべてのブッダの手によって祝福されており、対象として現象しているものが自心に他ならないことを熟知し、その意義に通じて、さまざまの人の心の動き、身体の動きを導くすべを心得ており、現実の五種類の実相、三種類の自性、八種類の識別能力、二種類の無我に通じていた。

（研究）

「世尊」とは「ブッダ」「如来」などとも言われる覚者、ゴータマ・シャカムニへの敬語で、経名「ランカーに入る」の主語。ゴータマ・シャカムニがランカーにお入りになって説かれた、「一切のブッダの教えの核心を説く」経典だという。「宝経」というのは、漢訳の際につけられた敬称と考えられる。現存の南条校訂本、第八章末に「ランカーに入る、の、一切のブッダの教えの核心中、肉食第八章」を意味する梵語の表示があり、四巻本の題名の貴重な原型が残されているが、そこに「宝」を意味する語は見られないからである。「ビク」はシャカムニの下に集まった出家者たち、以下に声聞《しょうもん》と呼ばれる人々を指す。ここで言う「ボサツ」とは、シャカムニが逝去して数世紀後に発生したいわゆる大乗運動の推進者たちが理想像とする、自他の悟りを求める修行者たちを指すが、それ以前に、シャカムニの前生譚、ジャータカ、の主人公、がボサツと呼ばれており、これが大乗のボサツ像の先駆けとなったと考えられる。漢訳で五法、三自性、八識、二無我と言われるものは、瑜伽行唯識学派が紹介する大乗思想の基本項目。

最初の言葉、漢訳で「如是我聞」の「我」は、初期の経典ではシャカムニの直弟子アーナンダのこととされているが、ここではこの経の編集者、大乗仏教徒ということになる。シャカムニがランカーのある町に滞在していたとされているが、これは史実ではなく、ランカーの史書『ディーパヴァンサ（島史）』と『マハーヴァンサ（大史）』とに記録される伝承に関係すると考えられる。ビクとボサツとがブッダの教えを一緒に聴聞した「ランカーのある町」とは、中国僧・法顕が著書『仏国記』に記録する西暦四一一―一二年滞在当時のアヌラーダプラを思わせるが、シャカムニの在世には、「ランカー島」の名も無かったので、それはマラヤ山中の原住民の居住地の一つということになる。ボサツたちの筆頭にあげられる「マハーマティ（優れた智慧者、大慧）」とは、上記の史書では、ブッダの教えを深く体得して尊敬に値する、上座部のビクあるいは王家の人、に捧げられた敬語の普通名詞で、他の仏教経典にはほとんど見られないランカー仏教特有の用語である。さらに、「ブッダ」はインドのシャカムニだけではなく、「サットヴァ、衆生（命あるもの）」がその本来の在り方に目覚めるとき、それがブッダであると大乗思想では考えられている。大慧あるものも、当然、何処にでも存在する。このように時間空間的には矛盾に満ちた舞台設定も、実は時空を絶する現実の実相に迫るための方便と考えられたと言ってよい。そのブッダと大慧あるものとの間にランカーの地で展開された思想の核心は、対象として現象するものが、単に他なるもの、外のもの、と解されてはならない、それは自心がそのように現われていると知るべきである、ということで、これこそはすべてのブッダの教えの核心なのだ、という。漢訳で「自心現」といわれる述語が、この経に一貫して主張される所以である。また、それがすべてのブッダの教えの核心だということは、ブッダがインドの地を離れてランカーに入って教えを説いたという設定と相通ずる発想である。

以上の考察から、この経が編集された場所はランカーのどこかある場所、編集した人々は大乗を信奉する人々、編集の時期は五世紀の初めと考えられる。なぜなら、インドからランカーを経て帰国した法顕はこの経典に言及しないからである。使用された梵語表現には、動詞の命令形など、パーリ語に近いものがある。宋訳四巻本（四四三年）の原梵文テキストは早くに失われたようで、七十年後の魏代のボーデイルチ訳十巻本（五一三年）は変形が甚だしく、それを参考にして四巻本の原梵文を復元することは全く不可能であり、その後のインド仏教資料に引用された表現は、魏訳と唐代シクシャーナンダ訳（七〇〇―四年）七巻本とに大体共通する内容をもつ南条校訂梵本の系統からのものばかりである。それでも、現存の梵本を漢訳四巻本と対比すると、四巻本の原型が浮かびあがってくるので、この対比の試みは本経研究上唯一の意義ある方法と考えられる。我が国中世の傑出した仏教思想史家、虎関師錬は、四巻本の註釈『仏語心論』（一二三五年完成）で、言葉に捉われないで言葉の意味を会得すべきだとしてその意味を説明する実に重要な箇所（巻三、拙訳第94段）を他の漢訳二本とも訳出していないことに言及して（『心論』巻十二、善語義相分第五十九）、自分が梵文のテキストを見ることがないと嘆くのは往々にしてこういう箇所があるからなのだ、と述べる。師錬は、漢訳二本に当の訳文がないことの理由が、そもそも当時の原文に該当箇所が欠落していたことにあるとは想到しなかった。しかし研究者としての基本姿勢は、十分に看取される。

高崎直道氏の『楞伽經』（大蔵出版一九八〇年）は、本経四巻本の価値を見出した近代最初の本格的研究である。本経の基本的教義と基本的立場という見地から重要と思われる箇所を取り上げ、丁寧な訓読・解説を与えておられる。扱われたテキストは全体の約四分の一とのこと。四巻本の全文訓読・解説は、同じく大蔵出版の『楞伽経（楞伽阿跋多羅宝経）』（高崎直道・堀内俊郎　校註、二〇一五年十二月三十日発行）という形で発表された。ここには、高崎博士没後、そのご方針を継承された堀内氏の堅実な研究姿勢が一貫しており、訓読、解説の背景に梵文への深い造詣が伺われる。

2.「マハーマティ・ボサツが世尊を偈でもって賞賛した」

さてそこで、マハーマティ・ボサツは、大慧あるボサツたちとともにあらゆるブッダのおられる地域を訪ねて歩く人なので、眼前のブッダの誘いに促されて立ち上がり、上衣の右肩を肌脱ぎ、右ひざを地につけ、世尊がいます方に合掌し、偈でもって世尊を賞賛した。

生と滅とを離れて世間は虚空に咲く花に似、有るとも無いとも捉えられない、（四八〇中）とは、あなたの慧による洞察でありあなたの慈悲による指摘です。　1

幻に喩えられるあらゆる現象は心識を絶し、有るとも無いとも捉えられない、とは、あなたの慧による洞察でありあなたの慈悲による指摘です。　2

常住と断滅とを離れて世間は常に夢のようで、有るとも無いとも捉えられない、とは、あなたの慧による洞察でありあなたの慈悲による指摘です。　3

客体も主体も無我、煩悩も知の対象も常に汚れを離れて無相だ、とは、あなたの洞察であり慈悲の言葉です。　4

あなたは涅槃することがなく、涅槃にあなたが、あるい

は、あなたに涅槃があることはなく、すでに悟った、これから悟る、を離れ、有ると無いとの辺を離れ、 5
寂静であり、このようにして、生ずることを離れているのがムニ（聖なる方）だと見る人々こそは、現世に捉われず来生にも汚れに染まらない人々です。 6

こうしてマハーマティ・ボサツは似た形のこれらの偈でもって世尊を賛嘆したあと、自分の姓名を世尊にお聞き願った。

私はマハーマティ、大乗の世界に入っているものです。
百八の問いを、言葉を用いる人々の最高のお方に訊ねます、と。 7
彼のこの言葉を聞かれて世間を知る最高の方、ブッダはすべての聴衆を観察された後、ブッダの子たちに言われた、 8
私に訊ねなさい、ブッダの子達よ、君、マハーマティも問いなさい。
私は君たちに話しましょう、各自の本来の在り方を。
9

（研究）

姓を大乗（?）、名を大慧と自称するマハーマティにこの後「百八」の問いを問わせて、ブッダはさらに自由に「百八」の問いを反復し追加し、最後に「百八」の句をもって答える。句の方はテキストを整理して百八の数字に合わせることができるが、問いの数は整理がつかない。おそらくそれは、大乗の仏教者が関心を抱く一切の問いということである。句の方も、百八という数にポイントがあるのではなく、一切のもの、ということ、それも、一切のことやものを通して明らかになる「各自の本来の在り方」を指摘することにブッダの関心が示されている。

ここでマハーマティは、自分が会得する大乗の境地とその表現がブッダに由来することを説き、ブッダを大乗の教主として賞賛する。ブッダ・シャカムニが同時に一切のブッダたちと悟りの境涯を共にする。そのことがどうして可能かを問うことも、百八問に含まれる。

3.「マハーマティが世尊に問いを提起した」

さてそこでマハーマティ・ボサツ大士は、世尊の許しを得て、世尊の足元に身を投げ、合掌して偈の形で世尊に問いを提起した。

仮言的な議論はどのようにして浄化しますか、なぜ仮言的な議論は起きるのですか。
知覚の乱れはどのようにして現われるのですか、なぜ起きるのですか。 10
貴方にとって複数の地域社会、化身、相好、異教者たちは、なぜあるのですか。
現われた形は形を離れている、修行には次第がある、そしてボサツはブッダの子だ、と貴方が言われる理由は何ですか。 11
解脱した人の行く先はどこですか、誰が誰によって束縛され解放されるのですか。
禅定者の世界とはどんなものですか、ボサツ乗、声聞乗、独覚乗という三乗はどうしてあるのでしょうか。 12
縁が集まって何が生じ、何が結果で何が因ですか。
議論の両者が異論を唱えるのはなぜですか、それはどのように増大するのですか。 13
無色定、そして滅尽定は、どのようにして成立するのでしょうか、(四八〇下)
想滅定はどのようにしてあり、またそれから意識が回復するのはなぜでしょうか。 14
身体を持つものに所作、進退が起きるのはなぜですか。

知覚の対象はどのようにして認識されるのですか、修行の諸地を人はどのように進むのですか。 15
三界の生死を破るのは誰でしょうか、その人の姿勢はどんなで身体はどんなでしょうか。
その人はどんなところに決意して関わっていますか、ブッダの子にはどのようにしてなるのですか。 16
神通、自在力、そして諸禅定はどのようにして得られますか。
心はどのようにして落ち着けられるのかを話してください、勝者・雄牛よ。 17
アーラヤ、マナス(意)、識はどのように、なぜ、なのですか。知覚の対象はどのようにして起こり、どのようにしてそこから離れるのでしょうか。 18
種性と非種性とは、どうして、なぜ。心に他ならないとは、どのようなことでしょうか。
特徴を固定化することと、無我であることとは、どうしてでしょうか。 19
衆生が存在しないとはどうしてで、世俗に従ってその存在を説くのはどうしてですか。
常住の見と断滅の見とは、どのようであれば起きないのですか。 20

どうして異教者たちと貴方とは外見が違わないのでしょうか。
ニヤーヤ派の人々が将来どのようになるでしょうか、お話しください。 21
空性とはどのようにして、なぜ。刹那滅とは貴方の場合、どうしてですか。
世間はどのようにして［如来を産む］母胎として動揺を離れているのですか。 22
幻、夢の如しとはなぜ。どうして空中の楽士ガンダルヴァに似る、ですか。
陽炎、水中の月のようだとはなぜですか、世間が。お話しください。 23
悟りの種々の分類のうちの七支分とはどのようで、なぜなのですか。
殺人、地域の騒乱、生存への固執した見解は、どうしてあるのでしょうか。 24
生じたわけでも滅したわけでもなく、空花に似るのはどうしてですか。貴方は世間の本来にどのようして目覚められるのですか、世間は文字を絶すると、どうしておっしゃるのですか。 25
妄想を離れるのは誰でしょうか、どのようにして虚空に似るのでしょうか。真如には幾種類、心は。パーラミター（ボサツの修行の究極）は幾種類ですか。 26
修行に諸地の次第があるのはなぜ。現われた形が形を離れていると悟るのは誰ですか。無我に二種ありとはなぜ。知の対象が妄想を清められるのはどのようにしてですか。 27
知は幾種ですか、戒は、そして衆生に秘められた能力は。黄金、マニ珠、真珠貝生まれの立派な種性を普及させたのは誰ですか。 28 （四八一上）
話し言葉を誰がさまざまの衆生と他の生物とに生じたのですか。
知識の諸分野と技芸とがどうして、誰によって広げられてきたのですか。 29
偈に幾種類ありますか、散文と韻文とはどのようになるのですか。
どのように語の連結はなされ、幾通りですか、釈論は何種類ですか。 30
食物と飲み物、さまざまの性的結合は、どのように生じますか。
国王、世界の覇者、地方の支配者は、どのようなものなのでしょうか。 31

王国はどのように護られるのでしょうか、神々は幾種ありますか。

大地と星群とはなぜですか、月と太陽との両者の場合はどうなのですか。32

解脱に何種類、修行者に幾種類ありますか。

学生に何種類ありますか、教師とはどうあるものでしょうか。33

ブッダは何種類ですか、ブッダの前生譚は何種類ですか。

魔の種類は、異端者の種類は、どれほどですか。34

貴方のいわゆる自性の種類は、そして心は、何種類ですか。一切が仮設に他ならないとは、どのようにですか、お話しください、話し手のなかの最勝者よ。35

雲が空にあり、風が吹くのはなぜですか、記憶、慎重さはどうしてあるのでしょうか。

樹木にまといつく蔓草はどんな様子ですか、なぜですか、お話しください、三界に自在なお方よ。36

馬、象、鹿たちが捕獲されることになるのはなぜですか、愚かなものたち。

人が不具者であるのはなぜですか、どのようにして人が不具者となるのですか。37

一年を六季節とするのはなぜ。解脱を願わずに願う人とはどうしてですか。

女、男、中性が生まれるのはどうしてですか、お話しください。38

人が修行を止めるのはどうしてですか、修行が進むのはどうしてですか。

どのようにして、そしてどんな人々が修行に導入されるのかをお話しください。39

輪廻の生死のさまざまの形に到っている衆生たちの性別の特徴は何、相好は何、財宝を自在にする人はどのようで、なぜか、お話しください、虚空のようなお方よ。

40
貴方がシャカ族とはどのようなことですか、なぜですか、イークシュヴァークの末裔とは、どうしてですか。仙人となって長期の苦行をされましたが、それはどのようで、なぜでしたか。それによって貴方は何を学ばれましたか。

41
貴方はなぜあらゆる所、あらゆる地域に姿を現わされるのですか、
さまざまの名とさまざまの姿をしたブッダの子達に囲まれて。42 (四八一中)

どうして生物の肉を食べてはいけないのですか、どうし

て肉を禁止されるのですか。
肉食獣の種性に生まれたものが肉食するのはなぜですか。 43
土地の形が月、太陽、メール山、蓮華に似るのはどうしてですか。
またヴィシュヌ神の胸の巻き毛やライオンの姿なのはなぜか、お話しください。 44
手足を左右に広げた形、頭が下になっているもの、またインドラ神の網に似るもの、ありとあらゆる宝石からなる土地など、どうして、なぜかを話してください。 45
弦楽器ヴィーナーや太鼓パナヴァ、いろいろな花や果実、に似るもの、日月の光を欠くものは、どうして、なぜかを話してください。 46
なぜ化身としてのブッダですか、なぜ果報としてのブッダですか、どうして、なぜ真如智としてのブッダですか、お話しください。 47
欲界で悟っておられないのは、どうして、なぜですか、お話しください。しかし色究竟天で離欲者たちの間で悟りを開かれるのは、何のためですか。 48
ブッダが涅槃して世を去られたとき、誰が教えを保持するのでしょうか。神々と人間との師はいつまでこの世に留まられますか、道しるべはいつまで残りますか。 49
貴方の宗（究極のお立場）は幾種ですか、見解は幾とおりですか。
ビクたちの規範となる律、そして彼らの身分はどのようですか、なぜですか。 50
迷妄から百回転依し、現われた形から百回離れるのはどうしてですか。
独覚者、ブッダの子、声聞たちが。 51
神通に世間的のものがあるのはなぜですか、出世間的なものはどんなですか。
修行の初め七地は心だといいますが、どうして、なぜですか。 52
貴方の修行者たちの集まりのサンガは幾通りですか、サンガの分裂はどうしてあるのですか。人々のための医療の手引きはどのようですか、なぜですか。 53
過去のブッダたち、カーシュヤパ、クラクッチャンダ、コナーカムニも私だ、と貴方はブッダの子らに言われますが、その訳を言ってください。偉大なムニよ。 54
我と言い無我と言われるのはなぜですか、不断と言い断と言われるのはどうしてですか。
なぜ貴方は、対象は心に他ならないという真実を至る所

で言われないのですか。 55
ナラ・ナーリー（男女）林の名はなぜ、ハリータキー（緑）林とアーマラキー樹林も。カイラーサ、チャクラヴァーダが金剛を打ち固めた山々だとは、どんなですか。 56
その中間の多くの山々はさまざまの宝石で飾られており、仙人や天の楽士がひしめきあっていますが、どうしてですか、なぜですか、お話しください。 57（四八一下）

（研究）

以上の問いの数を百八と決める決め手は全くないが、全体は内容的には二通りに分けられよう。この経で展開されるブッダと質問者との問答の中でブッダが答えるものと、そうでないものと、である。後者には、他の仏教経典に説かれるもの、またはこの経の編集者が現実の問題として取り上げるさまざまの問いが含まれる。関心の対象は、必ずしも本経編集の地ランカーに限定されるものではなく、インド世界、そして人間社会全体のあり方を問うものとなっている。ただ、それらを問う問い方は、世間的ではなく、しかし単に出世間的なのでもなく、優れて出世間的であることを、この経は標榜する。そこのところをわれわれは見極めてゆきたい。

例えば、第28偈に、衆生の秘められた能力、と言い、黄金、マニ珠、真珠貝の生まれの種性を誰が普及させたかと問うているのは、シャカムニが菩提樹下で成道し、悟りの内容を人に伝えることは不可能と考えていたときにブラフマ神が現われて、諸衆生には上中下根の別があり、教えを受ける力のあるものを見捨ててはなりません、と言って人々に教えを説くことを勧めたと伝えられる、その、鉱山に喩えられる衆生に秘められた能力、そのうちの最上根の人々を種々の宝石、マニ珠、真珠などから生まれた人々だというわけである。（梵文『ラリタヴィスタラ』ヴァイドヤ校訂二八七ページ、漢訳『方広大荘厳経』大梵天王勧請品二十五、大正蔵三、六〇三中）。

第41偈で問われていることは、ゴータマ・シッダールタが出家して初めに仙人アラーダに、そしてそのあと別の仙人ウドラカについて禅定を学んで失望し、人と離れて一人で苦行を六年間続けたことに関連があり、そのこともブッダの生涯を記す仏伝で知られている。（『ラリタヴィスタラ』一二一ページ、『方広大荘厳経』往尼連河品第十八、大正蔵三、五八一中下）

ボサツ・シッダールタは、解脱を求める以上、無知のまま生きるよりも死を恐れずに苦行に入ることを選ぶ決意をしたとされる。しかし六年の苦行の後、何ら解脱の確証が得られず、これは解脱への正しい方向ではないと考えるに到った。そこで彼は出家以前に父王の城内の樹下で経験した禅定の喜びを思い出し、必ず苦行とは別の方法があるに違いないと確信し、新しい方法を見出すためには心身の健康を回復することが必要と考え、食物をしっかりとることにしたとされる。これらのことは、本経では全く言及されていない。

第43偈に取り上げられる、肉食を修行者に全面的に禁ずることは、大乗の『涅槃経』で、死に臨むブッダが修行者たちに求めて以来のことである。本経のブッダは、成道後間もないころの教えとして、全く同じ内容のことを提言する。その根本の理由は、畜生は輪廻転生する衆生として人間と別の存在ではなく、その生命を尊重すべきであり、肉食を喜ぶことは生命の尊厳への冒涜となり、輪廻の苦悩からの解脱を求める修行者にはふさわしくないと考えることにあり、肉食でなくても、ふつうに食物をとることが、わが子の身体を食べる思いでなければならぬ、と言う。本経は、このほかにも、「涅槃」の意義を一貫して考察の対象として取り上げており、本経の編集が大乗の『涅槃経』の編集に関わった人々の問題意識から展開したのではないかと思わせる節が多々ある。

第44偈、第45偈は、国土の形状の多様さについての疑問で、これはすでに『大方広仏華厳経』で普賢菩薩が言及した事柄である。国土の形状の多様性はそこに住む衆生の適応力の多様性を呼び起こし、それがひいては衆生を正覚に導く誓願に生きるボサツの、国土に対する自在力を意味するものとされるようである。（大正蔵九、盧舎那仏品第二之二、普賢菩薩頌、四一〇下）

第48偈の問いは意味も意図も不明だが、本経の巻四、第110段第45偈のブッダの言葉との関連において問われているように思われる。すなわち、

「自内証の智と迷妄を離れて清浄であることが、私の住地だ。大自在天シヴァの最上の居所、アカニシュタ（色究竟）天が光り輝く。」四・45

究極的には、欲界も色界も無色界も含めて、三界の生死、三有と呼ばれ、それらはブッダの正覚においては存在しない。ブッダが色界の最上処で成道するという説は、色界、無色界を出世間の究極とする声聞、独覚、そして異教者たちの妄想を破って真の出世間底を知らせようとする方向とは違い、ブッダの主張とも一致しないように思われる。インド社会でのシヴァ神信仰との関連が考慮されているようだが、これは我々には不可解な問いである。

いずれにしても、このあと本経で取り上げられる問いは、それぞれの箇所でそれなりの答えが示されるので、ここでは触れないことにする。この直後にブッダはこれらの問いを高く評価し、さらに問いを促すためにと、それらを反復する。

ブッダが反復する言葉のなかに「ニヤーヤ派」への言及が見られる。論争のための論理として仮言的な議論（タルカ）をすることに力を入れる立場の人々のことである。百八問の最初に批判の対象として挙げられる言葉が「タルカ」であるのは、生死の実相を踏まえない論理、推理は仏教者が戯論《けろん》（分別の拡大）として斥けるからである。なお、例えば第二章末近くの「異教の四種の涅槃観」、第三章末の「異教の涅槃批判」というときの異教の主なものは、ニヤーヤ、ヴァイシェーシカ、そしてサーンキャの思想である。そしてこの異教が声聞、独覚とともにブッダの批判の対象とされることも、本経の特色である。

4.「以上のことを聞いてブッダ、世間を知る人々の第一人者は」

以上のことを聞き終わって、優れた雄者、ブッダ、世間
を知る第一人者は、
大乗の多様な道しるべ、諸ブッダの最高の胸の中を聞い
て、言われた、58
よろしい、よろしい、大慧あるものよ、マハーマティよ、
聞きたまえ、
君から問われたことを順を追って言いましょう。59
生じること、生じないこと、生死を離れる涅槃、自性が
空なこと、刹那であること、転生すること、自性がない
こと、諸ブッダ、ボサツの修行の究極を意味するパーラ
ミター、ブッダの子達のこと。60
声聞たち、独覚者たち、異教者たち、無色定の修行者たち、
メール山、大洋、山々、島々、諸土地、大地、61
星群、日、月、異教者たち、諸天、アスラたち、
諸解脱、自在力による神通、力、諸禅定、諸三昧、62
苦悩の滅のいろいろ、超自然力を得る四種の禅定、悟り
の七支分、悟りへの道、また、禅定としての無量の慈
悲喜捨の心、諸蘊、輪廻の諸趣に何度も転生すること、
63
禅定に入ること、意識と感情が抑えられること、禅定か
ら出ること、心の指図。
心、意、識、無我、五つのありかた（法）。64
自性、分別すること、分別されること、対象として現わ
れること、二見―これらはどんなことか。優れた諸乗、
諸種性、金、マニ珠、真珠、の生まれの人々。65
解脱を求めて求めない人々、物質元素、動乱、ブッダは
一人という考え方、

知、知の対象、進むこと、達成すること、衆生の繁栄と逆境。66

馬、象、鹿はなぜ捕獲されるのか、どうしてか。喩と因とが具わって証明された結論を示すことは、どのようにするのか。67

果と因と、さまざまの知覚の混乱と、道しるべと、心に他ならず対象としては存在しない、修行の諸地の段階は実は存在しない。68

顕現する現象は形を離れていると悟る転依が百回ある、とは、なぜ。医療の手引書、工芸、技術、呪法の書。69

山々の、そしてメール山の土の量はどれほどか。大海の、月の、日の量はどれほどか。70

衆生の身体には、どれほどの微塵があるか、下部、上部、中間は。一々の土地に、弓の長さに分割されたとき、一弓（ダヌ）にどれだけ。71

一肘（ハスタ）に、一ダヌの歩幅に、一クローシャの距離に、一ヨージャナに、半ヨージャナに、兎毛塵、日光塵、虱塵、（四八二上）羊毛塵、麦塵は幾つあるか。72

目方一プラスタに幾羊毛塵か、半プラスタには幾羊毛塵か。容量一ドローナに、また一クハーリーに何十万、何千万、何ビンバラ含まれるか。73

芥子一粒に幾つの微塵が、芥子何粒が一ラクテイカーの重さになるか。豆（マーシャ）一粒は幾ラクテイカーの重さか、一ダラナは豆幾粒の目方か。74

金・銀の目方一カルシャは幾ダラナか、一パラは幾カルシャか。以上によってメール山の土の総重量は、幾パラとなろうか。75

このように私に問いなさい。息子よ、他に問い方がありましょうか。独覚者、声聞、ブッダたち、ブッダの子達の身体は幾つの微塵からできているか、と問わないわけがありましょうか。76

火の炎は幾微塵からなるか、風には幾微塵含まれるか。感覚器官の一々、眉毛の毛穴一つに幾つあるか、と。77

財宝を自在にできる人々、転輪王たちは、なぜいるのか。彼らによって王国はどのように護られるのか。彼らの解脱はどうあるのか。78

君は言う、散文、韻文、性的結合は、どんなふうに世間
に知れ渡っているのか、
食べ物飲み物の多様なこと、男女林、はどうして、と。
79
山々が金剛を打ち固めたようだとは、なぜか、どのよう
か。幻だ、夢のようだ、陽炎のようだ、とは、なぜか、
どのようか。どうして山々は神々しく、仙人や天の楽士
で飾りつけられているのか。80
解脱者の行く先はどこ、誰が誰によって束縛され解放さ
れるのか。
禅定者たちの境涯は何か、化身とは、異教者たちとは。
81
果は無因から作られるとはどのように、なぜ、果が有因
からの場合はどうか。
無因・有因からとはどのようにか、非無因・有因からと
は、なぜ。82
現象が対象でなくなるとはどのようにして、どのように
思念は清められるのか。
なぜ仮言的議論は起きるのか、活動はなぜ起きるのか。
83
なぜ諸想を絶つのか、（四八二中）三昧からなぜ立ち上が
るのか。
三有を破って誰が、どんな姿勢で、どんな身体となるか。
84
実在しない自己のことを説明するのはなぜ、それを世俗
に合わせて説くとはどんなこと。
特徴はなぜと君は問う。無我とはどんなことかとも君は
問う。85
如来の母胎、ニヤーヤ派の人々がいるのはなぜか、と君
は訊ねる、息子よ。
常住と断滅との見はなぜか、どのようにして心が落ち着
けられるのか。86
言語表現、知、戒、種性、ブッダの嫡出子、
道理と解釈、師と弟子、衆生の多様さは、どのようか。
87
食べ物飲み物、慎重さ、諸魔、仮の施設に他ならないこと、
樹木と蔓草が、どのようであり、なぜかを君は訊ねる。
息子よ。88
地域の多様さはなぜか、なぜ私が仙人としての長期の苦
行をしたのか、
出身の系譜は何、師は、なぜ、と君は訊ねる。息子よ。
89

不具な人々のこと、修行時に人は欲界では悟りを開かず、
最終目的は色究竟天にあるとする理由を君は訊ねる。
90
世間の神通の理由と様態、ビクの身分、
化身のブッダ、果報を受けるブッダがどのようであるか
を君は訊ねる。　91
真如平等智のブッダはどのようか、ブッダの教えを受け
る修行者の集まり、
サンガ、はどのようか。このように君は訊ねる、息子よ。
92
ある土地は琵琶、太鼓、花に似ていること、ある土地は
光を欠いていること、
修行の初め七地は心を離れないこと、を君は理にかなっ
た仕方で訊ねる。　93
他にもたくさんのことを君は訊ねる。
一々が特徴をもつものだが、固定した見解の過失を離れ
ている。　94
最終的な見地、宗、が言説を離れていることを一挙に話
そう、聞きたまえ。
諸句を並べて述べるから、聞きたまえ。
百八句を、ブッダたちがされたとおりに。　95

（研究）

ブッダは、相手の問いを順を追って繰り返すと断りながら、実際は自分の考える順に従って反復し、さらに伝説の山、メールの土の総重量までをも問うている。そこで知られることは、一切が問いの対象となるということ、問いの対象とならないものはない、ということである。問題は、そのことがどういう立場で行なわれようとするか、である。ブッダの最後の言葉がそのことを明らかにしている。すなわち、ブッダは、最終的な見地、宗、が言説を離れていることを「百八句」という形で一挙に示そうというのである。問いの場合、百八は一切の現象を意味したが、百八句の場合、一応百八の数は提示される。しかし百八句の各句は、単なる一句ではない。そこに宗が提示されており、一句でも、いわば百八句である。ここでも百八は、実は一切を意味する。

5.「百八句」

「(一) 生は生ではない。(二) 平常は平常ではない。(三) 特徴は特徴ではない。(四) 止まり変化することは止まり変化することではない。(五) 刹那は刹那ではない。(六) 自性は

自性を（四八二下）離れている。（七）空ということは空ということではない。（八）断つことは断つことではない。（九）心は心ではない。（一〇）終わりは終わりではない。（一一）中は中ではない。（一二）恒常は恒常ではない。（一三）縁は縁ではない。（一四）因は因ではない。（一五）煩悩は煩悩ではない。（一六）渇愛は渇愛ではない。（一七）方便は方便ではない。（一八）清浄は清浄ではない。（二〇）結合は結合ではない。（二一）比喩は比喩ではない。（二二）弟子は弟子ではない。（二三）師は師ではない。（二四）種性は種性ではない。（二五）三乗は三乗ではない。（二六）現われた形は現われた形ではない。（二七）誓願は誓願ではない。（二八）三輪（施物、施者、受者が一体の輪）は三輪ではない。（二九）動機となる相は動機となる相ではない。（三〇）有の面は有の面ではない。（三一）双方は双方ではない。（三二）自内証の聖智は自内証の聖智ではない。（三三）現在の喜びは現在の喜びではない。（三四）土地は土地ではない。（三五）微塵は微塵ではない。（三六）水は水ではない。（三七）弓は弓ではない。（三八）存在しているものは存在しているものではない。（三九）数は数ではない。（四〇）計算は計算ではない。（四一）神通は神通ではない。（四二）虚空は虚空ではない。（四三）雲は雲ではない。（四四）技術と工芸の知は技術と工芸の知ではない。（四五）風は風ではない。（四六）地は地ではない。（四七）思議されることは思議されることではない。（四八）仮の施設は仮の施設ではない。（四九）自性は自性ではない。（五〇）五蘊（人間の身心構成要素）は五蘊ではない。（五一）衆生は衆生ではない。（五二）知力は知力ではない。（五三）涅槃は涅槃ではない。（五四）知の対象は知の対象ではない。（五五）異教は異教ではない。（五六）動乱は動乱ではない。（五七）幻影は幻影ではない。（五八）夢は夢ではない。（五九）陽炎は陽炎ではない。（六〇）映像は映像ではない。（六一）車輪は車輪ではない。（六二）天の楽士は天の楽士ではない。（六三）神は神ではない。（六四）飲食物は飲食物ではない。（六五）性的結合は性的結合ではない。（六六）見えたは見えたではない。（六七）パーラミター（ボサツの修行の究極）はパーラミターではない。（六八）戒は戒ではない。（六九）月、日、星は月、日、星ではない。（七〇）諦（悟りの真理）は諦ではない。（七一）果は果ではない。（七二）知覚と意識との滅は知覚と意識との滅ではない。（七三）滅から戻ることは滅から戻ることではない。（七四）医療は医療ではない。（七五）知覚は知覚ではない。（七六）支分は支分ではない。（七七）特定の学問に堪能なことは特定の学問に堪能なことではない。（七八）禅定は禅定ではない。（七九）知覚の混乱は知覚の混乱ではない。（八〇）対象としての現象とは対象としての現象ではない。（八一）守護されることは守護されることではない。(八二) 高貴な種族は高貴な種族ではない。(八三) 仙人は仙人ではない。(八四) 王国は王国ではない。(八五) 捕獲は捕獲ではない。(八六) 宝石は宝石ではない。(八七) 成仏の予言は成仏の予言ではない。(八八) 解脱を願って願わない人は解脱を願って願わない人ではない。(四八三上)(八九) 女、男、中性は女、男、中性ではない。(九〇) 味は味ではない。(九一) 活動は活動ではない。(九二) 身体は身体ではない。(九三) 仮言的議論は仮言的議論ではない。(九四)動揺は動揺ではない。(九五)根(知覚器官)は根ではない。(九六) 有為(構成された)は有為ではない。(九七) 無為(構成されたのでない)は無為ではない。(九八) 因果は因果ではない。(九九) 色究竟天(色界の究極地、シヴァ神の居所)は色究竟天ではない。(一〇〇) 季節は季節ではない。(一〇一) 立ち木と潅木と蔓草との茂みは立ち木と潅木と蔓草との茂みではない。(一〇二) 多様さは多様さではない。(一〇三) 言説は言説ではない。(一〇四)律は律ではない。(一〇五)ビクはビクではない。(一〇六) 影響力は影響力ではない。(一〇七) 文字は文字ではない。(一〇八) ダルマ(何かであるもの) はダルマではない。」

「これが百八句として過去のブッダたちが述べられたものであり、君も、そして他のボサツ大士たちも学ばなければならないところです。」

(研究)

現行の漢訳四巻本テキストは、どれも第一句が「不生句生句」とあるが、それのチベット語訳(九世紀初期)は原テキストが「生句不生句」であったことを示している。現行の漢訳大蔵経は宋代以降の編集なので、訳文のように訂正した。漢訳と梵文テキストで整理した結果は全体で百七句となったので、最後の一句を編者が付け加えて百八の数に合わせた。

繰り返すが、百八はそれだけの数に意味があるのではない。百八の問いが一切を意味したように、百八句は一切の句が句ではないことを意味する、と考えるべきである。それゆえ、上記の訳文では、例えば「生は生ではない」として、「句」の字を抜くことにした。この立場からすれば、「生は生である」は、「仮の施設(設定)」である。同じように「衆生は衆生である」は世俗の言説に従うものだが、百八句の立場においては「衆生は衆生ではない」。本経のブッダはこれを言説を離れた、最終的な見地、宗、を表わすものとする。本経後半部において如来の境地としてしばしば言及される「不生」の句は、実に百八句を代表するものである。

6.「諸識の生・住・滅には二種ある」

さてそこで、マハーマティ・ボサツ大士は再び世尊に次のことを言った、「世尊よ、諸識の生・住・滅には幾通りあるのですか。」

世尊が言われた、「諸識の生・住・滅には二通りあるのですが、論理家たちは分かっていません。それはこういうことです。諸識が生ずることは、不断に生ずることと、生ずるという特徴をもって生ずることとです。住することも、不断に住することと、住するという特徴をもって住することとです。滅することも、不断に滅することと、滅するという特徴をもって滅することとです。識は三種です、生起を特徴とする識、業（意図的行為）を特徴とする識、および本来の在り方を特徴とする識です。全体で八種と言われる識は、また三種です。本来の識、対象として現われる識、および一々の事象を分別する識です。例えば鏡が物の形を捉えるように、対象として現われる識が形を取ることも同様です。対象として現われる識と一々の事象を分別する識とは、二つ別々でありながら、相互に因となって、別ではないのです。そのうち対象として現われる識は、思いも及ばない過去の行為の名残と結果によるものです。一々の事象を分別する識も、多様な対象を把握することと、そして始まり無く拡大する分別の名残とによって起きるものです。

すべての知覚器官の識別能力の滅とは、諸識の根本としてのアーラヤ識の虚妄な分別執着の名残の多様な現われが滅することであり、これが滅するという特徴をもって滅することです。不断に滅することとは、そこから生じてくることがなくなることです。そこから、とは、その所依によってと、それを所縁とすることによってということです。その所依とそれを所縁とすることが滅すること、それが不断に滅することです。そのうち、その所依とは、始めなく拡大する分別の粗悪な名残です。それを所縁とするとは、自心の現われである対象に対する諸分別です。例えば、粘土の極小の分子と粘土の塊とは別物ではないが同じものでもありません。黄金とその装飾品とも、同じことです。もしも粘土の塊が粘土の極小の分子と別物であれば、極小の分子からできたものでなくなるはずですが、間違いなく極小の分子からできたものですから、別物ではありません。同じものだとしますと、塊と極小の分子との区別がないことになりましょう。同様に、（四八三中）生起する諸識がアーラヤ識の本来の特徴と別物であれば、それらがアーラヤ識に由来するものではなくなりましょう。

しかし同一だとすれば、諸識が滅するときアーラヤ識が滅することになりましょう。しかしアーラヤ識自体の本来の特徴が滅することはありません。それゆえ、諸識自体の本来の特徴が滅するのではなく、業としての識が滅するのです。識自体の本来の特徴が滅するときは、アーラヤ識が滅することになりましょう。アーラヤ識が滅するということになれば、それは異教の断滅論と変わらないことになりましょう。異教者たちの主張というのは、識が対象を把握することが止むので、識の不断の活動は断滅となる。識の不断の活動が止むので、初めのない不断の活動は断滅することになろう、ということです。異教者たちは、不断の活動が特定の原因に由来すると主張します。例えば眼識が物の形に光が当たることから生ずるとは言わず、ある特定の原因から生ずると主張します。彼らの言う特定の原因とは、プラダーナ（自然の女性原理）、プルシャ（知の男性原理）、イーシュヴァラ（最高神）、カーラ（時）、アヌ（原子）などです。」

（研究）

この第6段は前後の二段落からなっており、第一段落では、識の生・住・滅に二通りあるとして、不断の生・住・滅と、特徴としての生・住・滅とだとする。後者が特徴としての生・住・滅とすると、前者は特徴としては捉えられないが不断の生・住・滅ということになる。そのうち、不断の生・住は、特徴としては捉えられなくても虚妄分別の本であり続けるが、不断の滅は実は滅をも離れている解脱者の境界である。第二段落は不断の滅に焦点を絞って論ずる。この分析が、第一段落で次に識の三相として、それも二通りなされる説明の理解に役立つ。二通りの説明とは、漢訳を用いれば、識の転相、業相、真相、また、真識、現識、分別事識である。このうち識の転相、あるいは分別事識と言われるものは、特徴をもって生・住・滅するものに相当する。識の業相、あるいは現識といわれるものは、不断の生・住に相当し、そして識の真相、あるいは真識といわれるものは、不断の滅に相当する。

「現識」という述語の由来を求めて私は、ヴァスバンド（世親、西暦四―五世紀）の『三自性論』（梵文、三十八偈からなる）に本経のこの段落の思想に近い表現に出会った。「三自性」とは、本経の漢訳を用いれば、依他起性、分別性、真実性である。そのうち依他起性が「対象として現われること」と言われ、分別性はその「対象として現われること」の内外、主客としての現われ方とされ、その「二」としての現われ方が実在しないことが「不二の法性」であり、その智の内容が「真実性」とされる（第2、3、4偈）。本経が識の真相とか真識と称するものは、この「不二の法性」に相当する。本経と同じく識の八相を前提にする『三自性論』の第8偈は、次のように言う。

「要約すれば、この虚妄分別は、また次の三種と考えられる。

異熟するものと、因の特徴をもつものと、現象としてだけ存在するものとである。」

（『山口益仏教学文集』上、春秋社一九七二年、に発表された論文「世親造三性論偈の梵蔵本及びその註釈的研究」の「梵蔵本テクスト」を批判的に依用させていただいた。）

同じくヴァスバンドの『唯識三十頌』でも、識の転変は三種と言い（第1偈）、第2偈にアーラヤ識、マナス、六識に言及していう、

「異熟と思量と対象の顕現とである。

そのうち異熟とはアーラヤ識のこと、一切のものの種となるものである。」

このようにアーラヤ識は虚妄分別として「不断」に生じ住するが、それが「不断」に滅するとき、本経では、滅するのは「業識」であって真識としてのアーラヤ識が滅することはない、とされる。しかしこのような言い方は厳密さを欠く。少なくとも、識の真相は滅しない、とすべきである。滅を離れているものは虚妄分別としてのアーラヤ識ではありえない。真相といえば、アーラヤ識はアーラヤ識ではない、それは「如来を産む母胎」となっている、というのが本経の立場であるはずである。これは、もっと後で言及されるテーマである。

その不断の滅を、上の第二段落では、その所依とそれを所縁とすることの滅だとする説明が見られる。『唯識三十頌』第5偈に言う、

「それ（アーラヤ識）からの脱却はアルハット（修行完成者）となったときだ。

それを所依として起こり、それを所縁とするものは意という名の識で、思量を自性とする。」

本経巻三に『唯識三十頌』第20偈と第28偈と同じ内容の表現が見られ研究者の間で両書の表現のうちどちらが先行するかについて結論がでていないが、以上の考察からだけでも、本経がヴァスバンドを踏まえていると見る方が自然に思われる。

7.「存在の七種の自性と、七種の第一義」

「さてマハーマティよ、存在の自性は七種あります。すなわち、集まること、存在すること、特徴をもつこと、自然の構成要素であること、因であること、縁であること、そして第七に、完結すること、です。

さらにマハーマティよ、七種の第一義とは、心の領域、慧の領域、知の領域、二見の領域、超二見の領域、ボサツの地を超過する領域、如来の自内証の領域、です。

これが過去未来現在の如来・応供・正覚者たちの抱く存在の自性と第一義との正しい智です。この智を具えている如来たちは、世間と出世間と最高の出世間との教えを、聖者の慧眼でもって特殊と普遍との特徴を見抜きながら建立します。その建立の仕方は、異教者たちの主張の悪見と同じものとはならないようにです。どうすれば異教者の主張の悪見と同じものになるかと言いますと、つまり諸識が自分の対象を分別しそれに捉われた見方をしていることを覚らないので、対象として見られたものが自心に他ならないことを覚らず、無知な凡夫が存在と非存在の自性と第一義という二見を主張するものとなることです。」

(研究)

シャカムニの基本の教えとされる四諦（四つの真理）「苦集滅道」のうち、苦と集とは世間を、滅と道とは出世間を代表する真理と見てよい。本経が存在の自性と第一義として各々七種を提示する仕方は、四諦を二つに分ける見方に対応するように思われる。ただ、本経の場合は、明らかにナーガールジュナ（龍樹、第二世紀）の『中論』の批判的な考察を踏まえている。例えば、その観四諦品第二十四に次のような偈がある。

「二つの真理によってブッダたちは悟りの内容を説く。世間世俗の真理と第一義の真理と。」第8偈

「もしも汝が諸存在は自性として実在だとみるならば、そのとき汝は諸存在には因も縁もないと見る。」第16偈

「縁によって生じないものは何一つ存在しない。それゆえ、空でないものは何一つ存在しない。」第19偈

「自性として存在しているものがどうして再び生ずるだろうか。従って、苦を生ずる条件の集まりは空性を斥ける人には存しない。」第22偈

「四聖諦が存在しなければ正法も存しなくなり、正法とサンガとが存しなければブッダはどうして存在し

ようか。」第30偈
（依用梵文テキストは、三枝充悳訳注『中論』下、第三文明社レクルス文庫一六〇、一九九五年）

存在の七種の自性と第一義の七種とは、本経の内容が展開されるなかで当然取り上げられ考察されるが、考察の方向は、それら二つの原理が異教者の場合のように二見の立場にあるのではなく、一体のものと見ることが最後に述べられている。

8.「誰であれ、因としては存在しなかった実体が果として現われて時間的存在となりそのあと消滅すると主張するものは」

「次にマハーマティよ、虚妄分別と三有の苦との滅、無知と渇愛と業という縁の滅、そして、対象として現象するものが自心に他ならず幻の対象であることを話しましょう。バラモンまたは非バラモンの修行者で、因としては存在しなかった実体が果として現われて時間的存在となり、諸条件のなかで五蘊・十二処・十八界とも言うべき存在として生じ、住し、そのあと消滅すると主張するものは誰であれ、継続・活動・生起・生存・涅槃・涅槃への道・業果・真諦の消滅と断滅を主張する論者です。その理由は、彼らの言う実体が目前に知覚されることはなく、それの初めも知られて（四八三下）いないからです。例えば、水差しの外殻が欠けたものは水差しの用を果たさないし、火に焼けた種は発芽することをしません。そのように、彼らの言う実体の現われとしての五蘊・十二処・十八界存在なるものは、過去、現在、未来の何時でも一旦消滅すれば、絶え間なく生ずることはありません、そこには分別の対象とされているものが自心に他ならないことの智見が欠けているからです。」、

（研究）

この段の分かり難い表現を理解するためには、ここに言及される当時の極微論者、ヴァイシェーシカの思想と、第7段落との正確な理解が必須である。依用した梵文テキストと日本語参考書一冊を挙げる。

Vaiśeṣikasūtra of Kaṇāda, with the Commentary of Candrānanda, critically edited by Muni Sri Jambuvijayaji, Oriental Institute, Baroda 1961.

金倉圓照著『インドの自然哲学』平楽寺書店一九七一年。

世界を構成しながらふつうはその存在が知覚されない微塵（アヌ、原子または分子。極微、パラマアヌ）が知覚の対象としてその存在性を露にしてくるとされる場合に、それらが実体、実体の属性、実体の活動として展開することを説くインド古

代の学派がヴァイシェーシカで、中国ではこれを勝論学派と呼んだ。果としての実体は因としての微塵のなかには存在しなかったということで、この派はまた因中無果論とも言われる。なお、中国でのこの派の呼び名の由来は、知覚を越えた極微からなる実在の、知覚の対象となった現象、とされる現実の世界が知覚作用によって区別された九つの実体からなることを明らかにするという、その「区別、ヴィシェーシャ」に秀でているということのようである。カナーダ作『ヴァイシェーシカ・スートラ』、チャンドラーナンダ注、のテキストは十章からなり、一〜七章は二部からなる。八〜十章は一部のみ。各章は「スートラ」と呼ばれる短い文の集まりで、その数は三百八十四。そのうち、区別（ヴィシェーシャ、特殊、異）と、その否定である同一（サーマーニヤ、普遍、同）とに言及する表現を幾つか挙げて見る。そこにこの派の基本的な考え方が見られるからである。

「さてこれから真理を詳しく説明しよう。」1―1、1

「それによって昇天と至福とが成立するものが真理である。」1―1、2

「同、異は、知覚作用に依る。」1―2、3

「存在は同一そのもの。」1―2、4

「実体、属性、活動、であることは、同でもあり異でもある。」1―2、5

「有の相に異はなく、異の相がなければ存在は一だ、と言う。」1―2、18

「有であって無因であるもの、それが常住。」4―1、1

「また、無常とは、常住と異なり、それを妨げる存在である。」4―1、4

「それはまた、常住に対する無知である。」4―1、5

「実体をもたない極微に対して知覚は起こらない。」4―1、7

「聖仙の智と達道者の見とは諸真理に由来する。」9―28

本経がこの派の思想で問題視するのは、同、有、常住、の極微の世界が、同でもあり異でもある実体とその属性とその活動の無常の世界に関わる関わり方であるように思われる。

上に挙げた金倉氏の著書はこの『ヴァイシェーシカ・スートラ』本文の全訳のあとに、後にこのスートラによってこの派の思想をまとめたプラシャスタパーダ作『パダールタダルマサングラハ（句義法綱要）』の全訳を紹介している。その第二章第一節に、実体、属性、活動、同、異、和合の「六句義」が次のように紹介されている（同書九八、九九ページ。梵語術語、英語訳語は省略）

「実（実体）、徳（性質）、業（活動）、同（一般性）、異（特殊性）、

和合（内属）—これら六の句義（範疇）の、同法（同一性）と異法（非同一性）に関する真実知は、最上の幸福に至る因である。而して此（最上の幸福）は、正に主宰神の勧奨によって現われた法（正義善行）から生ずるのである。」

例えば実体には必ず属性と活動とが内属するという関係を「和合」として加えて六句義という述語が後に用いられるようになったとのこと。要するに、同と異との対立する概念を重要視するのが、この派の基本姿勢である。区別する人々、ヴァイシェーシカ、と自称する所以である。

本経のこの第8段には実体の語だけで、属性、活動、など、他の述語は出ず、代わりに仏教用語の五蘊・十二処・十八界を用いているので、ここで『ヴァイシェーシカ・スートラ』の説明を簡単に紹介する。

まず実体が存在するとは「活動と属性と、そして表示することがあるからで、それらのないものは非存在」とされる（9—1、1と3）。しかし単一の実体は姿形がなく、知覚の対象とはなってこない。知覚されるのは「不一の実体」で、それだけの「大きさ」のものでなければならない（4—1、6）。実体、すなわちすべてのものの構成要素、と言われるものは、地、水、火、風、虚空、時間、方処、自己、意、の九種である（1—1、4）。実体、その属性、その活動は、有であり無常であり実体をもち因であり果であり同、異があることにおいて違いがない（1—1、7）。実体には属性として、姿形、味、香り、接触、数、量、個別性、結合と別離、あちらとこちらがあること、種々の知覚作用、楽と苦しみ、欲望と憎悪、不断の努力、がある（1—1、5）。実体の活動は五種。投げ上げる、投げ下ろす、手脚を屈折させる、伸ばす、進む、である（1—1、6）。この立場からすれば、実体が単一のときは知覚されないが複数になれば知覚の対象となり、それが破壊されても単一の実体に戻るだけのことで、断滅論として非難される余地はないのであろう。しかしその主張の根拠となるべき微塵、ないし極微なるものは知覚されない以上、その存在は推測されたものである。現実の苦悩の滅の根拠を推測の対象に留めることは、大乗仏教を志すものとしては許されないことである。本経の批判がある所以である。

なお、初めに「バラモンまたは非バラモンの修行者」と訳したうちの後者はふつう「沙門」と訳されるシュラマナ（出家修行者）のこと。インド社会では宗教者はヴェーダ聖典を信ずるものと信じないものとのどちらかに分けられたことが知られる。

9.「もしも以前に存在しなかった諸識が三つの偶然に集まった縁が働くことによって生ずることが仮にあるとすれば」

「もしも、また、マハーマティよ、以前に存在しなかった諸識が、三つ偶然に集まった縁が働きと結びつくことによって生ずることが仮にあるとすれば、今まで無かった亀の体毛が生えたり、砂利からごま油が出てくることでしょう。命題の証明を放棄し合意事項を取り除く結果となり、行為とその結果と手段とが、有と無とを主張する人には無用となります。三つの偶然な縁が働きと結びつくことによって因と果との自相があるのだとする彼らの主張が現にあります。彼らは過去と未来が無、現在が有として存在することを、道理と伝承を用い、仮言法的議論を踏まえて自分の見解の過失の名残として宣言するでしょう。このようにして無知な凡夫たちは、間違った見解に害せられ粗雑な考えを抱き、無知者たちに導かれていながら、自分は一切知者の指導を受けていると言うことでしょう。」

（研究）

この段も分かり難いが、これは前段のヴァイシェーシカの主張として挙げられた実体が諸縁によって属性とその活動を伴って現われてくるとする偶然性に批判の矛先を向けるものである。ここで「三つ偶然に集まった諸縁」と言われるものは、第7段の冒頭に言う「無知、渇愛、業」の三縁ではない。本経では、それら三縁から諸識が生ずるとし、それら三縁の滅によって三解脱を得ると言い、無我に目覚めないために三縁の結合が生ずる、と言う。他方、『ヴァイシェーシカ・スートラ』では、我と根と境との三縁の接触が言われる。

「我と根と境との接触において知が生じないことと生じることとがあり、意の存在する証拠となる。」（3—2、1）

接触の仕方によっては認識が生じないこともあるとするのは、現象に関する注意深い観察者の姿勢を示す一例とみてよいが、このような客体的な世界観に終始することは、本経の立場からはとても許されることではない。本経は、この後、第10段においてボサツのあるべき姿を提示し、第11段において、見るという識知の働きが発生することに対して四つの理由を挙げて、その立場を明確にする。四つの理由とは、一、自分が外のものとして捉えているものは自心がそのように現われていることを覚らないこと、二、無始時来広がり続けている誤った、形に捉われる習慣性、三、識知そのものの本性、四、さまざまの特定の形への好奇心、であり、これらの理由で、急流の水を思わせるアーラヤ識から識知の働きという波浪が起きる、と言う。最後の理由はヴァイシェーシカと共通するが、前半二つの理由は異教者の思想には全く見られない観点であることは明らかであり、第三も、第6段で見たとおり本経独自の立場を示す。本経の異教批判がある所以である。

10.「ボサツ大士は有と無とを離れた自らの最終的な見地、宗、に通じているべきである」

「(1) しかしマハーマティよ、別の非バラモン、バラモンがいて、世間が自性を離れていることは浮雲、旋火輪、天の楽士ガンダルヴァたちの町に等しく、不生であることは幻、陽炎、水月、夢そのものであり、内外の対象は心が分別されたものであり、それが始まりのない時からの分別の広がりであるとの智見をもつことによって、自心を分別する縁の終息に事欠くことが無く、表現と表現されるもの、観察と観察されるものとの別に捉われることを離れ、身体とその享受の対象とそれらのための場所として現われる、アーラヤ識の、対象として捉われるものと捉えるものであることを離れる、すなわち現われた形が形を離れている領域、生じ住し滅することの滅、それらが自心からの生起に由来すること、を確認するでしょう。マハーマティよ、これらのボサツ大士は程なく生死流転と涅槃とが一つであることに到達するでしょう。(2) 彼らは大悲の方便に巧みで自然な域に達することによって、すべての衆生は幻か映像に等しく、諸縁によって作り出されたものではなく、内外の対象であることから脱しており、心の外のものとは見ないことで、無相の住処に入っており、順次にボサツの修行の地の段階の三昧の境界に入って、三界は幻だとの信念を得、考察を徹底的に続けて如幻三昧を得ます。(3) 自心が対象とされており形に現われたものは形を離れていると悟ることによって、彼らは空性を洞察するボサツ行の慧の完成に住するに到っており、その対象への分別が生ずる働きと結合することを離れているので、金剛石に喩えられる三昧、次いで如来の身、次いで如の化身―それは力、神通、自在、慈と悲の方便に飾られ、すべてのブッダの地域と異教者たちの住処を訪れる、心意意識を離れ先に所依を転じた如来の身―を続いて得るでしょう。(4) それゆえボサツ大士は、如来の身を引き続いて得ることによって、蘊、処、界、心が、因と縁の働きと結合して生・住・滅を分別することの広がりを離れるべきです、心に他ならないことに徹底する人々ですから。

(5) (四八四上) 三界は始まりのない時から広がり続ける粗

悪な分別の名残によるものだと見て取り、現われた形を離れたブッダの境地の不生を思い起こすこととして、自内証の尊い真理の域に達し、自心を制御することに自在で自然な行為の域に達した人は、あらゆる色に変わるマニ珠のように、微細な、衆生の心に入り込む化身の姿をとることによって、心に他ならないことを確認することとして人々をボサツの地の次第のなかに導きます。(6) それゆえボサツ大士は自らの最終的な見地、自宗、に通じる必要があります。」

(研究)

この段は、直前の第9段での異教批判を踏まえて、大乗仏教者としてのボサツのあり方を縷々叙述する、少し欲張りすぎて、やはり分かり難い表現となっている。理解しやすくするために仮に全体を六節に分けた第二節に、「諸縁によって作り出されたものでない」とある箇所は、漢訳で「不勤因縁(因縁を働かせない)」とあるのは分かり難いが、第9段で「三つ偶然に集まった縁が働きと結合する」ことで諸識が生ずることを批判したことを受ける表現と考えられる。魏訳はこれを「無因縁起(因縁より起きることなし)」とし、宋訳よりは少しましである。この段の内容は、この後さらに展開されて行くので、ここでこれ以上詮索することはしないが、バラモンであれ非バラモンであれ、誰もが異教批判の対象となるだけでなく、すべてに大乗の仏教者への道が開かれているとされていることは、注目に値する。

11—1．「四つの理由で眼識は生ずる」

再びマハーマティが言った、「世尊よ、心と意と意識と五法と自性との特徴を私にお示しください。それらはブッダもボサツも辿るものであり、自心に他ならない対象の領域を抜け出させ、あらゆる教説と道理との真実の特徴を明るみに出す、すべての仏説の核心です。ランカーのこの町が位置する、大洋に囲まれたマラヤ山地に居住するボサツたちに事寄せて、海浪とも言うべきアーラヤ識の領域、それを如来が法身と讃えられる所以をお話しください。」

そこで世尊は再びマハーマティ・ボサツ大士に次のことを話された。「マハーマティよ、四つの理由で眼識は生じます。四つとはすなわち、自心の現われを対象として捉えていることを悟らないためと、無始時来広がる分別の粗悪な名残である、形への捉われのためと、識の本性のためと、さまざまの特定の形への好奇心のためと、です。これら四つの理由によって、急流の中の水に相当するアーラヤ識から、生起する諸識の波浪が生じます。眼識と同様に、すべての知覚器官のきわめて微小な粒子の毛穴に、五識の集まりが生起します。生起の仕方は、一度にあるいは次第に、対象が鏡の映像として現われるように、または海面が風に吹き付けられたときのように、対象という風に揺さぶられた心海の波浪が絶え間なく因の働きの特徴を現わします。そこには別のものと別でないものとが結びついており、識の業相と真相とが離れがたく結合していて、色等の本来の特性への洞察はありません。それらの五識と一緒に、因である対象の差別を分析し特徴を見定める意識というものが、それ自体同じ因から生じたものとして働きます。しかし五識にも意識にも、自分たちはここでは「心と」相互に因となるもので自心である対象を分別執着して生起しているとは思いもしないのです。

さらにまた、各々別々の特徴を伴って六識は、現われた対象を識別することにおいて生起します。その生起の仕方は、三昧の寂静にある修行者には知られない微細な動きの名残として生起しているので、修行者は、自分は諸識を滅し終わって完全な三昧に入るだろうと考えます。しかし彼らは諸識を滅しないままで三昧に入っています。名残の種が滅していないので滅ではないのですが、対象の現われに捉われる機会が欠けているから滅なのです。このようにアーラヤ識の動きと現われとは微細なため、如来と、諸地にあるボサツたちとを除いて、声聞、独覚、異教の修行者には、理解することも容易ではなく、三昧と慧との力を具えていても見分けることは困難です。諸地の特徴、(四八四中)慧、智、に通じ、「百八の」句の一々についてしっかりと決着がついており、勝者に無辺の善根を積み、自心である対象を対象として分別する広がりを離れており、森や洞窟の隠れ家に隠れて上中下の修行に打ち込んでいる人でなければ、自心を対象として分別する流れを見抜くこともできず、無辺の地域の勝者に祝福を受け自在力と神通とを得ることもできません。優れた友、勝者の息子たちに尊敬されるこれらの人々こそは、心と意と意識、自心に他ならない対象の自性の領域を分別し生死流転する三有の海―その因が業と渇愛と無知―を超過することができるのです。この理由で、マハーマティよ、修行者は優れた友、勝者、の道において修行を始める必要があるのです。」

(研究)

第11段上で世尊が風に打たれた海に起きる波浪に五識の生起を喩えるのは、『唯識三十頌』第15偈に共通の表現である。「五識が根本の識において縁に従って生ずることは、諸波が水において同時にまたは異時に起きるのに似る。」
第15偈

ただそこには、対象の風、海、という表現は見られない。その第16偈には意識の生起への言及がある。意識は他の五識と同時にあるいは五識なしでも常に生起するという。

「意識の生起は一切時、例外は無想定、
二の三昧、無心の睡眠と失神とのなか。」第16偈

本経第11段上の世尊の言葉は二段落に分かれている。その第一段落の終わりに、五識にも意識にも、自分たちは相互に因となるものだ、云々とある。その相互にとは、心と自分たちとの間を指し、五識と意識との間ではなさそうである。『唯識三十頌』第18偈にいう「相互に」と同義と考えられる。

「識は実に一切の種として転変がさようにさように進む、
相互の力によって。それによって分別がそれぞれ生ずる。」第18偈

世尊の言葉の第二段落の最初の文に六識が「現われた対象を識別する」という表現がある。上の第6段の研究で言及した『唯識三十頌』第2偈に六識のことを「対象の顕現（vijñaptir viṣayasya）」とすることを思い出す必要がある。「現われた対象（vijñaptiviṣaya）」という言葉はそこに由来すると考えられる。六識の対象である色等は六識の外にあるのではなく、識の内容として現われている、とするのである。

11―2．偈頌

そのとき世尊は、次の偈を説かれた。

あたかも波浪が大海に風によって吹き起こされて
踊りつつ進み絶える間がないように、 96
アーラヤの激流も、常に対象の風に吹き起こされて
さまざまの波浪識とともに踊りつつ進む。 97
青、赤、その他の諸色、ほら貝、ミルク、石蜜に、そして
インドノーゼンカツラの実と黄色っぽい花にも届く日の光のように、 98
波浪は海水と別だとも別でないともみなされない、
七つある諸識も同じ仕方で心と結ばれている。 99
海の変容、それが波の多様さ、同様に
アーラヤにおいても多様な識といわれるものが生起する。 100
ここにおいて意と識とが特徴を示すために設定されるが、

不可分の八つは、別々のものとされることもなく一つの
特徴のものでもない。101
海水に波浪の差別はないように、
諸識から心の変容は取り出せない。102
心は業を積み上げ意は選択する、
意識は識別し五識は対象を知覚する。103
そこでマハーマティ・ボサツが偈をもって質問した。
青、赤などの識が人々に現われることは、
波の多様さに似ています。一体なぜですか、偉大なムニ
よ。104
世尊は幾つかの偈でもって言われた、(四八四下)
青赤などが波のなかにあるのではありません、
動くものは心だとの説明は無知な人々を覚らせるための
こと、105
そこに動きはありません、自心は捉われを離れています、
捉えようとして捉えられるものがないことは波の場合と
同じです。106
身体、財、住まいとして識が人々に現われます、
そのようにそれの動きが対象化されることは、波の場合
と同じです。107
再びマハーマティ・ボサツが偈を以てこう言った、
海が波の状態で踊っている様子は観察されますが、
アーラヤの動きはなぜ知力によって同様に理解されない
のでしょうか。108
世尊は偈を以て言われた、
無知な人々に知力が欠けているために、アーラヤは海に
似ること、
波の動きに等しいことが比喩を用いて伝えられるので
す。109
マハーマティ・ボサツが再び偈を以てこう言った、
日は同じ背丈の人にもそれより低い人高い人にも昇りま
す、
世間を照らすお方よ、あなたは無知者に真実をお示しく
ださいます。
すでにあなたは人々が覚りに向かう諸段階に立つ用意を
してくださっています。真実を語ってくださらないわけ
がありましょうか。110
世尊が再び幾つかの偈を用いて言われた、
君が真実を語るときも、真実は心にはありません。
海に波浪が、そして鏡や夢の中に像が、
一度に現われるときもあります。心の領域でも同じこと、
111

対象が欠けているときは次第に生起して、
識は識別し意は思考します。
五識に対象が現われる仕方も同じですが、三昧にある人
に次第はありません。 112
例えば画家またはその内弟子は、
絵を描くために絵の具を用いますが、私が教える仕方も
同じです。 113
絵は絵の具にも土にも皿のなかにもありません。
絵は人々を喜ばせるために絵の具を用いて描かれます。
114
言葉で示された教えは逸れてゆきます、真実は文字を離
れています。
初めて道を求める修行者のために私は真実を示します。
115 (四八五上)
真実は自ら会得するもの、思考の対象でもなく思考でも
ありません。
私が教える相手は勝者の子達、これは無知者への教えで
はありません。 116
幻は多様な姿を見せますが存在しません、
教えも多様な姿をとり、逸れてゆくもの。 117
ある人に教えであるものも他の人には教えでも何でもあ
りません。
患者ごとに医師が薬を処方するように、
ブッダたちも、人々の心の能力に応じて語ります。 118
仮言的議論を立場とする人々にも声聞たちにも不可能な
もの、
かの自内証の領域を、彼ら守護者たちは説くのです。
119

（研究）

第110偈にマハーマティが、第115偈で世尊が、言及する、初業の修行者のためにブッダが覚りに向かう諸条件を設定しているという旨の事柄は、ヴァスバンドの『アビダルマコーシャ（倶舎論）』巻六、第70偈の内容に関わる。第70偈に言う、

「これらの菩提分―覚りに向かうあり方―のうちのどの位置において、どれが強力になるかといえば、初業、順決択分、修道、そして見道において順次にこれらの七類がである。」

この偈のあとに七類の説明がある。一・初業の位置では、身などを順次に観察しようとする四念住が、二・煖の位置では、いっそう優れた徳性を証得することによって精進が増すから四正勤が、三・頂の位置では、退堕すべきことのない善

根によって進入があるから五神通が、四．忍の位置では、二度と再び退堕することがないので優越をえているから五根が、五．世第一法の位置では、煩悩によって屈服されるようなことがない、あるいは他の世俗的なことによって屈服されることがないから五力が、六．修道の位置では、菩提に近いから七覚支が、七．見道の位置では、行くことに関して強力だから八聖道が、強力となるとされる。二～五が上に順決択分と呼ばれる。初業とは初心者。順決択分とは順に洞察を深めるあり方。見道、修道はボサツの修行の地のこと。七覚支、八聖道の数字の都合で修道が見道の前におかれている。七類の説明文中の述語の語義説明は省略する。本経の上の二偈110、115、のそれぞれの箇所は、同一の事柄に言及するものである。

12．「向上の聖智の三相」

「さらにマハーマティよ、ボサツは、自心が対象として捉えられ、そしてそれを捉える分別の領域を確認したいと思うならば、社会との接触と睡眠の妨げとを離れるべきです。初夜、中夜、後夜に目覚めている修行を命ぜられるべきです。悪い異教の論書や物語、声聞・独覚乗の相を離れるべきです。ボサツ大士は、自心が分別の対象とされている状況をよく知るべきです。

さらにマハーマティよ、ボサツ大士は心と慧と知とのそれぞれの相の違いを踏まえたうえで、さらにその上に、聖智の三相の修行をすべきです。さらにその上の聖智の三相とは、現われた形はその形を離れていること、すべてのブッダは自らの誓願によって立つこと、そして各自に聖智を覚るものであること、です。それらのことを知れば、修行者は心と慧と知という相を脚を痛めたロバのように捨て去って勝者の子の第八地を得、それら向上の三相において修行に入ります。

そのうち、現われた形が形を離れているという智は、すべての声聞・独覚・異教の相を熟知することから生じます。誓願に依って立つという智は、過去のブッダが自らの誓願に依って立ったことから生じます。各自に聖智を覚るものだという智は、一切のものの相に執着することがないことから如幻三昧の身を得、ブッダの地のあり方に達し行為することから生じます。以上が聖智の三相です。聖者たちはそれらの三相を身につけて自らに各自の聖智の覚りの領域に達します。それゆえマハーマティよ、聖智の三相の修行がなされるべきです。」

（研究）

「心と慧と知との違いを踏まえる」ことは、実は本経のこの後に展開されることがらであって、まだ十分に説明されているわけではない。それにも拘らずそれらを「脚を痛めたロバのように捨て去る」とは、何とも異様に響く表現だが、第八地に修得される「聖智の三相」に比すれば、自分のことに気をとられるだけの役立たずの知識に過ぎないとして斥ける、本経のブッダの厳しい自戒の言葉と解すべきであろう。本経が意味する大乗とは、広く外に開かれた方向において理解されるべきものであろう。重要な表現である。

13.「聖智による事象の吟味」

そのときマハーマティ・ボサツ大士は、ボサツの集団の心の奥の疑いに気づき、聖智による事象の吟味という名の法門を、すべてのブッダの監督のもとにあるものとして、世尊にお訊ねした。「世尊よ、どうか私に聖智による事象の吟味という名の、百八句の一々の拠り所になる法門をお示しください、如来・応供・（四八五中）正覚者たちはそれに依って、ボサツ大士たちの、特殊と普遍との特徴に陥っているものたちに、妄想の自性のあり方を分析して説き示されます。妄想の自性のあり方を分析し詳しく知ることによってボサツは、主体の無我、客体の無我をよくよく観察し自我の妄想を除くことで、修行の諸地に通暁し、すべての声聞、独覚、異教者の禅定と三昧との究極の喜びを超過し、如来が思議を絶する境地に出てこられる様子を究明することから、自ら諸如来の、空慧と智とを見事に具えた法身を得ることになりましょう。それは五法と三自性との構造を離れており、幻の境地から生ずるもので、すべてのブッダの地域、トシタ天宮、色究竟天にも向かう、如来の常住法身となるものです。」

世尊が言われた、「当地の一類の異教者たちは、彼らの見解として無ということに捉われて、分別知を働かせる因となるものが消滅したために兎に角《つの》がないのだと決め付けます。兎に角がないのと同様にすべてのものは説明できるのだと。

他の一類は、自然の構成要素の属性と微粒子の実体の形と位置との区別を見たと考えて、兎に角はないという考えに執着し牛に角はあるのだと考えます。

マハーマティよ、彼らは有と無との二見に陥り、心に他ならないことを確認する智慧をもたず、身体と財と住居という状態が分別に他ならない中において自心の世界に無知な分別を増長させます。このようなわけで、一切の存在が有と無とを離れているのを有なり無なりと固定して考えるべきではありません。

また、自分は有と無とを離れていて兎に角がないとは考えない人は、有に対して必ず期待されるという理由で兎角の無を考えることを、すべきではありません。

極く微細な分子まで調べても事象の存在は認められないので、聖智の領域を離れた牛の角は存在するとも考えてはいけません。」

さてそこでマハーマティ・ボサツ大士は、世尊にこう言った。「世尊よ、それはこうではないですか、あるなしの分別が起こらないところを見て取って私たちは、分別の起こらないことに対応するものとして、それはないのだと考える。」

世尊は言われた、「それはそうではありません。なぜなら、それが分別の起こる因だからです。分別はその角に依って起きているのです。分別が角に依って起きているからこそ、一方が他方の拠り所であり因であることと、両者は別でもなく同じでもないこととの理由で、兎に角がないことがそれ（分別の無）に対応するものではないのです。なぜなら、もしも分別が兎の角と別ものであれば分別は角に依らないものとなりましょう。もしも同じものだとすれば、それの拠り所なわけですが、その角たるや、極微細な分子まで調べてゆくとどこにも見つからなくなるので、同じものであるどちらも存在しないことになります。両方とも存在ではないのですから、何が何に対応して無だと言えますか。

もしも何かに対応して兎の角の非存在が成立することはないのであれば、有に対応してそれの無を（四八五下）考えることは許されません。理由となるものではないからです。マハーマティよ、無と有とを根拠とする論者には、その無と有ということが成立しないのです。

別の異教的見解の持ち主たちは、形のあるものと空間という原初的な物質の形に捉われて、空間と存在とを正確に分離できず、形のあるものは空間中の存在であることを止めたもので空間とは別と見て分別妄想します。しかし空間そのものが形のあるものであり、形のある物質構成要素に入り込んでいるので、形のあるものが即ち空間です。格納されるものと格納する場所として形のあるものと空間との両者に、区別は認められるべきです。四つある自然の構成要素―地水火風―は相互に特色をもったものとして区別されて存在し、空間に位置しているわけではありませんが、そこに空間がないのではありません。同様に、兎に角がないことは牛の角の有に対して言われることですが、牛の角は、分子にまで分析すれば、分析されるにつれて分子が分子の状態に止まることは一瞬もなくなります。そうなれば兎の角の無ということは何によって主張できましょうか。もしも牛の角以外の事物に対応してというならば、別のそのものも同じことになります。」

そこで世尊は再びマハーマティ・ボサツ大士にこう言われた、「兎角、牛角、空間、形のあるものへの固定した見解と分別妄想を離れるべきです、そして君は、すべての勝者の子のそれぞれの地域の集団のなかで、対象が自心であることを覚る修行に言及すべきです。」

そこで世尊はこの機会に次の諸偈を述べられた。

対象は存在しない、心だから。心は対象に養われる。
身体、財、居所としてアーラヤが人々に現われる。 120

心・意・意識、五法、三自性、
二無我の清浄を、導師たちは説きたもう。 121

長短など相関するものは、相互に生起する。
有を成り立たせるものは無、有は無を成り立たせるもの。
122

微塵にまで物を分析すれば、どんな形あるものにも分別妄想をすることはない、
心に他ならないことが確定することは、邪見によれば喜ばれないところ。 123

仮言的議論の人々、そして声聞の人々の境地ではない、
かの自内証の領域をこそ導師たちは説きたもう。 124

(研究)

最初の長い段落でマハーマティが質問するなかに、この段で展開される「聖智による事物の吟味という法門」は、第5段で展開された百八句の根拠となるものだと説明され、ここに本経の編集者の構想の一端が紹介されていることが注目される。兎角の無という分別が牛角の有との対比に由来するという考察は、何気ない指摘に見えるが、分別の持つ差別意識の典型と考えられているのであって、八世紀の中国禅者、南泉普願(七四八―八三四)はこれを「祖師・ブッダは有を知らぬ、山猫や野牛は有を知っている」と言い換えているので有名である(『祖堂集十六』)。ここの「聖智による事物の吟味という法門」の中心テーマは、兎角の無という分別が牛角の有という分別に相対するものであること、さらには、それが由来するもとの有の分別が成立しないことによって当然無の分別も成り立たないこと、そのことを認識せよ、ということである。

マハーマティの言葉の最後に言う「如来常住法身」の語は、探して見ると、法顕の大乗涅槃経漢訳『大般泥洹経』金剛身品第六の冒頭に世尊の言葉として用いられていることが知られる。

「如来身は、これ常住身、これ不壊身、これ金剛身、穢食身にあらず、これ則ち法身なりと、まさにこの観を作すべし」（大正蔵十二、八六六上）

14．「自心が対象化される流れを如何に清めるか」

そこでマハーマティ・ボサツ大士は再び自心の対象化の流れを清め除くために、世尊に教えを請うた、「自心対象化の流れはどのようにして清まり除かれますか、一挙にですか次第にですか。」

（研究）

「自心の対象化の流れ」、それを「清め除く」、という新しい表現が質問内容として突然現われるが、世尊による応答は「次第に」「一挙に」の順でなされる。

15―1．「次第にであって一挙にではない事例」

世尊が言われた、「次第にで一挙にではありあません。例えばマンゴーの木の実は次第に熟し、一挙にではありません。同様に自心の対象化の流れは人々において（四八六上）次第に清め除かれ、一挙にではありません。また、陶工は次第に器を作り一挙にではありません。如来が人々の自心の対象化の流れを清め除くのも、次第にで一挙にではありません。また、地上に草、潅木、薬草、森の木立が次第の生成によって成長し一挙にではありません。人々の場合も、如来は自心の対象化の流れを次第に清め除き、一挙にではありません。また、歌唱、器楽、琵琶、書画の技は次第に進行するもので一挙にではありません。如来は、すべての人々においても次第に自心の対象化の流れを清め除き、一挙にではありません。」

（研究）

ここに挙げられる四例はすべて次第に進行する事態であって、一挙にということはありえない。それらは、成熟、熟練、成長、熟達の事態で、一挙にということとは無縁である。この次に挙げられる四例は、しかし、すべて一挙に成立する事態である。次第にということは、ありえない。そこでの説明の中で初めて「自心の対象化の流れ」とそれを「清め除く」とはどういうことかを我々が理解する手がかりが見られる。

15―2.「自心対象化の流れを一挙に如来は人々において清め除く」

「マハーマティよ、例えば鏡に入ったすべての形の映像が見られるのにためらいはなく一挙にです。同じように自心の対象化の流れを一挙に如来はすべての人々において清め除き、ためらいのない、現われた形を離れた領域とします。また、月輪、日輪が一挙にすべての形あるものの姿を光明でもって浮かび上がらせるように、如来は、自心の対象化という粗悪な名残を離れようとしている人々に一挙に不可思議な智の勝者の領域・境地を示します。また、アーラヤ識は自心の対象化として身体、居所、財として一挙に現われます。同じように、法性等流ブッダは一挙に人々の領域を成熟させて色究竟天の宮殿の乗り物に住する術を修行者たちに提供します。また、法性ブッダは一挙に等流ブッダと化作身ブッダの光明で輝きます。自内証の聖境界である覚の真理も、有と無という悪見を離れたものとして一挙に輝きます。」

(研究)

ここで「一挙に」といわれる事態は、対象化される「自心」の本来の在り方、そしてそれを実地に覚った自内証の境地であって、それはそこに「次第に」到達するという性質のものではないことが知られる。後半の二例に言及される法性等流ブッダ、法性ブッダ、化作身ブッダ、のことは次の第17段でもう少し詳しい説明がなされるが、ここでは何の説明もないので、分かりにくさを増大している。「色究竟天」のことも事情は同じ。

第三例として挙げられていることが自心の対象化といわれていることの説明になっている。

「自心」とされるアーラヤ識が身体、居所、財として現われることがその対象化ということになる。それは、『唯識三十頌』に識の三転変として挙げるアーラヤ識、意、および六識の展開を指すことにもなる。本経では、それらの現われたものが現われた形を離れていると覚ることが、「一挙に自心の対象化の粗悪な名残を清め除く」ということになる。

16. 「法性等流ブッダ、化作され化作するブッダ、および法性ブッダ」

「マハーマティよ、さらにまた、法性等流ブッダは、すべての現象が特殊と普遍とに特徴づけられているために自心の対象化の名残が因の特徴をもって固定しており、そのために妄想分別の自性に捉われる因となっているので、実体のない多様な幻の多様性に執着しても得られるものが無いことを示します。

さらにまた、マハーマティよ、分別執着されたあり方という自性は、他に依るあり方という自性に執着することから生起します。例えば草と木片と潅木と石という依り所から、魔術師がそれらに触れることによって、多様な幻のあらゆる衆生の姿形をしたものが、多様な仕方の行為を予想させて現われます、現われながら実体はありません。同じように、他に依るあり方という自性において分別執着されたというあり方の自性が多様な分別心の多彩な特徴をもって現われます。事象を妄想しその特徴に執着することの名残からさらに妄想することから、分別執着されたあり方という自性の特徴ができる、と。マハーマティよ、これが等流ブッダの教説です。法性ブッダは、心の自性の特徴を離れた、自内証聖智の領域を確立します。化作され化作するブッダは、布施・持戒・忍辱・精進・禅定・三昧・心・慧・知、蘊処界を離れた解脱、識のあり方、の特徴を分析し（四八六中）観察することを教え示します。無色界を究極とする異教の見解を超出することを確立すること、を教え示します。法性ブッダは、また、依るべき何ものをももたず、対象化を離れており、すべての所作、知覚器官、認識能力、の対象としての特徴を離れており、無知者、声聞、独覚、異教者たちに固有の特徴に執着するものの窺いうる境地ではなく、ただ自内証聖智の究極の優れた特徴を建立するものです。それゆえ、マハーマティよ、自内証聖智の優れた特徴に修行がなされるべきです。自心を対象化することを離れた見解の持ち主であるべきです。」

（研究）

法性ブッダは、文字通り、現実の真相に目覚めた覚者の覚そのものを指す。ボサツは当然、各自に法性の覚の実現、すなわち自内証聖智、の実現に努めなければならない。

化作され化作するブッダとは、生死しながら生死を離れている覚者を指すのではないか。化作とは、生死（サンサーラ）に化作され（ニルミタ）生死を化作する（ニルマーナ）、ということか。仏教の歴史を開いたゴータマ・シャカムニは、大乗の涅槃経において、ブッダの死の意味を究明することを弟子たちに求めたとされる。それは、要約すればこうなる。すなわち、ブッダは死ぬ存在だと考えるものはブッダの弟子ではない、またしかし、ブッダは死なない存在だと考えるものもブッダの弟子ではない、汝はどう思うか、と。化作され化作するブッダとは、シャカムニのこのような問題提起に対応する表現ではないか。

法性等流ブッダとは、本経のこの箇所でその使命が示されている、大乗仏教思想を展開するブッダである。このブッダの特徴を示す「等流、ニシュヤンダ」の語はアサンガ（無著）の『摂大乗論』巻五にみられる。ボサツ十地の第三地の特徴として「等流（漢訳は勝流）の義」を挙げる。真諦の訳出する世親の釈にいう、「真如は一切法中において最勝。真如に縁りて無分別智を起こすに由る。無分別智はこれ真如の所流、この智は諸智中において最勝。この智に因りて無分別後智所生の大悲を流出す。この大悲は、一切の定中において最勝。この大悲に因りて如来は正法を安立し衆生を救済せんと欲して大乗の十二部経を説く。この法はこれ大悲の所流。この法は一切の説中において最勝。菩薩はこの法を得んが為に一切の難行も能く行ず、忍び難きをも能く忍ぶ。この法を観ずるに由りて三地に入るを得。」（大正蔵三十一、二二二中）

少し違った趣旨の世親の言葉が、無著の『中辺分別論』障品第二、第十四偈の世親釈文中に見られ、梵語も確認せられる（山口益校訂梵文と訳注『中辺分別論安慧釈疏』一九三七年。長尾雅人訳注、中辺分別論、大乗仏典15『世親論集』中央公論社一九七六年刊所収）。前後関係からいえば、『摂大乗論』が『中辺分別論』のその偈を引用しているのである。『中辺分別論』の方の世親釈は、真諦訳では短くいう。

「勝流の義、三地に法界の伝流（ニシュヤンダ、流出、流出したもの）として所聞の正法は第一なりと知り、この法を得ん為には広量なる三千大千世界の火坑にも能く自らを其の中に擲つに因る」（山口、漢蔵対照、三九下）。こちらの方では法界からの流れとして受け止められたブッダの言葉に焦点が当てられているのに対して、『摂大乗論』の釈では無分別智と大悲とが真如からの直接の流れであり、その流れの具体化である如来が発する言葉は、その限りで優れた流れだ、という。その点でそれは、本経が如来は法性の優れた流出だと主張するのに近い。本経では、如来の言葉も言葉である限りは本来のあり方から逸れて受け取られると解する。

実は、本経の訳語「法依仏」の原語は、文字通りならば**dharmakāyāśritabuddha**（法身に依るブッダ）でなければならない。この理解は、『摂大乗論』巻十の終わり近くにきて、仏の受用身と変化身とは無常だが、ともに「法身が常住なことに依る」ので常住だ、という議論がなされることに関係する（真諦訳・世親釈の本文では、「応身及び化身、恒に法身に依止するに由るが故に。」大正蔵三十一、二六九中）。しかし、このままならば、「法依仏」は変化身をも含むことになるので、文字通りの表現をその原語とすることはできない。現行の梵文テキストの表現をその原語とみなすことが妥当と考える所以である。
『摂大乗論』玄奘（唐代）訳巻十末に「受用身」と同義で「等流身」の語が見られ、チベット語訳文にもその原語「ニシュヤンダ・カーヤ」に相当する語が見られる。しかし、真諦訳（陳代）とそのすぐ後に続く隋代のグプタ訳（受用身）にはその語は見られない。（参照、長尾雅人『摂大乗論　和訳と注解下』講談社一九八七年）

17．「声聞乗の道標として区分される特徴」

「さらにまた、マハーマティよ、声聞乗の道標として区分される特徴は二通りです。各自に達成する聖なるものの特別な特徴と、存在を分別しその自性に執着する特徴とです。そのうち、声聞たちが各自に聖なるものとして達成する特別な特徴とは、空性、無我、苦、無常という境地の真理において離欲、寂静を得、蘊・処・界、特殊と普遍、内外、の相は不滅と、あるがままに知って心が落ち着けられ、心を落ち着けて、禅定、八解脱、三昧、道、果を達成して解脱を得ます。それは煩悩の名残のために、人間には知られない神々の老衰と死とを超えたものではありませんが、声聞たちは各自に聖なる境界の喜びにふけります。声聞たちのこの各自に聖なる境界の喜びをボサツも自ら達成しますが、ボサツは苦悶する人々のことを考え、自分の本来の願いの実現のためには、滅尽定の安楽、入定の喜びを実現すべきではありません。これは声聞たちの各自に達成する境界の特徴としての喜びですが、ボサツ大士はそのような喜びに学ぶことがあってはなりません。

声聞たちが存在を分別してその自性に執着するとは、次のことです。物質の構成要素が人の手を加えられずに青、黄、赤、白、熱い、流動する、動揺する，または堅固なものとして存在し、特殊と普遍の特徴を具えていることが道理と伝承との基準によくかなっているのを見て、それらの自性に執着し分別が生起します。ボサツはこのことを知ったあと、それから離れるべきです。［声聞たちは］客体が無我であることに悟入することによって主体の無我についての邪見を離れ、諸地の次第に導入されるべきです。以上は、声聞たちが存在を分別しその自性に執着することの特徴とは何かについて私からする回答です。」

（研究）

ブッダ・シャカムニの教えを聞いて無上の喜びを抱くものを声聞というのであれば、ボサツも同じことであるはずだが、「声聞乗」の人々といえば「大乗」を志すボサツの批判を免れないのはなぜか。その理由がここに挙げられている。「不思議な老衰と死を超えていない」とは、シャカムニがボサツとして欲界の頂点である神々の世界から離れて娑婆世界の人々を救おうと誓いを起こしたときに、老衰と死とを忘れて楽しむ神々のあり方を批判した、という神話的な伝記、『ラリタ・ヴィスタラ』4、『方広大荘厳経』第四章法門品末のボサツのトシタ天の神々への戒めを叙述する偈を思い出させる言葉である。「不思議変易死」という言葉は、『勝鬘夫人獅子吼経』一乗品第五に、「阿羅漢、独覚、大力菩薩は、まだ正等覚を得ない間は肉体上の病老死からは解脱しているが彼らの神通力で得た神々の不思議な生のなかで生を直視することが無く、従って神々の老病死からの解脱も得ていない」という意味の批判の言葉として用いられている。トシタ天から離れて娑婆世界に入り自ら生死流転の中に身をおくことを決意したこのボサツは、神々の不思議な死を自らに課することによって同時に、一切の神話性からも脱却する方向を示したということができるのではないか。

「八解脱」と訳した「ヴィモークシャ」は、解脱に至るための八つの禅定ということで、「解脱（ヴィムクティ）を得る」というときの解脱とは区別されている。

18.「異教者たちの言う常住と不可思議と」

そこでマハーマティ・ボサツ大士が世尊にこう言った、「世尊は、自内証智の領域と第一義の領域とは平常でもあり不思議でもあると申されました。しかし異教者たちも、創造の諸因は常住で不可思議だと主張するではありませんか。」世尊が言われた、「マハーマティよ、異教者たちの因が平常で不思議な性格を獲得することはありません。なぜなら、彼らの言う常住と不可思議とはその理由と独自の特徴とを具えていないからです。理由と独自の特徴とを具えていない常住と不可思議とは、一体どのようにして、なぜ常住であり不可思議だと表明されますか。（四八六下）さらにまた、不可思議がもしも理由と独自の特徴とに結びついているものならば、常に創造因に依存する理由と独自の特徴であるわけですから、不可思議は常に存在しないわけです。私の場合、第一義の平常と不思議は第一義の特徴と理由を具えており、有と無とを離れています。それは自内証の証得なので特徴をもち第一義の智がその理由ですから理由をもち、有と無とを離れたものとして、造作されたものでないことの比喩としての虚空、涅槃、観察によらない滅、に似るので平常です。従ってこれは異教者たちの言う常住・不可思議の主張とは共通するところがありません。このようにして平常・不思議性は、如来たちの自内証聖智所得の本性です。それゆえボサツ大士は平常で不思議な自内証聖智の証得のために修行をすべきです。さらにまた、異教者たちの常住・不可思議性は、無常の存在という別の理由をもつので、自発的な理由と特徴を含むから常住だというのではありません。もしも異教者たちの言う常住・不可思議性が、作られたものが失われてゆくので無常性を観察し、推量知でもって常住が推測されるのであれば、その同じ理由で以て私の場合は、作られたものが失われてゆくのを観察して、かの自内証の聖智の領域こそは平常だ、それはことさら言うべき理由がないからだ、と言うのです。

もしもまた、異教者たちの言う常住と不可思議性が理由と特徴とを具えたものだとしても、理由と独自の特徴の存在がないのですから、兎角に等しいことになり、彼らの常住と不可思議性とは言葉の上の分別に過ぎないことになります。その理由は、つまり、言葉の上の分別に過ぎない兎角は、独自の理由と特徴とを欠くからです。私の場合、平常・不思議性は、自内証の証得という特徴と理由とをもちますから、作られたものの有と無とを離れているので平常なのであって、外の有と無と無常とから推測して平常なのではありません。外の有と無と無常とから常を推測して常だ、不可思議だ、と主張する人は、その常・不可思議性の独自の理由と特徴とを知らない人です。自内証聖智の領域を遠く隔てる彼らは、ともに語るにはふさわしくありません。」

(研究)

訳文中、ブッダの場合に「平常・不思議」、異教者の場合に「常・不可思議」とした原語は、ともに nityācintya である。このように訳し分けた理由は、それぞれの立場を考慮してのこと。ここの異教批判は優れて説得力がある。異教者たちの「創造因」とは、すでに取り上げられたヴァイシェーシカの「アヌ」「パラマアヌ」、これから先に取り上げられるサーンキャの「プルシャ」と「プラダーナ（またはプラクリティ）」、その他のこと。

19．「声聞たちは涅槃を推量する」

「マハーマティよ、さらにまた声聞たちは、生死と分別とによる苦の恐怖に打ちひしがれて涅槃を求めます。生死と涅槃との区別を知らない彼らは、一切の存在への分別がないもの、そして知覚器官の対象が将来なくなるもの、として涅槃を分別推量します。それが生死分別の拠り所であるアーラヤ識の転依によって得られる自内証の聖智のことだとは思いもしません。だからこそ、彼ら愚人たちは三乗の別を主張するのです。形に現われたものは心に他ならず形を離れている、と彼らが主張することはありません。従って彼らは、対象が自心の現われである過去・未来・現在の如来たちの領域のことなどは思いもよらず、心の現われである外という領域に執着して、生死輪廻を放浪し続けます。」

20．「一切の存在の自性の特徴が不生だとは、自内証聖智の領域であって、無知な凡夫の分別の二の領域の自性ではない」

「マハーマティよ、さらにまた、すべてのものが不生であることを過去、未来、現在の如来たちは説きます。その理由は、自心の現われである存在は存在ではないので、有と（四八七上）無との生起を離れています。従って、一切の存在は不生です。一切のものは兎角・馬角に等しいのです。無知な凡夫が不実を真実と妄執して自性が分別されただけですから、一切の存在は生じたものではありません。一切の存在が自性としては不生だとは、自内証聖智の領域であって、無知な凡夫の分別の二の領域のことではありません。身体、財、居所という生活の拠り所は、アーラヤ識が捉えられるものと捉えるものとして生起していますが、無知者たちは、生・住・滅の二見に陥った意図をもって、一切の存在は有と無との生起だと分別推量します。聖者たちには、それはありません。ここに君の工夫が必要なのです。」

（研究）

この二段は、過去、未来、現在の如来たちの教えを基準として、声聞の涅槃観と無知者凡夫の存在観とを批判するものとして一括して考察してきたが、特に後者は「不生」ということの基本的な理解を示す箇所として重要と考え、別段とする。この段で「有と無との生起」と言っているのは、有によって無が生起することを踏まえるものと思われる。凡夫がふつうのことと考える生・住・滅を「二見」とするのは、生・住・滅のすべてに有・無の二見が含まれていることを指すとも解される。「生・住・滅の二見」を離れるとは、不生・不住・不滅ということ、それを不生で言いなおしたということになりそうである。生句不生句で始まった百八句は、従って、ここに一切の存在が不生だと言うのと同じで、ともに自内証聖智の領域を指していることが知られる。

21.「五種の現証」

「マハーマティよ、五種の現証とは、声聞乗種の現証、独覚乗種の現証、如来乗種の現証、未定種、特別な種、の五です。」

22.「声聞乗種の現証」

「声聞乗種の現証とは、どのように知るべきか、ですが、五蘊・十二処・十八界の特殊と普遍の特徴を徹底して知り尽くすように指示されると全身の毛穴がぞくぞくする人は、特徴を調べて知識を得ることにその知力が溢れ出るけれども、縁起に悟入することを目指して努めることには、それはありません。これが声聞乗種の現証です。声聞乗種の現証を得終わった第八地において彼に現われた煩悩は消えていますが、名残の煩悩は除かれていません。神々の老衰と死とは乗り越えられないまま、人命の断絶による死は乗り越えられて、彼はまさしく獅子吼します、私の生は尽き欲望を離れた生き方をしている、この世の生はもはや繰り返されることはない、と。このように宣言して、現実をありのままに知る知で以て主体が無我であることを覚るようになるので、遂にはこれが涅槃だという理解をもちます。

マハーマティよ、他に、特別の現証として自己、衆生、生命、養育者、精神、主体を理解することから涅槃を求める人々がいます。さらにまた他に、一切の現象が創造因に依存すると理解して、すべては涅槃に達していると理解する人々がいます。いずれも、客体の無我を見る見地が欠けています から、解脱はありません。ここにあるものは、声聞乗現証の 人と異教種性の人に共通の、出離でないものを出離と見る理 解です。この点において君たちは邪見を離れるための工夫が 必要です。」

（研究）

「縁起発悟之相」は、この漢文のチベット語訳では、縁起に悟入がなされる相、となっている。「縁起」という述語の語義理解ではなく、ナーガールジュナの『中論』冒頭の帰敬偈にいう「不生の縁起」という表現などが指し示す現実の実相に悟りを開くことを、それは言っている。声聞乗種の現証を目指す人は、そのようなことに関心を示さない、というのである。

声聞乗種の現証を得終わった人が修行の第八地にあるとするのは、本経に一貫して見られる理解である。声聞とボサツとに別々に修行の第八地の段階があるというよりは、第八地とすべきところに声聞とボサツとの違いを示す状況が明らかになる、と理解すべきであろう。獅子吼の箇所は初期の文献に見られる定型句、例えば『マハーヴァスト』スナール校訂、第三巻、四四七，7—83参照。

23.「独覚乗種の現証」

「マハーマティよ、独覚乗種現証の人とは、個々の現証を指示されると感涙と喜びで全身の毛穴がぞくぞくします。他人との接触をすることがないのと、生きることに執着がないことのために、自分の身体がいろいろさまざまに神通で分離したり二重にしたりする奇術を見せることになると予言されると、納得して、それこそは独覚乗種現証の人なのだと知って、独覚乗種の現証にふさわしいものの言い方をすべきだ「と考えます」。これが独覚乗種現証の人の特徴です。」

（研究）

ヴァスバンドの『アビダルマコーシャ』巻三、第94偈の説明文によると、独覚には二種類あって、一つは以前に声聞であったもの、乃至は前世に声聞の修行を終えたものが今生に、自然に聖道を覚って群れをなしている場合。他は、独角犀のように単独で行動し、師に教えを請うことなく、百大劫の修行で覚ったもので、犀の角に似るとされる。群れをなすものたちも、群れを引っ張って行くということになることを避けるため、また人との接触を恐れるために、他人に教えることをしない、といわれる。ブッダに関する話の伝承を集めた『マハーヴァストゥ』や仏教信者にまつわる話の伝承を集めた『デイヴヤアヴァダーナ』では、独覚はブッダがこの世に生まれていないときに現われて、布施を受けることで人々の宗教生活の支えとなる、とされる。独覚は、仏教サンガの主要メンバーである声聞たちのように明確な存在の形態をもたないが、三乗の一つを構成するものとしてそのあり方が考察される。

24.「如来乗種の現証」

「ところでマハーマティよ、如来乗種の現証には四種あります。(1) 自性の真理を現証する種、(2) 離自性の真理を現証する種、(3) 悟入する自内証の聖を現証する種、(4) 外のブッダたちの地域の人心の広大さを現証する種、です。(四八七中) それら四種のうちのどれか一つを指示されるとき、そして自心の現われである対象、すなわちアーラヤ識の現われとしての身体、財、居所という不思議な対象を指示されるときに、恐怖におびえず、震えず、ぞっとすることのない人は、如来乗種の現証の人と知るべきです。これが如来乗種現証の人の特徴です。」

(研究)

四種の最後は、初めの三種がふつうにはブッダ・シャカムニの教えが知られている世界で認められるだけでなく、それ以外の世界においても認められることを意味し、重要な意味深い項目である。漢訳「外刹殊勝」の「殊勝」に対応する梵語「アーウダールヤ」は、寛容、高貴さ、心の広さ大きさを意味する。

25.「未定種の人」

「未定種の人がこれらの三乗種を指示されるとき、自分が納得する乗種に加えられることになりましょう。この種の決定は初心者の準備段階です。このあと、現われた形が形を離れていることを覚るボサツの第八地に落ち着く決定がなされます。しかし声聞も、各自のアーラヤにおいて主体の煩悩の名残が除かれている場合、客体の無我を覚ることによって、三昧の安楽に住することを得て、勝者・如来の身を得ることになるでしょう。」

そこで世尊は、その時、次の偈を述べられた。

涅槃への流れに入るという果も、一度生死に戻る果も、生死に戻らない果も、最終の果・アルハットも、心の迷い。125

三乗、一乗、無乗と私は説く、無知者に、理解の遅いものに、そして聖者に、超脱のものを。126

第一義への門は二としての顕現を離れている。三乗の区別などは、形の現われを離れて立つとき何になろうか。127

諸禅定、四無量心、四無色定、想滅定などのすべては、心だけのとき何処に成り立とうか。128


（研究）

涅槃への流れに入る「預流果」から「一来果」、「不還果」、そして「阿羅漢果」までが声聞種の四果とされ、その間、声聞はさまざまの禅定に没入する。ボサツの立場を強調する本経の如来は、その在り方そのものを批判する。批判者自身の立場は次に明示される。

26．「特別の種、すなわち解脱を求めるものたちが求めないあり方」

「さらにまたマハーマティよ、特別の種とは、すなわち、解脱を求める者たちが求めないあり方のことです。それはどうして起きるのかと言えば、二つあります。一切の善根を放棄するためと、衆生に対する無始時来の誓願のためとです。一切の善根を放棄するとは、ボサツ蔵経典類の排斥と根拠のない非難として、これらはシャカムニの教えである経と律とに説かれる解脱の教えに一致しない、と言うことが一切の善根を放棄することなので、そういう発言をする人は涅槃しません。第二はボサツ大士です。一切の衆生が完全な涅槃に到らない限り私が涅槃することはない、と、生死流転の衆生への誓願と方便とを優先しますから、彼が完全な涅槃に入ることはありません。これが、完全な涅槃に入らないあり方の人々の特徴で、それでもって解脱を求めて求めないあり方を獲得するのです。」

再びマハーマティが言った、「二人のどちらが最後まで涅槃に入らないのですか。」世尊が言われた、「ボサツの方です。彼は一切のものが初めから完全な涅槃に入っていることを知っているので、最後まで涅槃に入ることはありません。それで、解脱を求めて求めないのです。一切の善根を放棄(四八七下)することで解脱を求めながら求めないものは、それとは違います。しかし彼らも、如来の感化を受けていつかは、否いつでも、善根を生じます。その訳は、如来たちが衆生を見捨てることは一切ないからです。以上の理由で、ボサツは解脱を求めながら求めず、完全な涅槃に入ることをしないのです。」

(研究)

解脱を求めて求めない人、という奇妙な表現のうち「求める人」の原語「イッチャンテイカ」を本経以前に本格的に取り上げたのは、大乗経典の『涅槃経』である。法顕訳『大般泥洹経』四法品第八に次の表現がある(大正蔵十二、八七三下、意訳)。

「イッチャンティカがなまけてだらだらとごろ寝しながらいくら願っても、ブッダになることはありえない。ブッダの教えを信ずる在家信者がいくら解脱して彼岸に渡りたいと願っても、それはありえない。ましてごろ寝するイッチャンティカにおいておやです。」

この後に、理由として挙げられる表現「性は他成ではないから」は、短くて分かりにくいが、本質をついている。衆生に如来の本性が具わっており、それは衆生にとって外的な要素ではないことに衆生が目覚めることが大乗の教えだと『涅槃経』は主張し、イッチャンティカはそのような主張をする大乗経はすべて魔説だと非難する、それならば、自身に解脱を願う存在としてのイッチャンティカは、自ら解脱の可能性を放棄しているのだと『涅槃経』は言うのである(同八九二下など)。

「菩薩蔵」という言葉は、アサンガの『瑜伽論』「菩薩地(漢訳、菩薩地持経)」三部の第一部十八章の最後、菩薩功徳品で大乗の語義を説明する箇所に見られる(ナリナクシャ・ダット校訂梵本二〇一—二、大正蔵十三、九三七中)。それによると、大乗は菩薩の乗として菩薩蔵が説くところである。大乗の法が大だとは、十二部経が菩薩方広蔵として最上最大だからである、と。この理解によると、菩薩蔵は阿含経典類を含むわけである。

「ボサツ・イッチャンティカ」という発想は『涅槃経』にはなく、本経独自のもの。また、解脱を求めながら善根を放棄して解脱を求めなくなったイッチャンティカも如来の感化を受けて真に解脱を求めることになることの理由として、如来たちは一切の衆生を見捨てることがない、と述べる箇所などは、梵文そのものの響きに深い高揚感がこめられており、読むたびに感動を覚え、さらに声に出して読み返さずにおれない、時空の隔たりを超えた名文である。

27.「ボサツ大士は現実の三つのあり方（自性）の特徴に通じているべきです」

「マハーマティよ、ボサツ大士はまた、現実の三つのあり方（自性）の特徴に通じているべきです。三つのあり方とは、すなわち、分別執着された現実のあり方、他に依る現実のあり方、および真実な現実のあり方です。そのうち、分別執着された現実のあり方は、その動機になる相から生起します。」

マハーマティが言った、「世尊よ、分別執着されたあり方はどのようにして動機になる相から生起するのですか。」世尊が言われた、「マハーマティよ、他に依るあり方は動機になる相である事象の特徴を表わす形として現われます。その動機になる相である事象の特徴に執着することが、また、二通りあります。というのは、分別執着されたあり方を、如来・応供・正覚者たちは、動機となる相である名への執着と、同じく動機となる相である事象への執着とに分けます。名への執着とは、内と外との現象への執着ということです。事象への執着とは、それら内外の現象において特殊と普遍との特徴に執着することです。これが二通りの、分別執着された現実のあり方の特徴です。依り所から、そしてそれを対象とすることから生起することが、他に依ることです。真実な現実のあり方とは、動機となる相である名と事象とへの分別を離れた聖智を得るに到って自内証の聖智が働く領域です。この真実な現実のあり方こそは、如来を産む母胎であり如来の核心なのです。」

そこで世尊は、その折に次の偈を述べられた。

動機となるものの相、名、分別は現実の二つのあり方の特徴です。
正智と如性とは真実な現実の特徴です。 129

「マハーマティよ、これが、五つの事柄が現実の三つのあり方の特徴の解明にどう関わるかを調べるという考察の分野で、自内証聖智の働く領域です、君も、他のボサツたちも、これは学修する必要があります。」

（研究）

分別執着された現実のあり方の動機になる相として本経は事象と名とを挙げるが、分別の解明のために事象と名とを挙げる先行テキストとしては、『菩薩地』真実品第四がある。そこでは事象は名、自性、差別との関連で考察が進められる。色等の事象は、「色」などの名で呼ばれるが、名は名だけ、事象は事象だけのものだと分かれば、事象への執着を離れ、言葉を離れることになる。その自性も、仮に設定されたもので、現われた形を離れた幻影にほかならないと知られる。どの事象も有と無との差別を離れて、有あるいは無と仮に差別が設定されるだけである。これが如実智だ、と（ダット校訂本36—7、菩薩地持経、大正蔵十三、八九五下〜六上、要旨）。

この段の最後に挙げられる偈は、巻四の第57偈としてそのまま示され、五つの事柄と現実の三つのあり方との密接な関連の仕方がその偈に先立って詳しく説明される。

「如来の母胎・核心」という術語が、現実の三つのあり方のうちの第三、真実な現実のあり方の同義語として紹介されていることは、この先、この語が何度も現われる先駆けとして留意しておく必要がある。「如来の母胎」の語は漢訳では「如来蔵」、チベット語訳では「如来の核心」を意味する語になっており、それらが同一語であることが、ここで示されているわけである。巻四で「如来の母胎」はアーラヤ識の本来のあり方を指す語として、アーラヤ識とほとんど同義語に扱われているので、研究者のなかには、本経が両語を無差別に同一視していると批判する傾向が見られる。確かにそのように見られる表現が幾つもある。しかしわれわれは、本経の立場が、ここに示されている位置づけにあるのだと確認してかかる必要がある。本経のブッダの立場は、凡夫のではなく、如来の視点に立つものであることを忘れてはならない。

28．「個人主体が無我であること」

「マハーマティよ、さらにまたボサツ大士は二種の無我の特徴を考察することに通じている必要があります。すなわち、個人主体の無我と、客体の無我とのことです。個人主体の無我とは何かといいますと、以下のことです。五蘊・十二処・十八界の集合体は自己と自己の所有とを離れたものですが、これは無知・業・渇愛の所産ですので、例えば眼が形のあるものを知覚するなどしてその対象に執着するために生じている識別能力であるわけです。その識別能力が、あらゆる根（知覚能力）を使って自心に他ならない対象である生活環境、身体、など、アーラヤ識自身の分別が分別されたものを顕示します。五蘊・十二処・十八界の集合体は、川の水、種子、灯火、風・雲のように絶え間なく続く刹那の断片ですが、移り気なことは猿に似、不潔なことは蝿のようで不潔なところをうろつきまわり、見張り人のいない野火のようで、飽きて満足することがないのは、無始時来の分別の広がりの名残のせいです。

井戸汲み用の滑車のように、生死する存在の流転の輪のなかで、さまざまの姿の身体をもつものが、幻人、鬼神あるいは機械仕掛けそっくりに、現にぞくぞくと生起します。この点において特徴に通じた智が個人主体の無我の智です。」

〈研究〉

個人主体の無我の意味は、ふつうなら説明の最初の一文で示されたはずだが、ここでは、その無我に目覚めていない、分別執着された現実のあり方の特徴に通じることを無我の智とする、独自の説明になっている。

29・「客体の無我の智」

「マハーマティよ、客体の無我の智とは、五蘊・十二処・十八界という［個人主体の］各構成要素が分別執着された特徴のものであることを覚ることです。（四八八上）五蘊・十二処・十八界は自己と自己の所有を離れたものであり、各要素の集まりにすぎないのですが、業と渇愛との縄に縛られることを因とし、お互いを縁とすることによって生起しますが、動揺を離れています。同様に、客体としての現象世界の構成要素も、特殊と普遍との特徴を離れており、それが虚妄な分別執着の多様さをもって広がっているところを、無知者は実相と捉えますが、聖者は違います。ボサツ大士は、一切の現象が心・意・意識、現実の五つの事柄、三つのあり方を離れていることを確認することで、客体の無我に通じます。客体の無我に通じたボサツ大士は、程なくボサツ修行の初地である現われた形が形を離れていることの考察に取り掛かります。その段階の特徴を考察し覚ることによって歓喜を得、その直後、次々と進み、第九地に通じたあと、真理の大雲と呼ばれる地を得ます。ボサツはその地に立脚して、無数の宝真珠で飾られた大蓮華王、すなわち蓮華の形の、幻の本性が自らの領域であることに通じたことの所産である大宝殿に座します。ボサツは、自分と同じ姿かたちの勝者の子らに囲まれて、一切のブッダたちの地域から伸ばされたブッダたちの手によって、転輪王子のように祝福されます。ボサツは勝者の子の段階を超出して、自内証の真理の聖智を得るので、真理を自己として自在に制御する如来となります。客体の無我の智を得たからです。

これが、一切の客体の無我の特徴です。君も、そして他のボサツ大士たちも、この点において学修をなすべきです。」

〈研究〉

一切の現象が心・意・意識を離れている、というのは、現象が心・意・意識の対象として捉えられることを離れている、という意味。一切の現象が現実の五つの事柄、三つのあり方を離れているとは、本来寂静で動揺を離れているということ。ボサツ修行の十地と大宝蓮華座のことは、『仏華厳経』十地品に依る。初地のボサツには十方世界のブッダたちが手を伸ばしてボサツの頭を撫で、第十地ではボサツに頭から祝福の水を注ぐ、とされる。

30.「増益と損減との悪見を打ち砕いた智者たち」

さて、そのときマハーマティ・ボサツ大士は、再び世尊にこう言った。「増益と損減との特徴を私にお教えください、私と他のボサツ大士たちが増益と損減の悪見を打ち砕く智者となり、速やかに無上の正覚を得ることになるよう、お願いします。正覚を得ることによって私たちは、現実は常恒だとする増益と、断滅だとする損減とを打ち砕き、世尊の示されるブッダの正理を誹謗することはなくなりましょう。」

そこで世尊は、再びマハーマティ・ボサツ大士の願いを受け止めて、次の偈を述べられた。

増益と損減とは、対象が心に他ならないところには存しません。

身体と財と居所として現われているものは心だと気づかぬ人々は増益と損減とのなかを彷徨う愚者たちです。

130

〈研究〉

ここに取り上げられる二つの概念、原語はサマーローパとアパヴァーダ、は事実に反して付け加えることと、事実を取り去り、あるいは認めないで評価をくだすこと、を意味するので、増益と損減あるいは誹謗と訳される。その具体的な理解の仕方は次の段で説明される。

31.「四種の事実に反する増益」

さて、世尊はこの偈の意味を説明しながら再び次のことを言われた、「マハーマティよ、事実に反する増益は四種です。すなわち、事実に反する特徴の増益、事実に反する見解の増益、事実に反する因の増益、事実に反する存在の増益、です。

これらが四種の増益です。

これに対して、損減とは、すなわち、この悪見である増益に気づかず、そのことの検討がなされないために誹謗が生ずるのです。これが増益と損減との特徴なのです。

事実に反する特徴の増益とは、五蘊・十二処・十八界において事実ではない特殊と普遍との特徴に執着すること、つまり、これはこのようであってそれ以外ではない、とすることです。これが事実に反する特徴の増益ということで、この事実に反する特徴の増益分別は、無始時来広がり続ける粗悪で多彩な名残としての執着から生起します。事実に反する特徴の増益とは、以上のことです。

事実に反する見解の増益とは、その同じ五蘊・十二処・十八界に自己、衆生、生命、生物、養育者、精神、個我を見る増益です。これが（四八八中）事実に反する見解の増益といわれます。

事実に反する因の増益とは、無因で生じた初めの識が、後に存在しなくなって幻のようで、前に不生のまま眼が物の形を見たことを思い出すとともに生じ、生じて存在した後、再び消滅すると言うわけです。これが事実に反する因の増益です。

事実に反する存在の増益とは、虚空、滅、涅槃という、作られたのでないものを存在として執着する増益です。これらは存在と非存在とを離れており、兎、馬などの角、または目を閉じたときにみえる毛網状の形に似ています。およそ一切の現象は有と無との二辺を離れていますが、愚者たちは増益と損減とをもってこれらを分別します。彼らは対象が自心の現われに他ならないことを覚る智慧がないからです。しかし聖者たちは違います。それゆえマハーマティよ、増益と損減との見を離れる必要があるのです。」

（研究）

四種の増益の第一、第二は、順次、客体の無我、個人主体の無我への無知を指す。第三の増益は、眼識が生ずる四つの理由の初め二つを無視することで、識の不断の生住滅に無知なことを示す。それは先にヴァイシェーシカ批判で言及されたことである。第四の増益で言及される虚空、滅、涅槃は、『倶舎論』巻一、第5偈で言われる「三種の無為」すなわち「虚空と二つの滅」のことである。二つの滅とは、一つは四諦の第三、涅槃のこと、いまひとつは、次の第6偈に言う、縁の欠如による「生起の完全な停止」を言う。それら三種の無為を存在として捉え執着する増益を批判して、それらが有無を離れたものだとするのはよいが、何が問題になっているのか。

比喩として使われている兎や馬の角が果たして有無を離れていることの比喩になるのかも、疑問である。批判の理由として考えられることは、無為を有為と区別し引き離すことによって無為を有為の実相とは別のものとして「増益する」ことに問題性を見たからではないか。ここでの議論の行方はその方向を指し示すように見える。兎に角があるとすることは事実に反する増益である。兎に角がないと主張することは事実を指しているようで、実は角が無いことを非難する響きを持つ。兎に角があると言ってもいけないし、ないと言ってもいけない、それならば、兎角は実相の比喩となる。第四、事実に反する存在の増益は、この立場からの批判と考えるべきであろう。

32.「ボサツは多様な様相を呈している」

「マハーマティよ、ボサツたちが心・意・意識、五つの事柄、現実の三つのあり方、二つの無我の徹底した理解を得た後は、他者に役立つために、多様な服装をまといます。その様子は、他に依るあり方に依っている分別執着されたあり方のようで、彼らはさまざまの姿かたちを現わしだすマニ珠に似ています。彼らはあらゆるブッダの居られる地域の聴衆の中に入って、一切の現象は幻、夢、光の影、水面に浮かぶ月影の様相と同じく、生滅、常恒と断滅、を離れているという、すべての声聞、独覚のための教えにはない教えを直接すべての如来たちから聞きます。彼らはまた、百千の三昧の機会を得ます。彼らは億ニユタ百千の多数の三昧を得て、それらの三昧をもって一つの地域から他の地域へと入って行きます。ブッダたちへの供養に心がけ、生を受けた神の天宮の住まいではブッダ、ダルマ、サンガの三宝を説き、自らはブッダの姿を現わし、声聞衆とボサツ衆とに囲まれて、対象が自心の現われに他ならないことに悟入することとして、外の存在は存在しないのですよと助言します、有と無との二辺が止むことを目指して。」

そこで世尊は、この機会に次の偈を述べられた。

世間が心に他ならないと勝者の子達が観察するとき、
そのとき彼らは勝者と同類の身の、活動と作為とを離れたものを得る、
彼らの力、神通、自在と結びついたものを。 131

（研究）

ボサツは心、慧、知を会得したあとは、それらを脚を痛め

たロバのように無用なものとして捨ててさらに上の聖智の三相、すなわち現われた形に迷わされず、諸ブッダの誓願を自らに課し、そして自内証の聖智に徹する、とした（第十二章）ことが、ここに別の仕方で表現されている。『仏華厳経』では、シャカムニ・ブッダの成道を祝福して無数のボサツたちが無数のブッダの世界から集まってきたとされたが、ここでは、方向が逆転して、自心現を会得したボサツが無数のブッダの世界に出てゆき、自心現の真理を説くとされる。ここに本経の立場が示されていると解される。なお、「光の影」とは、光によってできるものの影のこと。これは、他の喩も含めて『大乗荘厳経論』（巻十一、第30偈）、『摂大乗論』巻二、などに見られる（ともに長尾雅人先生の研究参照）。

33．「一切の現象の空性、不生、不二、無自性の特徴」

さてそこでマハーマティ・ボサツ大士は、再び世尊にお願いした、「世尊から一切の現象の空性、不生、不二、（四八八下）離自性の特徴をお示しください、それらの特徴を覚った後、私と他のボサツ大士たちとは、有無の分別を離れて速やかに無上の正覚を得ることになりましょう。」

そこで世尊はマハーマティ・ボサツ大士に言われた、「それではマハーマティよ、聞きなさい、そしてよく考えなさい。よろしいか。」「世尊よ、お願いします」と言って、マハーマティ・ボサツ大士が世尊に耳を傾けた。

34．「七種の空性」

世尊は言われた、「空性、空性と言いますが、これは分別執着されたあり方に属する言葉です。また、分別執着されたあり方に捉われるから、人は空性、不生、不二、離自性ということを主張することになるのです。そのうち、空性には要約して七種あります。すなわち特徴の空性、存在の自性の空性、周知の空性、未周知の空性、一切の現象が言語表現を絶するという空性、第一義の聖智である優れた空性、および相互の空性、の七種です。

（1）特徴の空性とは、一切の存在は特殊と普遍との特徴を離れています。それらは相互に全体を構成することが期待されており、よく観察すると区別は存在しないので、特殊と普遍との特徴は生じません。自と他との両方がなければ、どちらの特徴も残りません。それで特徴の空性ということが一切の存在について言われるのです。
(2)存在の自性の空性とは、存在の自性というものは自然に生じてくることがないので、一切の現象について存在の自性の空性ということがあるのです。それゆえ存在の自性の空性が言われます。
(3)周知の空性とは、五蘊は自己と自己の所有とを現に離れているのに、因に動かされた活動と業とによって存続します。それゆえ、周知の空性と言われます。
(4)未周知の空性とは、その同じ周知の空性である[五蘊は]相互に縁生しますが、それらに自性はありません。それゆえ未周知の空性と言われます。
(5)一切の現象は言語表現を絶することで空性です。すなわち、分別執着されたものの自性は言語に表現できない性質のものです。それゆえ一切の現象は言語表現を絶します。それで、一切の現象が言語表現を絶して空性だと言われます。
(6)第一義の聖智の優れた空性とは、自内証の聖智の証得は、一切の固定した見解の過失の名残を持ちません。それゆえ、第一義の聖智の優れた空性と言われます。
(7)相互関係上の空性とは、すなわち、あるものがある場所にないとき、その場所はそのものを欠き空だと言われます。例えばサンガに寄進され、「ムリガーラの母の広間」の名で呼ばれる講堂に象、馬、牛、羊などは居ません。そこはビクたちを欠くことはなく空ではないと私は言いますが、そこはそれらの動物たちを欠き空だと言われます。講堂は講堂という建物として存在しないわけではなく、ビクたちもビクたちとして居ないわけではありません。また、かれら象、馬、牛、羊たちが他の場所に存在していないのではありません。すべてのもののこの特徴も、相互関係の上では存在しません。それゆえ、相互関係上の空性と言われるのです。
以上が七種の空性ですが、この相互関係上の空性は、そのうちで最低のもので、君はこれを無視すべきです。」

(研究)
「空性」という言葉は覚りの内容を示す表現として用いられるので、我々はその言葉を用いる人間が悟りを開いている偉い人だと錯覚しそうだが、それが分別執着の言葉であり、その言葉を主張することは分別執着のあり方に捉われているものだと言われると意外な気持ちになる。しかし百八句の発想に戻って考えれば、空性は空性ではない。そこに空性がある。

七種の空性のうち、第三と第四とは、一見すると分かり難い。しかし結局、第三は個人主体の無我、第四は対象世界の無我のことで、前者は原初の仏教者によく知られているが、後者は大乗の仏教徒が強調する事柄であることに気づく。漢訳の「行空」の「行」は、周知の、という意味だが前例の見当たらない用法である。南条博士校訂梵本では、第三と第四の順序が逆で、しかも第四の表現が全く違う。ここも漢訳四巻本の表現に従って、梵語文法に精通していない私が敢えて梵文の訂正を試み、専門家のご助言を待つことにした。

第七の空性に対する本経の批判は独自のもののようで、例えば『中辺分別論』第一章第1偈下の釈文にこの相互関係上の空性の理解が取り上げられているのを専門家は瑜伽行唯識学派の「正しい」解釈とみなす。そのために、本経の批判はそれと真っ向から対立する見解になる（長尾雅人先生『中観と唯識』岩波書店一九七八年、「空性に於ける『余れるもの』」参照）。

35．「あらゆるものは自性を離れている」

「マハーマティよ、いかなる［存在］も自分で生ずることはありませんが、また、三昧の状態を離れては、生じないことはありません。それで、自性を離れている存在は不生だと言われ、不生という意味であらゆる存在は自性を離れているのです。刹那の相続が継続し変化が見られるので一切の存在は自性を離れています。それで、あらゆるものは自性を離れていると言われるのです。」

（研究）

初めに、「不生」という表現の理解の仕方について貴重な助言がなされる。ものが自分で生ずることはない、といえば、他からも生じない、というナーガールジュナの『中論』帰敬偈の表現が思い出される。その後、自と他との両方からも生じないが、無因からも生じない、とナーガールジュナから言われると、生ずるということが思議を絶すると言っているのだと知らされる。不生ということが単なる生の否定ではない。それが本経では、存在が自性を離れていることとして示される。

36．「すべての現象は不二」

「不二とは、（四八九上）日陰の涼しさと日向の暑さ、長いと短い、黒いと白いのようなもののことで、そのようにあらゆる現象は不二なのです。しかし例えば涅槃のあるところ、そこが生滅だというのではありません。生滅のあるところ、そこが涅槃なのでもありません、両者は区別する十分な理由があるからです。それで、生滅と涅槃とのように区別がありながら、一切のものは不二だといわれます。それゆえ、空性、不生、不二、離自性ということに十分な工夫が必要なのです。」

さてそこで世尊は、この折に次の偈を述べられた。

私は常に説く、空性、常住と断滅とを離れたあり方、
生死が夢・幻に似ることを。しかし業が消滅するとは説かない。132

虚空、涅槃、二つの滅、という作られたのでないものを、
愚者は固定して分別するが、聖者は違う、無と有とを離れているから。133

（研究）

「不二」とは違いを解消することなく到達する理解の仕方であることが強調される。最後の二偈も同じ趣旨のことを述べる。業からの解脱も、業の消滅とは区別されながら不二として理解される道があることを示す。業への言及は、ヴァスバンドの『業成就の論』（山口益『世親の成業論』法蔵館、一九五一年のチベット語テキストと日本語訳文、解説参照）が引用する世尊の偈と言われるものと関連すると考えられる。引用偈の山口先生訳文を次に引用する。

「百劫の長きを経と雖も　業は失壊せず。
〔因縁〕和合するに至りて時と相応するとき　有身の者に果として熟す。」（一四二ページ）

注記で山口先生が梵文テキスト『デイヴヤアヴァダーナ』にこの偈が九回引用されているとしておられることは、ヴァイドヤ校訂のテキスト巻末のシュローカ索引を使って実際に確認することができた。しかし、その出典は不明。

37.「意味される事柄に徹すべきで、教説の言葉に捉われてはならぬ」

さてそこで世尊は再びマハーマティ・ボサツ大士にこう言われた、「ここにいう空性、不生、不二、離自性というものはすべてのブッダたちのすべての経に含まれています。ですから、どの経のなかにも、このことの意味を確認する必要があります。この、経というものは、あらゆる衆生の心情に応じて表現されたものですから、迷妄を引き裂く教説でもってその意味を明らかにするのです、教説は、真実がそのまま言

言葉は厳しい、すなわち、たといブッダの言葉であろうとも、言葉としては衆生の妄想分別なのだ、どんな言葉にも依存するな、と。

以上、『ランカーに入る』巻一・第一章

葉になっている説明ではありません。例えば、鹿渇ともいわれる陽炎は、鹿を誘惑して、水があることへの執着によって跳びこませますが、そこに水はありません。同じように、すべての経の教説の内容は愚者自身の分別を満足させるとしても、それは、しかし、真実が聖智としてそのまま言葉になっている説明ではありません。そういう訳ですから、意味される事柄に徹すべきで、教説の言葉に捉われてはなりません。」

（研究）

巻一・第一章結びのこの段で主張される二点の第一は、空性・不生・不二・離自性という事柄がすべてのブッダのすべての経に説かれており、そのことを確認する必要がある、とする。そこには、シャカ一仏という発想は見られない。これが大乗といわれる事柄の本質と考えられる。第二点は、ブッダの教説を展開する経は、これを読むものがブッダの意図、目的、真意に通じないまま、いかにそれを尊重するとしても、真意から遠ざかる恐れがある、せっかくのブッダの言葉を、言葉の上の理解に止めてはならない、その真意にまで迫るべきだ、もともと、ブッダの教説は衆生の迷妄を破るために発せられた、深い誓願に基づく表現であることに十分思いを致すべきだ、というふうに解せられる。しかし本経のブッダの

『ランカーに入る ―すべてのブッダの教えの核心―』

宝経巻二・第二章

（大正蔵十六、四八九上～四九七下）

（第一章に続いて、第二章を第38段から第84段までの四七段に分け、各段に見出しをつけ、本文訳のあとに、そこで問題となった事柄の究明を目指して「研究」をおく。）

目次

38．「如来の母胎という教説は異教の自我論と同類ではない」……68
39．「ボサツが現実の優れた一体観の実践者となるための四種の根本的な条件」……71
40．「1．知覚の対象が自心であることをはっきりと知る」……71
41．「2．外の存在というものは無いことを観察する」……71
42．「3．生、住、滅という固定した見解を離れる」……72
43．「4上．自覚聖智の証得を喜ぶ」……72
44．「4中．意からなる身体」……72
45．「4下．自覚聖智の証得を喜ぶことができる」……73
46．「5．現実の優れた一体観の実践者となる」……73
47．「1．外と内との諸縁の特徴」……74
48．「2．六種の因」……74
49．「3．因と縁とが実際に働く特徴が次第にか同時にかだとする固定した見解を離れよ」……75
50．「1．言葉・分別の特徴の核心」……76
51．「2．言葉・分別が明らかにされる領域」……76
52．「3．言葉・分別が第一義を明らかにすることはない」……77
53．「知覚の対象が自心に他ならないことを悟らないために無知者・凡夫は妄想する」……78
54．「如来の教説は四句を脱している」……84
55．「如来禅」……84
56．「涅槃とは何の呼び名か」……86

57.「如来たちが二種の祝福をするボサツのこと」……87
58.「因縁が具備したときに現象は生ずる、無因からではない」……89
59.「言葉があるから諸存在があるということはない」……90
60.「1．恒常とは、何が恒常か―知覚の混乱のこと」……92
61.「2．知覚の混乱は真実である」……93
62.「3．知覚の混乱は無知者と聖者とを分けることになる」……93
63.「4．幻同様、知覚の混乱は特徴に捉われるから存在するというわけのものではない」……94
64.「1．幻の比喩が意図するもの」……95
65.「2．諸存在は不生だ幻のようだと言う私の言葉の前後に矛盾はない」……96
66.「名、句、文字、の集合体」……97
67.「質問に答える四種の説明の句」……98
68.「一切の現象は無常であることが平常である」……100
69.「涅槃に向かって進む流れに入っての果の区分」……101
70.「1．三つの束縛からの解脱」……103
71.「1a．有身見からの解脱」……103
72.「1b．疑いからの解脱」……103
73.「1c．儀式的な行への捉われからの解脱」……104
74.「2．一度戻る人」……105
75.「3．戻らない人」……105
76.「4．供養に値する人、アルハット」……105
77.「5．声聞の過失を超出する」……106

78. 「二種類の知力」……107
79. 「ボサツは四大種とそれらからの合成物とに通じている」……108
80. 「五蘊の一々の特徴」……110
81. 「異教者たちの四種の涅槃観」……111
82. 「妄想されたあり方の区分の仕方」……112
83. 「自覚聖智と一乗」……115
84. 「声聞たちに私は一乗ではなく三乗を説く」……116

38.「如来の母胎という教説は異教の自我論と同類ではない」

(四八九上) さてそこでマハーマティ・ボサツ大士は、世尊にこう言った、「世尊は経文の中で如来の母胎のことを述べておられます。それによりますと世尊は、如来の母胎とは［如来の法性のこととして］衆生の本来の清浄さを言うとされ、それが如来の三十二相を具えたままですべての衆生の肉体に隠れてある様子は、あたかも極めて貴重で高価な宝石が汚れた衣類に包まれてあるかのように五蘊十二処十八界に包まれてあり、欲望と憎しみと無知と虚妄な妄想の垢に汚されてある、しかも平常で安定して至福で恒常だと諸仏が (四八九中) 説かれている、とされます。世尊よ、この如来の母胎ということは異教の自我論とどうして同類ではないのですか。異教者たちも、常住の創造者が属性を離れて遍在で不滅だという自我論の教説を表明します。」と。

世尊が言われた、「私が説く如来の母胎は異教者の説く自我と同類ではありません。そうではなくて、如来たちは空・無相・無願、真如、真実際、法性、法身、涅槃、無自性、不生、滅、本来寂静、本来涅槃などの語の意味をもつ如来の母胎という教説を作っているのです。如来・応供・正覚者たちは、無知な人々に対して、彼らが恐れる無我という語を避けるために、妄想を離れ現象に捉われない境地を如来の母胎という入門用の教説で示すのです。未来と現在とのボサツ大士たちは、この教えについて不滅の霊魂的な自我説として捉われることがあってはなりません。

例えば陶芸家は、極微の集まりである一塊の粘土から、さまざまの容器を手と技術と木片と水、轆轤、紐、そして大変な労力を合わせることによって作り出します。同様に如来たちは何らかの特徴を持つものが無我であること、あらゆる分別の特徴を離れていることを、空性を知る智慧、空慧、と方便に巧みなことが合わさって、時には如来の母胎説により、時には無我説によって、陶芸家のようにさまざまの同義の語や比喩を用いて示します。それゆえ如来の母胎の教説が異教の自我論と同類であることはありません。如来の母胎という教説とは、そういうものです。

自我説に捉われている異教者たちの関心をひきつけるために如来たちは、如来の母胎の教説でもって宣言します、ああ、どうすれば虚妄な自我を分別する固定した見解に陥った人たちが空、無相、無願の三解脱の領域に属する考え方に達して速やかに無上の正覚を得ることになるだろうか、と。この目的をもって如来・応供・正覚者たちは如来の母胎という教説を作るのです。さもなければ、これは異教の自我論と同類です。それゆえにこそ、異教の固定した見解が終息するために君は如来の母胎の無我説に徹する必要があります。」

そこで世尊は、この際に次の偈を述べられた。

個人存在、生命の相続、五蘊、諸縁、極微、創造の女性原理、

自在神、創造者は、心に他ならないものがさように分別されただけ。1

（研究）

マハーマティの質問の中で言及される如来の母胎と言う教説の出典は、紛れもなく『如来蔵経』である。ブッダバドラが四二〇年に漢文に訳出した。また、本経が巻四で如来蔵思想の源流として言及するものは『勝鬘夫人師子吼経』（四三五年グナバドラ訳）である。しかし「如来の母胎」という名称の由来を示すものは『仏華厳経』入法界品、マヤ夫人の項と考えられる。ブッダ・シャカムニ如来の母、マーヤー（摩耶夫人）は、ボサツのあり方を探求する道にあるスダナ（善財童子）に対して、深い瞑想の中から姿を現わして言ったという、「私はすべての如来たちがボサツとなったときの生母」、「私は彼らのこの世での最後の生においてボサツたちの母となった」、このようなボサツたちのための「大悲の母胎」も「ボサツ」であり、「一切智の成熟を全うすることに満足することを知らない母胎」ですと。

『勝鬘夫人師子吼経』の主人公、勝鬘夫人（デーヴィー・シュリー・マーラー）は、「如来の母胎」という言葉の由来には全く触れずに、これを煩悩の殻となっている人間の本来の在り方として、その煩悩の影響を脱却していることを指すものですと、自分の理解するところを世尊に報告する。本経巻四では、この理解の方向をさらに深めるものとなっている。

本経巻二・第二章冒頭に紹介されるこの教説の出所となっている『如来蔵経』の末尾には、過去世にボサツが神々の世界から降りて人間界に生まれたとき、すなわち母胎に入ったとき、母体の中から常に光明を放ち、出生し、成仏し、そしてその後も常に光明を放ったので、このブッダは後に常放光明如来と呼ばれた、というが、如来の母胎への特別の言及はない。

『如来蔵経』の「如来の母胎」思想は、『勝鬘経』と基本的には変わらないはずだが、その説明の仕方に異教の自我論と同類ではないかという疑惑を抱かせる節があることは確かで

ある。『如来蔵経』のブッダが「如来の母胎」を衆生における「如来の法性」のことだと説明するのは、そのような疑惑を招くことを防ぐためだったと考えられる。私が本経のその紹介文中にこの「如来の法性」の語を括弧して挿入したのは、それがその後に展開される世尊の説明への重要な橋渡しとなると考えたからである。衆生における如来の法性とは、衆生存在の空性を意味し、この理解を欠けば、経の所説は異教の自我論となり下がるだけである。

『如来蔵経』で注目されるいまひとつの特徴は、本経での紹介では明確にされていないが、経中に挙げられる九つの比喩に見られるように、衆生の本来のあり方を妨げる煩悩の殻が本来の在り方に目覚めるまで衆生を護っているとされることである。九つの比喩とは、1．腐った蓮華の萼のなかに結跏趺坐する如来の体、2．たくさんの蜂に守られた巣に蓄えられる蜜、3．穀物の殻に守られる実、4．悪臭と泥土の中の汚物にまみれる金塊、5．貧者の物置の下の地中の宝庫、6．地に落ちた大樹の果実の外皮の殻の内側の種子、7．襤褸切れに包まれて森の険道に放置される七宝作りの如来の像、8．転輪王となるべき人を懐胎する貧女、9．蜜蝋の型から作られた粘土の空白の型に流し込まれた金の像、である。これらの比喩が指し示す如来の法性はあたかも殻に隠された中身であるかのようだが、実はむしろ中身を隠しながら守る殻のことでなければならない。第一の比喩の蓮華の萼の原語は、母胎と同じく「ガルバ」である。中身だけであれば、母胎とは呼べない。中身と別でないから母胎なのである。私が「如来の母胎」と訳する原語、漢訳では如来蔵、を多くの仏教研究者が「如来の胎児」「胎児としての如来」と解してきたのは、経の表現に幻惑させられて真意を取り違えたことによる。「煩悩の殻」の自覚が実は如来の母胎なのである。如来の法性を隠している衆生の肉体が、如来を産む母胎と言われる所以である。

第1偈に挙げられる諸概念のうち極微は第一章でヴァイシェーシカ派の思想批判の中に含まれたが、五蘊と諸縁とは主にこの第二章で取り上げられ批判される。また、創造の女性原理プラダーナ（プラクリティ、とも言う）は理性の男性原理プルシャと共にサーンキャ派の根本概念であり、本経は如来の母胎思想に基づいて第三章以下にその批判を展開する。「如来の母胎」は、サーンキャ派が立てるそれら二原理による二元論を批判する仏教の立場を表わす重要な概念であることが後に明らかになる。

39．「ボサツが現実の優れた一体観の実践者となるための四種の根本的な条件」

さてそこで、マハーマティ・ボサツは未来の人々を念頭において再び世尊に請うた、「ボサツ大士が現実の優れた一体観の実践者となるための一体性の現観の仕方を世尊からお教え願いませんか。」世尊が言われた、「四種の根本的な条件を具えれば、ボサツは現実の優れた一体観の実践者となります。四種とは、1．知覚の対象が自心であることをはっきりと知ること、2．外の存在というものは無いことを観察すること、3．生、住、滅という固定した見解を離れること、4．自覚聖智の証得を喜ぶこと、です。これらの四種の根本的な条件を具備したボサツ大士が（四八九下）現実の優れた一体観の実践者なのです。」

40．「1．知覚の対象が自心であることをはっきりと知る」

「まず、どのようにすればボサツ大士は知覚の対象が自心であることをはっきりと知ることができるかです。彼はこう観察します、この三界の一切は心に他ならない、個我とか個我のものとかを離れている、企てを離れており、努力と努力の放棄とを絶している、しかも無始時来分別の拡大という粗悪な習慣性に捉われて、三界のさまざまの物質的なもてなしに執着し、身体とその享受の対象と居所とを頼みとする妄想が続いて現われる、と。ボサツ大士はこうして、知覚の対象が自心に他ならないことをはっきりと知ることができます。」

41．「2．外の存在というものは無いことを観察する」

「では、どのようにすればボサツ大士は外の存在というものが無いと観察できるかです。彼は、すべて存在するものが陽炎や夢に似ており、すべての存在の自性は、無始時来の分別の拡張、妄想の習慣性に由来するものだと見て取って、外の存在というものは無いことを観察できるのです。これが、ボサツ大士は外の存在というものは無いことを観察できる、ということです。」

42.「3. 生、住、滅という固定した見解を離れる」

「どのようにすればボサツ大士は生、住、滅という固定した見解を離れるかですが、それは、こうです。すべて存在するものは幻や夢の中に物質的な形が生ずるのに似て、自も他も両者ともに存在しないので、自、他として生じることがない、対象が自心に他ならないことに徹すれば、外の存在がないと看取するので、対象を識別する諸識が生じないことを見、知覚を起こす諸縁はしっかりした塊ではなく、三界のすべては妄想の諸縁から生ずるのだと観察するので三界の一切の現象を対象として把握することがなく、そのことによりすべては自性を離れていると看取するので、生ずるという固定した見解が止む。そこにおいて彼は、幻などという現象の自性に続いて、不生が現象の本質だという洞察を得ます。現象の本質を不生と見る洞察を得たところで、生、住、滅という固定した見解を離れるのです。これが、ボサツ大士は生、住、滅の固定した見解を離れることができる、ということです。」

43.「4上. 自覚聖智の証得を喜ぶ」

「どうすればボサツ大士は自覚聖智の証得を喜ぶことができるか、ですが、それはこうです。現象の本質を不生と見る洞察を得た後、彼は、ボサツの修行の第八地に立って、心と意と意識、五法、三自性、二無我の〔元の迷妄の〕状態を離れた意からなる身体を得ます。」

44.「4中. 意からなる身体」

マハーマティが言った、「意からなる身体と言われましたが、いったいなぜですか。」世尊が言われた、「意は妨げられることなく速やかに進みますが、それに似ているので意からなる、といわれます。すなわち意は、妨げられることなく山や壁などを越えて何百何千ヨージャナ先の以前に見たり経験した対象を思い出す、自心の相続不断の体力が妨げられることのない動きとして働きます。意からなる身体は、正にそれと同じです。ボサツ大士は、意からなる身体と同時に得た如幻三昧によって、力、自在、神通という特徴の花に飾られ、聖者の境地の人々の群れと生来の兄弟となり、意と同じく妨げられることのない動きをもち、本願の対象を思い出しながら衆生の成熟を目指して働きます。このような働きのなかで彼は、自覚聖智によって進む境地を喜びます。」

45．「4下．自覚聖智の証得を喜ぶことができる」

「ボサツ大士はこのようにして、現象の本質が不生ということであるという洞察を得て、ボサツの修行の第八地に立ち、心と意と意識、五法、三自性、二無我［の元の迷妄］の状態を転じた境地を証得することで意からなる身体を得ます。それを得て初めてボサツ大士は、自覚聖智の証得を喜ぶことができるのです。」

46．「5．現実の優れた一体観の実践者となる」

「以上の四種の根本的な条件を具備したボサツ大士が、現実の優れた一体観の実践者となるのです。（四九〇上）ここが君の修行の必要なところです。」

（研究）

ここに本経のブッダが提起するボサツ行としてのヨーガ、すなわち現実の優れた一体性の観察の次第が丁寧に述べられており、その意味でこれらの八段は重要である。これらは、本経の全体がここにまとめられたボサツ行の意義を解説するものとなっている、と言っても過言ではない。現存の梵文、南条校訂本は、しかし、特にこれらの箇所において前後の順序の乱れ（四種の条件の2と3の逆転など）や、言葉の欠落（特に4上と4下）が甚だしいために、一貫した文脈を辿ることが殆どできなくなっている。それをグナバドラ漢訳四巻本によって訂正し補充して梵文テキストを校訂したために、このように短い区分けとなった次第。

四条件の第一の、漢訳で自心現と言われる術語は、本経全体に百二十回以上使われており、本経のキーワードの筆頭と言ってよい。第二の、外の存在が無いとは、外に対する内も独立した存在としてはないということになる。第三の、生、住、滅という固定した見解を離れるということは、第一、第二の条件を踏まえて言われることで、さらにこれが不生という重要な用語で代表されることになる。第四の自覚聖智の証得とは、これら三条件を具えることと理解される。それを証得した主体、すなわち現実の優れた一体観の実践者、マハーヨーガヨーギンが意からなる身体と言われる。「意からなる身体」とは、個別の自我の意識を離れた、外の対象として現われたものは自心に他ならないとする主体の大悲面を説明する用語と考えられる。

47.「1.外と内との諸縁の特徴」

さてそこでマハーマティ・ボサツ大士は再び世尊に請うた、「どうか世尊が私に、私と他のボサツ大士たちとが因と縁との諸相を悟ることによって、有と無との固定した見解の分別を離れ一切の存在が次第にであれ同時にであれ生ずるという妄想をしなくなるように教授ねがいます。」

世尊が言われた、「一切の現象が生ずるための諸縁には外的と内的との二種があります。そのうち外的な諸縁とは、すなわち粘土の塊、棒、輪、糸、水、木片、人の労力などの諸縁で、それらによって瓶が生じます。粘土の塊から瓶ができるように、多くの糸から織布が、香草からむしろが、種子から芽が、凝乳からバターができます。このように外的な諸縁では、先行するものから後来のものが生ずると見るべきです。次に内的な諸縁とは、無明、渇愛、業などの現象が縁と名づけられ、これらのものから生じた五蘊、十二処、十八界と呼ばれる現象は諸縁から生じたものと名づけられています。それらに区別はないのですが、無知な人々がそのように分けて考えます。以上が内的な諸縁と呼ばれるものです。」

48.「2.六種の因」

「次に、因は六種。これから起きるという因、結合するという因、特徴という因、媒介という因、姿を現わすという因、期待するという因です。そのうち、1.これから起きるという因は、現象が内に外に起きるときに因の役割を果たします。2.結合するという因は、五蘊や種子など、内的、外的なものの生起に際して支持する役割を果たします。3.特徴という因は、間断なく働いて特徴に固執させます。4.媒介という因は、転輪王のように至上の権力による支配の役割を果たします。5.姿を現わすという因は、生じた分別が存在の特徴を照らし出す役割を果たします,灯火がものの姿かたちに対するのと同じことです。6.期待するという因は、終滅に臨んでそれ以上の持続を断ち切ります、それは、疑いなしに続いて生まれるときです。」

49.「3. 因と縁とが実際に働く特徴が次第にか同時にかだとする固定した見解を離れよ」

「以上は無知者・凡夫たちが自分の分別で妄想したことですが、これらは次第にも同時にも成立しません。その理由は、同時に成立するとしても果と因との区別が得られないでしょう、因の特徴が得られていないのですから。もしも次第に成立するとしても、まだ得られていないものの特徴自体のことですから、次第に成立することはありません。まだ生まれていない息子の父という言葉のように、次第に起きる結合の関係はありえません。あるとすれば、妄想にすぎません。

　推理論者たちが主張する直接因となる縁、支持する縁、間断なく働く縁、至上の影響力をもつ縁などによって生じられたものと生ずるものとがあるとされることから次第に生ずることは、ありません。虚妄に分別執着された自性というようなものから次第にも同時にも生ずるということはありません。身体、その享受の対象、それらのための場所は自心が対象として現れたものですから、特殊と普遍との特徴をもつ外的な存在があるのではありません、従って、次第にも同時にもそれらが生ずるということはありません。それにも拘らず、対象が自心の分別であることを悟らないために特徴が成立します。それゆえ、因と縁とが実際に働く特徴は次第にか同時にかだとする固定した見解を君は離れるべきです。」

　この点について世尊は次の偈を述べられた。（四九〇中）

ここには何かが縁によって生ずることも滅することもない。
生じ滅するためにあるとされる諸縁は妄想されたもの。
2
諸縁が生と滅とに関わることが斥けられるのではない、
無知者が諸縁によって生滅を分別するそのことが斥けられる。　3
有と無とから諸縁において現象の生起があるのではない、
過去の習慣性で顛倒した心こそは、三有が現われる出所である。　4
何ものも、以前に無くて諸縁によって生じ滅することはない、
不妊女性の子、虚空に咲く花、と有為を見るとき、
把握することもされることも、迷妄と見られて止む。
5
生ぜられることもなく生じてあるものもない、縁すらも
存在しない、どこにも、何一つ。言葉での説明はあるが。

6

(研究)

ここで取り上げる六因は、『倶舎論』巻二、第61偈に見られるものとは全く別系統らしく、最後の期待因は独特である。推理論者の四縁と言われるものは、すでに『倶舎論』巻二、第49偈以降に取り上げられている。『倶舎論』は六因、四縁の役割についての説明に終始するが、本経は因、縁による現象の生滅を当然のこととする日常的なあり方そのものを、現実の実相に無知な顛倒した心に由来するとして、根源的な不生論を展開する。上の三段の後に添えられた五偈が本経のその姿勢を明確に示している。

50.「1. 言葉・分別の特徴の核心」

さてそこでマハーマティ・ボサツ大士は再び世尊にこのように言った、「どうか私に言葉・分別の特徴の核心という真理への門をお示しください。その核心になることを分析し詳しく知ることによって私も他のボサツ大士たちも、言語表現と表現された内容との両方の意味をよく理解して、速やかに無上の正覚を得、すべての人々の言語表現と表現内容との両方の仕方を正したいのです。」世尊、「それでは、よく聞きよく考えなさい、君に話しましょう。」「承知しました、世尊よ」とマハーマティ・ボサツ大士は言い、世尊の言葉に耳を傾けた。

世尊は彼に言われた、「言葉・分別の特徴は四種、特徴を指摘する言葉、夢中の言葉、粗悪な分別に執着する言葉、無始時来の分別を現わす言葉、です。特徴を指摘する言葉は、自分の分別によって姿形の特徴に捉われるので発生します。夢中の言葉は、以前に経験した対象を思い出すのと、眠りから覚めたときには対象が存在しないのとの理由で発生します。粗悪な分別に執着する言葉は、仇敵に過去に加えられた行為を思い出すので発生します。また、無始時来の分別の言葉は、無始時来の分別の拡大に執着する粗悪な、自身が蒔いた種の習慣性の所為で発生します。以上が、言葉・分別の四種の特徴について訊ねられたことへの回答です。」

51.「2. 言葉・分別が明らかにされる領域」

さてそこでマハーマティ・ボサツ大士は再び世尊に次の内

容を請うた、「どうか世尊は、言葉・分別が明らかにされる領域をお示しください。どこで、なぜ、どのようにして、何によって言葉が表わす分別が起きるのですか。」

世尊が言われた、「頭、胸、鼻、喉、口蓋、唇、舌、歯が一体となるので言葉が、現に起きているように起きるのです。」マハーマティ、「それでは言葉（四九〇下）は分別と別物なのですか、別ではないのですか。」世尊、「言葉は分別と別でもなければ不別でもありません。その訳は、こうです。それは因から生ずるものとして、言葉・分別一体のものが生じます。もしも言葉が分別と別だとすれば、分別を因としないものになりましょう。もしも別でないとなれば、意味が明らかにされている訳で、言葉が働く必要はないでしょう。実際はしかしそれは言葉の仕事です。それゆえ、両者は別でもなく不別でもありません。」

52.「3．言葉・分別が第一義を明らかにすることはない」

再びマハーマティが言った、「世尊よ、いったい、言葉そのものが第一義なのですか、それとも言葉によって表わされるものが第一義なのですか。」

世尊が言われた、「言葉は第一義でもなく、言葉によって言い表わされるものが第一義なのでもありません。その訳は、こうです。第一義の尊い喜びを語る言葉に第一義が含まれるのであって、言葉が第一義ではありません。第一義は聖智の自覚内容であり、言葉・分別の理知の領域ではありません。従って分別は第一義を明らかにはしません。言葉は、また、生滅する不安定なもの、相互に縁・因となって生ずるものです。相互に縁・因となって生ずるものは、第一義を明らかにすることはありません。自他の特徴がないものを、言葉の特徴をもつものは明らかにしません。

さらにまた、知覚の対象が自心に他ならないことに徹すれば、多様で多彩な特徴の外の存在というものは無いのですから、言葉・分別が第一義を明らかにすることはありません。それゆえ君は、言葉の多彩な分別を離れているべきです。」

そこで次の偈が述べられる。

すべての存在は自性がない、言葉も同じく、ない。
空性とか空性の意味とかを無知者は見ないまま走り去る。　7
すべての存在の自性は、言葉に似、影に似る、現実の実際は
自内証知されるもの、と勝者の子らに私は言う。　8

（研究）

言葉と分別とは、言葉が分別を表明するという関係にあって、別々の役割を果たしながら、構造的に、第一義、勝義とも言われる現実の究極のあり方を明らかにすることができない点で共通するので、言葉・分別と、一複合語として扱われていること、そういう言葉・分別の領域を熟知して、それを究極とするあり方を離れるべきだ、そのためには、知覚の対象とされているものは自心の現われだということを悟るべきだ、というのが、ここの主題である。

53．「知覚の対象が自心に他ならないことを悟らないために無知者・凡夫は妄想する」

さてそこでマハーマティ・ボサツ大士は、再び世尊にこう言った、「どうか私にお示しください、無と有、一と異、それらの倶と非倶、非有と非無、常と無常、のいずれをも離れ、異教のどこにもありえない、自内証聖智で初めて可能な、虚妄に分別された特殊と普遍との特徴を脱した、第一義の真実への悟入である、ボサツの修行の段階を上り詰めて疑いの除かれた如来地に達し、努力を離れた本願の、多様な色合いを示すマニ宝珠のような境地の無辺の特徴の現前するところ、すなわち一切の現象は自心の現われの領域だと理解する境地、の詳しい特徴をお示しください。ご教示に応じて私と私以外のボサツ大士は、そのような虚妄に分別された特殊と普遍との特徴への捉われを離れ、速やかに無上の正覚を得て、すべての衆生があらゆる（四九一上）徳を具えたものとなることを成就させたいものです。」

世尊は言われた、「大変よろしい、マハーマティよ、君が多くの人々のためにこのことを訊ねなくてはいけないと考えるのは、大変よいことです。君は多くの人々の安楽のため、世間への慈悲のため、人々の集まりのために、神々と人間との利益と安楽とのために振舞っています。それゆえ君はよく聞き、よく考えなさい、お話しすることにしましょう。」「世尊よ、承知しました」と、マハーマティ・ボサツ大士は世尊に耳を傾けた。世尊は彼に次のことを言われた。

「マハーマティよ、無知者・凡夫たちは、知覚の対象が心に他ならないことを悟らないために、内外のさまざまの存在に執着して、一と異、倶と非倶、有と無、非有と非無、常と無常を自性をもつものとする習慣性を因とする分別に捉われることによって、妄想します。

（1）例えば陽炎を鹿たちは本物の水だと妄想して、暑熱に苦しめられるあまり、飲みたいという思いで走り出します。

自心の思い込みに迷わされているとは悟らないために、ここに水は無いとは知らないのです。同じように、無知者・凡夫たちは、無始時来のさまざまの分別の拡大に慣らされた思考をするために、貪欲、瞋恚、愚痴の火に焼かれた心をもち、さまざまの色形の対象を欲して、生滅、住、を固定して見る傾向をもち、内外の存在に執着し、一と異、有と無、に捉われる状況に陥ります。

(2) 例えば天の楽士ガンダルヴァたちの都城について、知識の無い人たちには人間の都城という思いが浮かぶでしょう。その都城の姿は、無始時来の都城という観念の種が実って習慣となった捉われによって現われます。しかしその都城は、都城ではなく都城でないのでもありません。同じように、見える世界についての異教者たちの無始時来の主張の影響を受ける人々は、一と異、有と無との立場に捉われて、自心が対象として現われているのに他ならないことを悟らずに物事を考える人たちです。

(3) 例えば、ある人が眠って夢の中で女、男、象、馬、乗り物、歩兵、村、町、森、庭園、さまざまの山や川、池で美しく飾られた場所に入り、その後、目覚めたとします。彼は目が覚めてから思い出すことでしょう。ところで君はどう思いますか、その非現実の、夢中のさまざまのことを思い出す人は賢人の類でしょうか。」曰く、「世尊よ、それは違います。」世尊、「それと同様に、無知者・凡夫たちは間違った見解にだまされて異教の考え方をもち、現実が夢に等しいこと、自心が知覚対象として存在していることを快く認めることをせず、一と異、有と無という見解にあくまで依存します。

(4) 例えば画家の描いた場所に高低はないのですが、無知な人々は高低があると思い込みます。同じように、未来において異教の人たちの見解が完全に習慣となって考え、いちいち分別する人々がいるでしょう。彼らは一と異、倶と非倶という立場に捉われて、自分は台無しになり、他の、有と無との両辺を離れて不生という立場を主張する人々を虚無論者だとしてこう言うでしょう、この連中は因果を否定し悪見でもって善根を根絶やしし純粋な動機を破壊してしまっている。祝福を求める人々は彼らを遠ざけるべきだ、と。しかし、そう言う彼らこそは、自·他·両者という固定した見解に陥って有無を分別し、有の無いところに有を立て、あるいは有の無いことを非難する悪見に陥った考えの持ち主で、地獄必定のものたちです。

(5) 例えば眼が翳《かす》むことに苦しむ人々が閉じた眼に網状の毛髪を見て(四九一中)お互いに言います、これは不思議だ、これは不思議だ、ほら見てみなさい、皆さん、と。その網状の毛髪は決して有でも無でもありません。見ることが見ないことだからです。同じように異教の悪見・分別の思考に執着する人たちは、有と無の両辺、一と異、倶と非倶の立場に執着し、そのために正しい覚の真実を誹謗するものとなり、自分をも他者をも陥れることになるでしょう。

（6）例えば、輪ではない松明の火の輪に、無知な人々は本物の輪だと思い込みます。知者にそういうことはありません。同じように、異教の悪見に陥った人たちは一と異、倶と非倶とをすべての存在の生ずるなかで妄想するでしょう。

（7）例えば、神々が雨を降らし始めると、水の泡が水晶の玉のように見えてきます。すると、幼子たちが水晶の玉という思いに捉われて走り出します。それらの水泡は宝珠ではありませんが、宝珠でないのでもありません。つかむことがつかむことではないからです。同じように、異教の見解と分別で思考する習慣に慣れた人々は諸縁によって無からの生起と、そして有からの消滅とを描写するでしょう。

さらにまた、知識の三種の源（プラマーナ）と五支（アヴァヤヴァ）の論証式とをそれぞれ立てた上で人々は聖智の自覚の目標である二の自性を離れたものが事象として自性を持って存在すると分別するでしょう。しかし心、意、意識の拠り所としての心が本来のあり方に還り自心の現われとしての把握の対象とそれを把握するものとの分別を離れている如来地の自覚の聖智に到った一体観の実践者、ヨーギンたちには、有と無との観念は起こりません。

もしもヨーギンたちにそういう境界に対して有と無との理解が生ずるとすれば、それは彼らの自己執、自己維持執、霊魂執、個人自我執、ということでしょう。また、このように存在の自性の特殊と普遍の特徴を指摘することは化仏の教えであって、法性仏の教えではありません。教説は無知な人々の考え方に属する見解に応ずるものです。それはありのままのあり方を自性とする目覚めた真理、聖智の自内証、三昧の安楽に住することを説明するものではありません。」

（研究）

この段には十二の比喩が挙げられるが、比喩第七の無邪気な錯覚の例を叙述した後のこの二段落がそれとは異質な響きを伝えるので、途中ではあるが、二点の短いコメントを加えておきたい。まず、三種の知識の源（認識手段）とは、現量（知覚）、比量（推理）、聖教量（権威ある人のことば）として『中辺分別論』註釈にヴァスバンド（世親）の言葉が見られる（中央公論社、大乗仏典15、『世親論集』三九六ページ、長尾雅人訳）。『倶舎論』巻二、第46偈b下の釈文中にもヴァスバンドは三種の量の名を挙げている。五支は五支の論証式、すなわち宗（主張）、因（理由）、喩（実例）、合（適用）、結（結論）で、ニャーヤ派で用いられていたものをヴァスバンドも使っていたとされる（チェルヴァツキー、英文『ブッディスト・ロジック』巻一、一九三〇年ごろレニングラード、ソ連科学アカデミー初版、一九六二年ニューヨーク、ドーヴァー社複刊三一ページ）。チェルヴァツキーは同じ箇所で、ヴァスバンドが『倶舎論』の補充箇所の一節で省略された三支作法を使っているとするが、私はそれが何処なのかを確認できない。

私の注意を惹くのは、そういう三種の認識手段と五支の論証式の確立をする人々―誰かを示す主語は示されていない―が「聖智の自覚の目標である二の自性を離れたものが事象（ヴァスト）として自性を持って存在すると分別するでしょう―三人称複数未来形動詞―」とされる箇所である。これはアサンガ（無著）の『中辺分別論』一、第13偈ａｂとその下のヴァスバンドの釈文の言葉を連想させる。長尾先生の訳文を引用させていただく。

「実に（主観・客観の）二つのものが無であることと、（その）無が有であることとが空（性）の相である。」第13偈ａｂ、知られるもの（客観）と知るもの（主観）との「二つのものが無であること」と、その「無が有であること」とが、「空性の相である」。このように述べて、空性が無を本質としてあることを特性とするものなることが明らかにされた。しかしながら、かの本質としてあるという、このことは、「有ということでもなく、また無ということでもない。」（第13偈ｃ）（引用了）

これは、厳密な論理的表現を重んずる現代の哲学者の言葉を思わせるが、本経ではこれも「化仏」の教えと位置づけられそうである。本経は、巻一、第34段で空性に七通りの理解の仕方があるとして、第七、相関関係にあるものの空性を批判する。実はそこで批判される空性理解がこの『中辺分別論』一、第1偈の主張するところであった。そのことを考え合わせると、ここでの私の連想は、必ずしも的外れではなさそうである。

残り五つの比喩とその後の偈文第9～第19とを、引き続き訳出する。

（8）例えば、水中に樹木の影が現われている場合、それは影ではなく非影でもありません、樹形ではなく非樹形でもないからです。同じように、異教の見解に習慣付けられた分別の持ち主は一と異、倶と非倶、有と無を分別するでしょう。自心が対象として現われているのに他ならないと悟る智慧をもたないからです。

（9）例えば、鏡のなかのあらゆる形と色との映像は、条件に応じてためらい無く現われます。それらは映像ではなく非映像でもありません、映像は映像ではないと知見されるからです。さらにまた、さまざまの分別が無知者たちに映像の形として現われるのです。同じように、異教の誤った見解と分別とに捉われて自心である映像が一と異、倶と非倶という二辺の見解の形をもって現われます。

（10）例えば、こだまは［人と］川と風とが一体となるので起こり、繰り返し聞こえます。それはしかし、有ではなく無でもありません。同じように、異教の誤った見解である有と（四九一下）無、一と異、倶と非倶というような二辺の見解が分別されます。

（11）例えば、草も密生樹林も蔦も生えていない森の地面に［日光が当たるために］陽炎が波のように速く流れます。これは存在ではなく非存在でもありません。誘惑するものは誘惑するものではないからです。同じように、無知な人々にとって、無始時来の分別の拡大の粗悪な習慣に陥った分別の識別能力が生住滅、一と異、倶と非倶、有と無という個々人が依って立つ現実の事象によってあたかも陽炎のように波立ちます。

（12）例えば、幽鬼とからくり人形とは、ともに人間の命はありませんが、悪魔あるいは仕掛けに触れると素早い動作をします。しかし無知な人々は虚妄な妄想にとらわれます。動きが動きではないからです。同じように、人々は誤った見解、異教の考え方に陥って一と異の主張に捉われます。これはないものをあるとする増益です。

以上の理由で、マハーマティよ、自覚聖智を現実のこととしたいと願う人々は、生住滅、一と異、倶と非倶、有と無などの悪見妄想を離れる必要があります。」

そこで次の偈が述べられた。

幻、夢、水中の樹影、閉じた眼に見える毛髪の網、あるいは陽炎に似る
と三有を観察して、人は解脱する。　9

例えば陽炎は夏に揺れ動き心を迷わすもの、鹿はそれを飲み水と思い込むが、それの事象はない。　10

そのように、識別能力の種が視野で揺れ動き、無知な人々は、
生じてくるものがあると思い込む、眼翳を病む人が眼翳を見るように。　11

無始の輪廻の途上で抱え込まれた存在の観念を無知な人々は、

唆しては捨てたがる、楔で楔を抜くように。 12
幻、幽鬼、からくり人形、夢、稲妻、雲のように常に、
この世は三世の
有為の相続を断ち切られていると見終わって、人は解脱
する。 13
ここには自分を何ものかとして現わしだすものは何も無
い、空中の蜃気楼のように。
一切がそのようだと知る人々は、全く何も主張すること
がない。 14
自分を何ものかとして現わしだすものは名にすぎず、そ
の特徴のとおりには存しない。
五蘊は閉じた眼に見える毛髪の網の形に似る、実在する
と妄想されて。 15
絵、閉じた眼のなかの網状のもの、幻、夢、ガンダルヴァ
たちの都城、
松明の火の輪、鹿渇、そのどれもが存在しないのに人々
に現象する。 16
常と無常、一と異、倶と非倶をも同様に、(四九二上)
無始時の過失に縛られて無知者たちは妄想する、愚かな
ことに。 17
鏡の中、水の中、眼の中、浄水器の中、マニ宝珠の中に
像が見えても、それらの何処にも像は存在しない。 18
ものの外観が、絵や空中の陽炎のように
さまざまの姿形で見られる、夢のなかの不妊女性の子の
ように。 19

(研究)

十二の比喩に共通のこととして、次の三点が言われている。まず、1. いずれも人間が視覚、聴覚、触覚などにおいて経験する錯覚は必ずしも根拠のない迷妄の事柄ではないが、2. その経験において経験せられる対象が経験する主体の外にあるとして内外を固定的に捉える限り、それは単に一時的な錯覚として見過ごされることがふつうだが、実はそれはそうではなく、主体の非本来的な、顛倒した生き方・考え方の一例に過ぎないと知るべきだということ、3. そこで本経が一貫して言及する、対象とされるものは自心の現われ、という自覚が本来のあり方だということ、である。殆どの比喩の説明の中で、見ることは見ることではない、など、似た表現が幾つも見られるのは、偶然ではない。それは本経巻一・第一章で言われた百八句という法門、生は生ではない、などとも通ずることのようである。有と無、一と異、などの二辺に固定した見解を持ってはいけないと繰り返し言う理由も納得

できることである。ここで取り上げられた知覚の混乱というテーマは、この後さらに議論が深められて行く。なお、比喩第十二で私が「動きは動きではない」と訳した箇所をグナバドラ漢訳は「往来」と読んで、「往来に計著する」という訳語に含めている。それはそれで一つの見識だが、前後の関連を敢えて外した読み方ということになる。

54.「如来の教説は四句を脱している」

「さらにまた、如来たちの教説は四句を脱しています。すなわち一、異、それらの倶、非倶、のいずれの面をも離れており、有と無との増益と損減とを脱しており、四諦、すなわち苦と苦因との縁起、苦滅の道、苦滅の解脱を分類し結集することからなるものが如来たちの教説です。如来たちの教説は、異教者たちが創造の第一原因として考えるプラクリティ（女性原理、サーンキャ派）、イーシュヴァラ（自在神、ニャーヤ派など）、無因（アージーヴィカ派など）、アヌ（微塵、ニャーヤ、ヴァイシェーシカ派など）、カーラ（時間）、スヴァバーヴァ（自性、物質の自然的な展開）などに捉われるものではありません。

またさらに、煩悩と知の対象との二つの障碍を浄化するために、あたかも旅行中の商人たち一行の指揮者のように、如来たちの教説は人々を次第に百八の無相句に導入するのです、小乗から大乗へ、初地から十地へと適切になされた区分に。」

（研究）

これは、先の十二の比喩を用いた議論の行く先を明確にする意図を示す。すなわちブッダの言葉は四句分別を離れて語られること、その思想の中核は四諦であること、それは同時に異教批判として働くものであること、そして、煩悩と所知の障碍を浄化するために人々を百八無相句に導入することによって、小乗から大乗への転換を図ること、である。

55.「如来禅」

「禅定（深い思いの三昧）は四種、すなわち無知者に役立つ禅定、現実の意味を探求する禅定、現実の真実のあり方に基づく禅定、そして最後に、如来の禅定です。1．無知者に役立つ禅定とは、すなわち、声聞、独覚、異教のヨーガ修行者が、個人存在は無我である、存在に特殊と普遍との特徴がある、骨の連鎖に無常と苦と不浄との特徴が見られる、という観察に捉われることを初めとして、この特徴はこのように決まっていて、これ以外ではありえないと観察することから次第に進み、意識の滅尽まで行く、これが無知者に役立つ禅定です。2．現実の意味を探求する禅定とは、個人存在が無我であること、特殊と普遍の特徴や異教の主張する自、他、倶は存在しないと会得したあと、一切の現象は無我だと悟るボサツ地の特徴と意味とを次々に探求すること、それを現実の意味を探求する禅定と言います。3．現実の真実のあり方に基づく禅定とは、自己と世界とがともに無我であるのに、これを自我をもつものとして妄想分別するのですから、この分別が本来のあり方に還るとき分別は止みます。これを現実の真実のあり方に基づく禅定と言うのです。4．如来禅とは、自内証聖智の三つの特徴の喜びに住して衆生のための不可思議の働きをするものとして如来地の姿に徹すること、それを私は如来禅と言います。」

そこで次の偈が述べられた。

無知者に役立つ禅定、現実の意味探求の禅定、

現実の真実に基づく禅定、そして如来の純粋な禅定。

20

月、日の姿、大洋の底の蓮華に似た火、虚空に燃える明るい火など、

さまざまの塊をヨーガ行者は眼前に見る。21（四九二中）

それらさまざまの兆候は、異教に導くもの、

行者を声聞、独覚の境界に陥れるもの。22

これらすべてを払い捨て、捉われる形がなくなるとき、

そのときブッダたちの不可思議の手があらゆる地域から

集まって、

彼の頭頂をさする、現実の真実に叶ったしるしとして。

23

（研究）

現代語で「禅」と呼ばれる元になる語、禅定、に四種あるとする、第一は、小乗と異教との禅定、第二は、大乗、ボサツの初地から第八地にいたる禅定、第三は第八～第十地の禅定、そして第四は如来地の純粋な禅定とされ、その三相といわれるものは第一章、第12段に示される、1．現われた姿形に迷わされないこと、2．あらゆるブッダたちの誓願を自己の誓願とすること、3．自内証の聖智に徹すること、を指すと考えられる。この四種禅の説明は、簡単だが優れて要領を得ている。

56．「涅槃とは何の呼び名か」

さてそこでマハーマティ・ボサツ大士は再び世尊に次のことを言った、「完全な涅槃、完全な涅槃、と言われますが、これは何の呼び名ですか、涅槃とは何のことですか。」世尊が言われた、「すべての自性の習慣性、およびアーラヤ識（すべての識別能力の拠り所）と意（思考力、願望）と意識（意の識別能力）とが抱く固定した見解の習慣性が転じて本来のあり方に還ることが涅槃だと、すべてのブッダたちも私も言います。涅槃というあり方、自性の空性という事象の領域です。

また涅槃は、聖智の自内証のあり方、領域、として、常と断との妄想、有と無と、を離れています。どうして常ではないかと言えば、特殊と普遍との特徴を妄想することを捨て去っているからです。断ではないとは、すべての聖者、過去、未来、現在の彼らが自内証を得ているからです。

また涅槃は壊滅でも死滅でもありません。もしも涅槃が死滅だと言うことであれば、再び誕生で始まる生の相続となりましょう。もしも涅槃が壊滅だとすれば、有為のものという特徴に陥りましょう。それゆえ涅槃は、壊滅でも死滅でもありません。それは壊滅と死滅とを離れた、修行者たちが達する帰依処です。

また涅槃は、捨てられることも獲得されることもなく、断でも常でもなく、一義の概念でも多義の概念でもないものとして涅槃と言われるのです。

さらにまた、声聞と独覚たちの涅槃は、特殊と普遍との特徴をもつものとして悟られ、他人と接触しないで対象を誤り無く見る人には、妄想が起こりません。それですから彼らには、そこに涅槃の観念が生じます。

またさらに、自性の特徴は二種あります。二種とは、言語表現の自性に執着することと事象の自性に執着することとのためです。言語表現の自性に執着することは、無始時来の言葉の広がりの習慣性に執着するために起こります。事象の自性に執着することは、自心が対象として現われているのに他ならないと悟らないために起こります。」

（研究）

これは、涅槃とは何かという問いに対する実に丁寧な解説である。本経では、声聞たちの涅槃観（第19段）、異教の涅槃観（第81段）などと、涅槃のあり方を批判的に議論する箇所が他にあるが、この第56段の考察は本経自身の理解を示すものとして、重要である。大乗の経典であることを自称する本経が涅槃の考察を重ねるのは不思議ではないが、本経末尾の第120段、肉食を禁ずることを論ずる箇所は、法顕漢訳六巻本として伝えられる大乗の『涅槃経』（『大般泥洹経』、大正新脩大蔵経第十二巻、三七六番）の同じテーマを直接受け継ぐ形になっており、そのことはその当該箇所で解明するとして、とにかく本経は、この『涅槃経』の中心テーマであった涅槃論を大乗の涅槃論として本格的に展開することを使命としているように見受けられる。

57．「如来たちが二種の祝福をするボサツのこと」

「さらにまた、如来たちによる二つの祝福を受けているからこそボサツたちが如来・応供・正覚者たちの両足元に身体を投げ出してさまざまの質問をするのです。どんな二つの祝福かと言いますと、三昧に集中するボサツたちは、すべての如来から身体、顔、言葉を露わに示す祝福と手で以て潅頂する祝福とを受けます。1．まず、ボサツ大士たちは修行の初地においてブッダの祝福を受けて「大乗の輝き」という名の三昧に入ります。その直後にそのボサツ大士たちに対して、十方世界に住する如来・応供・正覚者たちが（四九二下）すべての身体、顔、言葉を露わに示すことによって祝福を行ないます。あたかも〔『仏華厳経』十地品に〕ヴァジュラガルバ・ボサツ大士が彼と同じ特徴の徳を具えたボサツ大士たちとともに受けた〔と紹介されている〕初地にあって三昧に入ったときの祝福を、ボサツ大士たちは皆受けるのです。2．百千カルパ時の間に積まれた善根のおかげで修行の段階を一つ一つ成就し超出することに通達したので最後の法雲地に到って大蓮華の乗り物に座したボサツ大士は、全く同じ姿のボサツ大士たちに囲まれて、あらゆる宝石の装飾のついた王冠をかむっているところへ、十方世界から黄金、チャンパカ樹の黄色い花、または月の光に似た勝者の手がいくつも伸びてきて、その、蓮華の乗り物に座しているボサツ大士の頭上に祝福の水を注ぎます。あたかも世界を支配する転輪王かインドラ神に匹敵する王者となる方への潅頂のようにです。このボサツとそれらのボサツたちが、手による潅頂の祝福を受けたと言われます。これが、ボサツたちが受ける二種の祝福です。これらの祝福を受けたボサツ大士たちがすべてのブッダ・如来たちの顔を見るのです。この場合を除いて如来・応供・正覚者たちが見られることはありません。

さらにまた、ボサツ大士たちに三昧と神通力と説法という形で起きることは何であれ、それはすべて、彼らがブッダによる二種の祝福を受けているからなのです。もしもボサツ大士たちが祝福を受けていないのに彼らに雄弁さが現われることになれば、無知者・凡夫たちにも雄弁さが現われることになりましょう。それがありえないのは祝福を受けていないからです。石ころや木々や山々そしてまた都城内の宮殿や家屋や乗り物に置かれているさまざまの音楽器も、如来が入ることによる祝福を受けて自然に楽の音を発します。まして意識をもつものなら唖、盲、聾者であっても、自分の不利益から解放されます。如来の祝福の力は、このように衆生の安楽のために優れて大きいのです。」

再びマハーマティが言った、「如来・応供・正覚者たちは一体何の目的でボサツ大士たちが三昧の自己集中にあるときと、特別の修行地で潅頂を受けるときとに彼らに祝福を与えるのですか。」世尊が言われた、「魔の働きの業と煩悩とから離れるために、声聞の禅定地に堕しないために、如来地の自内証を得るために、既得の目覚めた真理の証得を十分に育てるためにです。これらの理由で如来・応供・正覚者たちは、ボサツ大士たちに祝福を与えるのです。祝福を与えられていないボサツ大士たちは、異教、声聞、魔の悪い意図にはまり、無上正覚を得ることはないでしょう。従ってこの理由で如来・応供・正覚者（四九三上）たちは、ボサツ大士たちを受け入れるのです。」

ここで次の偈が世尊によって述べられた。

人々の主たちによる祝福は本願によって浄化されている、
潅頂、三昧など、初地から十地までに対して。 24

（研究）

ボサツが修行の初地と十地においてそれぞれ、世界中のブッダから祝福を受けることを紹介するこの第57段前半が『仏華厳経』十地品に依っていることは、訳文中に言葉を補って示したとおりである。初地に祝福を受けるボサツが入る「大乗の輝き」という名の三昧は、十地品の幾つもある漢訳ではその他に「大智の輝き」の名を挙げるものの数が多く、またその方が古いように見える。大体、本経にはこの十地品からの引用と思われる箇所が他にもあり、両書の密接な関係が注目される。後半の叙述は、ブッダの徳を讃える仏伝風になっている。

58.「因縁が具備したときに現象は生ずる、無因からではない」

さてそこでマハーマティ・ボサツは、再び世尊にこう言った、「世尊は縁起を説いておられ、そのことによって因を指摘されましたが、ご自身の立場として第一原因によって立つという説明はされていません。異教者たちは因からの生起を説きます。すなわち、プラダーナ（プラクリティとも言われる、創造の女性原理）、イーシュヴァラ（自在神）、プルシャ（創造の男性原理、霊）、カーラ（時）、アヌ（微塵、原子）、という諸縁から存在が生ずる、と。これに対して世尊は、縁を意味する別の語［「縁起」］を用いて生起を説く立場で、独自の別の語を示す立場ではありません。世尊よ、異教者たちも有と無とからの生起を説きますが、世尊もまた諸縁によってものが無から生じ、そして生じてのち滅すると説かれます。「無明を縁として諸行がある」ないし「老死がある」と言われたのは、世尊による無因論の意図が述べられたもので、これは因を認める主張ではありません。現に同時に存在するものについて貴方は、「これがあるとき別のこれがある」と言われますが、これは存在するものが次第に生ずることを予測することには関わりません。異教者たちの用いる名称の方が、貴方の場合よりもずっと優れています。なぜなら異教者たちの言う因は、縁によって生じたのではない結果を生起するのですが、貴方の言われる因は果を予想するものであり果は因を予想するものです。因と縁との混同は、このようにして相互に何処まで行っても定まらない状況に陥ります。」

世尊が言われた、「私の場合は、無因論者の因論にも、また因と縁とを混同することにも陥りません。これがあるとき別のこれがあると主張する人には、把握するものと把握される対象とがあることはなく、自心が対象として見られているに他ならないことをこの人は悟っているからです。しかし、把握するものと把握される対象とに捉われ、自心が対象として見られているに他ならないことを悟らない人々は、外の対象が有と無との性質を持つためにこの過失に陥りますが、私が説く依って起きるという因の主張にはその過失はありません。私は常に、因縁が具備したとき一切の現象が生ずるのであって無因から生ずるのではないと言っています。」

（研究）

この第58段の見出しとした言葉は、この段末尾の言葉だが、実は南条博士校訂本には欠けており唐代のシクシャーナンダ訳にも存在しないのは不思議ではないが、グナバドラ訳とボーディルチ訳とには全く同じ言葉が見られ、しかもグナバドラ漢訳からのチベット語訳には見られないという状況にあり、さらに次の第59段末の第26偈には「因縁が具備したところに無知者たちはものの生起を妄想する」という言葉が見られ、それによってこの先の言葉が否定されているかに見える。そのことをどのように考えるかが問題ではあるが、私は前の言葉に意義があると考えて見出しにもこれを採用した。その理由を次に考える。

ここで問題にされていることは、仏教でいう「因」はより広義の「縁」の中に含まれ、独立した意味付けをされていない、仏教はヴァイシェーシカ派と同じ無因論ではないか、という仏教外からの非難を設定して、逆に仏教外つまり異教の立場で相対的な縁とは独立した因から世界が創造されたとする考えを批判して、因からの生成を斥ける不生論が展開される。ナーガールジュナの『中論』第一章観因縁品、帰敬偈のあとの第一偈「どんな存在も、自分から、他から、またはその両方から、または無因から生ずるものは決してどこにもない。」は、その典型的な表現である。つまり有因からの生起を斥けることは無因からの生起を主張することではない、因からの生起を斥けて縁起を説くことが無因論を立てることとはならない、逆に、無因論を斥けて縁起を説くことは因からの生起を説くことではない。これに対して異教は有と無との因からの生起を説く、と本経は批判するわけである。『中論』第二十章観因果品の第3偈にいう、「もしも因と縁とが具備しても果がなければ、因と縁とは無因、無縁と同じことだろう。」また、第二十四章観四諦品第16偈にいう、「もしも君が諸存在は自性があるからあるのだと見なすならば、そのときは、諸存在には因も縁も無いと見ているのだ。」無因論は、仏教ではこのような観点から徹底的に斥けられていることが知られる。

グナバドラの漢訳に見られる「有間悉檀」「無間悉檀」という訳語の「間」は「代わりの語」「同義語」と云う意味に解せられ、それぞれ「同義語を立てる立場」「独立の語を立てる立場」と理解されるので、後者には否定詞「非」を補って「世尊の所謂、因縁諸性を生ず、との言説は無間の悉檀にあらず（独立の語を立てる立場ではない）」と訳文を改める必要がある。

59.「言葉があるから諸存在があるということはない」

再びマハーマティが言った、「世尊よ、言葉が実際にあるので、あらゆる存在があるのではありませんか。また、もしも存在が無かったとしますと言葉は生じてきません。ですから、言葉が実際にあるのであらゆる存在があるのです。」世尊が言われた、「諸存在がなくても言葉は作られます。兎角、亀毛、［不妊女性の子］などのことを話すことは世間に見られることです。それらは存在でも非存在でもないのに話の種になります。ですから、君が直前に言った、言葉が実際にあるからあらゆる存在があるという議論は根拠がありません。言葉があらゆるブッダの世界で交流の手段となっているわけではありません。言葉はあくまで人為的です。あるブッダの世界では瞬きせずに見ることで何事かが示されます。あるところでは身振りで、あるところでは眉をしかめることで、あるところでは両眼を動かすことで、あるところでは笑いで、あるところでは欠伸で、あるところでは咳払いの声で、あるところでは故郷を思い出すことで、（四九三中）またあるところでは身体を震わすことで何事かが示されます。瞬きしない人々の世界、すなわち香りのきわまる世界と普賢如来・応供・正覚者の世界では、瞬きしない眼でじっと見つめるボサツ大士たちが現象は不生であるという認識、その他さまざまの三昧を得ます。正にこの理由で、言葉が実際にあるからあらゆる存在があるということはないのです。現にこの世間で蟻や蝿など、さまざまの生物は言葉を話すこと無しに各々仕事をします。」

ブッダは次の偈を言われた。

虚空、兎角、不妊女性の子は、存在しないのに話題にされる。
同じように、諸存在について妄想がなされる。 25
因と縁とが具備したときにものの生起があると無知者は妄想する。
この道理をわきまえない人々が三界の住処を放浪する。
26

（研究）

マハーマティが主張する二点、すなわち、言葉があるから言葉の指示する存在がある、というのと、存在があるからそれを指示する言葉が生ずる、というのとは、全く逆のことをいうもので、「ですから」という接続詞で結びつくものではなく、字面を追っていては理解できない。ブッダの返事は、それらに別々に応えるものになっている。存在の有無に拘わらず言葉が作られる、というのと、言葉を使わなくてもお互いに意思疎通を図ることは人間にも他の生物にも見られるとするのと、である。後者では、知覚能力がふつう六種数えられるうち、意識以外の能力によって交流が行なわれることに注意を向けることによって、言葉と分別とへの捉われからの解放の可能性を暗示するように見える。しかし本当にそれが言葉と分別との超克になると主張しているのかどうかは、怪しい。

なお、同じく大乗経典である『ヴィマラキールティ（維摩詰）所説経』には、「香りのきわまる世界」の住人は「瞬きしない人々」とされる。しかし、普賢如来の世界、とあるものの出典は知られていない。『仏華厳経』に登場する普賢ボサツが未来世に成仏して実現する世界をランカーのブッダが予測してその名を挙げたということか。

最後の二偈のうち後者は、前段の研究で考察した無因論否定とは一見すると矛盾するようだが、こちらは有因論を斥けるものと考えられる。因が有であっても無であっても、生ずることは成り立たない、という絶対矛盾の表明であろう。現行の梵文テキストにも、そしてグナバドラ漢訳からのチベット語訳にも前段末尾の文が欠けていることが、写本の作成者の側で表面上の矛盾を恐れて削除したことによるのではないか、私はこの点も疑問に付しておきたい。

60.「1. 恒常とは、何が恒常か―知覚の混乱のこと」

さてそこでマハーマティ・ボサツ大士は再び世尊にこう言った、「恒常という言葉は、何処で使われる言葉ですか。」世尊が言われた、「知覚の混乱についてです。その理由は、この知覚の混乱というものは聖者たちにも現われるからです、彼らはそれに迷わされることはないのですが。例えば鹿渇すなわち陽炎、松明の描く輪、閉じた眼に見える毛髪の網、天の楽士たちの都城、幻、夢、映像、［瞳の中の人物、］が世間において無知者たちによって誤って実在するものとされますが、聖者たちにそのようなことはありません、見えないわけではないのですが。また、知覚の混乱はさまざまの現われ方をしますが、そのために知覚の混乱が恒常性に欠けることにはなりません。なぜならそれは存在と非存在とを離れているからです。どうして知覚の混乱が存在と非存在とを離れているのかと言えば、それはすべての無知な人々のさまざまの境界のせいです。例えばガンジス河の水は餓鬼たちには、見ていながら見えていないのです。こういう理由で知覚の混乱を来たすものは物としては存在しないのですが、しかもその水は他の者たちには現われているのですから非存在ではありません。このようにして、知覚の混乱は聖者たちにとって、迷わせることと迷わせないこととを離れています。それゆえ、またこの理由で知覚の混乱は恒常性をもつものです。その原因となるものの特質が別のものに変わらないからです。つまり、種々さまざまの原因のどれかを本物として捉えることによって知覚の混乱が変わることは無いからです。こういう理由で、知覚の混乱は恒常です。」

61．「2．知覚の混乱は真実である」

「マハーマティよ、知覚の混乱はまた、真実です。どうしてかと言えば、その理由は、聖者たちにとって、知覚の混乱を来たすものについてこれは本当だとする誤った考えが起きるわけではないが、誤まらせない考えが起きるのでもないからです。ただし、聖者たち以外では、この知覚の混乱を来たすものについて、これが何であれ大したことはないじゃないか、と考える人はいますが、それが聖智の対象となるものだと考える人はいません。これが何であれ大したことはないじゃないか、とは無知者の喋り言葉で、聖者のではありません。」

62．「3．知覚の混乱は無知者と聖者とを分けることになる」

「またこの知覚の混乱は、それが人を迷わせるか迷わせないかで分別されるとき、二つの種性を齎すものです、聖者の種性かそれとも無知な凡夫の種性か、です。さらにまた聖者の種性は三種になります。声聞、独覚、ブッダの区別としてです。そのうち、どのように無知者が知覚の混乱を分別すれば声聞乗の種性が生じるのかですが、それはこうです。特殊と普遍の特徴に捉われる場合にそれが声聞乗の種性に役立つのです。このようにして知覚の混乱が声聞乗種性を齎すものとなります。それでは、どのように知覚の混乱が分別されるとき、それが独覚乗種性を齎すものとなるか（四九三下）です。それはつまり、その知覚の混乱の特殊と普遍との特徴に捉われることが他の人々との交流無しに行なわれるので、それが独覚乗種性を齎すものとなります。それでは、どのように賢者たちが知覚の混乱を分別するときブッダの乗り物となる種性を齎すのでしょうか。それは自心が対象として現われているのに他ならないと悟るので、外の有と無とを分別するという習性による分別がなされないとき、ブッダの種性という乗り物を齎します。また、さまざまの事象が存在するとして無知な人々が知覚の混乱を分別するとき、それは無知な人々の種性を齎します。知覚の混乱は、しかし、事象でもなければ事象でないのでもありません。以上が種性の意味です。

この知覚の混乱が分別されないであるとき、聖者たちにおいて心と意と意識との粗悪な習慣性がその特性を転ずることになるので、知覚の混乱は聖者においては真如と言われます。それゆえ私は以前にこう言ったことがあります、真如とはまさしく心から離脱してあることだ、と。この言葉を説明するために私はこう言います、それは思慮分別を脱していること、すべての妄想分別を離れていることだ、と。」

63.「4. 幻同様、知覚の混乱は特徴に捉われるから存在するというわけのものではない」

マハーマティが言った、「知覚の混乱は存在するものですか、どうですか。」世尊が言われた、「幻と同じことで、特徴に捉われるから知覚の混乱が存在するというものではありません。もしも知覚の混乱が特徴に捉われることによって存在するものだとすれば、存在するものへの捉われは免れられないことになりましょう。縁によって生ずるということも、異教の人たちが言う第一原因からの生起と同じことになりましょう。」マハーマティが言った、「もしも知覚の混乱が幻と似ているのでしたら、そのことによってそれは別の知覚の混乱の原因になるでしょう。」世尊が言われた、「いえ、幻が知覚の混乱の原因にはなりません、妄想に由来する粗悪な過失を齎すものではないからです、幻は粗悪な過失を齎しません。幻はそれが実体のあるものとして分別されなくても、他人の幻術の力で現われます。自分の分別の粗悪な習慣性のせいで現われるのではありません。幻は過失を齎すものではありません。心の眼の迷いに過ぎないこの〔知覚の混乱という〕ことは、無知者たちが何も大したことはないと言うその当のものに捉われるからのことで、聖者たちにはないことだからです。」

そこで次の偈が述べられた。

聖者は知覚の混乱を見ず、そこに真実があるとも見ない。
知覚の混乱が真実を内に含むとなれば、それは真実となろうが。 27
知覚の混乱をすべて取り除いた後に何かの兆しが生ずるとすれば、
それこそは、その人の知覚の混乱だろう、眼翳と同じく不浄なものだ。 28

（研究）

以上の四段が主題とする「知覚の混乱」とは、第53段に十二例挙げられるような、日常に経験される、珍しいようで珍しくない事柄である。それこそ、漢訳に言う「少分の想い」を抱く程度の事態である。それをさまざまの角度から考察する本経の立場からすれば、我々はそんなものは「何も大したことではない」と考える無知者に属することになる。第一に私は、その「少分の想い（yat kimcit）」という用語の意味を文脈の中で捉えるのに手こずった。結局、アプテ編『実用梵英辞書』に用例を見つけることができた（Apte's Practical Sanskrit English Dictionary: "yat kimcid etad" = This is a mere trifle.）。この用語は第63段梵文テキストの末尾にもでてくるが、グナバドラ訳はこれを訳出していない。ボーディルチ訳はそこを「虚妄微細の事」とする。

64．「1．幻の比喩が意図するもの」

「さらに、マハーマティよ、幻が非存在に似るとする見方から一切の現象について幻の比喩があるのではありません。」マハーマティが言った、「幻が一切の現象の比喩とされるのは、幻の多様な特徴が人々の注意を惹きつけるからなのでしょうか、それとも、虚しい特徴が人々の注意を惹きつけるからなのでしょうか。もしも幻の多様な特徴が人の注意を惹きつけることによるのでしたら、世尊よ、どんな存在も幻には似ません。なぜなら、自然の姿形の多様な特徴は原因がなくても見られるからです。実際、自然の姿形が多様な特徴をもって現われるのには、幻術のような原因は全くありません。ですから、諸存在が幻のようだとされるのは、幻の多様な特徴が人々の注意を惹きつけることで似ているからではないでしょう。」世尊、「マハーマティよ、君の言う通りで、それは別の理由からです。（四九四上）一切の現象が幻に喩えられるのは、虚しく稲妻のように速いという点で本性が等しいからなのです。例えば稲光が刹那に砕けて見えてはすぐ消えるという様子は無知な人々には知られません。同じように、あらゆる存在は、自分の分別による特殊と普遍との特徴をもつものとしては、よく観察すれば存在しないのですから、姿形の特徴が注意を惹きつけるものとして知られることはありません。」

そこで次の偈が述べられた。

非存在に似るから幻が諸存在の有性と言われるのではない、

虚しく速い稲妻に似るからそれで幻に似ると言われる。

29

65.「2．諸存在は不生だ幻のようだと言う私の言葉の前後に矛盾はない」

再びマハーマティが言った、「世尊はこうも言われました、すべての存在は不生で幻のようだ、と。世尊のこの言葉は前半と後半とが矛盾する過失に陥っているのではありませんか、諸存在の不生を幻のようだと言われることには。」世尊が言われた、「私が存在の不生を幻に喩えて言う、その言葉の前後が矛盾を来たしているという過失はありません。その訳は、生は不生であり対象として見られた自心に他ならない、と悟っており、有と無とから外の存在と非存在とが生ずることはないと洞察しているので、言葉の前後が矛盾する過失は生じません。それどころか逆に、異教者たちが原因という観点から考えるものの生起ということを斥けるために、すべての存在は不生だと言うのです。異教の無知な連中は有と無とから諸存在が生ずると主張します。しかしそのことが自分の分別の対象の多様さに捉われることに依るとは決して考えません。私の考えでは、しかし、何ものも有からも無からも生じません。そういう理由で私は不生という名称を用いるのです。また、存在という言葉を用いるのは、生死流転をそれでもって要約するため、無という断滅を斥けるため、そして私から学びたい人たちにさまざまの業が起きる場所を理解してもらうためです。存在という言葉の理解によって、生死流転の理解がなされるのです。幻が存在の自性の特徴だと説明するのは、そのことによって存在の自性の特徴を離れるためです。無知な凡夫たちは、その考えが誤った見解の特徴に陥っていて、対象が自心の現われであることを悟りません。彼らは、因が働くことによってものが生じるとして、対象としての縁の自性に捉われています。その捉われを除くために私は、すべての現象は幻や夢の自性を特徴とすると説きます。これらの無知な凡夫たちは、その心が誤った見解に捉われていますが、一切の現象が本来のあり方にあることを見て取ることによって、自分をも他人をも欺かないようになるでしょう。一切の現象が本来のあり方にあることを見て取るとは、自心が対象として見られているのに他ならないと悟ることです。」

そこで次の偈が述べられた。

不生といえば作因はないことが、存在といえば生死流転が、そこに要約される。

幻などに似る、と看取すれば、特徴を妄想することはな

かろう。 30

（研究）

この二段は幻についての考察である。幻という言葉が比喩として使われる本当の理由は何かと改めて吟味し、それが幻術による非存在の空想的な存在理解のためではなく、稲妻の不実な刹那性に似るもの、存在でもなく非存在でもないものとして現実を見るためだとする。その結果、それは空性、不生などという概念と矛盾するものではないことが理解されてくる。また、不生という名称があるのは何ものも有または無からは生じないからだ、という説明は、不生という言葉の意味を理解する上で参考になる。

66.「名、句、文字、の集合体」

「マハーマティよ、次に、名と句と文字とのそれぞれの集合体の特徴を説明しましょう。名と句と文字とのそれぞれの集合体をよく観察しておけば、意味と句と文字とに通じているボサツ大士たちは速やかに無上覚を得た後、（四九四中）同じようにしてすべての人々に説明することになりましょう。

1．まず、名の集合体とは、ある事象に基づいて名がつけられるとき、その事象が名の集合体です。2．句の集合体とは、句［すなわち語または文］の有意味な集合体の自体で判断、結論と同義です。これが句の集合体についての私の説明です。3．文字の集合体とは、それでもって名と句とを明らかにするものです。また文字には、短音、長音、および長伸音の文字があります。また句の集合体とは、象、馬、人その他の動物の足跡のようにまっすぐな列になって延びるものが句の集合体という名称を得ます。さらにまた、名と文字というとき、人間存在の四つの非物質的な構成要素（蘊）のことを名と表現します。文字と言われるのは、自分の特徴で以て指し示すからです。以上が名の集合体、句の集合体、文字の集合体について、それら各々の特徴の正確な定義を説明するものです。君はこのことを熟知すべきです。」

そこで次の偈が述べられる。

文字、句、名の集合体のそれぞれに無知者は捉われる、
愚かなことよ、深い泥沼にはまった象たちのように。

31

（研究）

ここでは梵語（サンスクリット）の言葉を構成する三要素、

すなわち文字、文字の集まりである語、単数か複数の語または文を指す句、の解説がなされている。文字について三種類の発音の長さが分けられる。短音とは子音のこと。子音は短母音の半分の長さとされる。長母音は短母音の二倍の長さで、二重母音を含む。長伸音は短母音の三倍の長さで発音される。「文字」は子音または音節をも表わす。これらの文字は何本かの直線や曲線の集まりから成っている。そのことが、上に「集合体」と訳した「カーヤ」の語の理由だと私は考える。これらの文字が左から右に書き続けられると、必ず文字の頭上に横線が引かれ、一列につながるので、生き物の足跡がまっすぐに続くように見える、と言うわけである。このような言葉の構成要素の解明が梵語文法に聴衆の興味を誘うことを目的とするものでないことは、最後の偈に明らかである。次の段では、早速「句」の文字が「絶句」とでもいうべき状況を示す文脈中に現われる。「句」は、「知覚の混乱」十二例の説明では有、無、あるいは一、異、または常、無常、そしてそれらの倶、不倶、などの四句が頻出し、如来の説法はそれらの四句を離れている、とも言われている。従って句は言語分別を代表する、と理解される。「百八句」は、そういう理解を背景にもつ用語であることが知られる。

67.「質問に答える四種の説明の句」

「マハーマティよ、また次に、無知な虚飾家たちがいつか将来、智者たちから一と異、倶と不倶という見解の特徴を脱した私の道標そのものを問われることがあるとします、そのとき彼らは質問者たちにこう応えるでしょう、「これは質問ではない、断じて」と。例えば「物質的な姿かたちなどと常または無常とは、異か不異か」とか、「涅槃は、有為のものと異か不異か」、「特徴づけられたものは、特徴づけと」、「属性をもつものは、属性と」、「諸要素からなるものは、諸要素と」、「見ることは、見られることと」、「微塵は、塵と」、「修行者は、修行と」異か不異か、などです。同じ仕方で次々と質問をされる側は言うでしょう、「これは世尊が、議論を避けるべき問いとして、説明されないものだ」と。しかし彼ら愚かで虚栄心の強い連中は、如来・応供・正覚者たちが聞くものたちの知力が欠けているので恐怖を抱く言葉を避けるために説明しないでおく、として人々に説明しないのだとは知らないでしょう。説明しないでおかれる事柄は、また異教者たちの捉われた見解と主張を斥けるためにも如来たちが説かないのです。なぜなら異教者たちはこういうことを主張します、「命とは身体のことだ」〔あるいは「命と身体とは別だ」〕などです。彼らは創造因に迷わされていますから、説明のつかないことを主張するのです。しかし私の言葉には、そういうことはありません。私の言葉は把握されることと把握することとを離れていますから、そこに分別は働きません。そこに避ける必要のあることが、どうしてありましょう。把握の対象と把握するものとに捉われているのは、対象は自心がそのように現われているのに他ならないと悟ることがないからで、そこには避ける必要のあることができてきます。如来・応供・正覚者たちは、質問に答える四種の句でもって人々に教えを説きます。そのうち、質問に答えることは避けるべきだというのは、相手の能力が未熟なために、私が別の機会に説きましょうということであって、成熟した能力の保持者に説明を避けなければならないものはありません。」

(研究)

初めに私が「私の道標そのもの」と訳した語は、漢訳「我が所通の義」が示すように、漢訳の「宗通（私の究極の立場という道標）」「説通（私の説法という道標）」（第三巻、第92段・第102段）という、本経独自の重要な用語（「二つの法通」）を予想させるようである。ここではその詳細な説明は控えるが、「私の道標そのもの」を相手に質問する智者と言われる人々も、如来ということになる。そういう人たちは、「異か不異か」の問いに関しては、当然異とすることも不異とすることも、共にその「道標そのもの」の働きとすることのできる、自由なところにいると考えられる。しかし質問される側は、これらをふつうに答えの出せる質問として受け止めることができず、如来もこれらを「議論を避けるべき問いとして説明されない」と言う、とされている。このような議論は、この段の終わりに如来の教えとして言及さるる「質問に答える四種の句」というものの理解を背景に行なわれているので、そのことを簡潔に説明する。

『アビダルマ集異門足論』巻第八（舎利子説、玄奘訳）四法品五之三に「四記問」というテーマで次に要約した内容が紹介されている（大正蔵二十六、四〇一下〜二上）。「記」とは説明して明らかにすることで、「四記問」とは四種の答え方を導き出す四種の問い方。従って「四記問」は「四記答」とも言われる。

1.「世尊は如来、覚者、天と人との師ですか」などは、すぐ肯定できる問い（応一向記問）。

2.「法とは何ですか」は、多種ある法を分別して応えなければならない問い（応分別記問）。

3.「私に法を説いてください」は、どんな法を問うているのかと反問する必要のある問い（応反詰記問）。

4.「世間は常住ですか、無常ですか、常でもあり無常でもあるものですか、常でも無常でもないものですか。世間は有限ですか、無限ですか、有限でもあり無限でもあるものですか、有限でも無限でもないものですか、命がそのまま身体ですか、命と身体とは別ですか、如来は死後も有ですか、非有ですか、有でもあり非有でもあるのですか、有でもなく非有でもないのですか」は、応えても何の役にも立たないから応えずにおく問い（応捨置記問）。

本経で取り上げるものは、そのうち4．説明を避けるべき問い、ということになり、しかもその同じ問いが避ける必要のないものだとするわけである。それを避ける必要があるとする理由は、質問者の方に如来の「道標そのまま」の働きとしての答えを受け入れる用意がなく未熟だからだとされている。異教が創造因に迷わされているのも、未熟さの表われということになる。これは極めて優れた独自の見解である。

68.「一切の現象は無常であることが平常である」

「さらにまた、一切の現象は創造の作用と因とをもたず、創造者がいない（四九四下）ので不生です。それで一切の現象は不生だといわれます。また一切の現象は無自性です。その理由は、自分の知力でもって観察すれば、特殊と普遍との特徴をもつ存在は認められません。それで一切の現象は無自性だといわれます。また一切の現象は獲得することも捨て去ることもできません。その理由は、特殊と普遍との特徴を掴み取ろうとすると掴み取ることができず、捨て去ろうとすると捨て去ることができません。それで一切の現象は獲得することも捨て去ることもできません。また一切の現象は不滅です。その理由は、存在の自性の特徴がないために、一切の現象は不可得です。それで一切の現象は不滅だといわれます。また一切の現象は無常です。その理由は、特徴の現われることが不安定だからです。それで一切の現象は無常だといわれます。また一切の現象は平常です。その理由は、特徴が生じたことがそのまま不生なので、無常であることが平常です。それで一切の現象は平常だといわれます。」

そこで次の偈が述べられる。

問われることを明らかにする仕方は四種。全面的な肯定、
問い返す、
分析する、避けておく。すべて異教の説を斥けるもの。
32
有と無とからの生起はサーンキャ、ヴァイシェーシカ等の伝承。
そのような彼らの説はすべて説明のつかないものだ。
33
知力を以ていくら究明しても、それらに自性は確認されない。
それゆえ一切の現象は不可説、無自性、と示される。
34

（研究）

前段に続いて世尊は、この段では不生、無自性、不可得、不可捨、不滅、無常、常、の意味を説明する。これらは、前段で世尊が「私の道標そのもの」と言ったことに相当するものかと思われる。ここの説明では、「不生」は異教の主張する創造作用、創造因、創造者による現象の生起という考えを斥ける意味を持つことが知られる。そういう立場からの答えを期待する問いに対しては、従って、四記答の第４、応えずに置く、が適用される、というわけである。

69.「涅槃に向かって進む流れに入っての果の区分」

さてそこでマハーマティ・ボサツ大士は再び世尊に次のことを言った、「世尊から私にどうか涅槃への流れに入った人々の入流の道が区分されるための手引きとなる特徴を教えてください。それによって私も他のボサツ大士たちも入流の人々の入流の道の区分の為の手引きとなる特徴に通ずることができ、さらに進んで、一度だけ輪廻の世界に戻る人、戻ることのない人、供養に値することになった人（アルハット）、に至る方法の特徴とそれぞれのあり方とを知り、その結果、私たちが人々の為に教えを説くことになりましょう。すなわち、二種の無我の特徴と二種の障碍とを正し、修行の諸地では、それぞれの地を超えて通達し、如来の不可思議な究極の境界に達し、多様な姿形を現出するマニ珠に似て私たちは、あらゆる衆生を支える役割を果たし、すべてのもののそれぞれのあり方を無尽の資源とする身体を持って、すべての人々の支えとなりましょう。」世尊が言われた、「それでは、よく聞き、よく考えなさい。君に話しましょう。」「お願いします、世尊よ」

とマハーマティは言って世尊の言葉に耳を傾けた。世尊が言われた、「入流の人々の入流の果は三種に区別されます、上、中、下です。下とは最高で七回輪廻の生を受けるもの、中とは三ないし五回輪廻の生を受けた後に涅槃に至るもの、そして上とは生を受けたまま涅槃に至るものです。」

〈研究〉

『倶舎論』巻六、第34偈前半に「修道で断つべき煩悩が尽きないまま果にあるものは最高七回の生をもつ」とし、その下の説明に「道とは涅槃への流れのこと、それによってそこへ進むから」とある。「道」とは八正道のことと考えられる。また、「すべての果を得るもののうち、初果を得るから入流と言われる」とも言う。本経のこの段では、入流とは涅槃に至る果のすべてを含むので、その点が『倶舎論』とは違うようである。入流の人が輪廻の世界に戻るとか、輪廻の生を受けるとか言われるのは、禅定に入って煩悩の起きる状況を離れ、色界で神々の集まりの中に達することがあっても十分に煩悩を尽くさずにいるため、禅定の力が尽きると欲界に戻るということ。このような状況を『倶舎論』は「家から家へ」という。その第34偈後半はいう、「しかし三、四種の煩悩を脱しているから、二、三生のものは家から家へである。」その下の説明にいう、「その家から家へは二種。一は、神々の家から家へ、すなわち神々の間で二、三家に輪廻して後に涅槃を、そこ、または他の神々の集まりの中で達するもののこと。」そして「人間の家から家へは、人間たちの今いるところまたは他の世界で涅槃に達するもののこと」とされる。次の第35偈はいう、「第五までの煩悩を断つものは第二の果に向かったもの。第六の煩悩の尽きたものは、もう一度欲界に戻るもの。」その下の説明にいう、後者は「第二の果を得たものとなる。神々の世界に行ってから一度人間界に戻るから一来である。その後生まれることはないからである。貪瞋痴は薄くなっているからと言われる。」そして第36偈終わりにいう、「彼は不還である、九つの煩悩が尽きたから」「欲界に戻らないから。」本経の世尊の言葉では、上中下の三種のうち中と上との間に不還果が来るはずだが、なぜか言及はなされていない。第二果に含まれるものかも知れない。声聞・独覚乗で言われる、以上の入流の四果の特徴をしっかり把握した上で、ボサツ大士は大乗の修行を成就したいというわけである。

70. 「1. 三つの束縛からの解脱」

「入流の果のこの三種の区別には弱、中、(四九五上)強の三種の束縛が対応します。三種の束縛とは、有身見、疑い、儀式的な行、のことです。これらの三種の束縛からの解脱が上へ進むにつれてアルハットたちのアルハット果になります。」

71. 「1a. 有身見からの解脱」

「マハーマティよ、有身見には二種あります、生来のものと妄想されたものとです。これらは、他に依るという自性と妄想されるという自性とに似ています。例えば他に依るという自性に依存するためにさまざまに妄想されるという自性に捉われることが起こります。しかしその捉われは、そこに有るのでもなく無いのでもなく有と無との両方でもないのに虚妄に妄想することの特徴であるわけですから、無知者がさまざまの自性の特徴に捉われて有または無と分別するのです、それは鹿たちが砂丘を流れる水蒸気を見て水の流れと分別するのに似ています。これは無知さゆえに長期にわたって蓄積された捉われですが、それ自体は空である個我への捉われがないことからこの有身見は除かれます。

生来の有身見とは入流の人の場合、自他の身体は平等でありそれの四つの構成要素〔受想行識蘊〕は物質的な特徴が無く、物質的構成要素〔色蘊〕は物質元素とそれらからの合成として生じたものであり、両者は相互に因となるもので、従って、諸物質元素である物質的な姿かたち〔色〕が身体を作り出した因なのではないとして入流の人が有と無との両辺への固定した見解を洞察することによって、有身見は除かれます。このようにして有身見が除かれますと、この人に貪欲は起こりません。以上が有身見の特徴です。」

72. 「1b. 疑いからの解脱」

「さらにまた、疑いの特徴とは、解脱の真理が本来各自に証得されて具わっていることをよく洞察することによって、そしてまた先に二種の有身見の分別を除いていることによって、教えに対して疑いが起きないのです。そして師というものの見方はこれ以外にはありません。神聖な（「シュッダ」）、純粋な、完璧な）ということは不純（「アシュッディ」）だからです。これが入流の人の場合の疑いの特徴です。」

（研究）

「本来証得されて具わっている解脱の真理」については『倶舎論』巻二、第36偈下の説明の次の言葉が参考になる。「得は二通りである。得ていないもの失ったものを得ることと、得て具有していることと。」また、「無為法には得と非得とがある」と言い、偈の末尾に言う「二の滅」とは択滅と非択滅とされ、後者については、別の説明文で、「一切の衆生は非択滅を具有する。それゆえアビダルマでは次の言葉がある、無漏の法を誰が具有するか。曰く、一切衆生だ、と。」「択滅」とは正覚の涅槃を指し、非択滅とは、ここで言われている衆生本来の涅槃を指す。

「師」についての説明は的確で要を得ている。結びの言葉に言う、何事にも完璧なということは却って欠陥をはらみ本当の師のイメージとは方向違いだ、と。

73．「1c．儀式的な行への捉われからの解脱」

「また次にマハーマティよ、入流の人が戒の虜にならないのはどうしてでしょうか。それは、生を受ける処の苦悩の特徴をよく見ているためです。虜になるとは、享楽と幸福とを求める無知な凡夫たちが儀式的な修行や特別の行を自分に課する苦行として行なうことによって神々の世界に再生することを願うことです。このように戒の虜になるのではなく、自内証の優れた方向に自らを成長させ、妄想を離れた無漏の法の身体的な表現としての戒の支分［殺生、偸盗、邪淫、妄語という四つの性罪を離れていること］に専念するのです。これが入流の人の儀式的な修行の虜［にならないこと］の特徴です。三種の束縛の除かれた入流の人に貪欲と愚痴とは起こりません。もしも万一、こういう束縛によって私が動かされることは無い、という考えが起こったとします。そうなれば二種の過失があることになります。有身見に陥っていることと、束縛が除かれていないことと、です。」

マハーマティが世尊に言った、「貪欲は多様だと世尊は申されました。ここでは、そのうちどの貪欲が除かれるのでしょうか。」世尊が言われた、「女人との結合の欲望で、さまざまの接近のための身体と言葉との哀れむべき行為を伴ってのものです。これは現在の喜びであっても将来の苦悩の本です。入流の人にそういう欲望は起こりません。その訳はこの人が三昧の喜びに住することができているからです。従ってこれは除かれています。ただし涅槃の証得を願う欲望は決して除かれません。」

74.「2. 一度戻る人」

「マハーマティよ、一度欲界に戻る人の特徴とは何かということですが、それは、美しい姿かたちが輝いているという分別が一度起きても、分別の因となる特徴を見るときの見られるものと見るものとが分かれていないことと、禅定の境界をよく見て取ることとの理由で、一度この世間に戻ってから苦悩を終わらせるために涅槃を得るでしょう。それで一度戻る人と言います。」

75.「3. 戻らない人」

「戻らない人とは（四九五中）、過去、未来、現在において姿かたちの特徴についてそれらの有無が成り立つという固定した見解の過失も潜在的な分別も戻ることが無いのと、束縛が除かれているためとで、欲界に戻ることの無い人と言われます。」

76.「4. 供養に値する人、アルハット」

「また、供養に値する人とは、禅定、禅定の対象、三昧、特殊な解脱、力、神通、煩悩、苦悩のすべてにおいて分別が無いので、供養に値する人、アルハットと言われます。」マハーマティが言った、「世尊は供養に値する人に三種あると説明されています。ここで言われた供養に値する人は、そのうちのどれに当たるのでしょうか。つまり、寂静の、ただ一人しか通れない狭い道を達成した人か、ボサツ大士が方便として姿を現わす供養に値する人か、それとも、ブッダが化作された化身なのかです。」世尊が言われた、「寂静の、ただ一人しか通れない狭い道を達成した声聞のことで、それ以外の人々のことを言うのではありません。それ以外の人々とは、ボサツ行の方向を辿る人々と、自ら形を変えるブッダによる化身とです。後者は、どちらも方便に優れ本願を優先させることから、大衆の中に姿を現わします。ブッダの聴衆の集まりを荘厳するためです。彼らは分別妄想が行なわれる中にあってさまざまの教えを説きます。すなわち、果を得ることとしての禅定、禅定者、禅定の目的を離れており、対象が自心の現われに他ならないと悟っているので、果を得ることの特徴がはっきりと示されます。これこそが果を得ると言われることです。」

77.「5.声聞の過失を超出する」

「またさらに、マハーマティよ、禅定の無量・無色の世界を超え出るためには、自心に他ならない対象として現われているものへの捉われを離れる必要があります。三昧において内的・外的な知覚の滅尽が達成されることが、対象として現われているものは自心に他ならないという悟りを超出することは、ありえません。そこにはなお心の現われがあるからです。」

そこで世尊は次の偈を述べられた。

諸禅定、四無量、無色、三昧、内外の知覚の滅尽、
これらすべては、自心に他ならないところには存在しない。 35
入流の果、一度戻る人と戻らない人の果、そして
アルハット果も、同じく心の迷いだ。 36
禅定者、禅定、禅定の目的、煩悩の断、真諦を見ること、
これらは妄想に過ぎないと目覚めたものが、解脱する。
37

（研究）

以上、第69段からの八段は、声聞乗の修行がアルハットに終わる四果の内容を、アビダルマの伝承を踏まえて考察し、最後のアルハット果を転じて大乗の働きに向かわせる道を考えるというものである。初果の修行者が涅槃に到るためには最高で七回、少なくて二、三回ないし五、六回欲界に戻る必要があり、第二果の修行者は一回、そしてその後もう戻る必要がない、とされる。戻らずに止まるのは色界の禅定のなかということか。その第三果から進んで、最後のアルハットが生を受けた欲界で禅定に入っていてしかも禅定のなかと欲界の

生活との分別に捉われないとされることがどうして言われるのか、これらの点は明らかではないが、そこがアルハット果を大乗のボサツ行に転ずる必要ありとする所以のようである。

78.「二種類の知力」

「また次にマハーマティよ、知力には二種類があります。観察吟味する知力と、妄想の特徴を捉えて執着することを確立する知力とです。1．そのうち、観察吟味する知力とは、それによって観察吟味されている存在の自性の特徴が四句の選択肢を離れていて不可得であると知るものです。四句の選択肢とは一（何かあるものである）、異（別のものである）、倶（同時に何かであり何かでない）、非倶（何かでもなく別のものでもない）、或いは有、無、［倶（同時に有であり無である）、非倶（有でも無でもない）］或いは常、無常、［倶、非倶］などで、それらを私は四句の選択肢と言います。一切の現象がそれらの四句の選択肢を離れていると言われます。一切の現象を検討するときには、この四句の選択肢を取り上げる必要があります。2．次に、妄想の特徴を捉えて執着することを確立する知力とは、それが妄想（四九五下）の特徴を捉えて執着することによって、熱い、流動する、動揺する、堅いという性質の物質構成要素［火、水、風、地の四大種］という虚妄な妄想の特徴を不実にも拘らず実在すると決め付けます。推論式の宗、因相、比喩に捉われることによってです。それが妄想の特徴を捉えて執着することを確立する知力です。」

「以上が二種の知力です。ボサツは両者を具有することによって人（主体）と法（客体）との無我の特徴に通達し、虚妄の現象に捉われない知力を以て観察吟味する修行の段階に通暁して初地を得、百の三昧を成就します。百のブッダ、ボサツたちを特別の三昧を得ることによって見ることになり、また過去と未来とのそれぞれ百劫にまで達します。また百の地域を照らします。百の地域を照らすことでますます上の修行の段階の特徴的なあり方を知ることになります。ボサツは誓願の優れた特色を発揮して遊戯自在ななかで最後の段階である法雲地の灌頂を受けて如来独自の地を証得し、十の無尽句の実現という重荷を担うことを自らに引き受けます。彼らは衆生を成熟させるためにさまざまのボサツの化身の姿で輝き、自身は自内証の安楽の中で落ち着いています。」

（研究）

声聞の四果の考察の後に大乗ボサツの修行において依用する二種の知力の説明がなされる。そのうち現象が四句の選択肢を離れていると観察吟味する第一の知力のことは、先に第54段で如来の説法が四句を離れているとして言及された。第二の、妄想の特徴を捉えて執着することを確立するとされる知力は、宗、因、喩という論証の三支を用いて四大種という虚妄な妄想の特徴を不実にも拘わらず実在すると決め付けるとしながら、それを敢えて併用するのだという。これは、すでに世間の論理を第一の知力で批判的に用いている姿勢を示すものである。この四大種とそれらの合成物との関係の批判的な考察が次の第79段の中心テーマである。第78段後半にボサツの十地の修行に言及する箇所の多くの用語は、『仏華厳経』十地品初地の箇所に依ったことが明らかである。漢訳で百三昧、百仏、百仏世界衆生、百劫、百菩薩、また十不可尽法、など。最後の用語、本経で十の無尽句と言われるものは、十地品では、ボサツが大願を起こす根拠となる、それぞれ尽きることのない十の項目である。すなわち、1．衆生は尽きない、2．世間は尽きない、3．虚空は尽きない、4．現象は尽きない、5．涅槃は尽きない、6．ブッダが世に現われることは尽きない、7．ブッダたちの智慧は尽きない、8．心が認識する対象は尽きない、9．ブッダが対象を知る智の働きは尽きない、10．世間が移ろい現象が転じ知が働くことは尽きない。

79．「ボサツは四大種とそれらからの合成物とに通じている」

「また次にボサツ大士は物質構成要素とその合成物とを熟知すべきです。どうすればそのことを熟知することになりましょうか。ボサツは今後次の点についての真実を学びます。すなわち物質構成要素、四大種、は存在ではない、そしてこれらの構成要素は生じてはいない、と観察します。このように観察して初めて、これが名と特徴と分別とに他ならない、自心が対象として見られているのに他ならないと悟るので、外の存在というものはないからこれは自心を対象とする分別に他ならない、と観察します。すなわちこの三界は、それが物質構成要素とその合成物ではないこと、四句分別の選択肢の道理を離れており、自己と自己の所有とを離れており、如実のあり方そのものの安定したあり方においてあり、何かから生ずるということのないそのもの自体が現成している、と観察します。

ところでマハーマティよ、物質構成要素において合成物はどのようにしてできるでしょうか。それはこうです。湿潤の妄想である［流動するという性質の］物質構成要素が、内にも外にも水という物質元素を生じます。活力の妄想である［熱いという性質の］物質構成要素が、内にも外にも火という物質元素を生じます。作動の妄想である［動揺するという性質の］物質構成要素が、内にも外にも風という物質元素を生じます。物質の形の分割の妄想である［堅いという性質の］物質構成要素が、内にも外にも土という物質元素を形と虚空との結合として生じます。見せ掛けの真実に捉われるために五蘊の集まりという、物質構成要素の合成物が生じます。さらにまた、識別能力といえば、さまざまの発言や対象に捉われ欲求することが原因となって、識別能力が別の形の生死において生じます。

マハーマティよ、土などという、構成要素からなる合成物には、それを生ずる物質構成要素という条件がありますが、物質構成要素には、それを生ずる条件はありません。その理由は、存在の印や特徴と所在と作用との結合も無い物質構成要素には、生ずることがありません。これに対して、存在の印や特徴と所在と作用との結合のあるものには、作用と結合して生ずることがあります。形のないものには、これはありません。それゆえ物質構成要素とその合成物との特徴を異教者たちは妄想しますが、私はしません。」

（研究）

この議論によれば、四大種からの合成物「造色」の水、火、風、地は現実に識別される物質の要素だが、そのもとの四大種は識別されないので、せいぜい、潤い、力、動き、形として示す他なかった、それもあくまで現実の造色からの類推であり、従って妄想、分別とするほかなかった。この四大種は、『サーンキヤ・カーリカー』第38偈にいう「それだけ（タンマートラ）」、造色は「成ったもの（ブフータ）」にそれぞれ相当する。前者は知覚を現わす語で示されるが実際には人間に識別されず、類推されたものとされ、その元は「自我（アハンカーラ）」、さらに遡って「覚（ブッディ）」―「大（マハット）」とも呼ばれる―とされ、そして究極的には「原質（プラクリティ）」に由来するとされる。これに対して、ここでは四大種は四種の妄想で示され、その更なる由来は示されないとされている。『長阿含経』の「堅固経」（『マッジマ・ニカーヤ』I．11、「ケーヴァッダ・スッタ」）では四大種はその行方が分からない、とされている。本経が四大種を妄想とすることは、阿含経以来の考えを継承するもののようである。

80.「五蘊の一々の特徴」

「マハーマティよ、また次に人間存在の構成要素、五蘊、について、それぞれの蘊自体の（四九六上）特徴を述べましょう。まず五蘊とは、肉体（色）、感覚的な知覚（受）、知的な理解（想）、判断の用意（行）、識別能力（識）です。そのうち四つの蘊は物質的な形をもちません。すなわち感覚的な知覚、知的な理解、判断の用意、識別能力のことです。肉体は四種の物質構成要素からの合成物で、それぞれが別の特徴をもちます。肉体以外のものには、虚空と同様に、合計四という数はありません。虚空は数で数えることはできませんが、何か数えられるものと妄想されています。諸蘊も数で数えることのできないもので、有と無とを離れており、四種の選択肢を絶するものですが、無知な人々の間では数で数えられるものと見なされています。もちろん聖者たちには、ないことです。

聖者たちは、また幻のなかのさまざまの姿かたちのように他人と他人でないことを離れたものを示します。夢や影像としての人間と同じものとしてです。無知者は聖者の智慧の境界に通じていないためとで、諸蘊というものがあるという妄想を起こします。以上が、諸蘊のそれぞれの特徴です。その妄想を君は取り除くべきです。その妄想を取り除いた後、妄想を離れた教えを人々に知らせるべきです。すべてのブッダの聴衆の輪の中で異教者たちの見解から聴衆を護るために、妄想を離れた教えを説くことによって、その間に現象が無我であるという洞察がはっきりしてきます。そして不動地というボサツの修行の段階に入ることになります。ボサツが不動地の優れた段階に入りますと、無数の三昧に自在になり、意からなる身体を得ます。その後、幻に喩えられる三昧を得て、如来の力、神通、自在を極め、大地のようにすべての衆生の命の支えとなります。大地はすべての衆生の命の支えですが、それと同じようにボサツ大士はすべての衆生の命の支えなのです。」

（研究）

前段での四大種の考察が色蘊を通して五蘊全体の考察に移行し、有身見を離れた聖者の五蘊についての見解が紹介され、第八、不動地のボサツが意からなる身体を得て、大地のようにすべての衆生の命の支えとして働く、とされる。意からなる身体を得るとは、すでに見てきたように、意識の識別作用から自由になって意識を働かせるあり方となること、と考えられる。

81．「異教者たちの四種の涅槃観」

「また次に、マハーマティよ、異教者たちの涅槃は四種です。1．存在の自性が無だという涅槃、2．多様な特徴の存在が無だという涅槃、3．自己の特徴が自性無だと悟るという涅槃、4．諸蘊の特殊と普遍との特徴の不断の継続と結合とが絶たれるという涅槃、です。以上が異教者たちの涅槃観ですが、それらは私の教説にはありません。私の教説では、妄想する意識が滅することが涅槃だとしています。」マハーマティが言った、「世尊が立てられたのは八識ではなかったですか。」世尊が言われた、「マハーマティよ、そのとおりです。」マハーマティ、「もしもそうでしたら、どうして、意識の滅することだけがあって七識の滅はないのでしょうか。」世尊、「マハーマティよ、それ〔意識〕を因としそれを対象として七識の生起があるのです。さらに意識は、知覚の対象を確実に分別することに捉われることによって生起しながら、その印象が行き渡ることによって根本識を養います。〔意識は〕意を伴って、自己と自己の所有とを捉え、それらに捉えられる自尊心の姿をとって生起します。〔八識は〕不可分の一体としては根本識を因とし対象とする心の塊で、それが、自心の現われとしての対象に捉われることから発生します。ここでは根本識と意識その他の諸識とは相互に因となる関係にあります。すなわち、あたかも大海の波浪のように、自心が見られるものとして現われている対象という風に激しく吹かれて全体が生じたり滅したりします。それゆえ、この意識が滅することによって七識の滅があるのです。」

そこで次の偈が述べられた。（四九六中）

私の涅槃は存在、働き、特徴〔のいずれかの滅〕によって
起こるものではない。
妄想をもって知覚の対象を捉える識の滅において私は涅
槃している。 38
因でもあり拠り所でもあり意の中にあるこの識は、
心に因の座を譲りながら、その所依となっている。 39
大海の水が尽きれば波浪は起きない、そのように
〔意〕識が止めば多様〔な識〕も起きることはない。 40

（研究）

ここで中心的な役割を担うものとして取り上げられる意識は、八識のうちの一つであるだけでなく、マナス（意）とともにあって「妄想する意識」、根本識を「養う」もの、「五法」のうちの名と相とを妄想する分別、に相当し、海水に浪を吹

き起こす「境界の風」に喩えられ、自心現の流れを生ずる、とも言われ、興味深い考え方が示されている。

82．「妄想されたあり方の区分の仕方」

「次にマハーマティよ、現実の妄想されたあり方の区分の仕方の特徴を指摘しましょう。その区分の仕方を詳しくそしてしっかり知ることによって、君も、そして他のボサツ大士たちも、分別妄想を離れて自内証の聖なる境界と異教者たちの立場とをよく観察する知力をもって、把握される対象と把握するものとを切り離す分別を離れ、他に依る多種多様な特徴の、妄想された現実のあり方の様相を一々分別することはなくなるでしょう。さて、現実の妄想されたあり方の区分の仕方とは、どういうものか。それは次の通りです。1．言葉の分別、2．言葉で言われたことの分別、3．特徴の分別、4．富の分別、5．自性の分別、6．原因の分別、7．見解の分別、8．慣用の分別、9．生ずるという分別、10．生じないという分別、11．関係の分別、12．束縛を束縛ではないとする分別、です。以上が、現実の妄想されたあり方の区分の仕方の特徴です。

1．言葉の分別とは、さまざまの音声と歌との甘美さに執着することです。2．言葉で言われたことの分別とは、言葉で表現される事象があって、それは聖者の智の領域に属するもので、それに基づいて言葉が出てくるのだ、と憶測することです。3．特徴の分別とは、言葉で表現されるものが陽炎の水に似るにも拘らず、人はそういうもののさまざまの特徴に執着します。例えば熱さ、流動、運動、堅さ、という特徴から人は一切のものを推測します。4．富の分別とは、金銀などさまざまの貴重品や関心の対象を求めることです。5．自性の分別とは、人がものの自性を確定することを当然と考え、これはこうあるべきでそれ以外のあり方であってはいけない、と間違った見解で分別して考えることです。6．原因の分別とは、原因の特徴は生ずることだとして、あるものが原因ないし条件となることによってそのものが有と無とに分けられることです。7．見解の分別とは、有と無、一と異、倶と不倶、という間違った見解に対する異教者たちの分別と執着のことです。8．慣用の分別とは、自己と自己の所有と呼ばれるものを妥当な慣用と解して、それを人に説くことです。9．生ずるという分別とは、諸縁によって有と無とから存在が（四九六下）生ずると執着することです。10．生じないという分別とは、すべてのものが以前には生じていなかったのに無から諸縁によって有となり、したがって因のない存在であるとすることです。11.関係の分別とは、あたかも黄金の糸で結ぶかのように自分を他人と縛りつけさせられることです。12.束縛を束縛でないとする分別とは、束縛によって却って束縛されることに執着するのに似ています。例えば罠用の綱の輪に人が触れると綱の結び目が人を縛り、そして解かれ「ると人は縛られることを求め」ます。以上が現実の妄想されたあり方の区分の仕方です。ここにおいてすべての無知な凡夫は有と無とに執着するのです。現実の他に依るあり方に執着する人々は、妄想されたあり方のさまざまの姿に執着します。幻術に依るさまざまの姿を見るように、幻術とは別の幻を見る知力をもって無知な人々は、現実をさまざまに分別します。幻術と現実のさまざまの姿とは、別であって別ではありません。もしも別であれば、現実のさまざまの姿が幻術によって惹き起こされることはないでしょう。もしも別でないとすれば、現実のさまざまの姿と幻術とは区別がなくなるでしょう。区別はあるのですから、両者は別でなく、区別無しではないのです。それゆえ、君も、そして他のボサツ大士たちも、幻に喩えられる依他と妄想分別との自性に異と不異、有と無でもって捉われてはなりません。」

そこで世尊が次の偈を述べられた。

心は対象に縛られており、知は推理に働く。
空慧は実に無相と差別とに平等に働く。 41
妄想された現実の自性はあるが、他に依るあり方には存在しない。妄想された
ものは知覚の混乱が捉えたもの、他に依ってあるものは妄想されない。 42
身体のいろいろな部分ができても幻術は完成しない、そのように
特徴は種々に妄想されても完成しない。 43
無知な人々が妄想するもので、他によるあり方において妄想される。 44
妄想された存在は他に依るあり方に他ならない。さまざまの外観をもって妄想されたものは他に依るあり方において妄想される。 45
世俗と第一義との他に第三の、根拠のあるものはない。
妄想されたものは世俗と言われ、それを断つから尊い領域だ。 46
あたかも修行者に一つの事象が種々に見えるのに種々性はそこにはない、
そのようであるのが、妄想された特徴だ。 47

眼に内障のある人がいろいろに物の形を妄想するが、内障は物でなく（四九七上）
非物でもないように、未覚者は他によるあり方を同様に妄想する。48。
金は精錬され水は濁りを除かれ虚空は雲がないとき美しいように、
妄想されたものも、同じく清められる。49
妄想されたものは存在しないが、他に依るものは存在する。
分別妄想している人々の増益と損滅とは終息する。50
もしも妄想された非存在が他に依るあり方としては存在するとすれば、
存在がなくても存在が、そして存在が非存在から、生じよう。51
妄想分別されたあり方によって他に依るあり方のあることが分かる。
特徴と名とが結びつくので、妄想分別が生ずる。52
妄想分別がどうしてもいけなくて他に依るあり方から生じることがない、
そのとき自性は清浄で第一義なのだと知られる。53
妄想されたあり方に十二種、他に依るあり方に六種ある。
自内証の所知の真如には、それゆえ差別の相がない。54
真実は五法、自性は三と、
修行者が確かめるならば真如を逸脱することはない。55
動機となる相は他に依るあり方で、その名が妄想される。
妄想された相は他に依るあり方に由来する。56
知力によって吟味されるとき、他に依るあり方も妄想されることもない、
真実の相は存在としてはない、知力に分別される余地がどこにあろう。57
妄想されたあり方にはしかし二の自性が成立する。
妄想されたものは種々に現われるが、聖者の領域にはそれらは清浄である。58
妄想されさまざまに現われるものは他に依るあり方において分別されるもの。
そう考えないものは異教の見解に従うもの。59
妄想する、妄想される、と言われることは見ることを因として生ずる。
分別のこの二要素を離れたものが真実相ということになろう。60

（研究）

ここの本文では、既に巻一・第一章で取り上げられた現実の三自性のうち、特に妄想分別された現実の自性と言われるものの具体的な特徴の考察がなされる。後に続く二十の偈は、それと他に依るあり方という現実の自性との関係を説明することに力が注がれている。そのうち、第54偈で妄想された在り方に十二種あると述べるものは本文中に具体的に説明されていて明らかだが、他に依るあり方に六種あるとする点は、あたかも自明であるかのように、何の言及もない。本経の他の何処にもその説明は見られない。私はこの段の文脈に従って、それら十二種の半分から「分別」の語を除いた次の六項、すなわち、言葉、特徴、原因、慣用、生ずる、関係、がそれではないかと考えるに到った。他に依るあり方は、そこにおいて妄想分別が起きる場所とされているからである。なお、第一章第7段の初めに「存在の自性」として数え上げられた七種、集まる、存在する、特徴、自然の構成要素、因、縁、成就する、のうち因と縁とを一つにして縁とすれば、六種の存在の自性―もちろん仮に立てられた自性―となる。とにかく本経がいう他に依るあり方六種というものの明確な指摘は見当たらない。

83.「自覚聖智と一乗」

再びマハーマティが言った、「世尊よ、どうか私に自覚聖智の境界と一乗とをお教えください。自覚聖智の境界と一乗との教えを通して私と他のボサツたちがそのことに通達し、ブッダの諸々の特質においては他者の導きに依存しないものとなりましょう。」世尊が言われた、「それではよく聞き、よく考えなさい、君に話しましょう。」「承知しました」（四九七中）と、マハーマティ・ボサツ大士は世尊の言葉に耳を傾けた。世尊は彼にこう言われた、「先覚者である聖者の信頼すべき教えに疑いのないボサツ大士は、従って、唯一人秘かに自分自身の知力によって考察して他者の指導に頼らず固定した見解と疑惑を離れて絶えず努めて如来地に達する、これが自覚聖智の境界の特徴です。次に、一乗の境界とは一乗の道を証し悟るので一乗と言います。一乗の道を証し悟るとは、捉えると捉えられるという分別妄想が本来のあり方に落ち着いて妄想分別が起きないとき、一乗の悟りが成就しているのです。この一乗の悟りには私以外、異教、声聞、独覚、バラモンなどの誰も今まで到達していません。そういう理由で一乗なのです。」

〔研究〕

ここでは二点が私の興味を呼ぶ。1．先覚者・聖者の信頼すべき教えに疑いがなく一人秘かに考察することと、他者の指導に頼らないこととが、矛盾しないとされること。2．異教はバラモンと区別されているらしいこと。本経に異教として名が挙げられているものは、既に指摘したように、ヴァイシェーシカ、ニヤーヤ、サーンキャなどである。バラモンにもローカーヤタ（世間論者）がいてブッダから批判されることは、巻三末に見られる。

84．「声聞たちに私は一乗ではなく三乗を説く」

マハーマティが言った、「世尊が三乗を説いて一乗を説かれない理由は何でしょうか。」世尊が言われた、「私がすべての声聞と独覚たちに一乗を説かない理由は、彼らが自分から進んで涅槃を得ることのない性質のものだからです。その訳は、すべての声聞と独覚たちが如来の律と世間厭離の修行とによって解脱しますが自分からではないからです。

また彼らは、煩悩と業との習慣性を離れてはいないので私は彼らに一乗を教えず、彼らが現象の無我を悟らず、神々の不思議な老衰と死とを理想とする立場を離れていないため、声聞たちには〔ボサツ、声聞、独覚の道を分けて説く〕三乗を説きます。彼らがすべての〔煩悩と業との〕習慣性の過失を離れるとき現象の無我を悟るので、習慣性の過失と三昧の恍惚とがなく、それで彼らは無漏の境界に目覚めるのです。世間を超出した無漏の境界に属する必要条件を満たして彼らは、思議を超えた法身の自在なあり方を得るでしょう。」

そこで次の偈が述べられた。

神々、バラモンたち、声聞たち、そして
如来、独覚の、それぞれの乗り物を私は説く。61
心が生じ動く限りいろいろの乗り物があり、果てしがない。
心が拠り所を転ずるとき、乗り物も乗り手もない。62
乗り物を別立することは実はない、乗り物は一つ、と私は説く。
人々を導くために無知者たちに乗り物の差別を私は説く。63
同様に、三解脱、現象の無我、（四九七下）
煩悩と智との平等性、これらは解脱によって捨てられる。64
木片が海上で波浪にさらわれるように、

声聞たちは愚かにも、特徴の浪にさらわれる。65
習慣性の煩悩に縛られて、起きている煩悩からは離れても、
三昧の喜びに酔いしれて、無漏の境界に座り込む。66
彼は究極を極めることもなく退転することもなく、
三昧の身体を得て、何劫も醒めることがない。67
酔った人の酔いがなくなると目が覚めるように、そのようにして
彼らはブッダの法身という無上の身を得るだろう。68

（研究）
最初の偈で、ブッダが三乗のほかに天乗、バラモン乗をも説くとあるのは、それらを異教と考えないということらしく、注目される。

以上、『ランカーに入る』巻二・第二章

『ランカーに入る
――すべてのブッダの教えの核心――』

宝経巻三・第三章

（大正蔵十六、四九七下～五〇五中）

（第三章を第85段から第105段までの二十一段に分ける。）

目次

85.「意からなる身体」……123
86.「内面的な五逆罪」……124
87.「外的な五逆罪」……126
88.「ブッダであることとは」……128
89.「如来たちの四種の同一性」……129
90.「ブッダの言葉は無語」……130
91.「この世間は有と無との二に依存している」……133
92.「宗致と教説との二つの道標」……135
93.「虚妄な分別はどうして起きるのか、どうすればそこから解脱できるのか」……136
94.「ボサツ大士は言葉の意味に通じるべきである」……139
95.「識と三種の智」……141
96.「異教の転変説」……143
97.「一切の現象に対する危機的な接合とそれからの解脱」……145
98.「自ら証得した、あるがままの、分別を離れた実相を喜ぶものであってほしい」……148
99.「一切の現象が不生だということを、ボサツ大士が論証の命題としてはいけない」……150
100.「対象は自心の現われに他ならないと悟る智は対象を知ることがない」……153
101.「教説と宗致という道標」その二……155
102.「世間論者」一……157
103.「世間論者」二……159

104.「世間論者」三……162
105.「すべての異教者の涅槃についての見解を離れるべきである」……163

本文訳と研究

85.「意からなる身体」

（四九七下）さて、世尊は再びマハーマティ・ボサツ大士に言われた、「マハーマティよ、私はこれから君に意からなる身体という境地の区分と行動の特徴とを説明しましょう。よくよく聞いて考えなさい。よろしいか。」「世尊よ、お願いします」と、マハーマティ・ボサツ大士は世尊に耳を傾けた。世尊は彼にこう言われた、「意からなる身体は三種です。すなわち、三昧の喜びの成就という意からなる身体と、現象の本性に目覚めている意からなる身体と、すべての聖者に具わる作意のない働きをする意からなる身体と、です。修行者はボサツの修行の初地から始めて究極の段階までの特徴を熟知することで、三種の身体を証得します。そのうち、1．三昧の喜びの成就という意からなる身体とは、修行の第三、四、五の段階において意は、自心の現われに他ならない多様さへの捉われを離れて落ち着き、心の海に起きる波に等しい識別の働きの相が、三昧の喜びの成就した意には起こりません。これは意が自心の現われである対象の有が有ではないことを熟知するので、三昧の喜びの成就という意からなる身体と言われます。2．現象の本性に目覚めている意からなる身体とは、第八地において現象が幻などと同様に現われた姿を離れていることを観察し悟るので、修行者はその日常性の根拠である心が転じて根拠ではなくなって、幻に等しいという三昧を得ており、その他の三昧の機会をも得ているので、多くの特徴の自在な神通力の（四九八上）花に飾られ、意の速さに似て、幻、夢、水に映る月、鏡中の影像に似、自然の構成要素でもなくそれらからなるものでもないのにそのように見え、あらゆる形のすばらしい手足を具え、あらゆるブッダの世界の聴衆の集まりがその後に従う身体を現象の本性の境地として得ているので、それは現象の本性に目覚めている意からなる身体と言われます。3．すべての聖者に共通に具わる作意のない働きをする意からなる身体とは、すべてのブッダの諸特質を自覚し証得した喜びを悟るので、すべての聖者に共通に具わる作意のない働きをする意からなる身体と言われます。マハーマティよ、君はこれら三種の身体の特徴を観察し悟ることに修行をすべきです。」

そこで次の偈が述べられた。

大乗は私の乗り物でもなく音声でも文字でもない、
四諦、八解脱、現われた形を離れた境地、でもない。

1
しかも大乗は乗り物、三昧に自在であること、
意からなる種々の身体、自在力の花に飾られたもの、で
ある。　2

（研究）

第二章二段目（第39段）で優れた修行者であることの四種の条件（善く自心の現われを観察する、外の存在というものはない、生じ住しそして滅するのだという見解を離れ、自覚聖智を楽しむ）を満たすものは意からなる身体を得る、と、原理的な説明がなされた後、物質構成要素とされるものについて我々の常識を破る理解が示され（第79段）、そしてその物質構成要素を含む人間の構成要素、五蘊についても、独自の説明が見られた（第80段）。第三章冒頭のこの段では、それらの考察の延長線上にさらに具体的な説明がなされる。すなわち、ボサツの修行の十地が三分され、先の修行者の四種の条件の初め二つに相当する三昧の喜びのなかで識別の波浪が収束する状況が現出するとされ、それが三昧の喜びの成就という意からなる身体と呼ばれる。第二は、ボサツ修行の第八地で、先の第三種の条件、生住滅の見を離れるというのが、現象の本性に目覚めると言われる意からなる身体の状況と考えられる。第三、如来地の意からなる身体は、当然ながら、それら四種の条件すべてを含むことになる。ボサツ十地と如来地とに通じて「意からなる身体」が言われるのは、如来がボサツでありボサツが如来だという主体の特徴を示すものと考えられる。

なお、第八地の意からなる身体を説明する漢訳「覚法自性性意生身」のうちの「性」一字は誤写と考えられ、削除する。南条校訂梵本にそれに相当する語がないだけでなく、漢訳でも、高麗版大蔵経よりも古い、四巻本からのチベット語訳にそれがないことが決め手となる。

86.「内面的な五逆罪」

そこでマハーマティ・ボサツ大士が再び世尊にこう言った、「世尊が指摘された五逆罪というのは、それを犯すことで良家の息子、娘が無間地獄に落ちることはない、ということですが、それを犯しても良家の息子、娘が無間地獄に落ちることのない五逆罪とは一体何ですか。」世尊が言われた、「それではマハーマティよ、よく聞きなさい、そしてよく考えなさい、話しましょう。」「世尊よ、承知しました」とマハーマティは言って、耳を傾けた。世尊はこう言われた、「五つの逆罪

とは、母、父、アルハットを殺す、サンガを分裂させる、如来の身体に悪意をもって出血させる、ことです。そのうち母とは、衆生たちに再生を齎す渇愛の、激情と歓喜とを伴うものが母として立ち現われることを言います。無明は、知覚能力とその対象との群れが生じるための父として現われます。この母と父との両者を徹底して根絶するので、母と父とを殺すことになります。また、潜在する煩悩は仇敵（アリ）に似て、ねずみに咬まれて体内に入った毒のように荒れ狂う性質をもつものですが、それらが徹底して絶滅（ハン）されるので、アルハットを殺す、です。サンガを分裂させるとは、別々の特徴をもつ五蘊の集まりを徹底して砕くので、修行者の集まりを分裂させると言います。七識の集まりは、特殊と普遍との特徴をもって外の世界として現われているものが自心に他ならないことを悟りません。その集まりを無漏の解脱の三相（空、無相、無願）という悪意に満ちた選択をすることによって徹底して打ち砕くので、その七識ブッダ・如来の身に出血を惹き起こすと言われます。これらの逆罪を犯す良家の息子、娘は、五逆罪をしでかして覚の真理を現証した人です。」

（研究）

内面的五逆罪なるものは世尊がすでにこれを指摘したとマハーマティが言う。それはどこでか。意外なことに初期経典の一つ『法句経』に、初めの二つ、殺母、殺父の例が見られる。

「母、父、を殺し、国王を二人殺し、
王国を従者とともに打ち砕いて、安穏としてバラモンは
行く。」294

中村元先生がブッダゴーサの註釈に従って和訳に説明を加えておられる（『岩波文庫、ブッダの真理のことば、感興のことば』）。それによると母は渇愛、父は我慢、二人の国王は常見と断見、王国は知覚能力とその対象との群れ、従者は歓喜と激情、ということになる。しかし、アルハットを殺す、サンガを分裂させる、如来の身に出血させる、という項目の内面的な再考察が取り上げられるのは、大乗経典になってからのことである。それはなぜか。

『維摩詰（ヴィマラキールティ）所説経』第七、如来の種性、冒頭に文殊師利（マンジュシュリー）の質問、どのようにすればボサツはブッダの教えに通達するか、に対して維摩詰は、通達する道でないところを進むことによるとして、その具体例の第一に、五逆罪の道を進んで、しかも悪意をもち危害を加え罪を犯すことはない、と述べる。そこには、本経のいう内面的五逆罪の理解がすでに前提にされていたことが知られる。

実は伝統的には、例えば『根本説一切有部ヴィナヤヴァスト』」の「破僧」章に五逆罪のうちそれら三つの罪を犯すのはデーヴァダッタという特定の人物の所業とされている（仏教サンスクリットテキスト十六番、一八八ページ）。この男はそれまでに犯した罪を思い浮かべる、

「俺は世尊に逆らって何度も罪を犯した。まず、岩をぶっつけて世尊の身体に出血させた。次に世尊の修行者たちの集まりを分裂させた。ウトパラヴァルナ尼の命を奪ったのは第三の罪だ。それなのに俺はいまだに全知者にもならず、その他にどんな成果も挙げておらん。今となっては自分の落ち着くところは地獄だけだ」と知って、あごを手に乗せて思いにふけった、と。

この特定の人物にまつわる話に史実としての信憑性があるか否かは、今の問題ではない。このような説話は、シャカムニ・ブッダの死後引き続くサンガの分裂を仏教者たちが危機として受けとめる過程で生まれてきたわけだが、そこには現実の問題を超克しようとする姿勢はない。それに対して、問題を真に超克する仕方を打ち出そうとしたのが内面的な五逆罪という発想だと我々は認識すべきである。知覚の落ち着きのなかで出家修行を成就した人を尊敬に値する人（アルハン、「アルハット」の男性形単数主格）と見、出家者中心の集団を仏教者の集まりとしてのサンガと見、七識の対象としてブッダを見る、そういう見方を超えるにはどうするか、これを内面的な五逆罪という仕方で工夫することが、大乗の仏教思想の根幹になったと考えられる。それは決して徒《いたずら》に奇矯を衒《てら》う思想ではありえない。

87.「外的な五逆罪」

「次にマハーマティよ、外的な逆罪を君に説明しましょう。それを聞けば、君も他のボ（四九八中）サツたちも将来混乱に陥ることはないでしょう。ところでその五逆罪とは、私がすでに教えを述べた際に説明したとおり、これを犯せば、三解脱のうちのどれ一つにおいても覚の真理を現証したものとはなりません。尤も、如来によって化作されて立つものが現証する場合は別です。すなわち、化作されて立つ声聞が、化作されたボサツまたは如来の影響を受けて、現に逆罪を犯したことを後悔している人の後悔についての誤った考えを除くために、すなわち、なすべきことを放棄するという間違った考えをなくすべく、さらにその人を励ましたいとして自ら、化身たちの影響力によって覚の真理を現証するという場面

を、私が現出するのです。実は、逆罪を犯した人が覚の真理を現証することは、次の例外を除き、絶対にありません。例外とは、対象が自心の現われに他ならないと悟り自分の身体、持ち物、住まいを所有するとする妄想を離れ自分と自分のものという執着を離れる洞察があるおかげで、何時かあるとき、あるいは、何時でも、善友に出会って輪廻の別の状態に移る分かれ目において自分の分別の過失を離れる、ということです。」

世尊の偈。

渇愛が母と呼ばれ、無明が父、対象を意識するので識別能力がブッダ、潜在する諸煩悩がアルハットたち、3

蘊の集まりがサンガ、絶えずそれらの結合を断つからこれらは五無間だが、その行為は無間地獄への逆罪ではない。4

（研究）

一、右の本文に言及される二つの例外は、後者が原則で前者がその具体例なのかどうか、両者の関係はよく分からないが、少なくとも前者には、先に指摘した有部律の破僧章のデーヴァダッタに関わる説話が好例になる。デーヴァダッタは、二つの漢訳大乗経典、『観無量寿経』（大正蔵十二、三六五番）と『大般涅槃経』（同三七四番、梵行品八、五―六）によれば、コーサラ王アジャータシャトルが彼の影響を受けて、父を死にいたらせ、母をも殺そうとしたとされる。『根本説一切有部ヴィナヤヴァスト』、破僧章では、そのデーヴァダッタは、生きながら地獄の業火で身体が燃えていると叫び苦しむ。身内の苦しみを哀れむ上座アーナンダの勧めを受けてデーヴァダッタは、「骨ばかりのこの俺はじっと立っていることもできないが、ブッダ世尊に帰依します」と心底から言葉を発して、全身炎となって大地獄に落ちていった。ブッダは修行者たちに言われた、「彼の善根は強化された。彼は一カルパの間無間地獄に留まったあと独覚の悟りを得て、骨ばかりという名の独覚者となりましょう。そのあとすぐに乞食した皿を片付け手を洗い心を集中して、自分はなぜ長い間生死流転を繰り返しているのかを考え、自分は生まれ変わるたびに世尊に対して自分の利益と名誉の為に力を誇示してきたこと、それは世尊の修行時代も全知者になったあとも同じであったことをよく知るでしょう。そして、乞食で得た食物も食べずに残し、炎を体から出して燃え、雨を降らせ雷光を発し完全な消滅をもって死んで行きましょう」と。二人の弟子、上座シャーリプトラとマウドガリャーヤナとは、自ら無間地獄に入り、地獄の苦しみを受ける多くの人々のなかからデーヴァダッタを見つけ出してブッダの予言を告げた（一八六〜一九三ページ。漢訳、大正蔵二十四、一四七〜五〇）。

二、デーヴァダッタにまつわる説話は悪心をもってブッダの身体に出血を惹き起こすということに関わり、ブッダ観が主題のようだが、同時にそれはサンガの分裂の問題に大きく関わる。彼がゴータマとは別のサンガの指導者であり続けたことで、有部、上座部の立場からは許されない存在であったことが彼を悪人とする伝説の背景にあったのではないか。同じ『根本説一切有部ヴィナヤヴァスト』破僧章でデーヴァダッタは言う、「沙門ゴータマはミルクとヨーグルトとを食べる。我々は今後それらを食べないことにしよう、子牛が飢えるのを避けるために。沙門ゴータマは肉を食べる、我々は肉を食べてはならない、生き物が殺されることになるから。沙門ゴータマは塩を食べる、我々は塩を食べてはならない、砂が混じっているから。沙門ゴータマは織物のふちを切り取った服を着ている、我々は長いふちのままの服をきるのだ、機織たちの労苦を無駄にしないために。沙門ゴータマは荒れ野に住む、我々は村に住むべきだ、［荒れ野では］人々からの尊い贈り物が食べられないからだ」と（一九〇ページ）。サンガ分裂の張本人とされるデーヴァダッタが特別の主張をもっていたことを有部律の編者が書きとめているところを見ると、分裂は自然の流れであったと考えられ、この人物を五逆罪の悪人とすること自体の信憑性が問われてくる。五逆罪の問題は、内的と外的との両面から考察を加える必要があることだけは確かである。

88.「ブッダであることとは」

再びマハーマティが訊ねた、「世尊よ、ブッダがブッダであるということ、どうしてブッダはブッダなのかを、どうか教えてください。」世尊が言われた、「客体と主体とが無我であることを悟り、［煩悩と知の対象という］二つの障碍を熟知し悟り、［人間と神々との］二つの死を離れ、［潜在する根本のと常時起きているのとの］二つの煩悩を離れるので、ブッダはブッダ・覚者であるのです。これらの条件を達成すれば、声聞・独覚たちも正覚者となります。それだからこそ私は一乗を説くのです。」

そこで次の偈が述べられた、

無我の二種と、煩悩などと障碍の二と、
死の二種とを離れることを得て、ブッダたちはみなブッダなのだ。5

（研究）

梵語「buddhānāṃ buddhatā ブッダーナーム　ブッダター」に対応する漢訳「仏之知覚」は、諸仏の仏性、ブッダたちがブッダであると知られる所以、という意味を表わすようである。それは、煩悩だけではなく知の対象が障碍であることを、熟知することを含むとされる。

89.「如来たちの四種の同一性」

さて次にマハーマティ・ボサツ大士は再び世尊にこう言った、「世尊は何を意図されて、聴衆の中に入ってこう言われたのですか。過去のあらゆるブッダは私なのだ、そして前生譚に登場するさまざまの姿もだ、私があの時あの折に国王マーンダーター、六本牙の大象、おうむ、インドラ神、仙人スネートラなどだった、と世尊が百千の前生譚を指摘されました。」世尊が言われた、「マハーマティよ、如来・応供・正覚者たちは四種の同一性を意図して、聴衆の中に入って言葉を発します、私があの時あの折にブッダ・クラクッチャンダ、カナカムニ、そしてカーシュヤパだったのだ、と。意図した四種の同一性とは、文字（四九八下）、音声、目覚めた真理、身体が同一であることです。これら四種の同一性を意図して如来たちは聴衆の中に入って言葉を発するのです。それはどういうことかと言いますと、1. 私の呼び名であるブッダという文字と、それらのブッダ・世尊たちのブッダという呼び名とが文字自体に区別がないことが、文字の同一性です。2. 如来応供正覚者たちの音声の同一性とは、私が言葉を選んで話すとき、ブラフマー神の声の響きのような［等々、］六十四種の性質を含む音声が生ずるのですが、それらの如来たちにもブラフマー神の声の響きのような［等々、］六十四種の性質の音声が生じます。それらはともに、カラヴィンカ鳥の声やブラフマ神の声そのものと違いがなく、それ以上でもそれ以下でもありません。3. 身体の同一性とは、私とそれら諸如来たちとは目覚めた真理の身体（法身）と、主要な特徴と付随的な特徴とを具えた姿形としての身体（色身）とにおいて、同じで違いがないということです。如来たちが導かれる人の願いを受け止めてそれぞれの場において衆生のあり方の違いに応じさまざまの姿形を現わす場合は、例外です。4. 目覚めた真理の同一性とは、彼らも私も、目覚めた真理の三十七の悟りの特徴、つまりブッダの諸特質の無碍の智、を得ているものであることです。以上の四種の同一性を意図して如来応供正覚者たちが聴衆の中に入ってそのような言葉を発するのです。」

そこで次の偈が述べられた。

カーシュヤパ、クラクッチャンダ、コーナカムニも私だ、
と
勝者の息子たちに私は説く、同一性の中に現われたもの
として。　6

（研究）

2. 如来の音声の同一性、の項で「六十四種の性質を含む音声」とあることと「ブラフマー神の声の響き」「カラヴィンカ鳥の声」との関係が梵文でも漢訳でも明らかではないが、『如来不思議秘密大乗経』巻第七（大正蔵十一、三一二番）に「如来語言具有六十四種殊妙之相」として、37. 如迦陵頻伽声、38. 如梵王声、が挙げられている（七一九下）ので、関係がはっきりした。音声1～58は漢字数文字の説明がつくが、音声59～64は、いずれも如来の言葉の不可思議さを表わすものとして長い説明がつく。これに対して『密迹金剛力士経』三には「如来言辞出六十品」として、六十種の音声の名が挙げられている（同、三一〇番、五五下～六上）。その37、38が上記の二つに相当するはずだが、訳語が意訳のようで確認できない（「哀鸞音」と「鷹暢音」）。たまたま『大乗荘厳経論』和訳と註解、長尾雅人研究ノート（2）（二〇〇七年十二月、長尾文庫発行）によって詳細が判明した。第十二章第九偈の注記に六十種音声の梵語表現と詳細な訳注とが提示されている。そのうち、音声37と38との長尾先生による訳文を引用させていただく（研究ノート2、一八四ページ）。

37. カラビンカ（迦陵頻伽）鳥の声の響きを発するとは、鋭くまた変化し易いからである。

38. 梵天の声の響きを発するとは、遠方にまで響きわたるからである。

90. 「ブッダの言葉は無語」

再びマハーマティが言った、「世尊はこう言われました。如来が正覚を開いた夜と寂滅に入る夜との中間に如来は、一文字も発したことはなく、また発することもなかろう、ブッダの言葉は無語なのだ、と。一体何を意図して如来応供正覚者は、ブッダの言葉は無語だと言われたのですか。」世尊が言われた、「マハーマティよ、私は二つのことを意図してそ

う言ったのです。二つのこととは、各自が自ら悟る現象の本性と、古来から存する現象の本性とです。そのうち、各自が自ら悟る現象の本性とは、つまり他の如来たちが証得されたものと私が証得したものとの間に優劣のない自内証の境地として、言葉と分別を離れ、文字が持つ二という境界を脱しているもの、ということです。次に、古来から存する現象の本性とは、こういうことです。古来から踏みならされてきたこの現象の本性という道が金銀真珠の鉱山に似て現象世界の本性の安定していることは、如来たちが世に現われようと現われまいと変わりはなく、諸現象のこの本性の安定性は、古代の城市に入る道路に似ています。例えば、ある人が森を散策しているうちに、古代の城市に通ずる完全な道路を見るとします。彼はその城市に入って行くでしょう。入ってみると、そこがすっかり気に入って、都市機能の居心地のよさを知るでしょう。マハーマティよ、(四九九上) 君はどう思いますか、その人がその城市に入るのに辿った道路とそして城市の多様さとは彼が作ったものではないのですか。」応えて言った、「いえ、世尊よ、違います。」世尊が言われた、「マハーマティよ、私と他の如来たちとが証得したことも、それと同じです、現象のこの本性は実に安定しています。それだからこそ、まさしくその理由で、如来が正覚を開いた夜と寂滅に入る夜との中間に如来は一文字も発したことがなく、また発することはなかろう、と私は言ったのです。」

そこで次の偈が述べられた。

正覚を達成した夜と寂滅に入った夜と、
その間に私が説いたことは何もない。　7
自ら証した現象の本性の安定性を意図して私が言ったことは、
他のブッダたちと私との間に何の違いもない。　8

(研究)

一、「ブッダの言葉は無語」の先行資料として、上に引用した『如来不思議秘密大乗経』巻第八之一、如来の語言具有六十四種殊妙之相、の直前の箇所の表現がある。要約して訳出する。

金剛手ボサツ大秘密主が寂慧ボサツに言った、「如来は、無上の悟りを得られた昼夜と大涅槃に入られた昼夜との中間に一字の宣説も詮表もされなかった。なぜなら如来は常に三昧に入っておられたからです。息を吐き息を吸うこともなく、あれこれと分別されることもなかったので、発せられる言葉は邪妄を離れていました。しかも人々は、如来が宣説される内容を聞いていました。文字によって信を深めた人々は、如来は私のために説法してくださったと思いましたが、ブッダ・如来の心は常に安定して分別がなく、捨でした。また如来は唇、歯、舌、喉、面門（口）からではなく音声を発せられたのに、聞こえてきました、それは虚空から出てくるものでしたが、人々は如来が口から音声を発しておられると思いました。」（大正蔵十一、七一九中下）

二、「古先聖道」の先行資料と見られるものが『雑阿含経』巻十二第二八七番にある。

世尊が修行者たちに言われた、「私は、昔まだ正覚を得ていなかったときに一人静かなところでひたすら心を集中して、一体何があるから老死があるのか、何の縁で老死があるのか、と考えていたときのことを思い出します。私は即座に正しい思惟をもって如実の悟りを得ました。生があるから老死があるのだ、生を縁として老死があるのだ……、と。私はそのときこういう思いをもちました。私は古仙人の道を得たのだ、古仙人はこの跡を辿って行った、そして私は今そこを行くのだ、それを喩えて言えばこういうことだ、ある人が荒野を気ままに歩き草を掻き分けて道を探していたときに偶然昔の人々が歩いた道に出会ったので、そこを辿って行った。少しずつ進んで行くと昔の城市の国王の宮殿、園観、浴池、林水の清らかな流れを見た。この人はこう考えた、早速帰って王にお知らせしよう、と。そして王に申し上げた、大王よ、私が荒野を気ままに歩き回り草を掻き分けて道を探していますと突然昔の人々が歩いた道を見つけました。そこを辿って行きますと、昔の城市、昔の王宮、園観、浴池、林の中を流れる水の清らかな様子を見たのです。大王はぜひお出かけになり、居住されるとよろしいかと思います、と。王はすぐにそちらへ行かれ、そこに居を構えられ、穏やかな生活を楽しまれ、人民で賑やかになった、と。今の私は、そういう状況だ。昔の仙人の道を得て、その跡に従って行った。それが八つの聖道、正見・正志・正語・正業・正命・正方便・正念・正定だ。この道を辿って私は、老病死、老病死の原因、老病死の滅、老病死の滅に導く道跡、を見た。生、有、取、愛、受、触、六根と境、名と色、識、行（行為への意思）、それらすべての原因、それらすべての滅、それらすべての滅に導く道跡を見た。私はこれら現象の本性を自ら知り悟って正覚を達成した」と（八〇下〜八一上）。

三、同じ『雑阿含経』第二九六番に、「私は今、因縁の法、縁生の法を説かねばならない。……ブッダがこの世に現われようと、いまだに現われなかろうと、関わりなくこの法は常住だ、この法の常住である法の世界を如来たちが自ら悟ったのだ」とある、この法とは、無明を縁として行、行を縁として識、乃至、このような純大苦の原因があることを指すとされる。

91.「この世間は有と無との二に依存している」

さて、そこでマハーマティ・ボサツ大士は再び世尊にお願いした、「どうか私に一切の現象の有と無との特徴をお示しくださるように願います。お示しを受けて私も他のボサツ大士たちも有と無というものを離れて、速やかに無上の正覚を達成したいものです。」世尊は言われた、「それでは、マハーマティよ、よく聞き、よく考えなさい、話しましょう。」「世尊よ、承知しました」とマハーマティ・ボサツ大士は世尊の言葉を待った。世尊は言われた、「この世間は二に依存しています。有ということへの依存と無ということへの依存とです。有と無とを願う固定した見解に陥って世間は、出離ではないことに出離の思い込みをします。まず、世間が有ということに依存しているとは、こういうことです。現に存在する因と縁とによって世間が生じるのであって、現に存在していない因と縁によるのではなく、現に存在しつつあり生じつつあるものが生ずるのであって、現に存在していないものがではない、と。このように言うものは、世間は無因だと主張するものです。それでは、無ということに依存しているとはどういうことかといえば、それは初めに貪・瞋・痴を認めておいて、貪・瞋・痴の存在と非存在とを分別することです。諸存在の有性を認めないでその理由が諸存在は存在という特徴を離れているからとする人がいる一方で、ブッダ、声聞、独覚に貪・瞋・痴が認められないのは彼らが既に存在という特徴を解脱しているから今それらは存在していないのだとする人が他方にいる場合、マハーマティよ、君は両者のうちどちらが虚無論者だと思いますか。」マハーマティが言った、「後者、すなわち初めに貪・瞋・痴を認めておいて後では認めない人の方です。」「よろしい、そのとおり、君が言うとおりです。君が名指しした側の人は、単に貪・瞋・痴の存在を否定するから虚無論者であるだけでなく、ブッダ、声聞、独覚についても虚無論者であるのです。その理由は、煩悩と存在とは内にも外にも認められないものであり、別であって別ではないからです。貪・瞋・痴が内外いずれにも認められないのは、実体のないものだからであり、それらが存在としても認められないからです。〈これはブッダ、声聞、独覚に対する(四九九中)虚無論者ではない。彼らは初めから解脱しているのだ。束縛され束縛する因がないからだ。束縛されることがある場合は、束縛と束縛の因とがあるのだ〉と、このように言うものも虚無論者です。以上が有と無ということの特徴です。このことを考えて私は言ったことがあります、〈スメール山の高さほどの個人の自己主張の方が遥かにましだ、有と無とを自慢するものが抱く空性の見解は全くだめだ〉と。有と無とを自慢するものこそは、虚無論者なのです。特殊と普遍との特徴を固定する見解に陥った考えの持ち主は、対象が自心の現われに他ならないことを悟りません。そのことを悟らないので、外の存在の無常を見、そのために刹那に次々と分裂する五蘊・十二処・十八界が不断の持続を展開しては消滅してゆくのだというふうに、文字の相を離れているものを妄想し続けるものも、虚無論者です。」

そこで次の偈が述べられた。

有と無との両辺は、その間を心が動く領域なのだ。
その領域が領域であることを止めれば心は正しく落ち着
いてくる。 9
対象を把捉することがないので落ち着いているのであっ
て、何も無いのではない。
真如という事象が存在するのだ。聖者たちの境地のよう
に。 10
初めに無かったものが生ずる、または初めに有ったもの
が消滅する、
諸縁によって有と無とがある、これらの立場は私の教え
には成立しない。 11
異教者もブッダたちも私も、そして誰一人、諸縁によっ
て有性を齎すことはない、
無を齎すことなどどうしてあろうか。 12
誰が立証したか、諸縁によって有となりそれが無となる
と。
ものの生起を主張する悪見が有と無とを分別する。 13
何一つ生ずることもなく何一つ滅することもない人に
とって、
有も無も現われることは無い、世界は自体を遠離してい
ると見るから。 14

（研究）

ここで注目される事柄は、例えばブッダには煩悩がない、彼らは煩悩をなくしたからだと主張するものが虚無論者とされるだけでなく、彼らは初めから解脱しているから煩悩がないと主張するものも、同様に存在を否定するものとして批判されている点である。どちらも、有と無との二辺を離れないどころか、それを自慢している、とさえ言われる。このよう

な批判をする本経の依って立つ立場を示す鍵とでも言うべき表現が、本文の後の六偈の最後、第十四偈の終わりに見える。「viviktaṃ ヴィヴィクタム（離れている）paśyato パシュヤトー（彼は見ているから）jagat ジャガット（世界）」のうちの「離れている」の字の主語「世界」が、初めのうち、「何から」かが分からなかった。ふつう、この字のあとに例えば「viviktaṃ kāmaiḥ ヴィヴィクタム カーマイヒ（欲望から離れている）」（『大乗荘厳経論』第十八章67偈注、長尾文庫3，二六七）などの語がくる。ここには何からというものが別にない。しかし、そのうちにここでは、世界が世界と考えられているもの自体から、人間が人間と考えられているもの自身から、離れている、と言っているのだと気づいて、漢訳「空寂」もそういうことなのだと分かり、偈の全体が理解できた。（後日、「有と無とから」離れている、と読めばよかったと考えるに到ったが、当初の理解もそのままにすることにした。）

92．「宗致と教説との二つの道標」

さて次にマハーマティ・ボサツ大士は、再び世尊に教えを請うた、「お示しください世尊よ、お示しください善逝よ、お示しください如来応供正覚者、話者中の最善者よ、宗致（スィッダアンタ、宗、最終的な見解）という道しるべ（ナヤ、通）の特徴を。宗致という道標の特徴を詳細に分析しそれに徹することによって私も、そして他のボサツ大士たちも、この特徴に精通したものとなり、速やかに無上の正覚を得て、すべての究理論者、誘惑者、異教者など、如何なる他者にも惑わされないものとなりましょう。」世尊が言われた、「それでは、マハーマティよ、よく聞き、よく考えなさい、君に話しましょう。」「承知しました、世尊よ」とマハーマティ・ボサツ大士は言って、世尊の言葉を待った。世尊は彼にこう言われた、「すべての声聞、独覚、ボサツたちに対する道標は二種です、宗致という道標と教説という道標と。そのうち宗致という道標とは、自内証という優れた特徴のことで、言葉と文字による（四九九下）分別を離れており、無漏の境界をうちたてる、自覚地そのものの特徴で、すべての憶測の虚妄な観念を離れています。すべての異教者・誘惑者の障碍を除いて、自覚の境界は輝きを発します。これが宗致という道標の特徴です。教説（デーシャナー）という道標とは、九部の教えの多様な示し方の、異と不異、有と無という二辺を離れたもので、方便の優れた手段を伴い、人の関心に応じて示すという仕方で人々への教えに着手することです。これが教説という道標の特徴です。この点に関して君も他のボサツたちも、修行をすべきです。」
　そこで次の偈が述べられた。

宗致と教説という道標、すなわち自覚と教えと、
これらを見てその区分を知る人は憶測に引きずられることがない。　15
真実は愚者たちが妄想するようには有として存在することはないが、
無としてこそ解脱はあると論証家たちが主張するのは、どうしてか。　16
生と滅との結合として作られたものはあると見る人々は、
そのことで二見を増長させ、二見を離れた見方をすることがない。　17
真諦は、いわば一、涅槃、罪を離れているもの。
実体として妄想された世間を芭蕉の木、夢・幻、に似ると見よ。　18
貪欲はある、瞋恚も愚痴もある、しかし個人我はない。
渇愛から生まれた蘊はあるが、夢・幻のようにある。
19

（研究）

　漢訳で宗通、説通としてよく知られているこの二つの術語の説明は、この後さらにもう一回、第101段でなされる。本経の基本的な立場がよほどこの二つの術語によって集約されているもののようである。

93．「虚妄な分別はどうして起きるのか、どうすればそこから解脱できるのか」

　さて次にマハーマティ・ボサツ大士は、再び世尊に教えを請うた、「世尊よ、お願いします、善逝よ、お願いします、妄想分別の特徴をお示しください。現に起きている妄想分別はどのようにして起きるのか、それはどんなものか、なぜ起きるのか、何に対して起きるのか、妄想分別といわれるものの同義語は何か、あるいは、何を妄想して虚妄な分別となるのか、をです。」世尊が言われた、「よろしい、よろしい、再び君がこのことを訊ねなくてはならないと考えるところがよろしい。君は多くの人々の利益のため、大変な数の人々のため、人々の安楽のため、世間への哀れみのため、神々と人間との両方の利益のため、安楽のために振舞っています。それゆえ、マハーマティよ、よく聞き、よく考えなさい、話しま

しょう。」「世尊よ、承知しました」と応えてマハーマティは、世尊に耳を傾けた。世尊は次のことを言われた、「さまざまの対象にたいして多様な、虚妄な思い込みと執着とをもつために、分別が現に起きており、そして常に起きるのです。人々が対象に捉われ、それに捉われる主体として執着に陥っているときに、自心がそのように見られているのに他ならないと悟る智慧が働かず、有と無との固定した見解に陥り、異教者の見解でもって思い込む習慣性に養われて、外の多様な対象を我が物として捉え執着するので、心と、心のさまざまの働きとの全体が分別と言われるものとして現に起きており、また起きます。自己と自己に属するものへの執着のためです。」マハーマティが言った、「世尊が言われるとおりに、さまざまの多様な対象について虚妄な思い込みと執着とをする人々に分別が現に起きており、また起きるものだとしましょう。人々は有と無との固定した見解に陥り、捉えられる対象を、それを捉える主体として執着しており、(五〇〇上) 異教者の見解と分別との習慣性に養われて、外の多様な対象を認めて執着するので、心と心の働きとの全体、いわゆる分別が、自心が見られているのに他ならないとは悟らないために、自己と自己に属するものとへの執着から現に起きており、また起きるものだとしましょう。もしも一方で、外の対象の多様な特徴が、有と無との両辺に陥った特徴を離れているように、究極の実在は認識の手段、知覚器官、推論式の支分、喩例、理由というものを離れているとしますと、一方では多様な虚妄の分別が虚妄な内容の多様な対象に執着しそれらを妄想して起きていながら、他方では究極の実在の特徴に執着し妄想していても、分別が起きることはありません。世尊よ、これでは、貴方の議論は不公正だという結論になります。一方で虚妄な分別が起きると言い、他方で起きないと言われるのですから。」世尊が言われた、「マハーマティよ、分別が生じ、または生じない、ということはありません。なぜなら有と無とを分別することが起きないからですし、外に現われている対象の存在はないのですから、自心が見られているのに他ならないと悟るので、分別が起きることはありません。ただし、無知な人々については私はこう言います。彼らにおいては、自心である多様性を外の物と分別することが行なわれているために、初めから普通のこととして行なう分別が、多様な存在の特徴に執着して起きるのだ、と。無知な凡夫が、自己と自己に属するものへの執着の見解を離れ、因から果へという条件に伴う過失を離れ、外の対象が自心に他ならないと悟り、分別心を所依とすることが転じて修行のあらゆる段階で如来の自覚の境界を学び終わり、現実の五つの基本的な特性、三つの現実のあり方、という事象についての誤った見解と分別とを離れることを理解している、などと、どうして言えましょうか。それですから私は言うのです、分別は虚妄な内容の多様なものへの執着から起きるのであり、自心を分別するのに他ならないという、多様な対象の如実な内容を徹底して知るからこそ、分別から解脱するのだ、と。」

そこで次の偈が述べられた。

諸因と諸縁とによって世界が生ずると信ずる人々は、
四句の分別に依存してり、私のいわゆる道標を知る人々
ではない。　20
世間は、無知な人々が分別するようには諸縁、諸因によっ
ても生ずることはない、
無くて、または有って、または有ってかつ無くて生ずる
ことはどこにも。　21
世間を有るとも、無いとも、有ってかつ無いとも見なさ
ないとき、
心は転じて、無我を証得する。　22
因生の存在は何一つ無い、すべて依って有るからである。
諸縁はすべて果であり、果が果自体として存在すること
はない。　23
諸果から果が生ずることはない、果に二つあることにな
るから。
二重の過失のない場合も、果が存在として得られるわけ
ではない。　24
有為のすべてを、把握し把握されることを離れていると
見るとき、（五〇〇中）
それは心を絶しており、それらは心に他ならない、唯心、
と私は説く。　25
唯とは、そのもの自体であること、諸縁をも存在をも離
れること、
至高の存在、最高のブラフマン（精神）、それを私は唯心
と言う。　26
仮設の真実としてある自己は、実体としては存在しない。
諸蘊が蘊であることも同じく仮設としてで実体としては
ない。　27
修行者たちの四種の同一性とは、特徴、動機、深い愛情、
そして無我という同一性が第四にくる。　28
分別の習慣性に動かされたものが、多様な心の生起であ
る。
外のものとして人々に現われる日常世間のものは、唯心
である。　29
見られるものは外にあるのではない、心が種々のものと

して見られている。
身体、持ち物、居所は唯心だと私は言う。 30
すべての固定した見解を転じ、妄想の対象とそれの妄想
とを離れ、
無得、そして無生を私は唯心と説く。 31
存在でなく非存在でなく、存在と非存在とを離れ、
このようにして彼の心の解脱してあることを私は唯心と説
く。 32
真如、空性、実際、涅槃、現象の真実の姿、
意からなる種々の身体、これらを私は唯心と説く。
33

〈研究〉

ここの本文では、見出しのとおり、妄想分別が起きる理由、起きている状況、そしてそれからの解脱の方法が論ぜられて重要だが、その後の第20～第33の十四偈は本文に語られなかったことをも展開する。特に第24偈は、妄想分別を解脱した心を「唯心」と呼ぶところが重要である。「唯心」は、本経がこれまで「自心現量」と呼んできたもので、対象として現われてあるものが自心に「他ならない」（マートラ、量＝唯）との悟り、ということなので、妄想分別を意味する「心」が転じて解脱し、もはや妄想分別しないあり方を指すわけである。この点の分析は本経巻四においてアーラヤ識（ここで言う自心）と如来蔵とが同じものの別名だとして展開される議論で明らかにされる。要するに「唯心」は心のみの存在を主張する観念論を意味するのではなく、その心の転換、心からの解脱、を意味する表現であると理解することが求められていると知るべきである。これを最高のブラフマンと呼ぶ、というのも、インド世界の人々に向かって、言われていることの位置づけをしているのであって、本経が後世のヴェーダーンタの先駆けとなってそのことを主張しているわけではない。

94.「ボサツ大士は言葉の意味に通じるべきである」

さて次に、マハーマティ・ボサツ大士は世尊にこう言った、「世尊はまた、こうも言われました、〈ボサツ大士も、その他のものも、言葉とその意味とに精通する必要がある〉と。どうすればボサツ大士は言葉とその意味に精通するのでしょうか。言葉とは何ですか、その意味とは何でしょうか。」世尊が言われた、「それではマハーマティよ、よく聞きよく考え

なさい、君に話しましょう。」「世尊よ、承知しました」と言ってマハーマティ・ボサツ大士は世尊の言葉を待った。世尊はこう言われた、「言葉とは、語と文字と分別との結合です。それは歯、あご、口蓋、舌、唇、および口腔から発声がなされ、他人との会話と分別との習慣性から起こります。意味とは、すべての語句と分別との特徴を離れていることです。マハーマティよ、ボサツ大士はこの種の意味について聞と思と反復修行とからできる慧とによって、独り離れたところで自分の理性を働かせて涅槃の都に達しようと進み、まず習慣性の拠り所［の心］が転じて証せられた自内証の境界において、修行の別の段階のさまざまの内面的な境界の意味を十分に検討して、意味に精通することになります。（五〇〇下）

次に、言葉とその意味に精通したボサツ大士は、言葉がその意味と別でもなく別でないのでもないこと、そして意味も言葉と同じ関係にあることを観察します。もしも言葉がその意味と別であれば、言葉によらなくても意味を明らかにすることはありましょう。しかし、意味には、言葉が後からついて入るのです。ちょうど、物の姿が灯火で照らされるようにです。

また次に、マハーマティよ、不生、不滅、本来涅槃、三乗、一乗、心、自性などについて言葉通りの意味に執着することによって、執着する人に増益と損減の固定した見解に陥ることが起こります。これはもともと決まっていることとは別の方向に憶測するために起きます。それは幻の多様な外観を人が憶測するのに似ています。ちょうど、幻の多様さを見抜くべき方向とは違った方向に無知な人々が憶測しますが、聖者はそうではないというようなものです。」

そこで次の偈が述べられた。

言葉に従って憶測することによって現象を実体として固定する人々は、
その増益によって地獄の住まいに墜ちて行く。　34
諸蘊中に自己は存せず、諸蘊はまた自己ではない。
諸蘊は分別されるとおりのものではなく、また諸蘊は自己でないのでもない。　35
すべての存在は有であるとは、愚者たちの分別の仕方である。しかしそれらが
見られるとおりにあるとすれば、すべての人が真理を見る人となろう。　36
現象はどれ一つも存在ではないので、煩悩による汚染とそれの浄化とは存しない。
すべては見られるとおりではないが、それらは非存在ではない。　37

（研究）

この第94段でもっとも注目すべき事柄は、言葉とその意味に精通するという事柄についてブッダが指摘する、「意味」の定義である。言葉の定義ならば、それだけのこと。しかし「意味とはすべての語句と分別との特徴を離れていること」だというとき、それは意味という言葉に対するふつうの理解とは全く異なる。「意味」と訳される語「arthaアルタ」の第一の意味は、「目的」である。それは「目指す」を意味する動詞に由来する。「言葉」と訳される語「vācヴァーチュ」は、もともと「声」の意味で、「話す」を意味する動詞「vacヴァッチュ」に由来する。従って、「言葉の意味」は「話そうと目指す事柄」ということになる。それは言われた言葉の単なる定義ではない、その真の意図ということである。例えば、ブッダが挙げるいくつかの言葉の最初、「不生」について、その言葉の真の意図は何かを考えることが、本経においては終始取り上げられている。一番初めに我々が出会ったのは、「百八句」の第一例、「生句不生句」であった。生は生であって生ではない。「生」といわれているものの真の意図は「生ではない」ということ、「生」という言葉と分別とを離れたあり方、ということになる。それは不生という言葉を示すことが目的なのではない。「不生」は、自内証の境地を示すための言葉なのである。

ところで、本経のこの箇所、四巻本グナバドラ漢訳で「云何為義。謂離一切妄想相言説相、是名為義。」とあるものに相当する表現が現行の梵文にも他の漢訳にも欠落しているので、この漢訳を見ない限り、この表現に出会うことはなくそれに言及することもないわけである。漢訳三本を対照して不審に思った虎関師錬は、直接梵文で確かめることができないことを、四十八歳に書き上げた自分の四巻本研究書のなかで嘆いている（『仏語心論』巻十二善語義相分第五十九）。四巻本の原梵文テキストが十巻本魏訳の時代にはすでに失われてしまっていたことは、師錬の知る由もないことであった。

95．「識と三種の智」

「さらにまた、マハーマティよ、君に智と識との特徴を話しましょう。それぞれの区別をよく弁《わきま》えることによって、君も他のボサツ大士たちも、智と識との特徴に通達して速やかに無上の正覚を得るでしょう。さて、智には三種あります、世間智、出世間智、最も望ましい出世間智です。

世間智は、有無の両辺に捉われた人々、すべての異教者、無知者、凡夫たちのものです。出世間智は、すべての声聞、独覚たち、特殊と普遍との特徴に陥った考えに執着する人々のものです。最も望ましい出世間智は、ブッダ、ボサツたちが現象の外観を離れたあり方を検討することによって滅することがなく生ずることがないと洞察するので有無の両辺を離れてあることであり、如来地の主体と客体との無我を証得することから働き出ます。

識は生じて滅するものであり、智は生ぜず滅しないものです。また識は有相と無相とに陥ったもの、そして有と無との多様な特徴に陥ることによって起きるものであり、智は有相と無相とを超えた特徴のものです。さらに識は成長することを特徴とするものであり、智は成長しないことを特徴とするものです。ところで三種の智とは、生と滅とを確かめるもの、特殊と普遍との特徴を確かめるもの、および不生と不滅とを確かめるものです。

また次に、智は無執着であることを特徴とする（五〇一上）ものであり、識は多様な対象に執着することを特徴とするものです。また、識は［無知、貪欲、業の］三縁が集まって苦悩の世界を生ずることを特徴とするもの、智は縁に依存しない自性を特徴とするものです。また、識は獲得を特徴とするものであり、智は無得を特徴とするものです。それが自覚聖智の境界であるのは、水に映る月のように入と出とを離れているからです。」

そこで次の偈が述べられた。

業を積み上げるのは心識、しかし智は積み上げることを
しない。
現われた形に捉われない境界に達し自在な力を証得する
のは慧だ。　38
心識は対象に縛られる。智は推理において働く。
慧は現われた形に捉われず優れたあり方において働く。
39
心・意・識の相互理解と分別を離れた人々、
無分別の本質を会得した人々は勝者の子であり、声聞で
はない。　40
寂静の優れた忍耐において如来の清浄な智が生ずる、
優越を目指す意図を全く離れたものが。　41
私にとって智は三種、聖者を顕しだす智、
特徴を確かめる智、そして諸存在を受け入れる智、と。
42
二乗を離れた智は、現われた形を離れている。
自性に執着することによって智は、声聞たちにおいて働
く。

唯心を悟ることによって智は、如来の無垢の智となる。
43

（研究）

識（vijñāna ヴィジュニャーナ）と三種の智（jñāna ジュニャーナ）とを対比するこの一段の説明は明快である。偈の初め二つに挙げられる慧（prajñā プラジュニャー）は、「最も望ましい出世間智」に相当する用語と認められる。

96・「異教の転変説」

「さらにまた、マハーマティよ、転変説を主張する異教者たちの転変の見解に九種あります。すなわち形の転変、特徴の転変、因の転変、結合の転変、見解の転変、存在の転変、条件が明らかになる転変、作用が明らかになる転変、および事象の転変です。これら九種の転変説に言及しながらすべての異教者たちは、有と無との両辺が生じ転変することを主張するのです。

そのうち、形の転変とは、形が変化するのを見るからそういうのです。例えば金は転変によって変化を被ってさまざまの形に変わることが見られますが、金は存在としては変化しません。すべてのものの転変を一部の異教者たちはそのように分別しますが、他の異教者たちは、その他、事象などまでの転変を分別します。彼らはしかし、あれこれと考えるにしても、いずれも［如実ではなく、］いけません。思い込みに基づいているからです。およそあらゆる種類の転変は、同じように見るべきです。乳が酪に果実が酒に熟する場合もそうです。乳が酪に果実が酒に熟するなどの一々の変化は異教者たちが分別する分別上の変化であって、ここには何ものも（五〇一中）有と無との間で変化しません。自心の現われとして、外の存在というものはないからです。まさに同じように、無知者・凡夫たちに自身の分別が繰り返し起きているのだと見るべきです。ここには何ものも生じたり滅したりしません。夢幻に現われるものの姿形を見るのと同じことです。」

そこで次の偈が述べられた。

身体の四大の状態と感官とに時間と形との変遷を、
死後次第に受生にいたる状態までも含めて考えるものは、ブッダとは程遠い。
44
縁によって生じたものを勝者は決してそのようには考えない。
縁によるものであるこの世界は、蜃気楼の町にそっくりなのだ。45

（研究）

一、本経でここまでに（第6、54、58段など）異教の転変説として言及されたものは、サーンキャ派が立てる創造の女性原理で質料因であるプラクリティ、原質、と男性原理で純粋精神であるプルシャ、霊、との結合によるプラクリティからの転変説である。プラクリティを構成するサットヴァ、ラジャス、タマスといわれる三徳（グナ）のバランスの変化によってプラクリティは見えない状態から見える姿へと転変して形は変わるが、本質的には自分の本性をさらけ出して、孤独を求めるプルシャに嫌悪を催させ、結合を解消して霊の独存を実現させる目的の、プラクリティの自己展開に他ならないと言われる（『サーンキャ・カーリカー（頌）』による）。そこには少なくとも形、因、結合の三種が含まれている。他の転変説については不明。

二、乳が酪に、果実が酒に熟することを有と無との間の変化と見ることは正しくなく、それは分別上の変化であって、変化と見られるものは自心の現われで外の存在はない、何ものも生じ滅することがない、夢幻に現われるものの姿形を見るのと同じだとする本経のブッダの説明は、本経を通じて一貫して繰り返される、きわめて重要なメッセージと響くが、私には残念ながら具体的なイメージが湧かない。

三、第44偈後半、漢訳「中陰漸次生」の箇所については、『倶舎論』巻三、第10～20偈を参照した。参考までにそのうち第10、18、19の三偈を拙訳で示す。

「死と受生との二つの状態の中間に現にあるものは、到るべきところが具わらず、そのために受生しておらず中間の状態（中有）だ。」10

「自我があるのではない、諸蘊だけ。それが煩悩と業とによって形成され、中有の延長として母胎に入る、灯火のように。」18

「煩悩・業の惹き付ける力に応じて次第に成長した中有の諸蘊が再び別の世間に入るとは、無始の生死の輪のことである。」19

なお、漢訳の「中陰」とは、真諦訳によると、「何法名中陰。［第十］偈曰死有及生有在中間五陰」とある（大正二九、二〇一中）、中間の五蘊ということ。本経は、このような発想をブッダの立場とは程遠いと批判する。

97.「一切の現象に対する危機的な接合とそれからの解脱」

さてそこでマハーマティ・ボサツ大士は、再び世尊に教えを請うた、「世尊よ、どうか私に一切の現象に対する危機的な接合の意味とそれからの解脱の意味とをお示しください。一切の現象に対する危機的な接合とそして接合のないこととの分析を徹底的に身につけることによって、私と他の大士たちとは、あらゆる危機的な接合という方便によく通じて、言葉通りの意味に固執する危機的な接合に陥ることはなくなるでしょう。一切の現象に対する危機的な接合とそれのないこととに通ずることによって、私たちは語句と文字とを一々分別する知力を破って、すべてのブッダの世界の無量の聴衆のなかを行くものとなりましょう。私たちは、力と自在と神通と呪句の印相に優れたものとして多様な化仏の光明に輝くでしょう。私たちは十のそれぞれ無尽の内容をもつ句に知力を傾倒しましょう。私たちは自分の行為を月、太陽、マニ宝珠、四大のように、その働きが無理な努力のないものにしましょう。私たちは修行のすべての段階において自分を何者かとして思い込む分別を離れましょう。私たちはすべてのものを夢幻などと見なすので、ブッダの段階・所在に達しているでしょう。私たちはすべての衆生を、それぞれに最もふさわしい仕方で目覚めた真理の教えを通して惹き付け、夢幻などに等しいすべてのものの、有と無とを離れ生と滅との分別を離れたあり方、言葉とは別様のあり方である意味に、人々が依拠するあり方の転換を通して導入しましょう。」世尊が言われた、「マハーマティよ、大変よろしい。よく聞きよく考えなさい。話しましょう。」「世尊よ、承知しました」とマハーマティ・ボサツ大士は言い、世尊の言葉を待った。

世尊は言われた、「一切の現象の意味を文字通りに執着する危機的な接合には、限りがありません。すなわち、特徴に執着する接合、諸縁に執着する接合、有と無とに執着する接合、生と不生とを分別することに執着する接合、滅と不滅とを分別することに執着する接合、乗と非乗とを分別することに執着する接合、有為と無為とを分別することに執着する接合、修行の一々の段階の独自の特徴を分別することに執着する接合、自分自身を分別して究極の現証を果たしたと思い込む接合、異教者が拠り所とする有と無との両辺を分別する接合、三乗ないし一乗を究極の現証と分別する接合、というふうに。(五〇一下) マハーマティよ、以上の他にも、無知者・凡夫たちが自分を何者かとして思い込む危機的な接合を併せて、一つ一つを分別し続け、あたかも蚕がするように自分の分別と固定的な見解との接合の糸でもって自分と他者とを囲い込んでしまいます。彼らは有と無という危機的な接合の特徴に執着する人々です。しかしここには、危機的な接合もそれがないという特徴もなく、一切の現象がそれらを離れていることを洞察する人には、何ものをも分別することが起きません。それゆえボサツ大士たちは、常に一切の現象が寂静であることを洞察する人々です。

さらにまたマハーマティよ、外の有と無とが自心の現われであると悟っている人々は、偽りの外観を離れたあり方に従っており、自心の現われである有と無とにおいて、一切の存在の無相を見極めているので、分別の危機的な接合を見抜いており、従って、一切の現象に危機的な接合も接合がないという特徴もなく、ここには誰一人束縛されるものも解脱するものもいません。ただし、束縛と解脱との両方を認める非真実に陥った知力の場合は別ですが。なぜなら、一切の現象において有と無とに存在性を認めることはできないからです。

さらにまたマハーマティよ、無知者・凡夫たちの危機的な接合には、三種あります。貪欲、瞋恚、愚痴です。再生をもたらす渇愛は、歓喜を求める貪欲に伴います。これらをすべて併せて、輪廻的な生存の危機的な接合が生じます。衆生の五つの輪廻的生存（五趣）は、危機的接合の結合なのです。危機的接合が断たれるとき、接合も接合がないという特徴も知られることはありません。

さらにまたマハーマティよ、［無知と渇愛と業との］三縁が集まり働く仕方に執着することから諸識の危機的な接合が生じ、その直後にそれへの執着によって諸種の生存の危機的接合が生じます。諸識を生ずる三縁の集まりが働きを止めると、［空、無相、無願の］三解脱門を見ることになり、そのことによって、危機的接合は何一つ生ずることがありません。」

そこで次の偈が述べられた。

虚妄分別が危機的接合の特徴と見なされる。
その実体が確認されれば、危機的接合の網は除かれる。
46

存在に無知であり言葉に執着するので蚕のように
自らの分別に縛られて無知者らは危機的接合を知らぬままだ。
47

（研究）

一、この段に突然現われた用語「samdhi サンディ」、漢訳「一切法相続相」の「相続」、私の訳語「危機的接合」、に篭められた経典編集者の意図に迫るのに私自身かなり手間取った。原語の直接の意味は、結合すること、である。辞書の説明の主なものは、次の通り。「一方から他方への移り変わり、あるいは両者の結合を含むこと」「接合、結合、連合、合意、和解」「危機的な局面、危機」「境界、天と地との境目」「裂け目、割れ目」などで、断絶をそのままに引き継ぐ、という意味を持つ。この第97段の文脈に従えば、それは虚妄分別と、貪欲・瞋恚・愚痴の煩悩との、いわば知と情との両方を含むものと考えられ、「分別に執着する接合」という言い方はその線に沿った表現である。虚妄分別は、本経では「四句分別」とも言われており、我々が日常依用する知力の思考形式の本質的な性格を表わす用語である。それは煩悩の働きと離れがたく結びついていて、しかも余り意識されない事柄でありながら、究極的には脱却できていない、そういう事態を「危機的」「接合」として意識の表面に持ち出して脱却の契機とする、それがこの用語が「方便」とも言われている所以ではないか。それで、分別とか執着とか煩悩とか、言い習わされてきた表現を危機的接合という言葉に言い換えて、脱却の道は分別、執着、の虚妄性の自覚の脚下にあることを改めて示すことが、この用語を出してきた意図だったのではないか、と私は考えるに到った。

なお、マハーマティの発言の冒頭に見られる「危機的な接合の意味とそれからの解脱の意味」という表現の原語「saṃdhyartha-parimocanārtham サンディアルタ・パリモーチャナアルタ」は、本経に先行する『saṃdhinirmocana-sūtra サンディニルモーチャナ・スートラ』という経名を連想させる。本経の漢訳者グナバダドラはその一部を漢訳して経名を『相続解脱経』とする。真諦の訳語『解節経』は、私には意味不明である。しかし一般によく知られている玄奘訳『解深密経』では、その経名は「甚だ深いブッダの悟りの内容を解明した経典」となる。「解」を解脱あるいは解放と読むか、解明、解説と読むか、分かれるところだが、後者の理解の下に与えられているチベット語の訳に従うとする英文の論文を私は偶然読んだことがある（The Term "Saṃdhinirmocana" in the Title of the Saṃdhinirmocana-sutra by John Powers, Wittenberg University, Studies in Central & East Asian Religions, Journal of The Seminar for Buddhist Studies, Copenhagen & Aarhus, Vol. 4, Autumn 1991）。ここでの問題は、先行する経名の理解に関わりなく、本経のこの語に籠める意図と考えられるものを我々が受け止めることができるかどうか、だと私は思う。

二、マハーマティがブッダの境地として「力、自在、神通に達」し、「呪句の印相に優れて」いる、と述べる、特にその後者は、『ヴェーダ』の伝統が支配するインド社会にあって密教化されたブッダの身体的なイメージを構成する表現である。ここに「呪句の印相」と訳した「dhāraṇīmudrā ダーラニームドラー、総持之印」の語は、『翻訳名義大集』四二九七に「持手印母」の訳を添えて、仏教と異教との密呪百五十三句の一つとして挙げられている。

98.「自ら証得した、あるがままの、分別を離れた実相を喜ぶものであってほしい」

再びマハーマティが言った、「世尊は以前にこうも言われました、

〈一々の分別によってあれこれの存在が分別されるが、それらのものに自性は存在しない、あれは思い込まれただけのものだ〉

と。世尊よ、もしもあれは思い込まれただけのもので、存在の自性の特徴を保持するものではないとしますと、そのように言われる貴方は、煩悩もそしてそれから脱することも何もないのだという過失に陥るのではありませんか。何もかもが思い込まれたものですから、それ自体が存在しないわけです。」世尊が言われた、「全く君が言う通りです。マハーマティよ、無知者・凡夫が存在の自性を（五〇二上）あると分別するようには、それは存在しません。思い込まれただけのものは、存在の自性の特徴を保持するものではありません。しかし、聖者たちが聖者の智、聖者の見、聖者の慧眼でもって存在の自性を確認するときには、存在の自性は存在します。」

マハーマティが言った、「世尊よ、もしも聖者たちが聖者の智、聖者の見、聖者の慧眼でもって、神々や人間の眼でもってではなく、存在の自性を確認するときには、存在の自性はそのとおりにあり、無知者・凡夫が存在の自性があると分別するようには存在しないとしますと、それでは、どうすれば無知者・凡夫が分別を離れることになるのでしょうか。聖者の存在の事象を悟らないために彼らは、邪道に陥ってはいないと同時に、陥らないでいることもありません。その理由は彼らが、聖者の事象である存在の自性を悟っていないからと、有と無との特徴を離れていることを見抜いていないからとです。ところで世尊よ、聖者たちは事物を見たとおりに分別することはありません。事物それ自体を対象化することを自分のあり方とはしていないからです。しかし聖者たちにも物自体の特徴はまさしく思い込まれた物自体として現われます。それが現われる根拠のあるなしを示すことは何処にもないからです。つまり、物自体の特徴を固定したものとして捉えるよ、無知者・凡夫が存在の自性を見解に陥っている他のものたちには、それは彼らの境界とな

りますが、聖者たちにはそれと同じではない、と、こんなふうに無際限の堂々巡りになる過失を犯します。その訳は、世尊よ、存在の自性の特徴を悟らないからでもありますが、存在の自性の特徴はそれが思い込みに由来するものではないからでもあります。しかし、それが思い込みによって一々分別されているものであれば、思い込まれた以外のあり方であることが、どうして可能でしょうか。実は、一々の分別の特徴と、存在それ自体の特徴とは、全く別のものです。分別と、物自体の特徴とは、由来する元が別です。両者が相互に思い込みを受けない限りは、無知者・凡夫といえども、両者をそのように別々のものとして認めないことがどうしてありましょうか。けれども、人々が分別から離れることを目指して貴方は言われました、〈一々の分別に依って分別されるようには、何ものも存在しない〉と。

一体なぜ、貴方は人々の有と無とを固執する見解と現実の事象自体への執着とを斥けたあとに、ご自身が聖者の智の働く境界を対象として捉え執着するあまり、再び有の見解に陥るのですか、またなぜ、分別を離れた実相が無だと説く傍ら、聖者の智そのものである現実を説かれるのですか。」

世尊が言われた、「私は、分別を離れた実相が無だと説くこともないし、聖者の現実自体を説くことによって有の見解に陥ることもありません。却って逆に、無始時来、存在の自性の特徴に執着している人々の恐怖の源を除くために、聖者の智の事象自体に執着しているように見える見解を用いて分別を離れた実相を説きますが、存在の自性の特徴を説明することはしません。私はむしろ、人々が自分で証得したあるがままの分別を離れた実相を喜んでほしいのです。知覚上の混乱が利己的な動機を離れていることを洞察すれば、人々は対象が自心の現われに他ならないと悟り、外に見られる有と無とが固定したものだという見解を離れるでしょう。彼らは［空、無相、無願の］三解脱を得て、あるがままの不思議さに深く心を打たれ、自ら得た理解力をもって、存在の諸自性において有と無として現実を捉える見解を離れて、直接知覚を喜ぶことでしょう。」

（研究）

マハーマティが冒頭に引用する世尊の偈なるものがヴァスバンドの『唯識三十頌』の第20偈と同じものであることは明らかである。それをブッダが以前に述べた言葉とするところに、それが本経に先行することが示されている。すなわち、それは、本経がヴァスバンドの言葉を引用していることを示すものである。問題は、引用の目的にある。虚妄に分別された存在はそれ自体存在するものではない、というこの偈は、分別を離れた聖者の言葉であり、聖者自身はそれで問題がないとしても、聖者ではない無知者・凡夫にとっては、「存在しない」という表現は、それ以外に理解のしようがないことで、その立場からすれば、聖者の理解は自分の現実とは無関係な、別世界の話にすぎない。自分にとって現実の存在は聖者の世界とは関わりなく厳然と存在する。却って聖者の立場を云々する世尊の立場そのものが恣意的に見えてくる、という訳である。マハーマティは実に多弁である。世尊は、相手に思う存分喋らせた後、聖者の立場で言う存在の概念の理解の仕方を示す。それは、有無、存在非存在を客体的な前提として説明する立場を捨て、その捨てた立場を主体的に喜ぶ、直接知覚のあり方を示唆するものである。それは本経の第七段で、第一義の立場に即する形で示された存在の自性七種の理解とつながると考えられるものであり、現代の我々自身にも分かりやすい問題設定と言うことができる。

99.「一切の現象が不生だということを、ボサツ大士が論証の命題としてはいけない」

「また次にマハーマティよ、ボサツ大士はこういう命題を立ててはいけません、〈一切の現象はどれも生じたものではない〉と。何故なら、その命題の主語たる一切の存在は存在ではないからであり、また命題の内容そのものが因によって成立するものですから、一切の（五〇二中）現象は［いかなる因からも］不生だという命題を立てれば、命題を立てた人間はその命題から除外されるからです。一切の現象は不生だという彼のその命題も、命題そのものから除外されます、不生だという命題がその同じ命題によって成立するからです。さらに、その不生という命題は一切の現象に含まれるので、命題とは不可分に不生なわけですから、一切の現象は不生だというその主張は無視されます。有と無とからは命題も不生だ、という、その命題は一切の存在に含まれます、有と無とから不生だというものですから。もしもその不生な命題を用いて一切の存在は不生だという命題を立てるとすれば、そのまま命題を放棄する結果に陥ります。命題そのものが有と無とから生ずることのない存在の特徴を示すものですから、命題を立ててはいけません。論証式の五つの支分［宗、因、喩、合、結］は多くの欠陥を含み不完全なものであり、一々の支分の間の理由が不揃いで人為的なものですから、一切の現象は不生だという命題は立ててはいけません。同様に、一切の現象は空だ、無自性だ、というような命題も、ボサツ大士は立てるべきではありません。そうではなくて、ボサツ大士は、一切の存在は夢幻のようだという教え方をすべきです。対象として見られるものは実は見られないものだからですし、［それを外の対象と捉えれば］見解と理解力とを欺くからです。一切の現象については、存在は夢幻のようだという教え方をすべきです。ただし無知者たちの恐怖のもとを避ける必要のあるときは別です。無知者・凡夫たちには、無と有という見解に陥っているところへ恐怖を起こさせてはいけません。恐怖に陥っている人々は大乗から遠ざかります。」

そこで次の偈が述べられた。

ものの自体もなく自らを表わし示すものもなく現実の事象もなく不断の連続もない――
実にこれらは無知者が妄想するところ、屍骸のような悪思弁家たちが。 48

一切の現象は不生だとは、異教者の立証を待つことではない。
誰にとっても存在は、諸縁を伴って、不生だ。 49

一切の現象が不生だとは、命題でもって分別することではない。
命題は必ず証明のための理由をもつが、不生を成立させる判断は破棄される。 50

眼疾者たちが誤って毛網を見たと思い込むように、
執着された存在を誤って無知者は実体のあるものと思い込む。 51

三界は現われたことを知らせるだけのもの、事象は実体としては存在しない、
現われたことを知らせる事象を、思弁家たちは存在と思い込むことだろう。 52

兆しと事象と自らを表わし示すものとは心の震えだが、
それを超え出て私の後継者たちは、分別を離れて振舞う。 53

水のないところに水ありとの想いが空中の陽炎だ。それと同様に
眼に見えるものは無知者たちを惑わすが、聖者たちにはそれがない。 54 （五〇二下）

聖者たちの見は清浄だ、三解脱の三昧から生じて、
生滅を離れており、遊行者たちの深い見地だ。 55

修行者は外観の欺きを離れているが存在を否定することはない。
存在と非存在との平等性から聖者の果が生まれる。 56

どうして非存在は諸存在と等しくなるのか、どうして。
心が外と内との動きを知らないとき、そのとき滅は心の

見を平等にする。　57

（研究）

この段も、当初は分かりにくかった。しかしインド論理学の入門書（B.N. Singh: INDIAN LOGIC, Asha Prakashan, Varanasi 1982.）に眼を通してその基本を確認することで却って本経の立場の独自性が明らかになった。

それによると、推理の論理的な形式、すなわち推論の演繹的な表現は、他者に対して用いられる場合、五支の推理として知られており、自分のための推理にはその形式を必要とはしない。五支の推理の形式はニャーヤ派以外では必ずしも受け入れられておらず、別の見解を持つミーマーンサカ、仏教、サーンキヤ、ジャイナの立場をニャーヤ派は斥ける、とされる。五支の初め二支を除けば、後の三支はアリストテレスの三段論法、大前提、小前提、結論となる。また、最後の二支を除けば、初めの三支は順に結論、小前提、大前提となる。仏教は喩と合との二支だけを用いる、など。（pp. 169~177）

本経のブッダが一切は不生だということを命題（宗）として立ててはいけない、ということを主張してその理由を述べることは、宗と因との形をとっている。しかしそれは、基本とする所を推論形式にするならば自己矛盾に陥ることを指摘するための表現であり、普通の宗・因とは全く異なるものであることは明らかである。本経のこの箇所は、この後に展開される仏教思想史上、判断の基準となるべき重要な「教説」と考えられる。

本段末のはじめの二偈は、離して読んではいけない。すなわち、第48偈二行目の代名詞「これら」は、例えば「ものの自体」のことであると同時に「ものの自体もなく」を「ものの自体」の単なる否定と捉えることをも指すと解されるのである。第49偈の言う「不生」とは、普通に有と解される「ものの自体」が有でも無でもないことを指すが、第48偈は、そう解さずに有または無、この場合特に無、と解することを批判して「屍骸のような悪思弁家」と言っていると解されるからである。

「ものの自体もなく自らを表わし示すものもなく現実の
事象もなく不断の連続もない――
実にこれらは無知者が妄想するところ、屍骸のような悪
思弁家たちが」。　48

「一切の現象は不生だとは、異教者の立証を待つことで
はない。
誰にとっても存在は、諸縁を伴って、不生だ。」　49

100.「対象は自心の現われに他ならないと悟る智は対象を知ることがない」

再びマハーマティが言った、「世尊はこうも言われました、〈けれども、捉えることのできる対象を知が見出さないとき、表示することがあるだけということに落ち着く。表示があるところには捉えられるものはないので、捉えるものの側に捉えることはない。捉えることがないので、知は働かない。あるのはただ、表示すると言われることだけ〉だと。世尊よ、なぜ知は対象を見出さないのでしょうか。1．ものの特殊と普遍の特徴の違うものと違わないものとに気づかないからでしょうか。2．特殊と普遍との特徴の多様なものの自性に圧倒されるからでしょうか。3．山、岩、壁、土地、水、風、火に隔たれるためでしょうか。4．遠すぎるか近すぎるためでしょうか。5．幼稚、蒙昧、あるいは老齢による知覚器官の欠如のために知の対象を知が見出さないのでしょうか。

1．もしも、ものの特殊と普遍との特徴の違うものと違わないものとに気付かないために知が対象を見出さないのであれば、知というべきではなくて、これは無知です。現にあるものを見出さないのですから。2．もしも、特殊と普遍との特徴の多様なものの自性に圧倒されるので知が見出さないのであれば、知と言うべきではなくて、これは無知です。知ではありません。知の対象があるときには知が働きます。知の対象が欠如しておらず、それと結合するので知と言われるわけですから。3．もしも、山、岩、壁、土地、水、風、火に隔たれるために、あるいは4．遠すぎるか近すぎるために、知が対象を見出さないか、あるいは5．幼稚、蒙昧、老齢による知覚器官の欠如のために、知が知の対象を見出さないのであれば、世尊よ、そんなものは知ではなくて無知です。現にあるものを見出さないものは。」

世尊が言われた、「それは、そのような無知ではありません。それが智なのです。それは無知ではなく、そのような無知を意図して先に私がこう言ったのではありません、〈けれども、捉えることのできる対象を知が見出さないとき、表示することがあるだけということに落ち着く〉と。自心が対象として見られているのに他ならないと悟るので、有であれ無であれ外の存在がないので、知は対象を見出しません。対象を見出さないので、知ることが知られることと一緒に起きることがありません。［空、無相、無願の］三解脱に達するので、知ることそのことさえも得られません。しかし、究理論者たちは、無始時来、有と無とが限りなく展開するという考えに習慣づけられた観念を持ち、実相に従って理解することをしません。彼らは無理解のまま、外界の実体が形と特徴とをもって存在し、その存在を失って行くと想定し、分別の断たれていない状態を自心現に他ならない境界と見なすことがあるでしょう。（五〇三上）自己と自己の所有という特徴を捉えてそれに執着し、自心を対象として見ているのに他ならないことを悟らないために、知が知の対象を一々分別します。そして彼らは、知を知の対象とは別のものとして一々分別するために外の有と無とを検討することができず、そのために断滅の見に依存します。」

そこで、次の偈が述べられた。

知が現存の捉えられるべき如何なる対象をも見ないとき、それは
無知で知ではない、とするのは究理論者たちの基本の考えだ。 58

独自の特徴のあるものを、障壁、遠隔、近接の為に
知が見出さないとき、あれは誤った知だと言われる。
59

幼稚、蒙昧、老齢のために知が生じないで、しかも
知の対象が存在しているとき、それは誤った知だと言われる。 60

（研究）

一、冒頭にマハーマティが世尊の言葉として引用するものが本経に先行するヴァスバンドの『唯識三十頌』第28偈に依ることは明らかである。第28偈は拙訳では、「しかし対象を知が外に把握すべきものとしては認識しないときこそ、唯識というあり方に落ち着く。把握されるべきものがないとき、それを把握することはないからである」となる。本経の南条校訂本では「vijñaptimātra ヴィジュニャプティマートラ、唯識」とあるのを、グナバドラ漢訳の「施設量」に従って「prajñaptimātra プラジュニャプティマートラ」と直したが、意味は変わらない。

二、マハーマティが知の働かない、無知の説明としてあげる五例と殆ど同じ説明が、実はサーンキャ派の基本テキストに見られる。本経と大体同時代の作品とされる『サーンキャ・カーリカー』第6、7、8偈を拙訳で示す。

第6偈「感覚機能を超えるさまざまのものの認識は、類比による知覚、すなわち推論による。しかしそれによっては知覚できないものは、権威ある聖典によって証される。」

第7偈「遠隔に過ぎる場合、障碍物がある場合、何かに圧倒されている場合、そしてまた同類に混ざる場合、そ

れらの理由で［そこにあるものも知覚されないことが起きる］。」第8偈「それが知覚されないのは、それが微細であるからであって、存在しないからではない。それはその果によって知られる。そしてその果とは、大なるもの（ブッディ）などであり、またプラクリティとは全く似ないものと、よく似るものと、からなる。」

三、本経がこの段においてヴァスバンドの『唯識三十頌』第28偈を引用して真の智のあり方を説明し、その傍ら、サーンキャ説を批判したことは、いまや明らかである。現行の『唯識三十頌』第28偈下に見られるスティラマティの釈は、紛れもなく「自心現」という本経の立場を踏まえて書かれたと考えられ、「自心現」の具体的なイメージをも与えてくれる、実に貴重な記録である。拙訳を次に示す。

「分別の対象、すなわち所縁にはブッダの教え、戒め、あるいは普通の色、声、などが含まれる。それらすべてを智は心とは別に外にあるものとして受け取ることはなく、そのようなものとして見て把握し執着することがなく、しかも如実に見るので、それは生まれつき盲目の人が物を見ないような仕方ではない。そのとき自心の本来の在り方に落ち着く（svacittadharmatāyām ca pratiṣṭhito bhavati）。」

101．「教説と宗致という道標」その二

「さらにまた、マハーマティよ、無知者・凡夫たちは、無始時来増幅する粗悪な自己分別の踊りを踊り続けており、自らの最終的見地、宗致と、そして教説とをよく知らず、自心の現われである外の存在の特徴に執着して、方便に過ぎない教説を読誦することに捉われ、自らの宗致である、四句分別を離れたあり方という道標を徹底して考慮することがありません。」

マハーマティが言った、「まさしく世尊が言われる通りです。世尊よ、どうか私に教説と宗致という道標をお示しください。それによって私と他のボサツ大士たちとは、未来の時において教説と宗致という道標に通じて、凡夫たちや声聞、独覚の乗り物で行くものたちから非難されないようでありたいものです。」世尊が言われた、「それではマハーマティよ、よく聞き、よく考えなさい、君に話しましょう。」「世尊よ、承知しました」とマハーマティ・ボサツ大士は世尊の言葉を待った。世尊が彼に言われた、「三世の如来たちの目覚めた真理の道標は二種、教説と自らの宗致とです。1．教説という道標とは、さまざまの目的に求められるブッダの教えの集

まりで、これを人々が心に抱く熱心な関心に応じて教えます。

2．自らの宗致という道標とは、それによって修行者が自心の現われである対象を虚妄に分別することから離れるものです。すなわち一、異、一と異と、一でも異でもない、という四句の辺に陥らず、心と意と意識とを超え、聖者の自覚の境界で、論理的な理由、推理、固定した見解、を離れており、有と無との二辺に陥っている異教者、声聞、独覚たちには味わわれることのないもの、それを私は自らの宗致という道標だと言うのです。君もそして他のボサツ大士たちも、自らの宗致と教説という道標について実際に学ぶべきです。」

そこで、次の偈が述べられた。

私の道標は二種、宗致と、そして教説と。（五〇三中）
後者を無知者に、宗致は修行者たちに、私は示す。　61

（研究）

宗致と教説という、目覚めた真理への二種の道標（「法通」）について、既に第92段で簡単な紹介がなされ、この第101段で重ねて解説がなされた理由は何か。第85段から始まる第三巻のこれまでの中心テーマは、ブッダ・如来の本性は何か、であった。従って、宗致と教説とは、そのブッダ・如来が人々を目覚めた真理に導く二種の道標であることが知られる。これら二種の道標の紹介がなされたその中間に紹介された事柄は、結局これら二種の道標の内容を理解する手がかりということになる。例えば、一切の現象は不生だという理解は宗致という道標であり、これを究理論者のように宗として立てて因の証明を待つことがあってはならぬ、さもなければ自己矛盾に陥る、とするのは、教説という道標というわけである。第92段では宗致とは自内証の境界であり、教説とは九部の経典に示された、有と無との二辺を離れて人々を導く方便の教えだと簡単に紹介され、その後、第94段では、言葉の本当の意味とは、普通に考えられる、言葉に従った意味ではなく、その本当の意図として、言葉と分別の特徴とを離れていることだ、とするなど、教説といわれるものが単なる言葉に終始するものではなく、宗致の言語表現が意図されている、とする。さらに、宗致と教説とは、危機的な接合という問題意識において一体となるものであることが説明される。このようにブッダの立場を明確にした上で、本経は、異教を含めた世間の常識をもとにブッダに論争を試みる世間論者の批判に入る。その後、第三巻は異教の涅槃観を列挙し、最後にブッダの涅槃観を提示することで結ばれる。

102・「世間論者」一

さて次に、マハーマティ・ボサツ大士は、再び世尊にこう言った、「世尊よ、ある時ある集まりで如来・応供・正覚者がこのように言われました、〈世間論者は、さまざまの謎めいた文句と弁舌とを使うもので、あなた方が仕えたり尊敬したり取り巻いたりしてはいけません。世間論者に仕える人には、享楽の対象を摂取することはあっても、目覚めた真理を摂取することはないからです〉と。そのように世尊が言われた理由は何でしょうか。」世尊が言われた、「マハーマティよ、謎めいた文句と弁舌に巧みな世間論者は、さまざまの発言、華麗な表現、議論、比喩、結論を用いて無知者を惑わせます。言葉の多様性に対する大変な巧みさでもって無知者を誘います。世間論者は、真実への道標に自分で入ることがなく、一切の現象の本来のあり方を悟ることがないので、二辺に陥った見解でもって無知者を惑わすわけで、自分自身をも破滅させます。生死輪廻の危機的な接合を脱却しないため、自心が外の対象として見られていることを悟らないために、外の存在の自性に執着して、分別を離れることがありません。そういう訳で、世間論者はさまざまの謎めいた文句や弁舌に巧みで、自分は生老病死の悲嘆、苦悩、憂鬱、動揺を免れないのに、無知者を敢えて惑わせます。

マハーマティよ、インドラ神は、多くの学問分野を理解する知力をもち、自ら文法書を執筆していますが、このインドラ神の天上の講堂に世間論者の弟子が偽ってナーガ（竜）の姿を装って現われ、論争のための命題を提起して言いました、〈「貴方か私か、どちらか一方が負けたら」貴方の場合は千幅輪の車の輪を折ることになろう。私ならば幾つもあるナーガの首をすべて切り落としましょう〉と。結果は、ナーガの姿の、弟子の世間論者が共通の論理を使って神々の王であるインドラ神を破り、千幅輪を叩き壊して、この世間に戻ってきたのです。このように世間論者は、さまざまの議論と比喩とにこだわり、畜生のこともよく研究した上で神々と悪霊たちの世界をさまざまの発言や華麗な表現で惑わせ、得失の見解に執着させます。いわんや、人間に対して何をするかは知るべきです。そういう理由で、世間論者は遠ざけるべきです。彼らは苦悩の生活の原因の運び屋です。仕えたり尊敬したり取り巻いたりしてはいけません。マハーマティよ、世間論者はさまざまの発言と華麗な表現とをもって、あるのはただ肉体と知力と対象を知覚することだけだ、と教えます。マハーマティよ、世間論には百千もの立場があります。ただし、私の後の世、五十年後において、すでにそれは盛んに分裂していることでしょう。それが詭弁と懐疑論との上に立てられているからです。分裂がしきりだと言うのは、弟子の名に値しないものに依存しているからです。こういう世間論の、分裂しきりな、そしてさまざまの議論に執着する立場を、異教者たちが説くのです。自分の動機に執着する彼らには、自分の道標がありません。マハーマティよ、異教の誰にも自分の教えという道標がありません。ただ世間論の立場を無数百千とおりもの根拠をもって紹介するだけです。自分の道標はありません。しかも、幻想と錯乱とのためにこれが世間論の立場だとは知らないのです。」

マハーマティが言った、「世尊よ、もしもすべての異教者たちが世間論の立場をさまざまの発言、華麗な表現、比喩、結論をもって主張し、自分自身の道標を全く説かず、ただ自分の動機に執着するだけだとしますと、それならば世尊も同様に、さまざまの地域から次々に到着する神々、悪霊、そして人間に、（五〇三下）さまざまの発言、華麗な表現を用いて世間論の立場を説いておられるのではありませんか。ご自分の考えはなしにです。ご自分の考えは必ずすべての異教の教えの中に含まれるのですから。」世尊が言われた、「私が世間論や得失を説くことはしません。その反対で、私は無得失を説きます。得とは生ずる数量、大量の獲得が生ずることです。失とは完全に失われることです。無得失とは不生不滅の同義語です。私は世間論の分別的な思考に含まれることを教えはしません。その理由は、外の有にも無にも執着せず、外の対象とされるものが自心の現われに他ならないところに居り、二として動く分別が起きず、分別を起こす動機となる対象が存在せず、対象は自心の現われに他ならないと悟っているので、自心の現われである対象を分別することが起きません。分別的な思考の起きないものは、無相、空、無願の三解脱に入っているので解脱していると言われます。」

〈研究〉

「世間論」（lokāyata ローカーヤタ、「世間を目指す」、「世間に惹かれる」こと）を主張する人々、「世間論者」というものが取り上げられてこれから三段に亘って論じられることで、単調になりがちな議論に読み物としての変化が生じ、読者が引き込まれる思いがするあたりは、西暦四、五世紀と二十一世紀との隔たりにも関わらず編集者の苦心に変わりがないことを実感させられる。インドラ神を世間論者の弟子が論争で打ち負かしたという話は、何か出典があったはずである。世間論者のバラモンたちがシャカムニに質問してきたという話は、パーリ経典『アングッタラ・ニカーヤ』巻四、22、「マハーヴァッガ」4、「ナヴァカ・ニパータ」38（PTS pp. 428-9）に見られる。また、「二つの摂取、すなわち世間の快楽の対象を摂取することと、真理を摂取することと」、は、同じく『アングッタラ・ニカーヤ』巻一「ダーナヴァッガ」8、「ドゥカ・ニパータ」13（PTS p. 92）に見られる。インドのチャンドラダル・シャルマ氏の英文著書『インド哲学の批判的概観』（Chandradhar Sharma: A Critical Survey of Indian Philsosophy, Motilal Banarsidass, Delhi 1976, III. Materialism）によると、ウパニシャッド後、仏教以前の時期にインドで唯物思想が起きた理由は、バラモン僧の修道生活への抵抗だったとみられるが、しかしこれは現実の勢力とはならなかった。不満の中から生まれたそれは、まじめに考える人々の中で死に絶えた、ジャイナ教と仏教とがすぐさま興り倫理的、霊的な背景を提供して、それらの唯物思想を斥けた、と。著者シャルマ氏によると、この唯物思想の伝統の祖と見なされるブリハスパティは、アスラ神たちを破滅に陥れるために神々の間に唯物思想を広めたことで、神々の教師に匹敵すると考えられたという。そのブリハスパティの第一の弟子、チャールヴァーカはその名の通り「言葉巧みな」人、その主張が表面的には魅力的な人、として知られた。「世間論者、ローカーヤタ」とは、このチャールヴァーカのことで、それは庶民階級の人間、卑しい粗野な趣味の人をも含む意味合いを持つ、とされた。インドの叙事詩『ラーマーヤナ』では、彼らは自分を賢いと思い込む愚か者たち、人々を破滅に導く達人、と呼ばれていた（シャルマ氏著書、p. 41, fn. 1: Rāmāyaṇa, Ayodyākāṇḍa, 100, 38）。シャルマ氏は、この派の本来の作品は残っていない、現存するのは唯一、ずっと後世のもので、それの正確な思想を知ることは極めて難しい、として一冊の書名を挙げる。本経の世間論者への言及は、シャルマ氏の記述とほぼ正確に一致し、歴史的にも貴重な記録と言ってよいようである。

103・「世間論者」二

「マハーマティよ、私は思い出します、あるとき別の場所で時を過ごしていたのですが、私のいるところへ世間論者のバラモンが近づいてきて、いきなり私にこんなふうに言ったのです、〈ゴータマよ、すべては作られたものか〉。私は彼に言いました、バラモンよ、もしもすべてが作られたものなら、それは第一の世間論だ、と。〈ゴータマよ、すべては作られたものではないのか〉。私。バラモンよ、もしもすべてが作られたものでないなら、それは第二の世間論だ。同じように、〈すべては無常か、すべては常住か、すべては生産されるのか、すべては生産されないのか〉。私。バラモンよ、それが第六の世間論だ。マハーマティよ、再びバラモン世間論者が私に言いました、〈ゴータマよ、すべては一か、すべては異か、すべては一と異との両方か、すべては両方ではないか、すべては因に依存するか。さまざまの因から生ずることが見られるからだ〉。私。バラモンよ、これこそは第十一番目の世間論だ。再び、〈ゴータマよ、すべてが未開展のブラフマンか。すべてはブラフマンから開展しているか、自己は存在するか、自己は存在しないか、この世界は存在するか、この世界は存在しないか、他の世界は存在するか、他の世界は存在しないか、他の世界は存在し且つ存在しないか、解脱はあるか、解脱はないか、すべては刹那的か、すべては非刹那的か、ゴータマよ、虚空、吟味を経ない滅、及び涅槃の滅は、作られたものか、それらは作られたものではないか、死と再生との中間の有は存在するか、中有は存在しないか〉。彼に向かって私は言いました、バラモンよ、そういうことなら、それは、どれも世間論に他ならぬ。バラモンよ、この世間論は君のだ、私のではない、バラモンよ、私は、この三界が無始時来広がり続ける分別の習慣性の粗悪さが原因なのだと説明する。バラモンよ、自心が対象として現われているに過ぎないことを悟らないために分別が起きるのだ、外の存在を依存すべきものとして認めるから、異教者たちが自己と知覚器官と対象とが接触するのでそれらの三縁から知が生ずると主張するが、私は違う。バラモンよ、私は有因論者でもなく無因論者でもない。ただ、分別を把握されるものと把握するものとして指摘した上で、縁生を説くのだ、しかし君らのような人々は（五〇四上）我執が強すぎて理解できないのだ、と。マハーマティよ、涅槃の滅と虚空と吟味を経ない滅との真相は、三という数字のなかに得られるものではありません。

マハーマティよ、世間論者のバラモンは、さらにこう言いました、〈ゴータマよ、この三界は無知と渇愛と業とを因とするか、それとも無因か〉。私。バラモンよ、その二つとも世間論だ。〈ゴータマよ、すべての存在は特殊と普遍との性質のものか〉。私。バラモンよ、これもまさしく世間論だ。心が外の対象への執着と分別で脈動するかぎりは、すべて世間論だ、と。

マハーマティよ、世間論者のバラモンは、さらにこう言いました、〈ゴータマよ、およそ世間論でないものがあるのか。ゴータマよ、すべての非仏教者は私の世間論を祝福しているのだ、さまざまの発言、華麗な表現、議論、比喩、結論を持って説かれているとしてだ〉。彼に向かって私はこう言いました、それが、バラモンよ、あるのだ。君の考えでなければ祝福もされず教えられもせず、さまざまの発言、華麗な表現、議論、比喩、結論も伴わないということはないのだ、と。バラモン〈世間論でなくて、しかも祝福されず教えられずに終わることのないものとは、一体どんなものか〉。私。バラモンよ、世間論ではないものがあるのだ。ここにおいては、君であれ他のものであれ異教の者の知力は及ばないのだ。君たちは、外のものがあるという虚妄な分別の広がりに執着するからだ。世間論ではないものとは、つまり分別が起きていないということだ。有と無とは自心の現われに他ならないと悟っているので分別は起きない。外の対象を捉えることがないので分別は本来に還っているのだ。それゆえこれは世間論ではなく私の言う本来のあり方であって、君のではない。要するに、バラモンよ、識別能力にとって、来ることと去ること、死ぬことと生まれること、喜びと苦しみ、没頭すること、見ること、触れること、さまざまの特徴に執着すること、男女の結合、さまざまの渇愛の因に執着すること、こういうことのあるところは、すべて君の世間論の世界であって、私のではない、と。こんなふうにして世間論のバラモンがやって来て私に質問し、私にこんなふうにして斥けられて黙り込み去って行ったのです。彼は許しを請うこともなく立ち去って行きました、自分の道標が斥けられた議論をこんなふうに思い返しながら。〈シャカ族の息子は俺の道標にとっては異端者だ。情けない奴だ。奴は、何も起きない何の特徴も原因もないと主張しよる。外に見られる特徴は自分の分別そのものと悟るから分別は起きないのだと主張しよる〉。」

(研究)

梵文テキストでは、バラモンの言葉は肯定文または否定文のままだが、漢訳に疑問を示す助辞「耶」があるので疑問文と解した。バラモンが一貫した自分の主張をするのではなく、主張可能と考えられることすべてを並べ立てて次から次へと質問して、結局自分のよって立つところがないことが暴露された、と解する方が確かにブッダの応対と符合する。梵文では疑問詞なしで抑揚で疑問が表わされることがあるとのことで、質問するバラモンの発音の様子も想像される。

パーリ語経典、『サンユッタ・ニカーヤ』第二部・「ニダーナ」第四十八経、「ローカーヤティカ」では、世尊はサーヴァッティ、ジェータ林でローカーヤタ・バラモンの訪問を受け、その質問をローカーヤタ的として批判したとされている。質問は、一切が有か無か、同一か多様か、の四問で、このバラモンは教えを受けた後、世尊に帰依したとされる（PTS p.77）。

なお、上記第十一番めの世間論とされた次を漢訳は「一切無記耶、一切有記耶」とするが、私は「無記」とされる梵語「avyākṛta アヴィヤークリタ」を「未開展者」と解した。バラモンにとってそれは『ブリハッダーラーニャカ・ウパニシャッド』中に見られる根本原理の一つと解されたはずだからである（中村元『初期ヴェーダーンタ哲学』一四二ページ。）

104・「世間論者」三

「ところでマハーマティよ、君は私に訊ねましたね。〈貴方がこう言われた理由は何か。つまり、世間論者はさまざまの謎めいた文句と弁舌に巧みだが、世間論者に仕えるものは享楽の対象を摂取することはあっても目覚めた真理を摂取することはない〉と。」マハーマティが言った、「世尊よ、その通りです。目覚めた真理を摂取することと、享楽の対象を摂取することとは、どういう意味でしょうか。」世尊が言われた、「よろしい、マハーマティよ、未来の人々のことを考慮して、その二つの言葉の意味について疑問が起きるのはよいことです。よく聞き、よく考えなさい。（五〇四中）話しましょう。」「承知しました、世尊よ」と言ってマハーマティ・ボサツ大士は世尊に耳を傾けた。

世尊は彼に向かって言われた、「享楽の対象を摂取するとは、引き寄せること、撫でさすること、掴むこと、味わうことです。それは外の対象に執着すること、二辺に没頭すること、誤った固定的な見解をもってさらに苦悩の集まりを生ずること、再生を齎す渇愛から生老病死、憂悲苦悩、不安動揺が起きること、などなど、これが私と、そして他のブッダ・世尊たちの言う、享楽の対象を摂取することの意味です。これは享楽の対象を摂取することであって、目覚めた真理を摂取することではありません。それは、世間論と世間論者とに仕える人々が得るものです。

それでは、目覚めた真理を摂取するとは、どういうことでしょうか。それは、外の対象と見られるものが自心に他ならないと悟ること、主体も客体も無我だと洞察するので分別が起きないこと、修行の段階を次々と確認するので心・意・意識が止むこと、すべてのブッダによってその智をブッダの智と認められること、究め尽きることのない十の句を理解すること、すべての現象への自然な自在力を得ること、これが目覚めた真理を摂取することと言われます。何ら固定した見解、虚偽、分別、存在、二辺に陥ることがないものとしてです。なぜなら、マハーマティよ、概して異教者の議論は、無知者を断滅と常住との二辺に陥れますが智者に対してはそれはありません。無因論を受け入れれば、現実は常恒だとする見解が生じます。外の因が消滅し因も縁も存在しなければ現実は断滅だとする見解が生じます。逆に、生起と持続と破壊とを見ないので、これを私は、目覚めた真理を摂取すると言います。マハーマティよ、以上が、目覚めた真理を摂取することと享楽の対象を摂取することとについての結論です。君と他のボサツ大士たちは、この点について学ぶべきです。」

そこで、次の偈が述べられた。

異教者が空しく主張したこのすべては世間論だ。
因と果とありとの見解を持つ彼らに、独自の宗致はない。
62
私は因果を離れた唯一の自身の宗致を
諸弟子に説く、世間論を離れたものを。 63
対象は心に他ならず存しない、二分されては心は見えない。
把握されるものも把握するものもないので、常も断もない。 64
心が働く限り世間論がある。
分別が起きない人は世界を自心と見る。 65
得とは果が成就すること、損とは何の果をも見ないこと。
得と損とを徹底して知る人に分別は働かない。 66
常と無常、作られたものと作られないもの、あの世とこの世、
こういうものすべてが世間論の道標なのだ。 67

(研究)

世間論、ローカーヤタ批判は、論争のための命題を提起する世間論者の最初の批判に戻り、世間の欲望を摂取する立場と目覚めた真理を摂取する立場との対比を通して、この問題の決着をつけることになる。ここでも世尊の立場は自心現への目覚めとして示される。この「自心現」という術語は、実に本経を貫くキーワード中のキーワードなのである。

105.「すべての異教者の涅槃についての見解を離れるべきである」

(五〇四下) さて次にマハーマティは、再び世尊にこう言った、「世尊よ、涅槃という言葉はよく言われますが、これは何を指して言う言葉でしょうか。すべての異教者がこれこそ

涅槃だとして分別するもののことですが。」世尊が言われた、「それではよく聞き、よく考えなさい、話しましょう。異教者たちが涅槃として分別するようには、彼らの分別に相応する涅槃は存在しません。」「承知しました、世尊よ」と耳を傾けるマハーマティに世尊は次のことを言われた。

「1．ある異教者たちは説明します、人間の構成要素である五蘊、十二処、十八界が滅すれば、対象に対する欲望がなくなり、現象が恒常性を欠くと見るので、心と心の働きのすべては起きて働くことがない、過去、未来、現在の対象を記憶することがなくなれば、あたかも灯明の燃料や種子の力が尽きるように生存を捉える力が尽きるので、分別が起きなくなると。彼らには、このようにしてこれこそは涅槃だという理解が生じます。しかしマハーマティよ、人は滅尽の見解をもって涅槃するのではありません。

2．他の者たちは、また、人が別の場所に留まるために移動することが解脱だと説明します。対象への想いが止むなどの点で風に似ているからだと言うのです。

3．他の異教者たちは、知覚するものと知覚されるものとを区別する見地を捨てることが解脱だと説明します。

4．他の者たちは、常を無常と見るのでそこに解脱を考えます。

5．他の者たちは、さまざまの、分別の動機になる相を分別することは苦悩の生を招くと考えながら、対象が自身の現われに他ならないことをよく悟らず、相に対する恐怖でおびえ、無相を見ることに楽しみを求め、そこに涅槃があるという理解を抱くものたちです。

6．他の者たちは、内外のすべての現象について、その特殊と普遍との特徴が不滅だと悟るので、過去、未来、現在の存在の有であることを涅槃と考えます。

7．他の者たちは、また、自己、精神、生命、個人、その他すべての現象の消滅を涅槃と考えます。

8．他の異教者たち（サーンキャ派）は、頑迷で、涅槃を考える際に原質と霊という自然と精神との二つの全く別の原理を設定します。そして出離する前の無自覚な霊が一体であった原質は、原初の暗黒の創成期のように、その構成要素の三グナが働いて自己変化を続け世界を創造するので、［原質のその活動が尽き霊が独存するのを］涅槃と考えます。

9．他の者たちは、福徳と悪徳との滅尽を、10．他の者たちは、煩悩の尽きることを、11．他の者たちは、智を、12．他の者たちは、神が自分の思い通りに創造したものと見て、この世を涅槃と、考えます。13．他の者たちは、この世界の存在することが因と縁との相互に齎されたもので、特定の因に依るものではないと考えます。しかしこれもまた、因への執着に他なりません。ただ、無知の為にそのことを悟らず、涅槃を妄想します。14．他の異教者たちは、真実の道を達成することが涅槃だと考えます。15．他の者たちは、物の特質とその特質を保持するものとが結合して一体である場合、別である場合、その両方である場合、そのどちらでもない場合、を見るので、そこに涅槃があると考えます。16．他の者たちは、孔雀の美しい羽模様、さまざまの宝石の鉱山、刺の鋭さ、のように自然に生じた多くのものを見終わって、ここに涅槃があると分別します。17．他の者たちは、また、〔サーンキャ派の〕二十五の真理を悟ることを、18．他の者たちは、国の守護者が六つの徳についての助言を受け入れることを、涅槃と考えます。19．他の者たちは、時間が世界の創造者だと見て、世界は時間に依存して生じていると悟るので、（五〇五上）そこに涅槃があると考えます。20．他の者たちは、有を涅槃と考え、21．他の者たちは無を、22．他の者たちは、有と無とを知ることを、そして23．他の者たちは、生死的な理解と涅槃との間の違いへの洞察を、涅槃と考えます。

同様に、究理論者たちが悪い異教的な展開をした他の諸々の見解は、道理を具えておらず、智者に捨て去られたものです。マハーマティよ、それらはすべて一貫して二辺に陥った流れをもって涅槃を分別しているからです。このような分別でもって、すべての異教者たちは誤って涅槃を妄想します。しかし涅槃においては、何ものも生じたり滅したりはしません。一々の異教者の涅槃は、彼ら自身の教えの知恵と判断とでもって吟味されながら、迷走して、彼らが考えるようには成立しません。思考が行きつ戻りつしてもがき続け、彼らの誰一人にも涅槃はありません。

マハーマティよ、私の説く涅槃とはどういうものかですが、それはこうです。外の対象として現われているものは自心に他ならないことをよく理解しており、そのために外の存在への執着がなく、四句分別を離れた、ものの本来のあり方への洞察があり、自心の現われを外のものと分別する二辺に陥ることがなく、把握されるものと把握するものとを認めることがなく、知識を得るためのすべての手段に効用性を見ず、その言うところの真実が人を愚かにする性質のものであるので真実と評価せず、それを斥けており、自内証の真理を証しており、二種の無我を悟り、二種の煩悩を断じ、二種の障碍を除き、二種の死を離れ、修行の段階を上って如来地において、幻などすべての三昧をもって心・意・意識が止む、これが涅槃だと私は言うのです。マハーマティよ、君とボサツ大士たちとは、このところを修行して、すべての異教者の涅槃の見解を離れるべきです。」

そこで次の偈が述べられた。

さまざまの涅槃観を異教者たちはそれぞれ分別する。
それは分別だけで、そこに解脱への方便は存しない。
68

束縛され束縛することにうつつを抜かして方便を欠き、
異教者らは解脱を妄想するが、そこに解脱は存しない。
69

異教者らの道標には多岐に分かたれた知の内容が見られる。
そのため彼らに解脱は存しない、愚痴なものたちが妄想するから。 70

因と果という悪見に異教者らはみなうつつを抜かす。
そのため彼らに解脱は存しない、有無の辺を主張する連中には。 71

饒舌の欺瞞を喜ぶ無知者らは真実に知恵を開放しない。
饒舌は実に三界の苦悩のもと、真実は苦悩を除くもと。
72

(五〇五中)

鏡に姿形は見えながら、そこにそれは存しないように、
習慣となった分別の鏡に心が二分して見られる、無知者たちに。 73

心が対象として見られることを知らないために分別が生ずる、二分して。
心が対象として見られることを知ることで、分別は働かない。 74

心はどんなに多様でも、観察されることと観察することとを離れている。
姿にも拘わらず、見られるものは無知者らが分別するようには存しない。 75

三界は分別だけで、外の対象は存しない。
分別がさまざまに見られるのだが、無知者らは悟らない。
76

一々の経典において分別の言葉が発せられる、名称を変えるだけで。
言葉の影響を受けない表現内容は、見られない。 77

(研究)

涅槃をテーマとした本経の論究は、これが四回目だが、初めの二回、第一章の第20段、第二章の第56段とも、声聞乗の涅槃観との対比で行なわれてきた。第二章の第81段と第三章のこの第105段とは異教の涅槃観との対比で論じられている。

四回の議論を通して我々は、本経の基本的な立場によりいっそう親しむことができたわけである。

異教者の見解の一々を特定することはできないが、8番目は明らかにサーンキャ派の涅槃観である。17番目に二十五の真理というのも、『サーンキャ・カーリカー』第3偈に大づかみに挙げられている同派の原理の数を示す。作りもせず作られもしないプルシャ、作るだけで作られないプラクリティ、作り作られるもの七つ（ブッディ、アハンカーラ、五タンマートラすなわち知覚の微妙な対象）、作られるだけのもの十六（五マハーブフータすなわち物質構成要素、五知覚器官、五行為器官、マナス）の二十五である。

実は、現行の南条校訂梵本では、この最後の、ブッダの立場は、そうとは示されないまま、これも異教の涅槃観の一つとして紹介されている。グナバドラ漢訳以外の魏訳、唐訳の二漢訳とも、梵本と同様、この箇所でブッダの涅槃観を示すことをしない。この状況は、漢訳四巻本の原本が失われたインド世界では現在まで続いていることになる。本経の現代語訳四点（英訳一、日本語訳二、ドイツ語訳一）はすべて現行の梵本から行なわれたので、同じ事情にある。漢訳四巻本の重要性はここにも見られる。虎関師錬は他の二訳の当該箇所の状況には言及していない。

テキストの問題に関連して少し脇道に逸れるが、時代を遡って中国禅宗の最初期、北魏の人、慧可が名の伝えられていないインドの「法（ダルマ）師」から「大乗安心の法」の教えを受け、法師の死後人々と共に四巻本を修行の重要な手がかりとしたと伝えられる。

唐代の道宣編集（六四五年ごろ）の『続高僧伝』慧可の項に次の記事がある。

「初め達摩禅師、四巻楞伽を以て可に授けて曰く、我れ漢地を観るにただ此の経あり、仁者《なんじ》依りて行じ自ら度世せよと。」（大正蔵五十、五五二中）

これが本経の第二訳、西暦五一三年のボーディルチ訳十巻本（魏訳）発表以前のことなのか、以後なのか、事実かどうかは不明だが、事実とすれば、直前か直後のことと思われる。慧可は四十歳になって、河南の崇山、洛陽を訪れたこの法師に出会い六年間学んだ。法師が亡くなって後、天平の初め（五三四年）東魏の都に移って活動を開始したとされる（同五五二上）。法師が授けたのは漢訳であり、その価値を十分に承知していたに違いない。漢訳十巻本が発表されたとき、慧可はその内容を嘆いて、「この経は四世の後、変じて名相となれり。一に何ぞ悲しからずや」と言った（同五五二中下）。四世とは、四巻本訳出の時代、南朝の宋の都、健康で訳出さのことを指す。
以上、『ランカーに入る』巻三・第三章

れたとき（四四三年）の北魏、世祖・太武帝の後、十巻本訳出の北魏・宣武帝の世以前の北魏四代を指すと考えられる。当時、ボーディルチ訳出の十巻本は、名僧の労作として世に珍重されたが、それの過剰な「名と相」とが慧可らの修行の妨げになっていた、という。四巻本の難解な訳文の中に修行の指針を探る努力をしていた人々が期待をもって開いた十巻本の訳文が、却ってその真意を晦ますと知って望みを絶たれる思いをしたことになる。もちろん、その責任は、十巻本漢訳者にはなく、四巻本原テキストを作成した人々の意図が見失われ、異なった関心を持つ人々の間でテキストが増広伝写されてきたことにある。それはさておき、慧可を中心とする人々の言葉を集めた語録には四巻本独自の表現「自心現」またはそれに近い言葉が、多くはないが幾つも見られる。また、『続高僧伝』慧可の項最後に、慧可の後継者、那、慧満などが常に四巻楞伽を「心要」としたことが記されている（五五二下）。

　私が慧可の語録と称するものは、柳田聖山氏著書『達摩の語録』一九六九年所収の「二入四行論」の七十四則（後に七十五則）、それに椎名宏雄氏紹介の天順本「菩提達摩四行論」一九九六年、で十八則が加えられて、計九十三則となったもの（田中良昭氏著書『敦煌禅宗文献の研究第二』二〇〇九年、参照）

『ランカーに入る

―すべてのブッダの教えの核心―』

宝経巻四・第四章

（大正蔵十六、五〇五中～五一四中）
（第四章を第106段から第120段までの十五段に分ける。）

目次

106.「ブッダの本性」……172
107.「不生とはブッダ・如来の同義異語」……174
108.「不生・不滅が涅槃だと私は言う」……178
109.「無常性」……183
110.「現証」……187
111.「如来は常住でも無常でもいけない」……192
112.「如来の母胎だとも言われるアーラヤ識」……194
113.「五法（現実の基本的な五つの特性）」……199
114.「如来はガンジス河の砂に等しい。A（自内証の境界は比較を絶する）」……202
115.「如来はガンジス河の砂に等しい。B（比喩が用いられる場合）」……203
116.「如来はガンジス河の砂に等しい。C（比喩が成り立たないところ）」……204
117.「一切の現象の刹那性と非刹那性」……206
118.「六究極行（パーラミター）」……208
119.「ブッダ・如来の化身」……210
120.「禁肉食」……215

106.「ブッダの本性」

(五〇五中)そのときマハーマティ・ボサツ大士が世尊にこう言った。「世尊よ、如来・応供・正覚者がご自身の本性をどう思っておられるかをお教えください。その教えによって私も、そして他のボサツ大士たちも、ブッダ・如来の本性に精通して、自分自身にも他者にもそれを悟らせることになりましょう。」世尊が言われた、「それでは、君が聞きたいと思うことを訊ねなさい、私はそれに応じて答えましょう。」マハーマティが言った、「如来・応供・正覚者は形成されないものですか、形成されたものですか、行為の果ですか、因ですか、特徴でもって示されるものですか、示す特徴ですか、そういう名称ですか、名称で示されるものですか、知性の働きですか、知性で理解されるものですか。このような語句で定義されるものとは別ですか、別ではないものですか。」

世尊が言われた、「如来・応供・正覚者は、そのような語句の定義で言う果でも因でもありません。その理由は、そのどちらであっても過失に陥るからです。もしも如来が果であるとすれば、如来は形成されたもの、もしくは無常なものとなりましょう。無常性のものであれば、すべての果は如来となりましょうが、それは私にも他の如来たちにも認められません。もしもそれが形成されないものであれば、如来は到達できないものとなりますから、悟りに必要なすべての資糧は無用となり、兎角や不妊の女性の子と等しくなります。実体のないものとなるからです。また、果でも因でもないものは、有でも無でもなく、有でも無でもないものは四句の選択肢を外れたものです。四句の選択肢は世間の慣習を表わします。(五〇五下)有でも無でもなく、有でも無でもないものは四句の選択肢を外れたものは、四句の選択肢に入らないものです。選択肢に入らないからこそ、それは智者のための基準なのです。如来の語句の意味を智者は、すべてそのように正確に理解する必要があります。

例えば私が、一切の現象は無我だ、と言いましたが、その意味を悟る必要があります。無我とは自己という存在がないことです。一切の現象は自分を自己として存在し、他者を自己としてはいません。牛や馬のようにです。馬を自己とする牛は存在しませんし、牛を自己とする馬も存在しません。それぞれ存在するのでもなく存在しないのでもない両者は、自分が牛や馬としての特徴を持っていないのではありません。同様に、一切の現象も、自分の特徴を持たずに存在することはありません。ちゃんとその特徴を具えているのです。しかし無知者・凡夫は、分別に依存するために、無我そのものの意味を悟りません。一切の現象の空、不生、無自性性は、同じように正確に理解される必要があります。同様に、如来は人間の五つの構成要素（五蘊）と別でなく別でないのでもありません。五蘊と別でないとすれば如来は無常ということになりますし、もしもまた別であれば、悟りに必要な資糧は無用となりましょう。二つがあれば、牛の角のように別々となります。すなわち、形状が似ているから別ではなく、長短があるから別ということで、すべてのものがそうなっています。牛の右の角は左の角とは別ですし、左の角は右のとは別です。同様に相互の長短、色の多様性、によって区別があります。従って如来は、人間の五つ、十八、十二の構成要素（五蘊、十二処、十八界）との間で別でもなく別でないのでもありません。解脱に対しても同様に、如来は別でもなく別でないのでもありません。如来は実際、解脱という言葉で示されます。もしも解脱とは別ということになれば、如来は姿形の特徴と結びついたものとなりましょう。姿形の特徴と結びついたからには、無常となりましょう。もしも別でなければ、修行者の側に解脱を得たという区別がなくなりましょう。しかし修行者には区別が見られます。従って如来は解脱と別でもなく別でないのでもありません。

同様に、智は智の内容と別でもなく別でないのでもありません。智の内容と別でもなく別でないのでもないその智は、常住でもなく無常でもありません、形成されたものでないのでもなく形成されたものでもなく、構成されたのでないものでもなく構成されたものでもなく、知性でもなく知性で理解されるものでもなく、特徴によって示されるものでもなく示す特徴でもなく、五蘊でもなく五蘊と別でもなく、名称で示されるものでもなく名称でもなく、同じもの、別のもの、同じでもあり別でもあるもの、同じでも別でもないもの、のどれにも属さないのでそれは、知識を得るためのあらゆる手段を離れています。知識を得るためのあらゆる手段を離れているものは、言葉を離れていることが分かります。言葉を離れているものは、生じたものではありません。不生のものは滅することがありません。滅することのないものは実に静かです。実に静かなものは本来涅槃にあります。本来涅槃にあるものは果でも因でもありません。果でも因でもないものは何ものにも依存しません。何ものにも依存しないものは一切の虚偽の表象を超えたものです。一切の虚偽の表象を超出したもの、それが（五〇六上）如来です。これこそ正覚者そのものです。これがブッダの本性であり、それは知識を得るためのあらゆる手段と能力とを離れたものです。」

そこで偈が述べられた。

知識を得る手段と能力を離れたものは、果でも因でもなく、
知性とその理解とを離れ、指示される内容と指示する特徴とを離れている。　1

五蘊に依ってあるブッダは、五蘊と別とも別でないとも見られない。
どこにも誰にも見られないものが、一体、どうして知られようか。　2

それは形成されたものでなく形成されないものでなく、果でなく因でなく、
五蘊でなく非五蘊でなく、それら両者の混合以外でもない。　3

実にその存在によって存在すると見られているものは、存在しない。
それをまた存在しないと考えてもいけない、このことが一切の現象の本性なのだ。　4

有が先にあって無、無が先にあって有なのだ。
それゆえ、無だと解してはならず、有だと思い込んでもならぬ。　5

自己が無我であることに惑い言葉の音声だけのものを実体のあるものとするものたちは、二辺に耽溺する。彼らは自ら破滅し愚者たちを破滅させる。　6

私の道標があらゆる過失を離れていることを洞察するとき、
人々は正見し、大導師たちを非難することがない。　7

（研究）

ブッダの本質を論ずる議論は本経の第三章から始まっているが、第四章冒頭のこのブッダ論は、本経の最終段階を飾るにふさわしく、堂々とした内容と論調とをもって展開されている。注目されるキーワードは「四句の選択肢」である。また「無我」の定義に関連して牛や馬を例に挙げる説明は、ユニークで重要である。

107．「不生とはブッダ・如来の同義異語」

そこで再びマハーマティ・ボサツ大士が世尊にこう言った。
「世尊よ、お教えください、善逝よ、お示しください、貴方は以前に、不生不滅という言葉を教説で述べられ、そして、

不生不滅とは如来の呼び名ですと言われました。一体この不生不滅とは非存在ということですか、それともそれは如来の同義異語として言われた言葉ですか。世尊は、一切の現象が有とも無とも見られないので不生であり不滅であるのだと説かれます。もしも一切の現象が不生だと言うときは、現象という概念も得られません、一切の現象が生じていないのですから。もしもそれが何かの同義異語だとすれば、一体何の同義異語なのですか、言ってください。」世尊が言われた、「それでは聞いて、よくよく考えなさい、君に話しましょう。」「承知しました、世尊よ」とマハーマティ・ボサツ大士は言って世尊の言葉に耳を傾けた。

世尊が言われた、「(1)如来は非存在でもなく、一切の現象の不生不滅を総括する概念でもなく、何かの条件に依存するものでもありませんが、不生不滅という概念を私は無意味なものとは考えません。むしろこれは、意からなる法身の如来の呼び名です。その不生は、(五〇六中)異教者、声聞、独覚、七地までのボサツたちすべての理解を超えた境地です。その不生こそは、如来の同義異語なのです。例えばインドラをシャクラ(強者)、プランダラ(要塞の破壊者)、と言うように、諸存在の一々には多くの別名があると考えられていますが、名前が多いから存在も多いと考えられているわけではなく、存在自体が否定されてもいません。同じように私も、人間の住む世界において無数百千の三倍の名前で無知者の耳に聞こえる領域に達しており、それらの名前で彼らは私のことを話していますが、それらが如来の別名だとは知っていません。その場合、ある人々は私を如来と知っています。ある人々は私を一切智者、ブッダ(覚者)、救世者、知己者、導師、調御者、普遍的導師、聖仙、創造神ブラフマン、保持神ヴィシュヌ、最高神イーシュヴァラ、原自然プラダーナ、聖者カピラ、死神ヤマ、月、日、あるいは主神ヴァルナ、と知ります。他の人々は私を不滅、不生、空性、真如、真諦、真実際、法界(現象の本性)、涅槃、常住、平等性、不二、無相、解脱、道諦、意からなるもの、と知っています。これら無数百千の三倍の、それ以下でも以上でもない名前のすべてでもってこの世界及び他の世界に満ち満ちている私を人々はよく知っています。水面に姿を映して水中に入ったことも出たこともない月のような私を。無知者たちは、二辺に陥ることに終始するために、そういう私に気がつきません。

ところで人々は、私を敬い彼らの師と見なし敬意を表し供養します。しかし彼らは言葉の意味と語源解釈とに通じておらず、名称を分析したことがなく自分自身の道標を承知しておらず、教えの音声と文章とに捉われ、不生不滅とは非存在のことだと考えるでしょう。彼らは如来の名の別名がインドラ、シャクラ、プランダラの場合のようにあることを知りません。彼らは自分自身の道標が帰り着く究極のところを悟るだけの確信がありません。その訳は、彼らが一切の現象について音声どおりに教説に従うからです。このようにしてそれらの無知者は、音声どおりに意味があるのであって意味は音声とは別ではない、ということでしょう。その訳は意味は形がないのだから音声と別に意味があるのではない、それどころか、あるのは音声だけだ、と。これは、理解力がだめになっている彼らが音声の自性を徹底して知ることがないからです。しかしこのようであれば彼らは、いかに音声が生滅しているのに対して意味が不生不滅であるかを知ることはないでしょう。

（2）マハーマティよ、音声は文字に属しますが、（五〇六下）意味は文字に属しません。それは有と無とを離れたものですから生じたものではなく形がありません。如来は文字に堕した教えを説くことはしません。文字上の有と無とは不可得だからです。しかし文字に堕していない人の場合は別です。如来も文字に堕した教えを説くなどと言う人は、無駄話をする人です、目覚めた真理は文字を離れているからです。そういう訳ですから教説の中で私も、そして他のブッダ、ボサツたちも、こう言っています、如来たちは自分から、乃至返事に、一言も言葉を発することはしない、と。その訳は、現象は文字を離れているからです。しかし、人の役にたつことを考えた発言をしないのではありません。発言するときには分別を用います。すべての目覚めた真理を説くことがなければ、教えを無視することになりましょう。教えを無視すればブッダ、ボサツ、独覚、声聞がいなくなるでしょう。彼らがいなければ、誰が誰に教えましょうか。そういう訳でボサツ大士は、教説の音声に捉われてはいけません。教説は人々の願望に応じてできたものですから、随時に適応します。さまざまの気質をもった人々のために、彼らが心と意と意識とから離れるようにと私も他の如来・応供・正覚者たちも真理を説きますが、彼らに自覚聖智の証得を確立させるからではありません。それは彼らが、一切の現象はその虚妄な外観を離れており、それらが対象として現われている自心に他ならないと悟ることを通して二の分別を離れることによって証するものです。ボサツ大士は、意味に確信をもつべきです。文字にではありません。良家の息子も娘も、文字に依存するならば、自分を第一義（究極の意味）から遠ざけるだけでなく他者にもそれを悟らせないことになります。誤った見解に陥った見方を続けることによって、一切の現象とすべての修行の段階との各々に固有な特徴に通暁せず言葉の語源解釈を知らないことでは、自身の信奉者を混乱に陥れるだけです。

もしも彼らが、一切の現象とすべての修行の段階との各々に固有な特徴に通暁し、言葉の語源解釈を知り、存在の意味と実際とに通暁しておれば、自分自身が正しい仕方で、無相であることへの喜びを持って満足するだけでなく、他者をも正しく大乗に導くでしょう。大乗が正しく受け入れられれば、ブッダ、ボサツ、独覚、声聞が正しく受け入れられます。ブッダ、ボサツ、独覚、声聞が受け入れられれば、すべての人々が受け入れられます。すべての人々が受け入れられれば、正しい真理が受け入れられます。正しい真理が受け入れられればブッダの系譜が断絶することはありません。ブッダの系譜が断絶しなければ、それだけの優れた落ち着き場所が得られたことが知られます。それゆえ、ボサツ大士はその優れた落ち着き場所を得て、自由に生死を選び、十種の自在力をもってさまざまの形の衣装を身につけて人々を大乗に導入します。これらのボサツは、人々の特徴的な違いと悪い傾向性との特徴を徹底的に理解して、如実に目覚めるようにと真理を説きます。如実とは変異しないこと、真実であること、無理はしないが諦めもしないこと、そしてあらゆる欺瞞の広がりが止息することです。それが如実と言われることです。

（3）そういう訳で、良家の息子・娘は、（五〇七上）教説の言葉に捉われてはいけません。真実は文字を離れているからです。例えば、誰かが誰かに何ものかを指し示すときに、相手が見ようとして指先に注意を向けることがあるでしょう。そういう単純な人々と同じように、無知者・凡夫は音声どおりに指先に執着して一生を終えることでしょう。音声どおりに指先に注意を向けることを止めて真の第一義に達することはないでしょう。

例えば幼児のための食べ物は咬まなくても食べられるものです。また誰であれ、調理をしないでものを食べることはしません。もしも誰かが調理していないものを食べるとすれば、発狂したかと疑われましょう。その人は食物を順序だてて調理することを知らないわけですから。全く同様に、不生不滅も、方便をもって調理しなければ見栄えの悪いものです。ここでは絶対に、方便をもってする調理が必要です。音声どおりに指先を見るようなことであってはいけないのです。そういう訳で、真実の意味については不断の修行が必要になります。真実の意味は微妙に静寂で、涅槃の因です。音声は分別的な思惟と結びついています。分別的な思惟は生死輪廻をもたらすものです。真実の意味は、深く学んだ人々に参ずることから得られます。深く学ぶとは、音声にではなく意味に通暁していることです。意味に通暁するとは、異教の議論に影響されず、自分が陥らないだけでなく他者をも陥らせない、そういう見解をもつことです。このようであるとき初めて、意味について深く学んだことになります。意味を求める人は、従って、深く学んで意味に通暁した人々に参ずべきです。これに反して、音声のままに執着する人々には、真実を志求する人は避けて遠ざかるべきです。」

（研究）

ここでは、「不生不滅」が「如来」の同義異語だとはどういうことかが論じられている。「不生不滅」という文字・音声は、普通にいう言葉の「意味」としては生滅の否定として「非存在」と理解されるが、それではそれは「如来」の同義異語とは言われない。それが「如来」を「意味」するとき、それは「生滅」という言葉、そしてその現象、を離れたあり方と解されているわけである。当然、それは「不生不滅」という言葉をも離れて、第一義を示す不生不滅となる。同じく「不生不滅」と言いながら、意味を示す指先に止まる場合と、意味そのものが現前する場合とがあることが言われているのである。

「深く学ぶ」と訳したもとの言葉「多聞」は、「そのことによって意味に通暁した人」と説明されているので、そのように訳し変えた。

108.「不生・不滅が涅槃だと私は言う」

そこでマハーマティ・ボサツは、ブッダの影響下で次のように言った、「世尊が不生不滅と説かれるからと言って何も特別のことではありません。その理由は、異教者たちが主張する世界創造の因も不生不滅です。世尊が言われる虚空と自然のままの滅とそして涅槃の境地も、不生不滅です。異教者は第一原因によってその結果として世界が生ずると説明します。世尊も、無知、渇愛、業と分別意識によって世界が生ずると説明されます。彼らが因と言う場合に世尊は別名を使って縁と言って区別されます。同様に彼らも、そして世尊も、外の存在が生ずることは外の条件によるとされます。それですから、世尊のこの議論は異教者の議論と違いがありません。彼らの言う微粒子、原自然、神、創造主など、それに九つの実体［ヴァイシェーシカ派の言う土、水、火、空気、虚空中の流体、時間、空間、霊、心］は不生であり不滅です。世尊よ、貴方の場合すべてのものは不生不滅です。有も無も不可得だからです。異教者たちの場合も、物質構成要素は不滅ですから、それらの特殊な特徴は不生不滅です。物質構成要素は常住です。それは次々に転生の段階に移りながらその物質構成要素の特性を捨てることがありません。世尊よ、このことは貴方も考えておられることです。それゆえ、貴方のこの議論は何も特別ではありません。さもなければ、どの異教者のでもなく自分の議論の方が優れている、それはここだ、と主張されることが必要です。区別がなければ、(五〇七中)不生不滅を論ずる彼らもブッダだという結果になりましょう。世尊よ、貴方は、一世界に多くの如来が出現するようなことはありえず、その訳がないと言われました。しかしお互いの議論に区別がない限り、多くの如来が出現することは妥当なことです。」

世尊が言われた、「私が言う不生不滅は、異教者たちの主張する不生不滅と同じものではありません。なぜなら、異教者たちの場合、存在の自性が不生不変異の特徴を得たものとして存在するとしますが、私の場合、有と無との辺に陥ったものとしてではありません。私の場合、有と無との辺を離れ、生と滅とを離れ、有でもなく無でもありません。無ではないとは、幻や夢にさまざまの姿形が見られるからです。有ではないとは、姿形を自性のあるものとして捉えることがないので、見られているものは見られないもの、知覚されているものは知覚されないものだからです。それですから、一切の存在は存在でなく非存在でもありません。却って一切の存在は自心の現われに他ならないと悟りますから分別意識が起きず、従って世間は落ち着き世事を離れています。無知者たちは世事に明け暮れると思い込みますが、聖者たちは違います。世間とは虚妄な対象が実在として妄想されたものであって、あたかも空中の天の楽士の町の幻の人間に似ています。喩えての話ですが、誰か幼稚な人が、天の楽士の町に幻の人間であるいろいろな人々や隊商の一行が入って行く、あるいは出て行くと思い込むとします、皆入った、皆出た、と。しかしそこには誰一人出たり入ったりはしていません。ところで、これが彼らの妄想であるように、これは無知者たちが不生不滅ということにうろたえ当惑していることです。しかしここで何一つ有為でも無為でもないことは、幻人の生起に似ています。幻の人間は生ずることも滅することもありません、有も無も実体がないからです。同様に、一切の現象は生と滅とを離れています。ただし、無知者は誤って陥った観念に従って生じ滅することがあると思い込みます。聖者にそういう思い込みはありません。誤って、と言いましたが、それは存在の自性を何かだと考えてもいけないし、何かでないと考えてもいけない、ということです。いくら違ったふうに考えても、それは一切の存在の自性への執着となって、執着を離れた洞察にはなりません。執着を離れた洞察とならないために、分別意識が止むことはないでしょう。

　そういう訳ですから、［分別を起こす動機はない、すなわち］無相を洞察することが最善です。相を見ることではありません。相を見ることは劣ります、再生の因となりますから。無相とは、誤った分別意識が起こらないことです。生ぜず滅しないことが涅槃だと私は言うのですが、涅槃とは真の現実のありのままの洞察を言います。この洞察に先んじて分別意識すなわち心と心の機能のすべてが拠り所を転ずることがあります。すなわち如来の自覚聖智を私は涅槃と言う。」

　そこで次の偈が述べられた。

生ずるという考えを止めさせるために不生ということを
立証するのだと、
私はこんなふうに教えを説くが、無知者たちは理解しない。　8

（五〇七下）

この一切は不生だ、存在するものは非存在ではないが、
天の楽士、夢、幻のように無因のまま存在する。　9
「存在が不生で自性がなく空であるのはなぜかを言ってください。」
内属［（和合）ヴァイシェーシカ派の言う存在の六範疇（句義）の一つ］を離れては存在は知力に
よって認められない、
それゆえ存在は空、不生、無自性だと私は言う。　10
内属の一々［ヴァイシェーシカ派の他の五範疇、実体（実）、特性（徳）、活動（業）、普遍性（同）、特殊性（異）］は知覚の
対象にすぎず存在しない。
異教の所見と異なり、劫末の宇宙破壊時以前、平時にも
内属は存在しない。　11
夢、幻、眼に見える毛綱、天の楽士の町、陽炎、
そのように世間のさまざまのものは無因のまま現われている。　12
有因論を斥けることで不生を立証することになろう。
不生が立証されるところでは私の教えは脈々と流れて失われず、
無因の教示がなされるところでは異教者たちに恐怖が起きる。　13
「存在が無因のままにあるとは、どうして、なぜ、いつから、どこでですか。」
有為のものが無因ではなく諸因からでもないと見るとき、

生と滅とを主張する見解は止む。 14
「不生とは非存在ですか、依るべき縁を考慮中というこ
とですか、
これは存在の名ですか、それとも無意味なものか、どう
か言ってください。」 15
不生は非存在ではなく、依るべき縁を模索中でもない、
それは存在の名でもなく、無意味な名でもない。 16
声聞、独覚、異教者たちの窺い知る境地でなく、
七地に達したボサツたちの境地でもない、それが不生。
17
因と縁が止むこと、すべての果を離れること、心だけと
いうことが安定してあること、
思惟されるものと思惟するものとを離れること、所依が
転ずること、を私は不生と言う。 18
外の存在は非存在ではないが心の捕捉したものではない
として
すべての見解を捨てること、それが不生。 19
同じように空、無自性などの句をすべて理解すべきであ
る。
空だから空なのでは決してない、不生だからこそ空なの
だ。 20 （五〇八上）

諸縁の全体が生じ滅するのであって、
その全体と別に何かが生じたり滅したりするのではな
い。 21
諸縁と離れて別に存在がどこかにあるのではない、
異教者たちが一つずつ別々にあると分別するようには。
22
存在は、無であっても有であっても、有と無であっても、
どこにも生じない。
全体と別にこれが生じ滅することはない。 23
これは慣習に他ならず、相互に依存し拘束する鎖だ。
諸縁という鎖を別にしては、生ずることの意味はない。
24
生ずることがないから不生は異教者の陥る過失を離れて
いる、
諸縁は鎖に他ならない、と私は言うが、無知者たちは理
解しない。 25
鎖と別にどこかで存在が生ずると主張するものは、
無因論者と知るべきだ、彼らは鎖を否定するものたちだ。
26
もしも鎖と別にどこかに何らかの存在があるとすれば、
鎖は、あらゆる種類のものの姿を顕しだす灯火というこ

とになろう。 27
無自性で不生で本来虚空のような存在が、
鎖と別にあるとしても、それは知力に思惟できない。
28
それとは違ってこの不生は諸聖者たちが達成する覚の真
理で、
そこでは生が不生であり、それが不生に耐えるものとな
る。 29
この世間の一切が鎖でありながら鎖を離れていると見る
とき、
心は本当に落ち着く。 30
無知、渇愛、業などは鎖でも内面的なもの、
火を起こす樌木、泥塊、轆轤、種子などは外的なもの。
31
もしも諸縁による以外に別にどこかで生ずるものがある
とすれば、
鎖の意味のないもので、それらは道理にも聖典にも適わ
ない。 32
「もし生じても存在していないとすれば、そのことの知
は何に由来するのですか。」
それらが相互に相手を生ずるから、諸縁と言われるのだ。
33
熱いもの、流体、動揺するもの、堅いものを（五〇八中）
無知者たちは実在すると分別する。
しかし全体とは別にどんなものも存在しない、それだか
ら無自性なのだ。 34
医師は病気次第で治療に区別を設ける。
医学書に区別があるのではない、病気の違いに応じて治
療の区別がある。 35
同様に私は、衆生が心身に病む煩悩を除くためにと、
彼らの六根の力をよく知って、人々に道標を示す。 36
煩悩と六根とが人によって違うからといって私の教えが
妨げられることはない。
乗り物は唯一つ、この吉祥な大乗である。 37

（研究）

この段の中心テーマも不生の解明だが、聴衆の理解を深めるために聴衆の代表であるマハーマティがブッダの立場を理解できない人々の誤解の仕方を敢えて提出するという趣向が凝らされている。本文の後に続く偈でも同じことが見られる。不生ということの理解がいかに決定的に重要であるかが強調されているわけだが、同時にそれが容易ではないという理解

も十分に踏まえられていることが知られる。

本文中、一世界に多くの如来が現われることはありえない、如来は一人だ、と言う主張が言及されている。この考えは『中阿含経』第181番、『多界経』に述べられているものだが、大乗の『仏華厳経』はガウタマ・シッダールタが成道してブッダ・シャカムニとなったとき、あらゆる方角からブッダが祝福に集まったとして、原始仏教の一仏説を斥けている。この第四章は、ブッダの本性とは何かを考察する。また、この後、ブッダ・如来をガンジスの河砂に喩える議論が取り上げられるなかで、人は過去においてのみならず現在においてもブッダ・如来を見ることができると述べる箇所がある。それは、現にランカーに入ったブッダによって説かれているという設定のもとに展開されるこの経としては、当然のことだが、その根底に、批判的に深められた大乗のブッダ観がある。

偈の中に取り上げられるヴァイシェーシカ派の術語は、我々には唐突に響くとしても、批判の対象として終始言及される異教の見解の一つが具体的に示されただけのことである。金倉円照著『インドの自然哲学』第三篇「パダールタダルマサングラハ（句義法綱要）」和訳第十二章和合の訳文によると、五句義の間で「不離が確定し所持と能持との関係にある物の結合について、ここに（それあり）との理解の因となるものが、和合である」（平楽寺書店一九七九年、二三二ページ）とされている。例えば基体とそれに関係づけられるべきものの間に、「この実に徳と業あり」「この実に実性あり」などの確信が認められるからこれらに偶然ではない結合があると知られる、その知識は推測に由来するとされる。

偈の中に見られる表現で注意すべきもう一つのことは、生滅の諸縁とされるものが拘束を意味する鎖を同義異語とする点である。しかも、内面的と外面的とを併記し、生活上の便宜を提供する種々の道具も鎖の意味を持つとするところが注目される。それは、世間の一切が鎖の意味を持つという理解につながって行き、そして生滅の直下に生滅を離れた洞察、漢訳の「無生法忍」へと展開することが知られる。

109・「無常性」

さて、マハーマティ・ボサツ大士は再び世尊に言った、「すべての異教者たちが、これが無常ということだ、これこそ無常ということだ、と推測しますが、世尊も、ああ、一切の有為のものは無常だ、生じ滅する性質のものだ、と説かれます。これは一体真理に適っているのですか、間違っているのでしょうか。無常性には何種類あるのでしょうか。」世尊が言われた、「全部で七種類の無常性を異教者たちは考えますが、私の説くところではありません。七種類とは、こういうことです。(1)あるものは主張した、始められた創造の営みが終わることが無常ということだ、と。(2)他のものは言う、形が生滅することが無常ということだ、と。(3)他のものは言う、具体的な形そのものが無常なのだ、と。(4)他のものは言う、形が変異して別のものになることが無常ということだ、と。つまり、すべての現象は不断に持続することでそれ自体の本質が崩壊し変化する。例えば、乳が凝乳に変わり別の形をとるように、すべての存在に、観察されない間に元の形が失われることが起こる、それが常住でないということだ、と。(5)他のものは、存在を無常性と考える。(6)他のものは、存在が存在でなくなることを無常性と考える。(7)他のものは、一切の現象が生ずることが無常ということ、無常性がそこに隠されているから、と考える。

そのうち、(第六)存在が存在しなくなることが無常性だとは、物質構成要素とそれらからなる物質の独特の特徴が失われ、その自性が知覚されず、また生じてこないことを意味します。

ところで、不生が無常性である一切の現象は常でなく無常でなく、有と無とから生ずることはなく、極微まで分析してもそれ自体の特徴は認められません。認められないとは、不生と同義異語で、生起とではありません。これが不生が無常性だということの特徴ですが、そのことを悟らない(第七の)異教者たちは、そのために、生ずることが無常だとする主張に陥ります。

さらに、(第五)存在が無常性だと主張する人自身が考え推測するところでは、存在は常住性であって無常性ではありません。その訳は、無常性そのものが不滅の性質だからです。この場合すべての存在が存在しなくなることは無常性がもたらす結果です。無常性以外によって一切の現象が存在しなくなることは認められないのです。杖と石との一方が破壊するもので他方が破壊されるものであるのと同じことです。破壊の結果は、どれがどちらか区別のつかない状態が見られます。それゆえ、無常性が因で、あらゆる存在がなくなることは果ですが、これが無常性でこれが果だという果と因との区別はなくなります。果と因との区別がなくなる訳ですから、無因であるかぎり、すべての存在は常住ということになります。すべての存在が(五〇八下)なくなることは、有因だからです。しかし無知者・凡夫はそのことに気づきません。因がそれに対応しない果をもたらすことはありません。もしも生ずるとすれば、それらすべての存在に因として働く無常性とは似つかわしくない果となり、因に対応した果だとは見分けられなくなるでしょう。しかし実際に見られるものは、因に対応する果だと見分けがつくのです。

あるいはまた、もしも存在が無常性だとすれば、それは［自己否定の］作用を因とする存在ということになりましょう。もしもそうなれば、それはすべての存在に属さない単一のものとなりましょう。［自己否定の］作用を因とする存在ということになった以上、無常性自体が［自己否定して］無常となりましょう。無常性が無常であれば、一切の存在は無常ではなくなり、却って常住とさえなりましょう。

もしも（第七）無常性がすべての存在に潜んでいるものだとすれば、それは過去、未来、現在の三時に属することになります。過去の具体的なものの形は、それとともに過ぎ去っています。未来のそれも、具体的なものの形が生じていないので、まだ生じていません。現在のものと具体的なものの形とは、破壊という特徴を分かち合っています。ところで、具体的なものの形は四つの物質構成要素の特定の集合です。これらの構成要素とそれらからなる物質の具体的なものの形との自性は、異と不異とを離れているので失われることがありません。すべての異教者たちにとって、一切の物質構成要素は失われることがないからです。三有の全世界は、物質構成要素とそれらからなる物質の具体的なものの形との状態で存在し、生と滅とが知られる場所です。（ヴァイシェーシカ派などの）異教者たちが考える（隠れた）無常性とは、物質構成要素とそれらからなる物質とを離れた、一体どんな別の無常なのでしょうか。また、（第六）物質構成要素が知覚されるものとして生じてこない（ことの無常性）とは、それらの自性の特徴が（失われたからではなく、逆に）不滅だからです。

（第一）始められた創造の営みが終わることの無常性とは、作られた物質構成要素は二度と再び別の物質構成要素を作ることはない、なぜなら両者はお互いにはっきり区別された特定の特徴をもつことになるからだとされます。そういう別のものを新たに創造することはないわけです。新たな別のものがないこと、創造を繰り返すことがないこと、この二重の不可能のために、創造の営みの停止の無常性という観念が生ずるのです。

（第二）形が消滅することの無常性とは、こうです。物質構成要素とそれらの合成物質とは、全世界が破壊される劫末の時点まで滅することはないとされます。ところでその劫末の時点での破壊を吟味して極微粒子にまで及びますと、物質構成要素とそれらの合成物質との形には変化が見られます。もとの長短はもはや見られません。しかし極微粒子の物質構成要素においては破壊されることがなく、ただ形の消滅が見られるだけだ、と。これは結局、サーンキャ（ヴァイシェーシカ?）派の主張に陥ります。

（第三）具体的なものの形の無常性とは、こうです。ものの具体的な形が無常である場合、それはものの姿形の無常ということで、物質構成要素の無常ということではありません。もしも物質構成要素の無常ということであれば、（物質構成要素の常住への信念の上に社会生活を構築する）世間との交流はなくなるでしょう。世間との交流がなくなれば、虚無論的世間論者の見解に陥ります。これはすべてのものが言葉だけだとして、ものの独自の特徴が生ずることを見ない立場です。

（第四）変異することの無常性とは、物質構成要素ではなく具体的なものの形が変わってゆくのが見られることです。それはちょうど、黄金の輝きを保持する装飾品の形に変異が見られ、黄金自体が存在を失うことがないのに似ています。装飾品の形にだけ破壊があります。その他の、ものの変異に関する見解も同じことです。同様の種類の考えの異教者たちが無常について誤った分別をします。火が物質構成要素を燃やすとき、それらの特徴に影響を与えることはない、もしもそれらの特徴が一つ一つ失われるなら物質構成要素も、それらからなる物質も破壊される、と。

私の教えは、しかし、上述した、常住でもなく無常でもない、ということです。その理由を挙げますと、外の存在というものを認めない私は、三有は心に他ならないことを指摘します。私は、さまざまな特徴が生じ滅するとか、（五〇九上）物質構成要素の合成の区別とか、物質構成要素とそれらからなる物質とかということを主張しません。分別の二種の特徴として、把握するものと把握される対象とが生じますが、分別のこの二様の生起を熟知するので、外の存在が失われるのだという見解を離れており、外の対象として見られているものが自心に他ならないことを悟ります。誤った分別は、分別を蓄積することによって起こります。しかし分別を蓄積しない人にとっては、それは起こりません。心が有と無とを分別することを離れるからです。

世間、出世間、最高の出世間のどんなものも常住でも無常でもないこと、外の対象として見られるものが自心に他ならないこと、を悟らないために二辺の悪見に絶えず陥るすべての異教者たちは、自分が分別に陥っていることを悟りません。これらの人々は根本に達していないために、無常を虚構するのです。世間、出世間、最高の出世間の、すべてのものの三様の特徴が実際、言葉と分別とに由来することを、無知者・

凡夫たちは誰も悟らないのです。」

そこで世尊は次の偈を述べられた。

創造の営みの終息、形の変異、存在、具体的な形をもつもの、を
異教者たちは愚かにも無常だと考える。 38

諸存在が破壊されることのないこと、物質構成要素が自性をもって安定してあること
など、種々の見解に埋没する異教者たちが無常を虚構する。 39

何ものの消滅も生産も認めず、物質構成要素とそれらの自性との
常住を信ずる異教者たちが、一体何を無常だと虚構するのか。 40

この一切は心に他ならず心が二様に現象する、
把握され把握するものとして。自己と自己の所有なるものは存しない。 41

最高神ブラフマーなどがしっかりと根を張る大樹の拡がりの端から端までを心に他ならない
と私は説く。心に他ならないことを離れてはブラフマー神などは認められない。 42

（研究）

この段では、異教者たちの無常観が七種挙げられて、かなり詳しく説明されており、第二の見解をサーンキャ説とするが、私はむしろ、サーンキャ説は第一の見解に見られ、第二はヴァイシェーシカ説と見る。おそらく、七種の見解のすべてを異教者たちが共有したと考えてよいのかも知れない。第五の見解の説明は、私には長い間文意が把握できなかったが、今回漸く通じることができてみると、何ら難しいことを言っているわけではないことがはっきりした。これは、本経に接する上で基本的な、貴重な経験であった。

110．「現証」

そのときマハーマティ・ボサツ大士が再び世尊にこう言った、「世尊よ、どうか私に、すべてのボサツ、声聞、独覚が滅を実現するための一連の順序を教えてください。そのことに通暁すれば、私も他のボサツたちも、滅の実現を喜ぶ機会を誤って放棄することなく、また声聞、独覚、異教者たちの忘我状態に陥ることはないでしょう。」世尊が言われた、「それでは、よく聞いて、よく考えなさい。君に話しましょう。」「お

願いします」と言ってマハーマティ・ボサツ大士は、世尊に耳を傾けた。

世尊は彼にこう言われた、「修行の第六の段階からボサツ大士たち、すべての声聞、独覚たちは、滅を実現します。第七地でボサツ大士たちは、念念にすべての存在の自性の特徴に対して無関心になることから、滅を実現します。声聞たち、独覚たちは、違います。彼らの滅の実現は、意識的に作られた、把握されるものと把握するものという特徴に陥ったものです。それゆえ彼らは第七地で念念に滅を実現しはしません。（五〇九中）〈一切の現象は無差別だという会得に至ってはならぬ、さまざまの特徴の自性を会得して善と悪との自性の特徴を悟ることで初めて滅の実現に到達するのだ〉、と彼らは自分に言い聞かせるでしょう。しかし彼らは、まさしくその理由で、第七地において念念に滅の実現に通暁することはありません。

第八地においてボサツ大士たちも声聞・独覚たちも、心、意、意識の分別・想念を離れることになります。ボサツ大士は初地から第七地までに次の観察をします、三界は心、意、意識に他ならず、自己と自己の所有を離れておりながら、自分の分別から起こるものであり、外のものの特徴の多様性に陥っているが実は自心なのだ、それを無知者たちは歪めて把握されるものと把握するものとに変えているのに、自らは愚かにも無始時来の粗悪な分別の拡がりの習慣性のなかにあってそのことを悟らないでいるのだ、と。

第八地での声聞、独覚、ボサツ大士たちの涅槃のことですが、ボサツたちは三昧［に達したものに祝福を与える十方のすべて］のブッダたちに支持されますから、三昧に由来する喜びに従って完全な滅に入ることをしません。この支持がなければ、如来地の実現はなく、従って衆生のためのすべての働きは放棄され、ブッダの家系は断たれるでしょう。それゆえ、すべてのブッダ・世尊たちがブッダの不思議な無限の徳を顕すのです。これに対して、声聞・独覚たちは三昧に由来する喜びによって心を奪われて、これこそ完全な涅槃だという観念を持つのです。

七つの修行地において心・意・意識の特徴の究明に通じ、自己と自己の所有との観念、客体と主体との無我、生と滅、特殊と普遍と、の究明に通じ、（諸現象のあらゆる面の無碍、無謬の知、諸現象のあらゆる特徴の無碍無謬の知、諸現象のあらゆる解釈の言葉の語源解釈的意味の無碍無謬の知、及び諸現象のあらゆる言語表現の無碍無謬の知という）四通りの無碍無謬の知を確かめ、力と三昧に入ることに通じ、諸地の次第の接続に入るための、覚に向かう（三十七の）道、という部分は、私が修行者のために設定するところです。諸地の次第は、ボサツ大士たちが特殊な特徴と共通の特徴とを弁えなればそのために七地の一連の次第に通暁せず異教者たちの誤った見解の道に陥ることを恐れて設定されています。諸地の次第の接続も三界のさまざまの設定も、これは自心の現われに他ならず、（何か外の事象として）実施されたり廃止されたりするものではありません。無知者たちはそのことを悟りません。それで彼らは、諸地の一連の次第に命名し三界のさまざまの設定をすることを私と他のブッダたちとが決めると考えます。

さらにまた、声聞と独覚とは、第八のボサツ修行地において滅の三昧の喜びに酔い痴れて、対象が自心の現われに他ならないことに通暁せず、特殊と普遍との特徴の妨げが無意識の習慣となって、客体と主体の無我のうち客体への執着の見解に陥り、分別された涅槃の智の観念を抱き、現象が現象を離れているとの智の自覚はありません。ボサツは、滅の三昧に由来する喜びを知りますが、慈愛と慈悲とをもって本来の誓いに自らを捧げており、十の無尽の句の分析の仕方を心得ているので、自分が涅槃に達したというふうに分別することがなく、しかもすでに涅槃に達しています、分別が起きていないからです。把握されるものと把握するものとの分別を彼らは離れています。一切の現象が自心に他ならないと悟っているので、分別は彼らに起きません。心・意・意識および外の存在の自性への執着と分別とに彼らは陥りません。彼らには、また、彼らをブッダの特質に導く契機がないのではありません。彼らにはその契機が、如来の自内証の地を証するものとして智とともに働きます、夢中の人が大河を渡るときのように。

例えば、ある人が寝ていて夢の（五〇九下）中で大変な努力を払って大河を渡ろうともがき、渡り終える前に目が覚めたとします。眼が醒めた後、彼は自問するでしょう、一体これは本当なのか間違いなのか、と。彼はこう考えるでしょう、これは本当でも間違いでもなく、無始時来見たり聞いたり考えたり識別したりしてきたことの結果起きる誤った観念の習慣性の影響を受けて、さまざまの姿形の有と無という見解の分別に陥ったものが心・意・意識の知覚内容となって、夢に現われるのだ、と。マハーマティよ、同様にボサツ大士たちは、ボサツの第八修行地において、分別が起きるのを見るとき、初地から第七地までを経過して、一切の現象の実相を現証していますから、すべてが幻などと同じ本性をもっており、把握され把握する分別の働く余地のないところに分別する心と心の働きとが起きることを見ます。こうして彼らは、自らブッダの諸特質の実践に携わります。不覚の人々を覚に導くこの実践こそが、ボサツたちの涅槃です、単なる消滅がではありません。これは心・意・意識の分別的な思考を離れたものですから、現象が不生であることに耐える能力を獲得することになります。ここ、第一義においては、諸地の次第も、次第の継続も、ありません。なぜなら、ここには虚妄な外観と誤った観念とを離れた覚の真理が示されているからです。」

そこで次の偈が述べられた。

心に他ならないこと、虚妄の外観を離れること、に住すること、そしてブッダの地、

このことをブッダたちは説く、過去、未来、現在に亘って。 43

心に他ならない第七地、虚妄な外観を離れる第八地、

二地は一体の住だが、私に帰する地が最高。 44

自内証の智と迷妄を離れて清浄であることが、私の住地だ。

大自在天シヴァの最上の居所・アカニシュタ（色究竟）天が光り輝く。 45

その輝きは、あたかも火そのものから発したように明るく、

魅惑的で月光のように涼しく、三有を現出する。 46

現在も何ほどか三有を現わし出すが、何ほどかは以前にも現出した。

そこにおいて私は諸乗を説くが、これはすべて私に帰する地だ。 47

十地でもある初地は第八地でもあろう、

第九地は第七地でもあり、第七地はまた第八地でもあろう。 48

第二地は第三地でもあろうし第四地は第五地でもあろう、

第三地でもある第六地。虚妄の外観を離れているものに何で次第があろうか。 49

（研究）

この段では、ボサツの十段階の修行地のうち、第六、七、八の三段階で滅の三昧の実現の仕方が、声聞・独覚とボサツとの関わり方の対比のなかで取り上げられる。しかし例えば、なぜ第八のボサツの修行地で声聞・独覚が滅の三昧の楽に酔っていることが言われるのか、が分からない。そこは声聞・独覚の登場するはずのない処だからである。本経の立場では、ボサツの十地の修行段階というものは第一義においては無意味とされており、現実的な意味においてもかなり相対化されているように見える。重要なのは段階ではなく通ずべき事柄

であり、通ずる以前と通ずるところとの境界線として、例えば第七地が挙げられている、ということか。第六地で般若智が覚され、第七地で自覚の狭い道から覚他へと転ずる遠大な方向が打ち出され、第八地でその方向が確立される。方向転換が出てこない修行者は、ボサツとは言えない、それが声聞・独覚乗にあるもの、ということなのであろう。諸地の次第が先に設定されてあるのではない、通ずべき内容が先なのだというのが、本段の主旨のように思われる。偈43と偈44で唯心は第七地、無所有は第八地、とされ、二地一体の住と仏地とをブッダたちは過去、現在、未来に説く、と言う。偈44二行目の「二地」は、第九、第十の二地のことなのかどうか。ふつう、それぞれ第九地、第十地の内容とされる四無碍智、力三昧門、が第七地までの内容として挙げられているのは、それらを最後の二地との関連から切り離す意図を示すものか、疑問が残る。

なお、本文中の四無碍智の説明は、梵文『菩薩地』(Bodhisattvabhūmiḥ, ed. N. Dutt, Patna 1978) 第一部第十七章「菩提分品」に依った。

本段では、睡眠中の人が夢の中で大河を渡ろうともがき苦しんでいる間に眠りから醒めて、夢中の苦闘、苦悶から解放されて始めて、あの苦闘、苦悶は一体何だったのかと自問することが、第八地、不動の境地に達したボサツへの比喩として述べられている。もがく理由のないところでもがいたという事態を深く反省するところに、すべての人々の不覚が覚に転ずる根拠を見るのである。『仏華厳経十地品』の第八、不動地の箇所で同じ比喩が取り上げられており、時代的にはこちらが当然古い。しかしそこでは、目覚めてからのこの自問はない。目覚めた後は、二度とそのような苦悶、苦闘は起こらず「不動」だというだけである。しかしそれで教説が終わるわけはなく、この修行者が本願力を抱いているのを知って諸仏が姿を顕し、汝が一切法は虚空のようだと悟って無生法忍を得たのはよかった、しかし一切の衆生が迷妄の中にあることを忘れずに、如来と同じく無量の法を悟って衆生を目覚めさせることに努めなくてはならぬ、という趣旨のことを説くことになっている (T9, no. 278, 564c)。そこでは第八地に続いて第九、第十地が展開される必要があることは、言うまでもない。

上掲の偈によれば、三有を現出するものはシヴァ神だとされ、その色究竟天を第四禅定の境地とする声聞・独覚乗を説く如来は、ボサツの十地の順序をも究極ではなく仮設だと言う。

111.「如来は常住でも無常でもいけない」

そこでマハーマティ・ボサツ大士は、さらに世尊に言った、「世尊よ、如来・応供・正覚者は常住ですか無常ですか。」世尊が言われた、「如来は常住でも無常でもありません。その訳は、どちらも過失に陥るからです。常住であれば、創造の因ということになりましょう。あらゆる異教者の言う創造の因は、常住であって自らは作られることのないものです。それゆえ如来は常住ではありません、自らは作られることのない常住となるからです。無常であれば、(五一〇上)作られたものという過失に陥るでしょう。〔如来は作られたものではないからです。如来においては、〕五蘊の特徴によって指示されるものも指示する特徴もありません。五蘊の消滅は破壊を意味しますが、しかし如来は破壊されることがありません。実は、すべての作られたものが無常であるわけではありません、水がめ、織布などが作られたもののすべてであって、それらが無常だという過失に陥るからです。一切智者の智に備える要件(福徳と智慧)は、作られたものだから無用ということになるでしょう。しかしまた、区別のための理由がなければ、作られたすべてが如来だということになりましょう。従って、如来は常住でも無常でもありません。

さらにまた、如来は虚空が常住であるようには常住ではありません。もしも虚空と同じ仕方で常住であれば、自内証である聖智のための要件等は無用だという過失に陥ります。例えば、虚空は常住でも無常でもなく常住と無常とを斥けるもので、一と異、その両者、その両者のどれでもいけないという過失をもつ常住と無常とのどれを以てしても、如来は言い表わせません。それゆえ、如来は常住ではありません。もしも如来が不生という意味で常住だとすれば、それは兎や馬などの角と等しいことになりましょう。不生の常住だからです。それゆえ、形容するためのあらゆる手段は無用になります。不生の常住は過失に陥るので、如来は常住ではありません。

さらにまた、如来が常住の、こういう場合があります。すなわち、現証によって得た智は常住なわけですから、それで如来は常住です。如来が世間に現われるときも現われないときも安定している覚の真理性は、声聞、独覚、ブッダ・如来たちの現証にあるのであって、そんなものが大空に漂っているのではありません。無知者・凡夫たちは、しかし理解しません。如来たちの証得した智には、空慧の香りが充満しています。如来たちが心・意・意識、蘊・界・処の習性に浸ることは全くありません。三有のすべては虚妄な分別を源としますが、如来たちは虚妄な分別を源とするものではありません。二があるとき、常住と無常とがあります。二がないとき、それらはありません。不二とは二を離れてあること、それは一切の現象に二と生とがないからです。この理由から如来・応供・正覚者たちは、常住でもなく無常でもないのです。言葉による分別が行なわれる限り、常住と無常との過失があります。分別知性が滅するからこそ、無知者たちの常住と無常とへの妄執は除かれます。分別を離れた知性は、しかし常住と無常とを解脱しています、常住と無常との慣性に浸ることがないからです。」

　そこで次の偈が述べられた。

如来が常住でも無常でも、無上覚に備える福徳と智慧と
は無用となる。
分別知性が止んでこそ、常住と無常とは出番を制せられ
る。 50
論証のための命題が立てられる間は、どれも皆、追加・
追加の山積みだ、
唯自心現と認めれば、誰も争論を起こすことはなかろう。
51

（研究）

この段では、次の四点を記録しておきたい。

1. 四巻本漢訳、大正蔵十六、五一〇上二行目、「一切所作皆無常如瓶衣等、一切皆無常過」の箇所は、同じ意味の文字を並べる梵文テキストとともに、初めの間どうしても読み通すことができず、苦心の末、文頭に否定詞「非」を補ってみて、漸く前後の文意が通じたことであった。念のため虎関師錬の『仏語心論』の解説文を見ると、「若」字を補って読んでいることを知り、文脈を把握する師錬の力に感心した。

2. 同漢訳、五一〇上一五～一七行目、「如来所得智是般若所熏。……非心・意・意識彼諸陰界入処所熏。」の二句の末尾の「所熏」に相当する梵語「プラブハーヴィタ」に漢訳の意味が見られず、思い当たるところがあってパーリ語辞典で対応する語「パブハーヴィタ」を調べてみると、まさしく漢訳の意味が示されることを知った。思い当たるところとは、これまでにも何度も梵語辞書に見られない語がパーリ語で見られることを経験したからである。本経の梵文は、紛れもなく、パーリ語的な梵語表現という性格をもっているのである。そしてまた、ここに指摘する表現が真諦訳『大乗起信論』の真如、無明の「熏習」説に展開する源

と考えてよいと思われる。上の第二句は菩提流支訳、十巻本では「心意意識無明五陰熏習」となっており、現行の梵文テキストにもその「無明」の原語「アヴィドヤー」が含まれているのである。

3．如来は「非常非無常、謂二倶有過」（同五〇九下二七行目）と言いながら、「更有余事知如来常」（同五一〇上一一～一二行目）と言い、如来は無間（現証）に住するのであって「不住虚空」（同一四行目）だと言う箇所は、要点を押さえた表現として興味深い。

4．本文の末尾に見られる次の二箇所の表現、「分別覚滅」（同一二行目）と「寂静慧者永離常無常」（一三行目）とのうち、「覚」と「慧」とは梵文では同じ「ブッディ」、これを私は「知性」と訳し、「分別覚」を分別知性、「寂静慧」を分別を離れた知性、と訳した。従って、同じ知性が分別の働きのままである場合と、その分別が滅して分別を離れて寂静の知性となる場合があることが言われているわけであり、これは重要な考えであると思われるので、取り上げた次第。

112．「如来の母胎だとも言われるアーラヤ識」

さて、そこでマハーマティ・ボサツ大士は再び世尊に教えを請うた、「世尊よ、（五一〇中）お教え願います、五蘊・十二処・十八界という人間存在の構成要素の集まりが生滅しますが、自己が存在しないのに何が生じ何が滅するのでしょうか。無知者たちは生じ滅することを頼りにして生滅の苦を除くことを必要とも思わず、従って苦の滅である涅槃のことを知りません。」世尊が言われた、「よろしい、よく注意して聞きなさい、話しましょう。」「お願いします」と言ってマハーマティ・ボサツ大士は世尊に耳を傾けた。世尊が言われた、「如来の母胎が、善と不善との因となり、あらゆる趣の生命を出生するものとして、舞台上の演技者のように諸趣の危機的状況のなかに現われます。自身は自己と自己の所有ということを離れているのに悟っておらず、そのために無知と欲望と業との三縁が具体化した生老病死として現われます。異教者たちは悟らずにこれを創造の因とする考えに固執します。それは無始時来のさまざまに拡充する幻想の粗悪な習性をもつアーラヤ識と呼ばれ、無明の住地に生ずる七識とともにあり、大海の波浪のように常恒で中絶することのない当体として、無常の過失を離れていますが、自我を宇宙生成の根本とする主張とは関わりがなく、本性は徹底して無垢清浄です。

他の諸識は生じては滅する、意と意識など、刹那的な七識で、虚妄な分別によって生じた姿・形の一つ一つと集まりとに依存し、名と、分別の動機となる相とに捉われ、具体的な形が自心の現われとは悟らず、苦と楽とを認識せず、解脱の因とはならず、名と相とから生じる激しい欲望の生因であり生縁でもあります。

また、それら諸識の生得の拠り所としての諸根（感覚能力）と言われるものが悉く失われてすぐには別の諸根が生じてこない禅定の修行者は、自身の分別である苦も楽も経験せず対象の感受と知覚表象とが消滅する状態（想受滅定）、すなわち無色禅定の第四の段階、に到って四諦と八禅定とに通じていても、なお彼には解脱の意識があります。何故なら彼はその意識から離れてはいないからです。

如来の母胎の名で呼ばれるアーラヤ識が働きを止めその本来の在り方に転じない限り、現に働いている七識が消滅することはありえないでしょう。その理由は、アーラヤ識を因とし対象として七識が働くからです。しかしこのことは、声聞・独覚の修行者たちの到達できる領域ではありません。彼らは五蘊、十二処、十八界の特殊と普遍の特徴に捉われてそれらが無我であることを悟らないからです。如来の母胎は、［アーラヤ識として］現われ、五法［現実の基本的な五つの特性、名・相・分別・如・正智］、三性［分別性・依他性・真実性］、［法と人との］二無我を洞察するとき［アーラヤ識としては］消滅します。修行者が諸地の次第のつながりを転じて［本来のあり方に］帰することによって、他の異教のさまざまの見解によって彼を惑わすことはできなくなります。これがボサツの不動地に住することと言われます。彼は十の三昧の中で道に入る喜びを得ます。三昧を達成したボサツに祝福を与える十方世界の如来・応供・正覚者たちに支えられて、不可思議なブッダの諸特質を観察することにより、また自身の本願によって、三昧に入る喜びと真実際（苦の滅）に止まることとを避けて、自内証の聖智を達成できる、声聞・独覚・異教者たちとは全く共通性のない修行の道によって、十の聖種性の道と、智慧の意からなる、達成の努力を離れた三昧の身を得ます。従って、向上をめざすボサツ大士たちは、如来の母胎こそがアーラヤ識の名で呼ばれているものなのだということを明らかにすべきです。

マハーマティよ、もしもアーラヤ識と呼ばれる如来の母胎がないと仮定すれば、生も滅もないことでしょう。しかし生と滅とは、無知者と聖者との両方にあるのです。修行者は、自内証の聖智の境地である現在の安楽に住しながら方便としての重荷を捨てません。（五一〇下）この、如来の母胎・アーラヤ識という境界は、声聞・独覚の憶測からなる見解をもつものには、本来清浄であるにも拘らず不浄であるかのように偶来の煩悩に汚されたものとして彼らには見えますが、如来たちには全く違います。如来たちには、掌中のアーマラカ果実のように現前の境界であるのです。

マハーマティよ、私はまさしくこの内容の確立を意図して、勝鬘夫人を筆頭に、他の微妙な鋭い純粋な理解力をもつボサツたちに影響を与えて、如来の母胎がアーラヤ識の名で呼ばれて七識とともに生じていると説いてもらって、固執した見解の声聞たちに主体と客体との両方の無我を悟らせたいと考えたのです。私は勝鬘夫人に影響を与えて、如来の境界を説いてもらいました、声聞・独覚や他の異教者たちの憶測の境界ではないものをです。如来の母胎がアーラヤ識だとは、如来の知る境界であり、そして君と同じく知力が微妙で鋭く、文字にではなく意味に従うボサツたちの境界です。そういう訳ですから、君も、そして他のボサツ大士たちも、この、如来の母胎がアーラヤ識なのだということを徹底して知る修行が必要です、私から聞いただけで満足しているようではいけません。」

そこで次の偈が述べられた。

如来たちを産む胎が、七識と結びついて
生ずるのは二の把握のゆえ、それが止むのは了知したとき。　52

鏡像のように心は対象化される、無始時の習慣に熏ぜられて、
対象の姿はあるが対象はない、如実に観察する人には。　53

指先を掴んで月を見ない幼児のように、
文字に執着する人は私が示す真実を見ない。　54

心は舞台の主役のように振舞い、意は道化師のよう、
意識は五識とともに対象を品定めする、観客のように。　55

（研究）

この段の冒頭は、翻訳でも見られるとおり異様な叙述で始まっている。「如来の母胎」の語はすでに第38段（第二巻の初め）に、『如来蔵経』からの、問題を含む概念を紹介するという形で取り上げられている。本段では、それが迷妄の因とされるアーラヤ識と同義語であり、従って両者は同一の実在の正反対の面を表わすものとされる。アーラヤ識が迷妄の因

であるだけでなく、同時に識の真相をも含むものであることは、第6段（第一巻）に既に見える。しかし、その「識の真相」が如来の母胎と呼ばれ、しかも「アーラヤ識」と言うべきところにその語を、舞台の上で踊る演技者に喩えて出してくるところが、大いに「異様」な印象を与える所以である。

（1）本経がこのような叙述をブッダの教えとして打ち出すのは、実は異教の有力な一派、サーンキャ派の聖典、『サーンキャ・カーリカー』の基本思想であるプルシャとプラクリティの二元論批判を通して大乗仏教の立場を明確にしたいという意図の表われと考えられるのである。前者は純粋知という男性原理、後者は原自然という女性原理。原自然のなかに我を忘れている純粋知が、原自然から独立したいともがくその苦闘が、原自然による迷妄世界の展開を営むための動機として働き、また同時に原自然が純粋知の覚醒を助ける働きとして世界の苦難の状況を見せて嫌悪の情を起こさせ解脱を求めさせるという仕方で、両者の共同作業が展開する。純粋知は、実は複数の個我なので、一プルシャの独立を実現する動機付けのために自然の迷妄の世界の展開を終わったプラクリティは、その限りでは迷妄の因であることを止めるが、別のプルシャの独立の動きに応えるために、全く同じことを、しかも果てしなく繰り返すことになる。いわばプラクリティの永遠の犠牲においてプルシャたちは次々と自らの解脱の目的を果たし続ける、というのである。この考え方は、実は仏教の出家主義者たちの間にも人気があったようで、それだけに、世間中心主義とともに出家主義を批判する本経のサーンキャ批判は念入りに行なわれている。約七十偈からなる梵文『サーンキャ・カーリカー』の第59偈は、次のようである。

「あたかも踊り子が観客に姿を見せた後、踊るのを止めるように、

プラクリティはプルシャに姿を見せた後、姿を隠す。」

（2）本経が大乗仏教の思想を表わすものとして取り上げる、複合語「如来の母胎・アーラヤ識」という概念の源流として有力な資料は、本段の末尾に見える勝鬘夫人の説法として知られる大乗経典である。さいわいに本経の漢訳者グナバドラによる漢訳『勝鬘師子吼一乗大方便方広経』（四三六年訳、大正蔵十二、三五三番）が、ここに参照する上で最も信頼できるテキストである。梵文は残っておらず、唐代の漢訳とそれより少し後のチベット語訳とは修正の手が入っている。チベット語訳からの還元梵語のタイトルは『シュリーマーラー（「美しい首飾りの方」という名の）夫人による師子吼の大乗経』である。「師子吼」とは、ブッダによる説法を意味するが、ここではブッダに認められて、ブッダに代わって大乗の理を言葉

に表わしたとされることを言う。勝鬘夫人は獅子吼のあと、ブッダから未来世において普光（サマンタ・プラブハ）という名のブッダとなると授記される。チベット語版はこれを普賢（サマンタ・ブハドラ）とする。しかし梵語では前者（漢訳、二訳とも同じ）が女性形であるのに対して、後者は男性形であり考慮に値しない。（『勝鬘経』『楞伽経』の訳者名「グナブハドラ（徳賢）」も男性形である。）

本経に先行するこの経には「如来蔵（如来の母胎）」の語はあるが、「アーラヤ識」の語はまだ現われない。「無明住地」あるいは「煩悩蔵」の語が、それに相当する。以下に、参考のために勝鬘夫人の説法数箇所を、簡略化して紹介する。

1.（一乗章第五）煩悩には、住地（根をもつ）煩悩と起（根のない）煩悩との二種がある。住地の煩悩は四種。一つの見解に止まる、欲望を愛する、具体的な形を愛する、生死の有の世界を愛する、という根をもつ煩悩、である。これらが一切の起の煩悩を生ずる。起の煩悩は刹那の心の刹那性に対応するもの。これら四種の住地の煩悩は、心の刹那性に対応しない無始時の無明住地と共存するが、後者の根源性に比すれば、物の数でもない、と。後者、無明という根を断つことはブッダにしかできないとして別格扱いされる無明住地は、本経のアーラヤ識に相当する。

2.（如来蔵章第七）如来蔵は一切の声聞・縁覚（＝独覚）の知るところではなく微細、難知で思量の境界ではなく、如来の境界であって、世間の人々の信じ難いところだとされる。

3.（法身章第八）四諦の第三、苦滅は、無始、無作、無尽、離尽、常住、自性清浄で、一切の煩悩蔵（煩悩の殻）を離れている。それはガンジス河の砂の数量を質量ともに遥かに超えるブッダの諸特性と別のものではない、これを如来の法身と言う、この如来の法身が煩悩蔵と離れない状態を如来蔵と言う、と。

4.（空義隠覆真実章第九、初め）如来蔵を知る智は、如来の空智である。如来蔵は、一切の阿羅漢、縁覚、大力のボサツが見たことも悟ったこともないもの。如来の空智の内容となる如来蔵に、二つの特色がある。それは一切の煩悩蔵を離れ、外れ、異なるという意味で空である。またそれは、ガンジス河の砂の数量を遥かに超える不可思議なブッダの諸特性と別ではないという意味で不空である、と。

5.（自性清浄章第十三、初め）生死は如来蔵に依る。如来蔵が有るからこそ生死ということが言われる。生死とは諸受根が尽きて、その後すぐに未得の根が生ずること（生死者諸受根没次第不受根起、是名生死）。死と生との二は、如来蔵である。世間の言説に従って死があり生がある。死とは諸根の破壊を言い、生とは諸根が新しく起きること。如来蔵には生も死もない。如来蔵は有為の相を離れている。如来蔵は常住普遍である、と。

「死と生とは如来蔵だが、如来蔵には生も死もない」という表現は、アーラヤ識は如来の母胎だが、如来の母胎にはアーラヤ識はない、ということになろう。本経が両概念を全くの同義異語として扱うように見えるが、アーラヤ識と識の真相との曖昧な関係にも見られるように、それは現実の実相の不可表現性を表わしていると考えられる。

上記、5の漢文はグナバドラ訳で、これをそのチベット語訳と併せて最後の「起」を「不生」と読み替えると、それが本段第三段落始めの禅定修行者の状況の説明として述べられる箇所の梵文と、殆ど完全に一致することが知られる。即ちこの修行者は生死輪廻が一時中断した状況にあることの説明がなされていることが知られ、今まで不明であった箇所（「彼諸受根滅次第余不生」）の意味が一挙に明らかになった。

なお、「過於恒沙」という表現が、このあと第114、115、116段に展開される諸仏の徳の比喩として取り上げられていることと無関係ではなさそうである。

（3）「如来の母胎（如来蔵）」の語の由来については、第38段（第二巻冒頭）の「研究」で言及した。それは具体的には、ブッダ・シャカムニの母、マーヤーのことを指し、それが人間本来の仏性を示す術語として幾つかの経典で用いられたことになる。本経がそれをアーラヤ識と別ではないとすることは、本経独自の主張だが、その最大の理由は、上に述べたように、異教の二元論を批判する仏教の一乗の立場を明確にするためであったと考えられる。

113・「五法（現実の基本的な五つの特性）」

さて、マハーマティ・ボサツ大士は世尊に教えを請うた、「世尊よ、どうか私に五法、三性、八識、二無我の区分に至る手続きの特徴を教えてください。その手続きによって私もそして他のボサツ大士たちも、すべての修行地のつながりにおいてこれらの項目を学びましょう。そしてそれらの項目に従うことによって、一切のブッダの特性に悟入することになりましょうし、一切のブッダの特性に悟入することになれば、遂には如来の自内証の地に悟入することになりましょうから。」世尊が言われた、「それでは私の言うことをよく聞き、よく考えなさい、話しましょう。」「承知しました」とマハーマティは言い、世尊に耳を傾けた。世尊は彼に言われた、「五法、三性、八識、二無我の区分に至る手続きの特徴を説明しましょう。五法、すなわち名と相と分別と正智と如性とを修行する人々には、彼らが如来の自内証の尊い境界に悟入して、常住と無常、有と無、の見解を離れ、現世を安楽とする三昧に住することが実現します。(五一一上)その場合、五法、三性、八識、二無我(を通じて)、自心が外の存在として現われることを悟らないために無知者たちに虚妄な分別が起きます。聖者たちには、起きません。」

マハーマティが言った、「一体どうして虚妄な分別が無知者に起こって聖者には起きないのでしょうか。」世尊が言われた、(1)「名と相との通俗的な了解に執着することによって無知者は心の動きに従います。心の動きに従う間に人々はさまざまの特徴に夢中になり、そのことによって自分と自分のものという誤った見解に陥った思考をするようになり、外観のすばらしさに捉われます。その捉われのために人々は無知に覆われ、激情に動かされます。激情に動かされて人々は、貪欲、瞋恚、愚痴の産物である業を積み重ねます。業を積み重ねて繰り返し繰り返し、繭を作る蚕のように、人々は自分を分別の覆いで包み込もうと決意して、流転生死の海、輪廻の六趣の荒野に陥って、井戸の滑車のように足踏みするばかりです。無知のために人々は、一切の現象が幻、陽炎、水月に等しい自性の虚構であり、自分と自分のものということを離れており、虚妄な分別によって作られたもの、特徴でもって指示されるものと指示する特徴とを離れ、生・住・滅というあり方を離れたもの、自心が対象として見られ分別されることによってそういう特徴をもって生ずること、それらは決して創造神、時、微粒子、ないし原自然の生成力から生じたものではないこと、を知りません。無知者は、このように名と相とに従ってその後を追いかけて流浪し続けます。

相とは、眼識にその外観を現わしてくる具体的な形・色と言われるもののことです。同様に耳、鼻、舌、身体、意のそれぞれの識別能力に現われてくる声、匂い、味、感触、概念と呼ばれるもの、これが相なのです。分別とは名を発することによって相を示すものです。象、馬、車、歩兵、女、男などと呼ばれる、これはこのようであって別のようではないとする分別が生じます。正智とは、名と相とを、両者が偶然的なもので実体性のものとは受け止めず、断滅でも常住でもないとして識別が起こらず、どのような異教、声聞、独覚の修行地にも陥らないあり方ですから、正智と言うのです。この正智によって、ボサツ大士は名と相とを必然的なものとは見なしません(不立名相)が、名と相とに必然性がないとも見なしません(非不立名相)。増益と損減との二辺の悪見を離れており、名と相とが妄想を起こすものとして働くことはないと知ること、このようなこのあり方を私は如性と言います。如性に立つボサツ大士は、虚妄な外観を離れた境地を得ているので、ボサツの歓喜地を得ます。

彼はボサツの歓喜地を得た後、すべての異教者が免れない(流転生死の)悪趣を脱却して、世間を超出した覚の真理の世界に立っています。特徴に通ずることから、幻を始めとする一切の現象の状態が自内証の聖智の内容である覚の真理の状態だと認識し、論理上の見解が基づく好奇心を離れたボサツは、引き続き法雲地を得ます。法雲地の直後に、三昧、力、自在、神通力に飾られた如来地を得ます。如来地を得た後、衆生を成熟させる働きとしてさまざまの化身となって光明を発します、水中の月のように。

彼は十の無尽句を完遂しつつ、さまざまの傾向性をもつ人々のために真理を解説して示します。法身は意識の表象を離れています。これをボサツ大士たちは如性に悟入することで得るのです。」

(2)(五一一中)再びマハーマティが言った、「五法に三性は含まれるのでしょうか、それとも、それぞれが独自の特徴をもって成立しているのでしょうか。」世尊が言われた、「五法に三性、八識、二無我が含まれるのです。名と相とは虚妄に分別されたものという自性と知るべきです。分別が起きる根拠となる心と心のさまざまの状態とは、朝日と陽光とが同時に立ち昇るようで、多様な特徴を自性とし、分別の基盤となるもので、これは、依他起を自性とすると言います。正智と如性とは、不滅の性質のものですから、成就を自性とすると知るべきです。

次に、自心の現われである対象に執着している分別が八通りに区分されます。すなわち、アーラヤ(根本の)識(識別力)、意(思い、自己意識)、意識および五識の集まりです。これは相の虚妄な特徴が分別執着されるからです。自己と自己のものという二つの執着が止むので、二無我が生じます。

以上の五法のなかに一切のブッダの特性が含まれています。修行地の区分のつながりも、声聞・独覚、ボサツ、如来の自内証聖智の得入も。

(3)さらにまた、五法は相、名、分別、如性、正智ですが、そのうち相とは、姿、形、しるし、外観、色などの特徴のことで、それが相です。その相に瓶などと名が付けられて、これはこういうもので他のものではないと言われる手がかりとなるもの、それが名です。その名を呼んで、相を指定し、同じものだ、いや、それは違う、と決めるもの、それが心と心の状態と呼ばれる分別です。名と相とが実体としてはどこまでも不可得であることは、名と相とに対して知力による分別が終始働かず、それらの間に相互性がなく妄執されることがないので、如性と呼ばれます。真実、確実性、究極、自性、不可得——それが如性の特徴です。私も他の如来たちも、それに従いそれを適切に教示し、指摘し、明らかにし、広く知らせてきました。それに従って正覚を得ることによって、断滅と常住とを離れ虚妄な分別は起こらず、自内証の聖智に適います。それは一方で異教の、他方で声聞・独覚の到達することのない境地で、それこそが正智なのです。

以上が五法です。そこに三性、八識、二無我、そして一切のブッダの特性が含まれています。ここは、君も決意して通達すべきですし、他の人々にも通達してもらわねばなりません。他人に導かれることであってはいけません。」

そこで次の偈が述べられた。

五法、三自性、八識、そして
二無我のすべてに大乗が集約されている。 56
名・相と虚妄分別とは分別と依他起の二自性の相、
正智と如性とは成就性の相。 57

（研究）

五法と三自性という二とおりの範疇が本経以前に現われるのは、無著の『中辺分別論』である（一、相品第5偈に三自性、三、真実品第13偈に五法）。三自性は、『解深密経』（玄奘訳）一切法相品第四、無自性品第五に初出で、その後、無著の『摂大乗論』二、所知相品、世親の『三自性論』偈と『唯識三十頌』第20～24偈に取り上げられる。本経のこの段は、五法のなかに三自性、八識、二無我が含まれていることを詳細に解説する、貴重な箇所である。八識を「自心現」に基づけて説明するとは、本経独自の手法である。いずれにしても、三巻・章に亘って本経の立場を表わす重要な諸事項を紹介してきた作業がこの第四章においてその結論を述べる最終の段階に入っていることが知られる。本段では、ブッダはボサツ十地の第一歓喜地と第十地法雲地、そして如来地を挙げる。

114・「如来はガンジス河の砂に等しい。A（自内証の境界は比較を絶する）」

（五一一下）さて、マハーマティ・ボサツ大士は、再び世尊に言った、「世尊はかつて教説のなかでこうも言われました、過去、未来、現在の如来はガンジス河の砂粒と似ている、と。これはお言葉を文字通りに理解すべきでしょうか、それとも何か他に特別の意味があるのでしょうか。どうかお聞かせください。」世尊が言われた、「文字通りの意味に解してはいけません。ガンジス河の砂粒は、知識を得る手段としては、三世のブッダたちを知る手段という性質をもつものではありません。その理由は、ブッダたちは世間の優れたものを超過していますから、比喩は比喩にならず、類似も類似とはならないからです。常住に執着する無知者・凡夫は、異教者の悪見に心を任せ、生死の有輪に順応するだけです。その彼らに戦慄を起こさせるために、どうすればこの人々は戦慄して三有の諸趣の危機から脱却したいと願いそのための努力を始めるだろうか、と考えて、ブッダに接することが容易なことを示すためにそのように言ったのです。如来がこの世に出現するのはウドンバラ華のように稀だと考えて出離の努力を起こさないことのないように、という訳です。しかし私の教説では、真に教化すべき人々を期待して、如来の出現はウドンバラ華のように得がたいと説きました。実際は、ウドンバラ華を見た人も、これから見る人も、いません。如来たちは世間に過去にも現われ、そして今も現に見られます。自分の道標に各自が立つという話をするなかで話し手が、如来の出現はウドンバラ華のように得がたい、と言うことはありません。また、自分の道標にそれぞれ立つのだという話を聞かされているさいに、世間の優れたものを超過するものと言われても、無知者・凡夫には信じられない事柄でしょう。自内証聖智の領域には比喩は通用しません。真実は心・意・意識の知覚を超えた特徴のものですから。真実にも、如来たちにも、従って、比喩を差し挟む余地はありません。」

115.「如来はガンジス河の砂に等しい。B（比喩が用いられる場合）」

（1）「しかしまた私は、如来はガンジス河の砂粒と似ている、そっくりで違わない、と、他ならぬこの類似点を挙げます。例えば、ガンジス河の砂粒は魚、亀、いるか、獅子、象、馬、人間、家畜などに激しく揺さぶられても、自分たちは揺さぶられていると考えることもなく、そうではないかと怪しむこともなく、分別を離れていて、きわめて透明で、汚れが消えてしまっています。全く同様に、如来・応供・正覚者たちの自内証聖智というガンジスの大河の力、神通力、自在という砂粒は、他者を謂われなく非難するすべての異教の無知な魚たちに揺さぶり続けられますが、そうだとも思わず、そうでないかと怪しむこともありません。如来たちは、想念も疑念をも離れており、本願において、すべての衆生が三昧の楽を成就するようにと誓っていて、揺さぶられることがありません。それゆえ如来たちはガンジス河の砂粒とそっくりで、違いがありません、愛憎を捨てているからです。

（2）例えば、ガンジス河の砂粒は土を自性とするので、劫末の火によって宇宙が焼きつくされるときには、すべての土は焼かれているわけですが、物質の構成要素であるその土は自性を捨てることがありません。なぜならそれは、構成要素である火を具えているからです。無知者・凡夫は土が焼かれると想像するのですが、土は焼かれません。土は火をその因とするからです。まさしく同様に、如来の法身はガンジス河の砂粒に似て、不壊です。

（3）例えばガンジス河の砂粒はその限量が計り知れません。全く同様に如来たちの光明はその限界が計り知れず、衆生の成熟を促すために如来たちは、（五一二上）ブッダたちのあらゆる聴衆の中に普く光を注ぎます。

（4）例えばガンジス河の砂粒は別の自性の砂粒を生ずることがありません。砂粒は砂粒のままです。全く同様に如来・応供・正覚者たちは、生死流転のなかで生じ滅することはありません、生死的な存在の生ずる因が断たれているからです。

（5）例えばガンジス河の砂粒が取り除かれても誰にも知られないし、投げ込まれても、誰にも知られません。全く同様に如来たちの智は、衆生を成熟させることによって減りもせず増えもしません。覚の真理は肉体を持たないからです。肉体を持つものには死滅がありますが、如来の法身は肉体を持ちません。

（6）例えばガンジス河の砂粒は、蘇油やごま油を求める人々に絞り続けられます、そんな油を欠く砂粒がです。全く同様に如来たちは、衆生のさまざまの苦悩によって絞り続けられますが、法界自体の三昧の誓願として［衆生の］安楽を捨てることはありません。一切の衆生が涅槃しない限り［自分の涅槃はないという］大悲が具わっているからです。

（7）例えばガンジス河の砂粒は水の流れに従って流れます。水のないところを砂が流れることはありません。全く同様に如来たちのブッダとしてのあらゆる説法は、涅槃の流れに従って（アヌクーラー）行なわれます。それゆえガンジス河の砂粒に如来たちは似ていると言われます。」

116．「如来はガンジス河の砂に等しい。C（比喩が成り立たないところ）」

「この『去る（ガティ、従ってゆく）』という意味は、如来たちには通用しません。去るとは壊滅の意味です。生死が何時始まったかという前際は知られません。前際の知られないものを、去るという意味で示すことがどうしてありましょうか。去るとは断滅の意味だとは、無知者・凡夫は知りません。」

マハーマティが言った、「もしも生死流転する衆生の前際が知られなければ、どうして人々の解脱は知られるのでしょうか。」世尊が言われた、「無始時から拡大する粗悪な分別の習慣性という因が滅すること、すなわち、自心の現われが外の対象だと知るので分別の根拠が転じて根拠でなくなることは、解脱であって壊滅ではありません。従って、前後の際がないという議論は無駄話ではありません。しかし前後際が［ある、または］ないとは、分別の同意語です。しかも、分別の他に衆生というものが別に、内に外に知力で調べても、あるわけではありません。一切の現象は知る・知られるを離れています。それに反して、自心の現われを外の対象として分別が成り立っていることを知らないから分別が起き、そのことを悟るから分別は止むのです。」

そこで次の偈が述べられた。

ガンジス河の砂粒と等しいと導師たちを見る人、
壊滅、流去、破局なしと見る人、彼らは如来を見る。
58
ガンジス河の砂粒はあらゆる過失を離れており、
流れに従って常住だ。ブッダの本性もそうなのだ。
59

（研究）

本章は冒頭から、ブッダの本性とは何か、如来は常住か無常か、如来の母胎とアーラヤ識、五法、三性、八識、二無我の関係、など、本格的な議論が展開されてきたあとで、ブッダの諸特性はガンジス河の砂と似ているとはどういうことか、と、読者の肩こりをほぐすような論の進め方をして見せるところが興味深い。ヒマラヤ連峰から発してインド大陸を悠々と流れるガンジス河は、悠久の歴史を通してインド世界の人々にとって神聖な存在であり続けていることが、このような表現にも、よく窺われる。ウドンバラ華の比喩は、例えば『法華経』梵本第二十五章第1偈、第2偈、そして第3偈下の長行に見られる。「如来には会い難いからです」（第1偈）、「ウドンバラ華のように遥かそれ以上に、勝者には会い難い」（第2偈）、「ブッダの出現はウドンバラ華に似る」、「ブッダ・世尊たちの出現は得がたい」など。

第116段初めの梵文表現「この去るという意味は如来たちに通用しない」という箇所は、それだけでは、第115段とのつながりがはっきりしない。それは、漢訳「如来は諸去に随って流転せず」に対応させて初めてはっきりしてくる。如来の説法は涅槃の流れに従って行なわれると言われるとき、「去るという意味」をもつものとは、如来の説法を涅槃の流れに従うものとは悟らず分別の立場で受け取ったかぎりでの言語表現のこと、と解される。これに対して、第59偈の「流れに従って常住」とは、流れながら、去ることのない涅槃の流れ、それに従う如来の説法は分別を離れて常住、ということ、それが如来の教説の本質、ということになる。

117.「一切の現象の刹那性と非刹那性」

さて、そこでマハーマティ・ボサツ大士は再び世尊にこう言った、「世尊よ説きたまえ、善逝よ私に説きたまえ、如来・応供・正覚者よ一切の現象の刹那の壊滅、その分裂ということを。一体どのようにして一切の現象は刹那的なのでしょうか。」世尊が言われた、「それではよく聞き、よく考えなさい。話しましょう。」「お願いします、世尊よ」と言ってマハーマティ・ボサツ大士は世尊に耳を傾けた。世尊は言われた、（五一二中）「一切の現象とは、善または不善とそのどちらとも認められないもの、有為のものか無為のもの、世間的のものか出世間的のもの、非難されるべきものか非難されることのないもの、有漏のものか無漏のもの、心・心所に受用されるものか心・心所に受用されないもの、ですが、要約すれば五取蘊です。これは心・意・意識とその習慣性を因とする、生存に執着する人間の構成要素（色・受・想・行・識）のことです。これが心・意・意識とその習慣性に養われた無知者・凡夫によって善または不善として虚妄に分別・執着されます。達成された諸種の三昧の安楽は、覚の真理を見た人が住する安楽であるので、聖者の無漏の善と言われます。善または不善のものとは、また、八識でもあります。何が八かといえば、すなわち、如来の母胎であるアーラヤ識と呼ばれる心・意・意識、そして五識群という、異教では説かれたことのないものです。（眼・耳・鼻・舌・身の）五識群は、心・意・意識に伴われて、善または不善の特徴が次々と変化し崩壊しながら、ずっと継続して中断することのない一体のものとして生じます。それらは生じては消えます。対象として現われているものが自心だとは悟らないために、一つの識が滅すると同時に他の識が現われます。形や種類の区別を知覚する意識は、五識群とともに生じます。それが刹那も止まらないことを、私は刹那的と呼びます。刹那的とは、また、アーラヤ識は如来の母胎とも呼ばれ、意に伴われて、生滅する諸識の習慣性を持つときは刹那的ですが、無漏の習慣性を持つときは非刹那的です。しかし無知者・凡夫は、刹那性の主張に捉われて、一切の現象のこの刹那・非刹那性を悟りません。このことを悟らないために彼らは断滅の見解を抱き、無為である覚の諸真理を無意味として斥けるでしょう。七識は、生死流転することなく、苦も楽も経験せず、涅槃の因でもありません。如来の母胎は、また、経験される苦楽の因を伴って生滅し、四住地と無明住地との煩悩で固められます。無知者たちは実相を悟らず、刹那性の見解と分別から抜け出ることができません。

また次に、黄金、金剛石、勝者の遺骨、仏果を得ること、という優れた価値のあるものは、決して失われません。もしも涅槃の現証が刹那的なものならば、聖者たちは聖者ではなくなりましょうが、聖者たちが聖者でないことはありません。黄金も金剛石も、一カルパ時の間均質の耐久性をもち、減量することがありません。無知者たちが内外一切の現象の奥深い現実を表現する言葉に精通せず、刹那性の意味を分別するのは、一体どうしてなのでしょうか。」

（研究）

一切の現象（「一切法」）とは何かという疑問に応えていろいろなまとめ方が挙げられる中で、ここに「受用されるもの」と「受用されないもの」と訳出した「受・不受」の概念については、『倶舎論』一、第34偈下の釈文によってその詳しい内容が知られる。要するに、五蘊、十二処、十八界というまとめ方の最後の十八界が二分されたものである。心・心所によって受用されるものとは、心・心所すなわち七識の現在の所依である眼耳鼻舌身の五根と所縁である色声香味触の五境のうち声を除く四境との九界とされる。声、音声、が直接心・心所の支配をうけていないとする考えが、そこに見られるのは意外なことである。心・心所に受用されていないものとは、心・心所そのものである七識と声と思考の対象（「法」）との九界、そして過去・未来の五根、四境と、だとされる。

（第112段に見られる「受根・不受根」は、言葉は共通だが用法が異なり、本段の参考にはできない。）

善・不善としてまとめられる八識のうちアーラヤ識が如来の母胎とも呼ばれる、とすることはすでに取り上げられた事柄で、これが第一章第6段で、諸識に三種の相があるとして識の真相に言及したこととつながるものであることは、既に指摘した。本段では、それが一切の現象の刹那性・非刹那性という形で述べられていることが知られる。

118・「六究極行（パーラミター）」

再びマハーマティが言った、「世尊は、六つの究極行（パーラミター）を成し遂げた人がブッダとなるのだと言われました。その六つの究極行とは何ですか。」世尊が言われた、「究極の行には三種があります。世間的と、出世間的と、最出世間的とです。世間的な究極の行とは、自己と自己のものとを捉えて執着し、二辺に捉われた人々がさまざまの受生の場を得るために、感官の対象、色声香味触、を願望して、究極の慈善行を成し遂げます。戒、忍、精進、禅定、慧の究極行を、凡夫は同様に成し遂げます。（五一二下）そして梵天に生まれるためにさまざまの神通力を得るのです。出世間的な究極の行でもって声聞・独覚たちは、涅槃に捉われた発想に陥って、慈善などに専念します。自分の安楽として涅槃を願望するからです。

最出世間的な究極行とは、対象は他ならぬ自心の現われがそれとして分別されていることを理解しているので、自心が二となっているのだと悟りますから、分別が起きず、諸趣への執着がなく、自心である姿形の特徴に捉われることがなく、従って慈善の究極行は、一切の衆生の利益・安楽を目的として生じます。これが最上の修行者の場合です。この場合に対象に対して外のものという分別が起きないようにと努めることが戒の究極行です。この同じ分別が、把握される対象と把握するものとの実態を知ることによって、起きないように耐えぬくことが、忍の究極行です。努力によって前夜・後夜と精進して、修行に沿った見方をするので分別が止む場合、これは精進の究極行です。分別が起きないので声聞の涅槃観に陥らないことが、禅定の究極行です。その場合、自心を対象として分別することがなく、知力で検討し吟味し尽くして二辺に陥ることがなく、分別の根拠が転じて後は、失われることのないあり方として自内証の聖智を得ます。これが慧の究極行です。」

そこで次の偈が述べられた。

空、無常、刹那的、と無知者らは妄想する、有為のものを。
川水、灯火、種子の喩でもって刹那性の意味が分別される。　60
刹那性とは、しかし、せかせかしないこと、超然として所作を離れること。
諸現象の不生が刹那性の意味だ、と私は言う。　61
生じて間をおかずに滅がくるとは、無知者らに私が説くことはない。

絶え間なく諸存在に対する分別が人趣において脈動する。 62
かの無明が因となってさまざまの心作用を惹き起こすが、
具体的な形が生ずるまでのその中間とは、どんな状態か。 63
一刹那の心が滅した直後に別の心が生ずるとして、
具体的な形が都合よく存在しなければ、何を対象に生ずるだろうか。 64
生ずる所依も所縁も本当はありえない心は、生じてもいない。
どうしてそんなものの刹那滅が知られようか。 65
修行者の三昧成就、金剛石、勝者の遺骨、
光音天の神々の乗り物、は世間の諸因では破壊されない。 66
安定してある、証得された覚の諸真理、ブッダたちに智が具わっていること、(五一三上)
出家者であること、現に証得していること、はどうして刹那的と見られるか。 67
天の楽師たちの町、幻などの姿形は刹那的でさえない。
非実の姿形の存在なのに、あれは一体誰の手に成ったものか。 68

(研究)

(1) 本段が「六パーラミター」と言うものは、普通には、ボサツがこれらを順次全うすることによって無上覚を得てブッダとなるとされる、六種の基本的な修行内容を指す(『菩薩地』第一部第九章ダーナ品冒頭の言葉を参照した)。ここでは、それが世間的、出世間的、最出世間的と三段階に性格付けられて、簡潔な、優れた説明がなされる。もちろん、その第三が本経のボサツ行の内容である。

(2) 本文の後の偈は、前段の刹那・非刹那の議論を受けるもの。「刹那的」の原語「クシャニカ」に、こせこせしない、ゆったりしている、など、普通に受け止められていることの語の意味とは逆の意味が実際に辞書でも確認できることが不思議である。刹那は刹那ではない、という領域があることに読者の注意を向けているものと思われる。他の偈も、一切の現象が刹那的だけでなく非刹那的な領域からもなることを主張する。第60偈に「有為のもの」という言葉があるが、漢訳「作」の原語「サンスクリタ」の訳、作られたもの、のこと。『倶舎論』一、第7偈前半に、「それら作られたものとは、色などの五蘊のこと」と述べられている。色蘊以外の四蘊は心・心所と言い換えることができる。すなわち、具体的なものの形と心、ということで、この両者の関係が分別の立場で刹那説に絡めて捉えられるとき、この後の偈が提起する問題が起きる、と本経は言うわけである。すなわち、第63、64偈は、刹那に生滅する心という一面だけを取り出すと、その一刹那の心が生滅を繰り返す間に、知覚・認識の対象として捉えられた具体的な形も刹那の生滅をすると考えられるので、それが対象として知覚・認識されるまで、たといほんの僅かの時間でも間隔があるはずだし、それまで心は対象が現われるのを待っていることになる、というもの。第65偈がその議論の結びとなっている。これらの偈は、全体に、常識的な刹那説を批判するものとなっている。

（3）第66偈の「光音天（アーブハー・スヴァラ）」は、光を音声とするものという意味で、禅定の果としての色界の第二禅の神々を指すとされる。彼らは口から清らかな光を放ち、その光が言葉となる、と言われる（中村元『仏教語大辞典』）。『増壱阿含経』第34巻、七日品第四十之一、大正蔵二、七三七上にこの神々への言及が見られるので、要約して示す。

須弥山を取り囲む河や海の水が七日の間に尽き、須弥山を含むすべてが崩壊したが、その後に風が起こり、山々は回復し、海水も回復し、大地の肥沃さが自然に現われ、ぶどう酒のように甘くなる。それを観察していた光音天の神がこの世間に降りてきて、肥沃な地を指で取り、なめて、その味に惹かれて食べ過ぎてしまい、光明を失い、骨肉を生じて重くなり虚空を飛び回って天上に帰ることができなくなった。食べすぎなかった天子は、身体が重くなることもなく、虚空を飛び回ることができた。

この後、地上に降りて再び天上に戻ることのできなくなった天子たちの間に情欲が起き、男女が現われ、また大地には自然に米が稔って人間の数が増え、食料を貯蓄する習慣ができ、同時に他人の貯蓄した食料を盗むことも起きてきて、そこに人を裁くクシャトリヤ種が始まり、またバラモン種、商取引をするヴァイシュヤ種、そして最後にシュードラ種姓が出現した。世尊は偈を説いて述べられた、「初めにクシャトリヤ種あり、次にバラモン種あり、第三をヴァイシュヤとなづけ、次にまたシュードラ姓と、この四種姓あり、漸くにして相生ず。皆これ天身より来たりて同じく一色たり」と。

119・「ブッダ・如来の化身」

再びマハーマティ・ボサツ大士が世尊にこう言った、「世尊は、声聞修行者の頂点に立つアルハットたちに授記して、君たちは無上覚においてボサツたちと同等で違いはない、と予言されました。ボサツたちは涅槃しないことを自分たちの本性とする人々です。一体誰が如来となるのですか。（2）如来は無上覚を得た夜から大寂現前の夜まで文字や音声を何一つ発することがありません。如来たちは常に三昧にあり、憶測や疑惑を抱かないからです。その如来たちが自ら現出した化仏によって如来の働きをし、また諸識の刹那的で継続的な壊滅ということを説きます。何故でしょうか。（3）夜叉ヴァジュラパーニが常に世尊に随行すること、生死の前際が知られないこと、魔たちと魔たちの誘惑と業報の曳く糸ということがあって、バラモン種の若い娘チンチャーと女苦行者スンダリーとがブッダに濡れ衣を着せたこと、托鉢で入られた村からブッダが空鉢で出られたことなど、世尊は業報としての妨げに会われました。あらゆる種類の智慧を得ておられる世尊がさまざまの過失を免れないのは、どうしてですか。」世尊が言われた、「よく、そして注意深く聞きなさい、そしてよく考えなさい。話ましょう。」「承知しました、世尊よ」とマハーマティ・ボサツ大士は言って、世尊に耳を傾けた。

世尊は彼に言われた、「（1）煩悩の名残を残さない涅槃の世界を目指して、ボサツ行に専念している人々を激励するためです。当地においても、また他のブッダのおられる地域においても、ボサツ行をする人々のなかには声聞乗による涅槃を求める人々がいます。そういう人々に声聞乗への愛着を離れて大乗に進むように激励するために、彼らに化仏たちが授記するのです、法性仏たちがするのではありません。そういう考慮のもとに声聞への、ボサツと違わないとの授記がなされるのです。声聞・独覚と諸仏如来との間に、煩悩の妨げを脱していることで違いはありません、解脱において一味だからです。しかし前者は、知の対象が妨げとなっていることからは脱していません。知の対象が妨げであることは、客体（法）の無我を見ることによって除かれます。煩悩の妨げから脱するのは、先に主体（人）の無我を見る訓練ができて七識が止むからです。客体の妨げから脱することは、アーラヤ識の習慣性が止むことによって徹底して除かれます。

（2）古来から覚の真理が安定していることについて言えば、古来も後世もありません。本願で誓われたことは尽きることがないからこそ、如来は憶測と疑惑とを離れて覚の真理を説くのです。思慮深さをもって行動し、損なわれることのない記憶をもつからこそ、如来は憶測と疑惑を離れています。また、それは、如来が四煩悩の住地と無明の住地との習慣性を離れているからであり、二種の煩悩が断たれており、二種の死を離れており、主体と客体との無我を悟っており、煩悩の妨げと知の対象の妨げとが断たれているからです。

意と意識と眼識となどの七識は、刹那的です、アーラヤ識の習慣性から生ずるからです。それらは、また、善・無漏の面を欠き、生死しません。生死するのは如来の母胎と言われるアーラヤ識で、これが涅槃の安楽と生死の苦との因となるものです。このことは、しかし、無知者・(五一三中)凡夫たちには理解できません、空性と聞いて気が狂いそうになる人たちだからです。

(3) 夜叉ヴァジュラパーニは化作され化作する如来たちの脇に付いて廻りますが、根元の如来たちにではありません。根元の如来は一切の知覚器官を認識の手段とすることを離れています。一切の無知者、声聞・独覚、異教者の知覚器官を認識手段とすることを捨てて現在である覚の真理の安楽に住している如来たちは、覚の真理を現観する智に耐えることによって、そこに到るのです。それゆえヴァジュラパーニは、この根元の如来には付き添いません。化仏たちはすべて、業報には由来しません。如来は化仏たちのなかにはいませんが、化仏たちと別にいるわけでもありません。如来は、陶器師が轆轤などを使うような工夫によって衆生のために行動し、特徴を具えた事柄を教えますが、自分の道標に各自が立つことは自内証の聖智の領域ですから、それを語り合うことはしません。さらにまた、七識群の滅から断滅の見解を起こしてくる無知者・凡夫たちは、アーラヤ識を悟らないために常恒の見解を抱きます。自分の分別知に終始するものには生死の前際は知られません。自分の分別知が止んだものには解脱が知られます。四煩悩の住地と無明の住地との習慣性が断たれることから、一切の過失が断たれることになります。」

そこで次の偈が述べられた。

三乗と、無乗―諸仏に入滅がないとするもの―と、
そのすべてがブッダとなると授記されたことは、過失を
離れた所説である。69

現観から生ずる智と煩悩の名残のない涅槃とは、
畏縮している人々を鼓舞するために――それを意図して
説かれた。70

ブッダたちが生み出した智をブッダたちは道として示した。

彼らはそれによって行き、他には依らない、それゆえ彼

らに入滅はない。 71

欲愛と色愛と有愛と一偏の見との四煩悩の住地は、意識から生じ、アーラヤ識と意とに依ってある。 72

意識・眼識などに依って、止滅だ、無常だから、と人々は言い、

涅槃について固定した見解を抱くものは、アーラヤ識を知らずに、常住と言う。 73、

(研究)

本経の全四巻に亘る教学的な議論は、六パーラミターの解説で一応終了しており、本段は、次の第120段で肉食を禁ずるというテーマで経全体が完結する前に、質問者・マハーマティが溜め込んでいた素朴な疑問を提起し、世尊がそれに応えて今までの議論の総括を試みる、という主旨の、比較的軽い議論の体裁をなしている。

(1)は、ボサツ・イッチャンティカ、すなわち衆生の解脱を求めて自らの解脱を求めないあり方として議論されたこと(第26段)を踏まえるもの。(2)は、無語がブッダの言葉とされたこと(第90段)とボサツの誓願との関係に関わるもの。(3)で、ヴァジュラパーニ(雷、稲妻、を手とするもの)と呼ばれる夜叉(鬼神)は姿、足跡を見せずにブッダの右側に立って密かにブッダを守護するボサツとされる(『密迹金剛力士会』大正蔵十一、四三中)。

「業報の曳く糸(漢訳「悪業果報」)」は、多くの場合、直接ブッダに関わる話ではなく、仏教サンガが存続する世界で、ブッダの教えに対する信仰に生きる人々の間で伝えられた業報説話に見られる言葉(『ディヴヤ・アヴァダーナ』参照)だが、ここは直に次の三話を指すと見られる。即ち、まず、チンチャー(「チャンチャー」は誤写)は、異教者がシャカムニの名声に嫉妬して、自分たちの信者であるこのバラモン種の美貌の娘の協力を得てシャカムニの評判を失墜させようとする。娘は妊娠を装って説法中のシャカムニに向かって公衆の面前で、貴方は私をこんな体にした、と非難する。ブッダは、真実は貴方と私とが知っている、と応答する。即座に、妊婦を装っていた娘の衣服の下の分厚い板材が落下して自身の足先を傷つけたので、すぐにそのうそが暴露されたという話(ビルマ・ピタカ協会、一九八六年出版のパーリ語からの英訳『ダンマパダ』第二部、ブッダゴーサの注釈書と解されているものに基づく物語による。第一部の第176偈が結びの言葉。中村元先生訳第176偈「唯一なることわりを逸脱し、偽りを語り、彼岸の世界を無視している人は、どんな悪でもなさないものはない。」)

スンダリーも、異教の美しい女修行者。異教者たちが、シャ

カムニの名声を嫉妬してスンダリーに、夕方遅くシャカムニのおられる僧院の方向に向かわせ、朝早くそこから出てきた様子を人々に見せ、自分はあそこでブッダと一緒に夜を過ごすのだという。同じことを繰り返した三日後、異教者たちは酔っ払いたちを雇ってスンダリーを殺させ、死体を僧院のそばのごみの山に埋めて、翌日スンダリーの失踪の責任がブッダの弟子たちにあると町中に言いふらした。弟子たちにそのことを知らされて、ブッダは『ダンマパダ』第306偈の内容を述べられた。（中村元先生訳「いつわりを語る人、あるいは自分がしておきながら「わたしはしませんでした」と言う人、―この両者は死後にはひとしくなる―来世では行ないの下劣な業をもった人々なのであるから。」）

国王がこの殺人事件の真相を部下に命じて調べさせ、事実が明らかになり、国王は異教者たちに町中に事実を言いまわらせた、という話。

第三の話は、『雑阿含経』第一〇九五番（大正蔵二、二八八上）によると、ある時ブッダがサーラーヤ・バラモンの聚落に入って乞食を始められたとき、悪魔が信心深いバラモンの長者たちに沙門ゴータマを空の鉢のまま聚落を出て行かせるように仕向けた。悪魔は後を追いかけて、「沙門、沙門、結局食べ物をもらえなかったのですか」とはやし立てた。ブッダは悪魔の心の内を見抜いて偈を述べられた、「汝は如来に対して無量の罪を犯している、汝は如来に呼びかけて、それで苦悩を与えていると思っているのか。」悪魔は、そこで思った、「ゴータマにもう一度聚落に入って食べ物を得させなければいかん」と。ブッダは心境を偈で表わされた、「持ち物が何もないままで私は安楽に自ら生きる。あの光音天の天子たちのように喜びを食として。」悪魔は沙門ゴータマに内心を知られたと憂鬱になり、姿を隠した、と。『サンユッタ・ニカーヤ』一、Ⅳ悪魔、八の叙述も大体同じ。

ブッダの答え（3）の初め、「覚の真理を現観する智に耐える」という表現の原形を私は『倶舎論』六、第25偈後半と第26偈前半、及びその下の註釈のなかに見出して、元来の語義を知ることができた。「覚の真理を現観する智（漢訳「現観法智」とは、そこでは四諦の智を言う。その「智に耐える（「忍」）」とは、「智に向かって」「決定位に入った（『翻訳名義集』六五二三の訳）」を意味する、ということである。私の解するところでは、四諦のうち「苦」と苦の因である「集」とをよく知ることは、それが「滅」に到る「道」を構成する点で、「耐える（忍）」ことである。

末尾と第72偈などとに見られる四煩悩と無明との「住地」という漢訳とその原語（ヴァーサ・ブフーミ）の意味は分かり

難いが、「他に影響を与え続けるもの」と解することもでき、『大乗起信論』の「熏習」という概念に発展していったと解される。

第73偈に、アーラヤ識を悟らないから常恒、常住の見解に陥る、と言われることは少し分かりにくいが、実はそれは七識の刹那性を離れて、概念としての常恒、常住をアーラヤ識に求めることを言うもののようである。真の常恒、常住は刹那性の脚下に開けているのだと。即ち第118段第61偈に刹那性の意味が刹那性を否定することだと言われるのは、そのことを示すものと考えられる。

120・「禁肉食」

さてそこで、マハーマティ・ボサツ大士は世尊に偈でもって質問した、

大聖よ、ボサツ大士・勝者子・雄牛たちが、
酒、肉、たまねぎを飲み食いしてよいのですか。 74
野卑な人々が好み、悪臭がし、人前で恥をかくもの、
野獣たちの餌です、肉は食べてはいけないものだと宣言したまえ、大聖よ。 75
食べ続ければ過失が、控えれば功徳が、あります、
肉を食べないときの功徳と、食べるときの過失とを、教えたまえ。 76

（五一三下）以上の偈でもって問うた後、マハーマティは再び世尊に教えを請うた、「世尊、如来・応供・正覚者が私に、肉食しないときとするときとの功徳と過失を教えてください。教えに従って私と他のボサツ・大士たちとは、現時と未来時とに、人々が肉食を貪欲に求めることに対して真実を整理して教えましょう。そうして人々がお互いの間に友愛の気持ちを回復したいものです。そうなれば、私たちはすべてのボサツの修行地の修行を終えて、速やかに無上正覚を得ましょう。声聞・独覚の修行地にある人々は、そこに憩い終わった後、次第に無上の如来地に近づくことでしょう。真実を間違った仕方で宣言した人々、世間を究極とする見解に捉われた他の異教者たち、断滅か常住か有か無かの両辺に捉われた人々でさえも、他人が食べている肉を取り上げ、自分も食べないのですから、いわんや世間の守護者よ、貴方の教えにおいて肉食は差し支えないのでしょうか。」世尊が言われた、「よろしい、よろしい、よく聞き、よく考えなさい、話しましょう。」「承知しました」とマハーマティ・ボサツ大士は言い、世尊の言葉に耳を傾けた。世尊は彼にこう言われた、「計り

知れない理由で肉はすべて食してはいけないのですが、そのなかから教訓になることだけを話しましょう。この世で長い時の間に生死流転している生物にとって、かつて母であったか父であったか兄弟、姉妹、息子、娘のどれかとなって、自分の親族、縁者では全くなかった人を見つけることは、決して容易ではありません。すべての生きとし生けるものから由来する肉をどうして食べることができましょうか。

犬、ろば、らば、らくだ、ジャッカル、馬、雄牛、人間、野獣などの肉は世間では肉として食べてはいけないものですが、市場では羊飼いたちが食用だとして利益を得るために売ります。それですから、肉は食べるものではありません。

精液と血とから生ずるものですから、純粋さへの愛着を考慮すれば、肉は食べるものではありません、思っただけでぞっとさせられるものですから。

ドーンバ、チャーンダーラなど、犬の肉を食べる人々を、遠方から見かけただけで犬たちは恐怖に打ちのめされます。中には恐怖に駆られてすでに死の力にとりこまれてしまい、やつらは我々をも殺すだろう、と観念するものもいます。それゆえ、身震いを惹き起こすものですから、大きな慈愛に生きる修行者にとって肉は食べるものではありません。卑俗な人々が好み悪臭がし人々の悪評を招くものである肉は、食べるものではありません。

呪文の効果を発揮したい人々にとって、肉は呪文をかけたり解いたりすることを妨げますから、肉は一切、食べるものではありません。

捕鳥業者、羊飼い、漁夫、その他にとって、形・色のよいものが識別されることによって風味を呼び起こしますから、肉は一切食べるものではありません。神々も肉食者を遠ざけることを考慮すれば、肉は一切食べるものではありません。

自分の口が最悪の匂いとなることを考えれば、慈愛深い人にとって肉は一切食べるものではありません。〔肉食者は〕寝ても醒めても惨めで身の毛もよだつ悪夢を見ます、こういう人が廃屋に独り寂しく住んでおれば、何か化け物がこの人の活力を奪い去ります。こんな人は食物をとることに節度を知りません、しかも、不愉快だという思いが起こらないのです。飲食物は、あたかも自分の息子の肉か貴重な薬と考えるべきだと主張してきた私が、私の下で学ぶ人たちに対して血まみれな肉を食物とすることを許すわけが、どうしてありましょうか。

遠い昔、過去時に王がいました、名はスィンハ・サウダーサ。彼は食物としての肉への過度な好みにおぼれ続けました。肉の味への欲望を満たそうとする試みが最高の目的と化し、

（五一四上）しまいには人肉を食べるところまできました。そのために彼の友人、大臣、父方と母方との両方の親戚、そして家族でさえもが彼を見捨てました。遂には自分の町の人々、国民たちによって王位と王国とを放棄させられるところまでいきました。このようにして彼は肉のために大変な不幸に苦しみました。

　人間の利益追求のために動物が、大部分の場合罪もないのに、殺されるのです、他に殆ど理由なしにです。たいていは、肉への欲望に突き動かされた無知な人々が、あれやこれやの網や道具を投げ入れます。捕鳥業者、羊飼い、漁夫などが、空を飛ぶ、地上を行く、そして水中を行く罪もないさまざまの種類の動物たちを利益を求めて殺します。

　魚や他の肉で、それが自分のために用意されたのではない、自分が用意させたのではない、また、欲しいと思ったのではないという理由で声聞が食べるのにふさわしいもの、などはありません。

　私の教えの記録のあちらこちらで自然死の動物の肉の五種ないし十種が食べてはいけないと禁じています。しかし今、この経で私は、あらゆる種類の肉を、どういうときにも無条件に禁じます。如来たちは覚の真理（ダルマ）を身体とし、覚の真理を食物として取ることになっています。欲望の身体（アーミシャ・カーヤ）をもたない如来たちは、どのような肉食もしません。あらゆる衆生を平等に自分の一人息子と見なす如来たちは、きわめて慈愛溢れる存在です。私自身がすべての衆生を一人息子と意識していますから、声聞たちに、どうして独り息子の肉を食べてよいと許すわけがありましょうか。」

　そこで次の偈が述べられた。

身内であった、罪を犯すことになる、精液と血から生まれた——以上の理由で肉は、
生物たちを恐れさせるもの、修行者なら避けるべきもの。
77
肉と玉ねぎ、さまざまの種類の酒、
にんにく、そして、にら、も修行者なら避けるべきもの。
78
身体に塗る油は避けよ、幾つも穴の開いた寝台には誰も
寝てはいけない。
79
穴は、そこから出てくる生物たちの住処で、大変危険だ。
肉食から傲慢が生ずる、傲慢の産物は期待。
80
貪欲は期待の産物。それだから言う、肉食は止めよ、と。

肉食から貪欲が生ずる。心は貪欲によって麻痺する。
麻痺した人に性的結合ができ、生まれはするが解脱はしない。 81
人は利益を求めて生物を殺す、肉を求めて金銭を投資する。
その両方の悪行者は、叫喚その他の地獄で焼かれる。
82
三種の浄食肉、事前に用意されたものでない、要求されたものでない、
注文されたものでない、などは存在しない、それゆえ肉食はすべきでない。 83
修行者は肉食をしてはいけない、私も諸仏も非難すること。（五一四中）
共食いするものはすべて、死後野獣の身内に生まれる。
84
悪臭がして軽蔑すべき狂乱者たちは、何度も何度も
チャンダーラ、プッカサ、ドーンバの家族に生まれる。
85
雌小鬼ダーキニーたちの胎内か、肉食種の身内、
雌ラクシャや野良猫の胎内にその浅ましい人は生まれる。 86

私は次の経典で肉食を禁じた、『ハスティ・カクシュヤ（象の威風）』『マハー・メーグハ（大雲）』『アングリ・マーリカ（指鬘）』『ランカー・アヴァターラ（入楞伽）』。 87
諸仏、諸ボサツ、声聞たちの非難にも拘わらず
肉食して恥じることのないものは、必ず狂乱のまま生まれよう。 88
見たり聞いたり懸念を抱いたりする人々は一切の肉を避けるべきだ。
論理家たちは、自分では気付いていないが、野獣の種族の生まれなのだ。 89
例えば貪欲が解脱の妨げとなるように、
肉、酒なども同様に、妨げとなるものだ。 90
未来時に肉食する妄想的な議論家は言うだろう、
肉はふさわしく、非難の余地のない、ブッダの認められた食物だと。 91
食物は薬と同じく、また一人息子にも比せられるもの、
控えめに摂取する、気の進まないものとして、修行者は施しを受けるべきだ。 92
慈愛に生きる人々に私は常に、どのような肉食も非難されると言ってきた、
獅子、虎、狼などの野獣と共棲することになるぞと、

93
血だらけの肉を食べるさまは、見る人を恐怖で身震いさせる光景だ。
それゆえ慈愛心のある修行者なら肉食などはすまい。
94
肉食は実に無慈悲で解脱に背くこと、
聖者たちの特徴とは食い違うもの、それゆえ肉食はすべきでない。
95
バラモンたちの間に生まれ、あるいは修行者の群れに入り、
智慧者、資産家、となるのは肉などを避けるからなのだ。
96

〈研究〉

本経最後のこの第120段は、ブッダの教えを奉ずるすべての修行者に肉食を禁ずる。肉食以外の飲食においても、節度を重んじ、飲食物を一人息子の肉か貴重な薬と思って摂るように促す。肉食が普通のことになっている現代世界においては異様にさえ響くこの議論は、一年中暑熱に曝される亜熱帯、熱帯の、冷房設備その他あらゆる衛生的な環境を維持することなどが考えられもしない時代と社会とに生きた人々にとっては、これは最も良心的な事柄であったに違いない。しかしまた、生物が他の生物を、自分の命を支えるためにその命をとるということを当然のこととは考えられなくなることは、意識を持つものには時と処とを超えて共通する事態と考えられ、本経のこの禁肉食の議論は現代の我々にも訴える響きをもつ。殊に、究極の解脱とは何かを関心事とするものにとって、それを「異様な議論」としてやり過ごすことはできないように思われる。

以下に、本段の思想、用語などの理解に資することを意図して、幾つかの解説を試みる。

一、私は二〇〇七年発表の小論「涅槃経が楞伽経の主な表現主体ではなかったか」（臨済宗妙心寺派『教学研究紀要』第5号所載）で、『楞伽経』のこの禁肉食の議論が大乗の『涅槃経』（法顕訳『大般泥洹経』）を直接受けたものであることを論じた。しかも、両経の関係は、単にこの禁肉食のテーマだけでなく、多くの重要な議題を共有することにも言及した。今も、その考えは変わらない。涅槃、ボサツ・イッチャンティカ、如来の常・無常、義に依って文字に依らない、如来の母胎など。禁肉食については、比較のために『涅槃経』法顕訳第八品「四法」、第三「能随問答」でのブッダの言葉を拙訳で次に示す。

「私は今日から弟子の修行者たちに肉を食べることを許

さないことに決めます。肉以外の食物についても、我が子の肉を食べているのだという思いであるべきです。どうして私が弟子たちに肉を食べてよいと言えましょうか。諸仏とともに私は、肉食することが大慈悲心を起こす道を断つことだと言います。」（大正蔵十二、八六八下）

「三種の浄肉も食べることを許しません。君が食べてもよいと理解していた九種、そして禁ぜられてきた自然死の十種以外の動物の肉も、禁じます。その理由は、肉を食べる人が歩いていても、座っていても寝ていても、他のすべての生物たちは、その人に殺気を嗅ぎ取って恐怖に陥るからです。ちょうど人がヒング（にんにく種の植物）やにんにくを食べると、人々の集まりや群集のなかで誰それがそれを食べたと分かり、不愉快になりその人を憎むのと同じです。肉食者と分かると、すべての生物がその匂いを嗅ぎ取り、死の恐怖に打ちのめされます。その人が前に進むと、水中、地上、空中に住む生き物たちは皆おびえて、彼が我々を死に追いやるのだ、と気を失い、更には死ぬでしょう。こういう理由で、ボサツ大士が肉を食べることはありません。人々を教化するために時に応じて食べる姿を見せても、本当は食べていないのです。」（同、八六九上）

「私は今まで何かの事情が見られた時点で条件付で肉食を禁じてきましたが、今、個別の事情を離れて、私の死をまえにして全面的に肉食を禁じます。」（同、八六九中）

上の第87偈で肉食を禁ずることをブッダが説いた経典名が挙げられている中に『涅槃経』の名が挙げられていないのはなぜか。死の直前に全面的な肉食禁止を打ち出した同じブッダがそのことの記された『涅槃経』の名を同じブッダが挙げることの矛盾が意識されてのことか。『涅槃経』の名を挙げない『楞伽経』のブッダは、前者を後者に発展的に解消したかったのではないか。経典の成立順序としては後の『楞伽経』からすれば、当然、先行する『涅槃経』の名を挙げるべきである。現行の梵本も、漢訳十巻本、七巻本も、すべて『涅槃経』の名をそこに挙げている。最古の四巻本だけは、その名を挙げない。梁代（五〇二―五七）の漢訳『文殊師利問経』に肉食を断つことを説く経典として象亀（→勇）経、大雲経、指鬘経、楞伽経を挙げることは、その傍証となる（大正蔵十四、四九三上）。これは、『涅槃経』のブッダが「涅槃」後に『楞伽経』の主に化したということではなかろうか、要するに、『涅槃経』の経典編集者たちが『楞伽経』を新しい観点から編集したのではないか、と言うのが小論の趣旨であった。

二、「チャンダーラ、ドーンバ、カイヴァルタ」。Prabhati

Mukherjee, Beyond the Four Varnas – The Untouchables in India, Motilal Banarsidass 1988,（『四姓を超えて――インドの不可触民』）の説明を紹介する。

「ドーンバ」。この名の人々は、紀元二世紀頃の人、パタンジャリの著書によると、墓地の近辺に住まいし、死体の着衣を集め、火葬のために木を集めたとされる。

「チャンダーラ（またはチャーンダーラ）」。インドではとりわけヒンドゥーたちに憎まれ恐れられた彼らは、ヒンドゥー社会から隔離され、たぶん反逆者として抑圧され、しかもそのことのはっきりした理由は何ら知られていない。

「カイヴァルタ」。六世紀と十世紀との資料によると、彼らは漁夫の集団。

「プッカサ」。アプテの梵英辞書によると、インドの原住民で猟師、漁夫などに従事する種族の一つであるニシャーダの男とシュードラ・カーストの女との混血の子孫で、ヒンドゥー社会から見下げられた部族、とされる。

ここでは、それらの人々が食肉を提供することで生計を立てていることから、肉食を好む人々とともに批判にさらされ、さらには、共食いする野獣と同列にさえ扱われているわけである。

三、「自分の息子の肉」。ブッダの教えに「四種の食物」として、1．人が口にする食物、2．感覚、3．意志作用、4．六識が挙げられ、その第一の説明に用いられる言葉である。漢訳『雑阿含経』第三七三番（大正蔵二、一〇二中下）、パーリ、『サンユッタ・ニカーヤ』第二部ニダーナ・ヴァッガ、一、63「プッタマンサ」のブッダによる説明を紹介する。

一組の夫婦が最愛のかわいい一人息子を連れて旅に出、深い密林を通って行ったと考えてください。もってきた食物は直に食べつくしてしまったのに密林を行く旅はまだ相当長くかかる。夫婦は考えました、このままでは皆が餓死するだろう、二人は最愛の息子を殺して息子の肉を食べよう、水気のないところも水気のあるところも食べて旅を続けようと。実際そんなふうにしてやっと旅を終えた二人は、自分の胸を手でたたいて言いました、私たちの息子はどこへ行ったのだろう、と。彼らは息子の肉を食べましたが、それは遊びのためでもなく、楽しみのためでもなく、美味を求めてでもなかったのです。ただ密林を脱して旅を終わりたいためだけだったのです。自分の五官の欲望をそんなふうに考えるなら、私たちはこの生死流転の世界への束縛から離れることができます。

四、「スィンハ・サウダーサ」。インドの叙事詩『マハー・バーラタ』「アーディ」章に取り上げられた人物の名。ある国のサウダーサという王が肉食を喜び、遂には人肉を食べ、後に仙人の導きでわれに還り自国に戻って有徳の支配者となったという話がある。「スィンハ（獅子）」とは、普通の場合なら、勇猛な国王への敬称と考えられるが、この場合は人肉を好んだことへの非難の意味も篭められているように思われる。

五、(1)「三種の浄肉」初期の仏教の律蔵のテキスト『大品』に、食用の肉が布施を受ける出家者にとって過失を離れて「清浄」な場合が三つあるとして、次の表現がある（パーリ・テキスト協会『ヴィナヤ・ピタカ』第一巻、六、三十一、一四）

「修行者たちよ、君たちは、自分のために用意されていると知っている肉を食べてはいけません。それを食べた人は罪を犯した人です。私は、魚肉ないし他の動物の肉が次の三点で過失を離れて清浄である限り、修行者たちがそれを食べることを認めます。すなわち、それが自分たちのために用意されているのを見ていない場合、そのことを聞いていない場合、及びそれを用意させたと疑われることのない場合、です。」

(2) 初期仏教で禁止された肉の種類。『ヴィナヤ・ピタカ』（第一巻、六、二十三）は七種の肉を挙げて、知らずに食べたことのある弟子たちに今後一切それらを食べてはいけないと禁じた。すなわち、蛇、獅子、ハイエナ、象、犬、馬、そして人肉である。

『摩訶僧祇律』は、右の蛇の代わりに竜、ハイエナの代わりに猪、として、そこへ烏、鷲、大猿を加えて十種とする。『四分律』は、象、馬、竜、狗、人の五種。

大乗の『涅槃経』は、『ヴィナヤ・ピタカ』のハイエナの代わりに猪、他に、ろば、狐、大猿、の十種とするものと、一切の肉を禁ずるとするものと、の両説があるとする（大正蔵十二、ダルマクシェーマ訳、四十巻本、四七三下）。しかしこれは、四十巻本の当該箇所の編集者が法顕訳六巻本で古来の十種の禁制を一歩進めて全面禁止をブッダの遺言としたのに相当する箇所の記述を迂闊にも知らなかっただけのことである。

六、本段の評価。冒頭の表現によれば、質問者も応答するブッダも、ともに大乗のボサツたちには肉食は不適切ではないかという問題提起として議論が始まったが、本文の終わりでは禁肉食は声聞たちの課題とされている。肉食も含めて食物一般の意義を、自分たちの一人息子を殺してその肉を食べた両親の立場に比していたものが、終わりになって、一切衆生を一人子とみなす如来の立場から、肉食は子の肉を食するのと同じだから一切許されないとする。その如来は欲望の身体を持たない、ダルマ・覚の真理の身体だとされる。それではこれは、大乗のボサツたちへの教えとは言えなくなっているのではないか。猟師、漁夫、羊飼いを野獣と同列に扱っては、彼らの生活源を否定することになる。そもそも、欲望の身体をもたない、ダルマの身体の如来とは、全く抽象的、非現実的な存在にすぎないのではないか。第119段末の第71偈に、如来は入滅しない、とあるのは、ボサツ・イッチャンティカのことを意味する。それは欲望の身体をそのままでダルマに転じているということで、欲望の身体を持たないことではない。上に引用した法顕訳『涅槃経』のなかにも、ボサツは肉食の姿を見せるという表現がある。それに比べると、本経のこの一段は、声聞の立場を表わすものと評価せざるをえない。実際、四巻本では、本段の冒頭、質問者の言葉を除き、応答するブッダの言葉には、最後まで、他の版本に繰り返し見られる「ボサツ」の文字は、全く現われない。肉食を禁ずるブッダの教えを含む四つの大乗経典を挙げる偈の次の偈に、「諸仏、ボサツ、声聞」が肉食者を叱り責めるとあるのが唯一の箇所である。本経全体のなかでこの最後の段はどのように位置づけたらよいのか、と考えざるを得ない。しかし、対象としての現象が自心に他ならないとする本経の基本の立場からは、六趣または五趣の一つ、畜生が自心の現われであることに違いはない。本段の禁肉食の発想は、その立場から生まれてきて不思議はないと言うことはできる。とにかく、この禁肉食の第120段をもって幕を閉じることによって、ランカーでのブッダの獅子吼は独自の響きを添えたことになる。

七世紀中ごろのインドの中観派仏教学者シャーンティデーヴァ（寂天）の作品の一つ、『シクシャー・サムッチャヤ（大乗集菩薩学論）』は、梵文テキスト編集者ヴァイドヤの解説によると、27の偈文と、それらを解説する釈と、95パーセントが経典からの引用である釈文との三部からなり、29章に分けられている、大乗の立場からの仏教評論である（仏教サンスクリット・テキスト第二、ダルバンガ一九六一年）。第六章「自分を大切にすること（アートマブハーヴァ・ラクシャー）」に本経十巻本梵文テキスト第8章から肉食を禁ずるブッダの教え、第4～24偈（第7，8偈を除く）が引用紹介され、その後、食肉は薬用として重要だという観点から、肉食の全面禁止の考えには同調しない考えを提示することが注目される。その箇所を次に訳出する。

しかし『具智章』で肉は薬だと説くのは、それが非常に役に立つからで、何も過失はない。なぜなら、そこに次の偈がある。（略）

『宝雲経』に、墓地に住むものは欲望を一切持つべきではない、と述べられているとしても、他の経典では同じような人々のために、こういうことが述べられている。すなわち、『律』においてさえ三種の浄肉を食べることは解脱の妨げにはならないとある、と。これは、肉食を一切諦めることで自分は清浄だという見解に捉われて高慢になる事を離れさせるためであり、また、肉食を貪りすぎて将来処罰が導入されることを避けるためでもある。『楞伽経』には次の言葉がある。すなわち、あれこれの教説で私は幾つもの禁戒を出して、梯子を降りる仕方で順次規制してきました。三種の禁戒では、用意された肉を食べることを禁じ、ないし、自然死の動物の肉を食べることを禁じました、と。

以上は不断の薬としてだが、病気の場合にもそれが役立つ（p.75, ll.5~19）。

第六章最後の第13偈は、その結論を述べる。

「以上は、自分を大切にすること、それに薬や衣服などを用いること、だが、自分の激しい欲望を満たすことからは、苦難の結果しか生まれないと知れ。」（p.79）

以上が、シャーンティデーヴァによる、本経最後段に展開される禁肉食の主張への婉曲な敬遠を示す表現である。

この人の別の作品、『ボーディチャリヤー・アヴァターラ（入菩提行論）』（仏教サンスクリット・テキスト第十二）は、六パーラミターを十章、九一七偈で解説するもので、その第九章はプラジュニャー・パーラミターを論じて有名である（日本語訳、金倉圓照訳『悟りへの道』平楽寺書店一九六五年）。本経の教理に直接言及することはないが、第九章、第74偈の説明に入る前に一偈を『楞伽経』からとして引用する。

「個人存在、生命の相続、蘊、縁、微粒子、そして創造の女性原理、自在神、創作者は心に他ならないと私は説く。」（p.227）

これは南条校訂本第二章、第139偈、同第十章、第133偈と殆ど同じ内容で、最後の「私は説く」は四巻本、南条本ではともに「心に他ならず、実体として分別される」と結ぶ以外に特筆すべき違いは見られない。

以上、『ランカーに入る』巻四・第四章

大乗仏教経典『楞伽経』四巻本
ランカーに入る　―すべてのブッダの教えの核心―
復元梵文原典　日本語訳と研究

平成30年7月30日　初版1刷発行
著者　常盤　義伸
発行　公益財団法人　禅文化研究所
〒604-8456　京都市中京区西ノ京壺ノ内町8-1　花園大学内
TEL 075-811-5189/FAX 075-811-1432　www.zenbunka.or.jp
印刷　ヨシダ印刷株式会社

　ISBN978-4-88182-306-4 C0015

Laṅkāvatārasūtram Sarvabuddhapravacanahṛdayam

A Sanksrit Text in Four Volumes

restored from

THE LAṄKĀVATĀRA SŪTRA

edited by Dr. Bunyiu Nanjio,

The Otani University Press, Kyoto 1923,

so as to accord with

Guṇabhadra's Chinese version

by

Gishin TOKIWA

professor emeritus, Hanazono University, Kyoto

published by

The Institute for Zen Studies

Kyoto, Japan

2018

To those Mahāmatis who in Laṅkā

composed the Laṅkāvatāra sūtram

around the beginning part of the fifth century A.D.

A. The two texts used for the text restoration:

1. The 楞伽阿跋多羅寶經 in four fascicles (大正新脩大藏經 Vol. 16, No. 670), translated in A.D. 443 by Guṇabhadra from the Sanskrit text, which he had brought from Laṅkā to the Liu-Song China in A.D. 435.

(The original Sanskrit text had been lost before Bodhiruci in Wei in A.D. 513 made the second Chinese version in ten fascicles, Taisho Tripiṭaka vol. 16, no. 671, which is too faulty a text for reading; it is almost equivalent in length and contents to the current Sanskrit text. In A.D. 700-704 in the Tang dynasty the third Chinese version in seven fasicles, Taisho Tripiṭaka vol. 16, no. 672, was made by Śikṣānanda, who partly adopted expressions from the first version; in length and contents it is equivalent to the second version, but a little more readable as a Chinese text than the former.)

2. The *Laṅkāvatāra sūtra,* in ten volumes, edited by Bunyiu NANJIO, M.A. (OXON.), E. LITT., at the Otani University Press, Kyoto 1923.

B. Other works referred to in the text restoration:

1. Two Tibetan versions in the Tibetan Tripiṭaka Peking edition, vol. 29, (1) no. 775, translated in the eighth century from a Sanskrit text, almost equivalent in contents to the extant one, and (2) no. 776, tr. from Guṇabhadra Chinese version by Chos grub of Dunhuang in the ninth century.

2. "A Revised Edition of the Laṅkāvatāra Sūtra Kṣaṇika-Parivarta" (Sixth Chapter), Tokyo 1981, by Dr. Jikido TAKASAKI, professor of Tokyo University.

3. "Emendationsvorschläge und krit. Anmerkungen zum Sanskrit-Text," *Laṅk VIII Übers. u. TextKorr., Materie* prepared by Dr. Lambert Schmithausen, professor of Hamburg University, for his seminar lectures for the Graduate School of Letters, Kyoto University, in October through December 2005.

4. *Saddharmalaṅkāvatārasūtram*, edited by Dr. P.L. Vaidya, Buddhist Sanskrit Texts No. 3, Darbhanga 1963.

C. Tokiwa's previous work as the base of the present one:

"A Study of the Four-Fascicle Laṅkāvatāra Ratna Sūtram in a Set of Four Texts: Sanskrit, English, Japanese and the collated Guṇabhadra Chinese Version with Japanese reading," published in June 2003 (one hundred copies each of the four books, Not for Sale, were printed by the Meibunsha Printing Co. Ltd., Kyoto, and almost all presented to researchers at home and abroad.) .

Contents

Text:

Parivartaḥ Prathamaḥ ········· *1*

Parivarto Dvitīyaḥ ········· *40*

Parivartas Tritīyaḥ ········· *75*

Parivartaś Caturthaḥ ········· *105*

(The Sanskrit text, together with the Japanese translation, constitutes one book.)

Laṅkāvatārasūtre
Sarvabuddhapravacanahṛdaye Parivartaḥ Prathamaḥ [1]

(The First Volume has thirty-seven divisions, from L1 through L37,

Each division being provided with a headline adopted from the text)

Contents

1. ekasmin samaye bhagavāṃl laṅkāpure viharati sma *3*

2. mahāmatir bodhisattvo bhagavantaṃ gāthābhir abhyaṣṭāvīt *3*

3. mahāmatir bhagavantaṃ praśnaṃ paripṛcchati sma *4*

4. idaṃ śrutvā mahāvīro buddho lokavidāṃvaraḥ *8*

5. śṛṇu me suta aṣṭottaraṃ padaśataṃ yathā buddhānuvarṇitam *11*

6. dvividho vijñānānām utpattisthitinirodho bhavati *15*

7. saptavidho bhāvasvabhāvaḥ saptavidhaḥ paramārthaś ca *16*

8. ye kecin abhūtvā hetuphalābhivyaktidravyaṃ ca kālāvasthitam icchanti bhūtvā vyayam *17*

9. yady abhūtvā vijñānānāṃ trisaṃgatipratyayakriyāyogenotpattir abhaviṣyad *17*

10. bodhisattvena mahāsattvena svasiddhāntakuśalena bhavitavyam *18*

11. caturbhiḥ kāraṇaiś cakṣurvijñānaṃ pravartate *18*

12. upariṣṭādāryajñānalakṣaṇatrayam *22*

13. āryajñānavastupravicayo nāma aṣṭottarapadaśataprabhedāśrayo dharmaparyāyaḥ *23*

14. kathaṃ svacittadṛśyadhārā viśudhyati *25*

15-1. kramavṛttyā na yugapat *25*

15-2. svacittadṛśyadhārāṃ yugapat tathāgataḥ sarvasattvānāṃ viśodhayati *26*

1 The text which follows in romanization is the first one fourth part of a Sanskrit text newly restored from the Nanjio ed. Sanskrit version through critical revision thereof so as to accord with the Guṇabhadra Chinese version, Fascicle One. For the title, the editor follows the closing remark of the extant Sanskrit text, volume eight, ".iti laṅkāvatārāt sarvabuddhapravacanahṛdayān māṃsabhakṣaṇaparivarto 'ṣṭamaḥ". It doesn't speak of the "ratnasūtra" which the Chinese rendering has.

The present volume comprises a beginning part of Chapter One (NI) and the first thirteen sections, divided by the present editor, of Chapter Two (NII) of the Nanjio ed. Sanskrit text, pp. 1-2 & 22~77; in the Taisho edition Chinese Tripiṭaka vol. 16, no. 670, it covers pages 480a-489a. The head numbers in the table of contents and those attached to the divisions are common to the Japanese translation separately prepared.

In the text the italicized letters besides titles show where the Nanjio ed. Sanskrit text has been corrected or supplemented according to the Guṇabhadra version, and the parts in the square brackets [ ] show insertions, by the editor. In the text numerals are inserted by the editor to count items, or to show manuscript pages and verses.

The Chinese characters in the footnotes are those in daily use in Japan.

16. dharmatāniṣyandabuddho nirmitanirmāṇabuddho dharmatābuddhaś ca ... 26
17. dvividhaṃ śrāvakayānanayaprabhedalakṣaṇam ... 27
18. tīrthakarāṇāṃ nityācintyam ... 28
19. śrāvakā nirvāṇaṃ vikalpayanti ... 29
20. pratyātmāryajñānagatigocaro hi sarvabhāvasvabhāvalakṣaṇānutpādaḥ ... 29
21. pañcābhisamayagotrāṇi ... 30
22. śrāvakayānābhisamayagotram ... 30
23. pratyekabuddhayānābhisamayagotrakaḥ ... 31
24. tathāgatayānābhisamayagotram ... 31
25. aniyatagotrakaḥ ... 31
26. viśeṣagotram yaduta icchantikānām anicchantikatā mokṣam ... 32
27. bodhisattvena mahāsattvena svabhāvalakṣaṇatrayakuśalena bhavitavyam ... 32
28. pudgalanairātmyam ... 33
29. dharmanairātmyajñānam ... 34
30. samāropāpavādakudṛṣṭivarjitamatayaḥ ... 34
31. caturvidho 'satsamāropaḥ ... 35
32. bodhisattvā anekarūpaveṣadhāriṇo bhavanti ... 35
33. śūnyatānutpādādvayaniḥsvabhāvalakṣaṇaṃ sarvadharmāṇām ... 36
34. saptavidhā śūnyatā ... 36
35. niḥsvabhāvāḥ sarvabhāvāḥ ... 38
36. advayāḥ sarvadharmāḥ ... 38
37. arthānusāriṇā bhavitavyaṃ na deśanābhilāpābhiniviṣṭena ... 38

Text

1. (NI) *"ekasmin samaye bhagavāṃl laṅkāpure viharati sma"*

(Taisho 16, 480a; Nanjio 1[5]) evaṃ mayā śrutam / ekasmin samaye bhagavāṃl laṅkāpure samudramalayaśikhare viharati sma nānāratnagotrapuṣpapratimaṇḍite mahatābhikṣusaṅghena sārdhaṃ mahatā ca bodhisattvagaṇena nānābuddhakṣetrasaṃnipatitair bodhisattvair mahāsattvair anekasamādhivaśitābalābhijñāvikrīḍitair mahāmatibodhisattvapūrvaṃgamaiḥ sarvabuddhapāṇy-abhiṣekābhiśiktaiḥ svacittadṛśyagoca**(N 2)**raparijñānārthakuśalair nānāsattvacittacaritrarūpanaya-vinayadhāribhiḥ pañcadharmasvabhāvavijñānanairātmy*a*dvaya[2]-gatiṃgataiḥ //

2. (NII, 1-1) *"mahāmatir bodhisattvo bhagavantaṃ gāthābhir abhyaṣṭāvīt "*

(N 22) atha khalu mahāmatir *bodhisattvo* mahāmatibodhisattvasahitaḥ sarvabuddhakṣetrānucārī buddhānubhāvenotthāyāsanād ekāṃsam uttarāsaṅgaṃ kṛtvā dakṣiṇaṃ jānumaṇḍalaṃ pṛthivyāṃ pratiṣṭhāpya yena bhagavāṃs tenāñjaliṃ praṇamya bhagavantaṃ gāthābhir abhyaṣṭāvīt //

utpādabhaṅgarahito lokaḥ khapuṣpasaṃnibhaḥ /
sadasan nopalabdhas te prajñayā kṛpayā ca te // 1 (NII. 1, X. 1) [3]
māyopamāḥ sarvadharmāḥ cittavijñānavarjitāḥ / **(T 480b)**
sadasan nopalabdhās te prajñayā kṛpayā ca te // 2 (NII. 2, X. 3)
śāśvatocchedavarjaś ca lokaḥ svapnopamaḥ sadā /
sadasan nopalabdhas te prajñayā kṛpayā ca te // 3 (NII. 3, X. 2)
(N 23[2]) [4] dharmapudgalanairātmyaṃ kleśajñeyaṃ ca te sadā /
viśuddham ānimittena prajñayā kṛpayā ca te // 4 (NII. 6, X. 4)
na nirvāsi nirvāṇe na nirvāṇaṃ tvayi saṃsthitam /
buddhaboddhavyarahitaṃ sadasatpakṣavarjitam // 5 (NII. 7, X. 5)

---

2 (N 2[2]) "-nairātmyādvaya-" corrected. The Guṇabhadra rendering (G.) : 二種無我 .

3 The Nanjio text has 420 verses in all before the tenth chapter, *Sagāthakam*, which has 884 verses. Of the 420 verses, 219 have their corresponding forms, identical or similar, among the *Sagāthakam* verses. The number of verses in each chapter of the Nanjio text which have their corresponding forms in the *Sagāthakam*, compared with the whole number of verses of each chapter, is as follows:
I. 0 / 44; II. 106 / 202; III. 92 / 120; IV. 7 / 17; V. 0 / 2; VI. 14 / 17; VII. 0 / 5; VIII. 0 / 23; IX. 0 / 0.
In the present case Verse 1 of Chapter I is in the Nanjio edition Verse 1 of Chapter II, which has its corresponding form in the *Sagāthakam* as Verse 1.

4 The Sanskrit Verses 4 and 5 of the Nanjio text, which are lacking in the two Chinese versions, G. and B. (by Bodhiruci), are omitted here.

ye paśyanti munim śāntam evam utpattivarjitam /

te bhonti nirupādānā ihāmutra nirañjanāḥ // 6 (NII. 8, X.6)

atha khalu mahāmatir *bodhisattvo* bhagavantam ābhiḥ sārūpyābhir gāthābhir abhiṣṭutya svanāmagotraṃ bhagavate saṃśrāvayati sma //

mahāmatir ahaṃ bhagavan mahāyānagatiṃ gataḥ /

aṣṭottaraṃ praśnaśataṃ pṛcchāmi vadatāṃ varam // 7 (NII. 9)

tasya tad vacanaṃ śrutvā buddho lokavidāṃ varaḥ /

nirīkṣya pariṣadaṃ sarvāṃ alapī[5] sugatātmajam // 8 (NII. 10)

pṛcchantu māṃ jinasutās tvaṃ ca pṛccha mahāmate /

ahaṃ te deśayiṣyāmi pratyātmagatigocaram // 9 (NII. 11)

3. (NII, 1-2) ***"mahāmatir bhagavantaṃ praśnaṃ paripṛcchati sma "***

atha khalu mahāmatir bodhisattvo mahāsattvo bhagavatā kṛtāvakāśo bhagavataś caraṇayor nipatya *kṛtāñjalibhūto gāthābhir* [6] bhagavantaṃ praśnaṃ pari**(N 24)**pṛcchati sma //

kathaṃ hi śudhyate tarkaḥ kasmāt tarkaḥ pravartate /

kathaṃ hi dṛśyate bhrāntiḥ kasmād bhrāntiḥ pravartate // 10 (NII. 12)

kasmāt kṣetrāṇi nirmāṇā lakṣaṇaṃ tīrthikāś ca *te* [7] /

nirābhāsaḥ kramaḥ kena jinaputrāś ca te kutaḥ // 11 (NII. 13)

muktasya gamanaṃ kutra baddhaḥ kaḥ kena mucyate /

dhyāyināṃ viṣayaḥ ko 'sau kathaṃ yānatrayaṃ bhavet // 12 (NII. 14)

pratyayair jāyate kiṃ tat kāryaṃ kiṃ kāraṇaṃ ca kim /

ubhay*ānya*kathā[8] kena kathaṃ vā *saṃpravardhate* [9] // 13 (NII. 15)

ārūpyā ca samāpattir nirodhaś ca kathaṃ bhavet / **(T 480c)**

saṃjñānirodhaś ca kathaṃ kathaṃ kasmād *vibudhyate* [10] // 14 (NII. 16)

kriyā pravartate kena gamanaṃ dehadhāriṇām /

---

5 (N 23[14]) "alapī" = "alāpīt" Cf. Edgerton, *Buddhist Hybrid Sanskrit Grammar*, 32, 16.
6 (N 23[18]) These two terms are supplied according to G.: 合掌恭敬、以偈問日 .
7 (N 24[4]) "ye" corrected. Tibetan Tripiṭaka Peking vol. 29, no. 775, 70a[6]: "kyod kyi mtshan".
8 (N 24[9]) "ubhayo 'nta-" corrected. G.: 倶異 . Tib. Pek., 29, no. 776, 209b[5]: "gñi ga tha dad".
9 Ibid. "saṃpravartate" corrected. G.: 為増長 . Tib. Ibid.: " 'phel ba".
10 (N 24[11]) "hi mucyate" corrected. G.: 何因従定覚 . Tib. Tri. Pek. 29, 775, 70b[1]: "sad par 'gyur".

kathaṃ dṛśyaṃ *vibhāvyate* [11] kathaṃ bhūmiṣu vartate // 15 (NII. 17)

nirbhidyet tribhavaṃ ko 'sau kiṃ sthānaṃ kā tanur bhavet /

sthitaḥ pravartate kutra jinaputraḥ kathaṃ bhavet // 16 (NII. 18)

abhijñā labhate kena vaśitāś ca samādhayaḥ /

samādhyate kathaṃ cittaṃ brūhi me jinapuṅgava // 17 (NII. 19)

ālayaṃ ca kathaṃ kasmāt mano vijñānam eva ca / **(N 25)**

kathaṃ pravartate dṛśyaṃ kathaṃ dṛśyān nivartate // 18 (NII. 20)

gotrāgotraṃ kathaṃ kena cittamātraṃ bhavet katham /

lakṣaṇasya vyavasthānaṃ nairātmyaṃ ca kathaṃ bhavet // 19 (NII. 21)

kathaṃ na vidyate sattvaḥ saṃvṛtyā deśanā katham /

kathaṃ śāśvatocchedadarśanaṃ na pravartate // 20 (NII. 22)

kathaṃ hi tīrthikās tvaṃ ca lakṣaṇair na virudhyase /

naiyāyikā*ḥ* kathaṃ brūhi bhaviṣyanti anāgate // 21 (NII. 23)

śūnyatā ca kathaṃ kena kṣaṇabhaṅgaś ca te katham /

kathaṃ pravartate garbhaḥ kathaṃ loko nirīhikaḥ // 22 (NII. 24)

māyāsvapnopamaḥ kena kathaṃ gandharvasaṃnibhaḥ /

marīcidakacandrābhaḥ kena loko bravīhi me // 23 (NII. 25)

bodhyaṅgānāṃ kathaṃ kena bodhipakṣā bhavet kutaḥ /

marāś ca deśasaṃkṣobho bhavadṛṣṭiḥ kathaṃ bhavet // 24 (NII. 26)

ajātam aniruddhaṃ ca kathaṃ khapuṣpasaṃnibham /

kathaṃ ca budhyase lokaṃ kathaṃ brūṣe nirakṣaram // 25 (NII. 27)

nirvikal*po* bhavet kena kathaṃ ca gaganopamāḥ /

tathatā bhavet katividhā cittaṃ pāramitāḥ kati // 26 (NII. 28)

bhūmikramo bhavet kena nirābhāsagatiś ca kā / **(N 26)**

nairātmyaṃ ca dvidhā kena kathaṃ jñeyaṃ viśudhyati // 27 (NII. 29)

jñānaṃ katividhaṃ nātha śīlaṃ sattvākarāṇi ca /

kena pravartitā gotrāḥ suvarṇamaṇimuktajāḥ // 28 (NII. 30)

11 (N 24[13]) "vibhāvo" corrected. G.: 云何現分別 . Tib. Pek. 29, 775, 70b[1]: "ji ltar snaṅ ba rnam par sgom". Nanjio footnote 6 suggests "vibhāveti".

(T 481a) abhilāpo *'jāni* [12] kena vaicitrasattvabhāvayoḥ /

vidyāsthānakalāś caiva kathaṃ kena prakāśitam // 29 (NII. 31)

gāthā bhavet katividhā gadyaṃ padyaṃ bhavet katham /

kathaṃ yuktiḥ katividhā vyākhyānaṃ ca kathaṃvidham // 30 (NII. 32)

annapānaṃ ca vaicitryaṃ maithunaṃ jāyate katham /

rājā ca cakravartī ca maṇḍalī ca kathaṃ bhavet // 31 (NII. 33)

rakṣyaṃ bhavet kathaṃ *rājyaṃ* [13] devakāyāḥ kathaṃvidhāḥ /

bhūnakṣatragaṇās kena somabhāskarayoḥ katham // 32 (NII. 34)

mokṣo *bhavet katividho* yogī *bhavet* katividhaḥ /[14]

śiṣyo bhavet katividha ācāryaś ca bhavet katham // 33 (NII. 35)

buddho bhavet katividho jātakāś ca kathaṃvidhāḥ /

māro bhavet katividhaḥ pāṣāṇḍāś ca katividhāḥ // 34 (NII. 36)

svabhāvas te katividhaḥ cittaṃ katividhaṃ bhavet /

prajñaptimātraṃ ca kathaṃ brūhi me vadatāṃ vara // 35 (NII. 37)

(N 27) ghanāḥ khe pavanaṃ kena smṛtir *medhā* [15] kathaṃ bhavet /

taruvallyaḥ kathaṃ kena brūhi me tribhaveśvara // 36 (NII. 38)

hayā gajā mṛgāḥ kena grahaṇaṃ yānti bāliśāḥ /

uhoḍimā narāḥ kena *kathaṃ narā uhoḍimāḥ* [16] // 37 (NII. 39)

ṣaḍṛtugrahaṇaṃ kena katham icchantiko bhavet /

strīpuṃnapuṃsakānāṃ ca kathaṃ janma vadāhi me // 38 (NII. 40)

kathaṃ vyāvartate yogāt kathaṃ yoga*ḥ* pravartate /

kathaṃ ca *kiṃvidhā* [17] yoge narā*ḥ* sthāpyā vadāhi me // 39 (NII. 41)

gatyāgatānāṃ sattvānāṃ kiṃ liṅgaṃ kiṃ ca lakṣaṇam /

dhaneśvaro kathaṃ kena brūhi me gaganopama // 40 (NII. 42)

śākyavaṃśaḥ kathaṃ kena katham ikṣvākusaṃbhavaḥ /

---

12 (N 26[4]) "jānikaḥ" corrected: G.: 誰 生 諸 語 言 . Cf. Edgerton, *Buddhist Hybrid Sanskrit Dictionary* on "jānikaḥ".

13 (N 26[10]) "rājyā" corrected. G.: 守護国 .

14 (N 26[12]) "vidyāsthānaṃ bhavet kiṃ ca mokṣo yogī katividhaḥ" corrected. G.: 解脱修行者是各幾種 . B.: 解脱有幾種行者有幾種 .

15 (N 27[1]) "medho" corrected. G.: 聡明 . Tib. Tri. Pek. 29, 775, 71a[7]: "yid gṣuṅs".

16 (N 27[4]) "brūhi me cittasārathe" corrected. G.: 何因而卑陋 .

17 (N 27[8]) "caivaṃvidhā" corrected. G.: 建立何等人 .

ṛṣir dīrghatapāḥ kena kathaṃ tena *praśāsitaḥ* [18] // 41 (NII. 43)

tvam eva kasmāt sarvatra sarvakṣetreṣu dṛśyase /

nāmaiś citrais tathārūpair jinaputraiḥ parivṛtaḥ // 42 (NII. 44) **(T 481b)**

abhakṣyaṃ hi kathaṃ māṃsaṃ kathaṃ māṃsaṃ niṣidhyate /

kravyādagotrasaṃbhūtā māṃsaṃ bhakṣanti kena vai // 43 (NII. 45)

somabhāskarasaṃsthānā merupadmopamā katham /

śrīvatsasiṃhasaṃsthānā kṣetrā kena vadāhi me // 44 (NII. 46)

(N 28) vyastā adhamūrdhāś ca indrajālopamā katham /

sarvaratnamayā kṣetrā kathaṃ kena vadāhi me // 45 (NII. 47)

vīṇāpaṇavasaṃsthānā nānāpuṣpaphalopamāḥ /

ādityacandravirajāḥ kathaṃ kena vadāhi me // 46 (NII. 48)

kena nirmāṇikā buddhāḥ kena buddhā vipākajāḥ /

tathatājñānabuddhā vai kathaṃ kena vadāhi me // 47 (NII. 49)

kāmadhātau kathaṃ kena na vibuddho vadāhi me /

akaniṣṭhe kim arthaṃ tu vītarāgeṣu budhyase // 48 (NII. 50)

nirvṛte sugate ko 'sau śāsanaṃ dhārayiṣyati /

kiyat sthāyī bhavec chāstā kiyantaṃ sthāsyate nayaḥ // 49 (NII. 51)

siddhāntas te katividho dṛṣṭiś cāpi kathaṃvidhā /

vinayo bhikṣubhāvaś ca kathaṃ kena vadāhi me // 50 (NII. 52)

parāvṛtti*śataṃ* kena nirābhāsa*śataṃ* [19] katham /

pratyeka jinaputrāṇāṃ śrāvakānāṃ vadāhi me // 51 (NII. 53)

abhijñā laukikāḥ kena bhavel lokottarā katham /

cittaṃ hi bhūmayaḥ sapta[20] kathaṃ kena vadāhi me // 52 (NII. 54)

saṅghas te syāt katividhaḥ saṅghabhedaḥ kathaṃ bhavet /

cikitsāśāstraṃ sattvānāṃ kathaṃ kena vadāhi me // 53 (NII. 55)

(N 29) kāśyapaḥ krakucchandaś ca konākamunir apy aham /

bhāṣase jinaputrāṇāṃ vada kasmān mahāmune // 54 (NII. 56)

---

18 (N 27[12]) "prabhāvitam" corrected. G.: 彼云何教授 . Cf. Nanjio fn. 6.

19 (N 28[13]) "parāvṛttigatam" and "nirābhāsagatam" corrected. G.: 百変易 and 百無受 . B.: 百変易 and 百寂静 .

20 (N 28[16]) G.: 云何為七地 , but for the same wordings of Verse 93c below, G. is 心地者有七 .

*ātmān*ātma[21]-kathā kena nityanāśakathā katham /

kasmāt tattvaṃ na sarvatra cittamātraṃ prabhāṣase // 55 (NII. 57)

naranārīvanaṃ kena harītakyāmalīvanam /

kailāsaś cakravāḍaś ca vajrasaṃhananāḥ katham // 56 (NII. 58)

acalās tadantare *naike* [22] nānāratnopaśobhitāḥ /

ṛṣigandharvasaṃkīrṇāḥ kathaṃ kena vadāhi me // 57 (NII. 59)

4. (NII, 1-3) ***"idaṃ śrutvā mahāvīro buddho lokavidāṃvaraḥ"***

(T 481c) idaṃ śrutvā mahāvīro buddho lokavidāṃvaraḥ /

mahāyāna*nayaṃ citraṃ* buddhānāṃ hṛdayaṃ *varam* [23] // 58 (NII. 60)

sādhu sādhu mahāprajña mahāmate nibodhase /

bhāṣiśyāmy anupūrveṇa yat tvayā paripṛcchitam // 59 (NII. 61)

utpādam atha notpādaṃ nirvāṇaṃ *śūnyaṃ kṣaṇikam* [24] /

saṃkrāntir asvabhāvatvaṃ buddhāḥ pāramitāḥ sutāḥ // 60 (NII. 62)

śrāvakāḥ *pratyekabuddhās* [25] tīrthyā hy ārūpyacāriṇaḥ /

meruḥ samudrā hy acalā dvīpā*ḥ* kṣetrāṇi medinī // 61 (NII. 63)

nakṣatrā bhāskaraḥ somas tīrthyā devāsurās tathā / **(N 30)**

vimokṣā vaśitābhijñā balā dhyānā samādhayaḥ // 62 (NII. 64)

nirodhā ṛddhipādāś ca bodhyaṅgā mārga eva ca /

dhyānāni cāpramāṇāni skandhā gatyāgatāni ca // 63 (NII. 65)

samāpattir nirodhaś ca vyutthānaṃ cittadeśanā /

cittaṃ manaś ca vijñānaṃ nairātmyaṃ dharmapañcakam // 64 (NII. 66)

svabhāvaḥ kalpanā kalpyaṃ dṛśyaṃ dṛṣṭidvayaṃ katham /

yānākarāṇi gotrāṇi suvarṇamaṇimuktajāḥ // 65 (NII. 67)

icchantikā mahābhūtā *ḍamarā* [26] ekabuddhatā /

jñānaṃ jñeyo gamaṃ prāptiḥ sattvānāṃ ca bhavābhavam // 66 (NII. 68)

---

21 (N 29[3]) "asattvātma-" corrected. G.: 我無我 .

22 (N 29[7]) "vai ke" corrected. Tib. Tri. Pek. 29, 775, 72a[5]: "de'ī naṅ na du ma'ī ri". Cf. Nfn. 6.

23 (N 29[10]) "mahāyānamayaṃ cittaṃ ... balam" corrected. G.: 大乗諸度門諸仏心第一 .

24 (N 29[13]) "śūnyalakṣaṇam" corrected. G. & B.: 空刹那 .

25 (N 29[15]) "jinaputrāś ca" corrected. G.: 縁覚 .

26 (N 30[8]) "bhramarā" corrected. G.: 荒乱 . Tib. Tri. Pek. 29, 775, 72b[1]: dkrugs ma (for the term in question: a large black bee); 74b[15]: khrag khrug (for ḍamara, a riot, tumult). .

hayā gajā mṛgāḥ kena grahaṇaṃ brūhi me katham /

dṛṣṭāntahetubhir yuktaḥ siddhānto deśanā katham // 67 (NII. 69)

kāryaṃ ca kāraṇaṃ kena nānābhrāntis tathā nayam /

cittamātraṃ na dṛśyo 'sti bhūmīnāṃ nāsti vai kramaḥ // 68 (NII. 70)

nirābhāsaparāvṛttiḥ śataṃ kena bravīṣi me /

cikitsaśāstraṃ śilpāś ca kalāvidyāgamaṃ tathā // 69 (NII. 71)

acalānāṃ tathā meroḥ pramāṇaṃ hi kṣiteḥ katham /

udadheś candrasūryāṇāṃ pramāṇaṃ brūhi me katham // 70 (NII. 72)

(N 31) sattvadehe kati rajāṃsi hīnotkṛṣṭamadhyamāḥ /

kṣetre kṣetre rajah kṛtto dhanvo dhanve bhavet kati // 71 (NII. 73)

haste dhanuḥkrame krośe yojane hy ardhayojane / **(T 482a)**

śaśavātāyanaṃ likṣā eḍakaṃ hi yavāḥ kati // 72 (NII. 74)

prasthe hi syād yavāḥ kyantaḥ prasthārdhe ca yavāḥ kati /

droṇe khāryāṃ tathā lakṣāḥ koṭyo vai viṃvarāḥ kati // 73 (NII. 75)

sarṣape hy aṇavaḥ kyanto *raktikā* [27] sarṣapāḥ kati /

kati *raktikā* bhaven māṣo dharaṇaṃ māṣakāḥ kati // 74 (NII. 76)

karṣo hi dharaṇāḥ kyantaḥ palaṃ vai kati kārṣikā /

etena piṇḍalakṣaṇaṃ meruḥ kati pa*lā* bhavet // 75 (NII. 77)

evaṃ hi pṛccha māṃ putra anyathā kiṃ nu pṛcchasi /

pratyekaśrāvakāṇāṃ hi buddhānāṃ ca jinaurasām / **(N 32)**

katy aṇuko bhavet kāyaḥ kiṃ nu evaṃ na pṛcchasi // 76 (NII. 78)

vahneḥ śikhā katy aṇukā pavane hy aṇavaḥ kati /

indriye indriye kyanto romakūpe bhruvoḥ kati // 77 (NII. 79)

dhaneśvarā narāḥ kena rājānaś cakravartinaḥ /

rājyaṃ ca *taiḥ* kathaṃ rakṣyaṃ mokṣaś caiṣāṃ kathaṃ bhavet // 78 (NII. 80)

gadyaṃ padyaṃ kathaṃ brūṣe maithunaṃ lokaviśrutā /

annapānasya vaicitryaṃ naranārīvanāḥ katham // 79 (NII. 81)

vajrasaṃhananāḥ kena hy acalāḥ brūhi me katham /

māyāḥ svapnanibhāḥ kena mṛgatṛṣṇopamāḥ katham /

27 (N 31[7]) "rakṣiko" corrected. G.: 賴提 .

katham̩ hy acalā divyā r̩ṣigandharvamaṇḍitāḥ //[28] 80 (NII. 82, 84cd)
muktasya gamanaṃ kutra baddhaḥ kaḥ kena mucyate /
dhyāyināṃ viṣayaḥ ko 'sau nirmāṇas tīrthikāni ca // 81 (NII. 85)
asat*kāryaṃ kathaṃ kena satkāryaṃ ca kena katham /*
asatsatkāryaṃ kathaṃ ca nāsatsatkāryaṃ ca kena //[29] 82 (NII. 86a)
kathaṃ dṛśyaṃ nivartate **(N 33)** kathaṃ hi śudhyate tarkaḥ /
kena tarkaḥ pravartate kriyā pravartate kena //[30] 83 (NII. 86bcd, 87a)
saṃjñāyāḥ cchedanaṃ kena **(T 482b)** *samādheḥ kenottiṣṭhate* [31] /
vidārya tribhavaṃ ko 'sau kiṃ sthānaṃ kā tanur bhavet // 84 (NII. 87cd, 88ab)
*asattvātma*kathā[32] kena saṃvṛtyā deśanā katham /
lakṣaṇaṃ pṛcchase kena nairātmyaṃ pṛcchase katham // 85 (NII. 88cd, 89ab)
gar*bho* naiyāyikāḥ kena pṛcchase māṃ jinaura*sa* /
śāśvatocchedadṛṣṭiś ca kena cittaṃ samādhyate // 86 (NII. 89cd, 90ab)
abhilāpas tathā jñānaṃ śīlaṃ gotraṃ jinaurasāḥ /
yuk*ti*vyākhyā guruśiṣyaḥ sattvānāṃ citratā katham // 87 (NII. 90cd, 91ab)
annapānaṃ *tathā* medhā mārāḥ prajñaptimātrakam /
taruvallyaḥ kathaṃ kena pṛcchase māṃ jinaurasa // 88 (NII. 91cd, 92ab)
kṣetrāṇāṃ [33] citratā kena ṛṣir dīrghatapās tathā /
vaṃśaḥ kas te guruḥ kena pṛcchase māṃ jinaurasa // 89 (NII. 92cd, 93ab)
*uhoḍ*imā narā yoge kāmadhātau na budhya*te* [34] /
siddhānto hy akaniṣṭheṣu yuktiṃ pṛcchasi me katham // 90 (NII. 93cd, 94ab)
(N 34) abhijñāṃ laukikāṃ kena kathaṃ bhikṣutvam eva ca /
nairmāṇikān vipākasthān buddhān pṛcchasi me katham // 91 (NII. 94cd, 95ab)
tathatā*samatā*jñānabud*dhaś ca* vai kathaṃ bhavet /
saṅghāś caiva katham *evaṃ māṃ pṛcchasi jinaurasa* //[35] 92 (NII. 95cd)

---

28 (N 32[13]) One verse and a half of the Nanjio text, NII. 83 & 84ab, are lacking in G.
29 (N 32[16]) "asatsadakriyā kena" corrected. G.: 云何無因作云何有因作　有因無因作及非有無因 .
30 (N 33[2]) Part of the Nanjio verse, 87b, is lacking in G.
31 (N 33[3]) "samādhiḥ kena cocyate" corrected. G.: 云何三昧起 ; B.: 何因出三昧 .
32 (N 33[5]) "asatyātmakathā" corrected. G.: 云何無衆生而説有吾我 .
33 (N 33[13]) "kṣetrāṇi" corrected. Cf. Nanjio fn. 9a.
34 (N 33[15]) "budhyase" corrected. G.: 人修行 ... 不覚 ..
35 (N 34[3]) Corrections follow G.: 云何為如如　平等智慧仏　云何為衆僧　仏子如是問 .

vīṇāpaṇavapuṣpābhā kṣetrālokavivarjitā /

cittaṃ hi bhūmayaḥ sapta pṛcchase māṃ *yathāvat* [36] // 93 (NII. 96)

etāṃś cānyāṃś ca subahūn praśnān pṛcchasi māṃ suta /

ekaikaṃ lakṣaṇair yuktaṃ dṛṣṭidoṣavivarjitam // 94 (NII. 97)

siddhān*tā*deśanāṃ[37] vakṣye sahasā tvaṃ śṛṇohi me /

upanyāsaṃ kariṣyāmi padānāṃ śṛṇu me suta /

aṣṭottaraṃ padaśataṃ yathā buddhānuvarṇitam // 95 (NII. 98)

5. (NII, 1-4) ***"śṛṇu me suta aṣṭottaraṃ padaśataṃ yathā buddhānuvarṇitam"***

(1) utpādapadam anutpādapadaṃ[38]

(2) nityapadam anityapadaṃ

(3) lakṣaṇapadam alakṣaṇapadaṃ

(4) sthityanyathātvapadam asthityanyathātvapadaṃ

(5) kṣaṇikapadam akṣaṇikapadaṃ

(6) svabhāvapadaṃ *niḥ*sva**(T 482c)**bhāvapadaṃ

(7) śūnyatāpadam aśūnyatāpadaṃ

(8) ucchedapadam anucchedapadaṃ

(9) cittapadam acittapadam[39]

(10) antapadam anantapadaṃ

(11) madhyamapadam amadhyamapadaṃ

(12) śāśvatapadam aśāśvatapadaṃ

(13) pratyayapadam apratyayapadaṃ

(14) hetupadam ahetupadaṃ

(15) kleśapadam akleśapadaṃ

(16) tṛṣṇāpadam atṛṣṇā**(N 35)**padam

(17) upāyapadam anupāyapadaṃ

---

36 (N 34[5]) "jinaurasa" corrected. G. : 所問皆如実 .
37 (N 34[8]) "siddhāntaṃ deśanāṃ" corrected. G.: 悉檀離言説 .
38 (N 34[13]) The extant G. Chinese version seen in Taisho 16, 482b as well as in Kokan Shiren's commentary text 仏語心論 (A.D. 1325) shows the order 不生句生句 (anutpādapadam utpādapadam). However, Chos grub's Tibetan translation from G. (early ninth century), Pek. 29, 776, p. 87, 213a, shows the same word order as the Nanjio Sanskrit text, and is considered to show the earliest form of the Chinese original text.
39 (N 34[16]) In the extant G version it appears later, but its Tib. rendering, 776, 213a[7], puts it here.

(18) kauśalyapadam akauśalyapadaṃ

(19) śuddhipadam aśuddhipadaṃ

(20) yuktipadam ayuktipadaṃ

(21) dṛṣṭāntapadam adṛṣṭāntapadaṃ

(22) śiṣyapadam aśiṣyapadaṃ

(23) gurupadam agurupadaṃ

(24) gotrapadam agotrapadaṃ

(25) yānatrayapadam ayānatrayadam

(26) *ā*bhāsapadam *nir*ābhāsapadaṃ

(27) praṇidhānapadam apraṇidhānapadaṃ

(28) trimaṇḍalapadam atrimaṇḍalapadaṃ

(29) nimittapadam animittapadaṃ

(30) *sat*pakṣapadam *asat*pakṣapadam

(31) ubhayapadam anubhayapadaṃ

(32) svapratyātmāryajñānapadam asvapratyātmāryajñānapadaṃ

(33) dṛṣṭadharmasukhapadam adṛṣṭadharmasukhapadaṃ

(34) kṣetrapadam akṣetrapadam

(35) aṇupadam anaṇupadaṃ

(36) jalapadam ajalapadaṃ

(37) dhanvapadam adhanvapadaṃ

(38) bhūtapadam abhūtapadaṃ

(39) *saṃkhyā*padam asaṃkhyāpadaṃ

(40) *gaṇita*padam agaṇitapadaṃ

(41) abhijñāpadam anabhijñāpadaṃ

(42) *kha*padam akhapadaṃ

(43) ghanapadam aghanapadaṃ

(44) śilpakalāvidyāpadam aśilpakalāvidyāpadaṃ

(45) vāyupadam avāyupadaṃ

(46) bhūmipadam abhūmipadaṃ

(47) cintyapadam acintyapadaṃ[40]

(48) prajñaptipadam aprajñaptipadaṃ

(49) svabhāvapadam asvabhāvapadaṃ

(50) skandhapadam askandhapadaṃ

(51) sattvapadam asattvapadaṃ

(52) buddhipadam abuddhipadaṃ

(53) nirvāṇapadam anirvāṇapadaṃ

(54) jñeyapadam ajñeyapadaṃ

(55) tīrthyapadam atīrthyapadaṃ

(56) ḍamarapadam aḍamarapadaṃ

(57) māyāpadam amāyāpadaṃ

(58) svapnapadam asvapnapadaṃ

(59) marī(**N 36**)cipadam amarīcipadaṃ

(60) bimbapadam abimbapadaṃ

(61) cakrapadam acakrapadaṃ

(62) gandharvapadam agandharvapadaṃ

(63) devapadam adevapadam

(64) annapānapadam anannapānapadaṃ

(65) maithunapadam amaithunapadaṃ

(66) dṛṣṭapadam adṛṣṭapadaṃ

(67) pāramitāpadam apāramitāpadaṃ

(68) śīlapadam aśīlapadaṃ

(69) somabhāskaranakṣatrapadam asomabhāskaranakṣatrapadaṃ

(70) satyapadam asatyapadaṃ

(71) phalapadam aphalapadaṃ

(72) nirodhapadam anirodhapadaṃ[41]

(73) nirodhavyutthānapadam anirodhavyutthānapadaṃ

(74) cikitsāpadam acikitsāpadaṃ

---

40 (N 35[13]) G. lacks this; instead, it had "cittapadam", which was shifted to (9).
41 (N 36[6]) This is lacking in G.

(75) *saṃjñā*padam[42] *asaṃjñā*padaṃ

(76) aṅgapadam anaṅgapadaṃ

(77) *vidyāsthānakuśala*padam *avidyāsthānakuśala*padaṃ[43]

(78) dhyānapadam adhyānapadaṃ

(79) bhrāntipadam abhrāntipadaṃ

(80) dṛśyapadam adṛśyapadaṃ

(81) rakṣyapadam arakṣyapadaṃ

(82) vaṃśapadam avaṃśapadaṃ

(83) ṛṣipadam arṣipadaṃ

(84) rājyapadam arājyapadaṃ

(85) grahaṇapadam agrahaṇapadaṃ

(86) ratnapadam aratnapadaṃ

(87) vyākaraṇapadam avyākaraṇapadam

(88) icchantikapadam anicchantika**(T 483a)**padaṃ

(89) strīpuṃnapuṃsakapadam astrīpuṃnapuṃsakapadaṃ

(90) rasapadam arasapadaṃ

(91) kriyāpadam akriyāpadaṃ

(92) dehapadam adehapadaṃ

(93) tarkapadam atarkapadaṃ

(94) calapadam acalapadam

(95) indriyapadam anindriyapadaṃ

(96) saṃskṛtapadam asaṃskṛtapadam

(97) *asaṃskṛtapadam anasaṃskṛtapadaṃ* [44]

(98) hetuphalapadam ahetuphalapadaṃ

(99) akaniṣṭhapadam anakaniṣṭhapadaṃ

(100) ṛtupadam artupadaṃ

(101) drumagulmalatāvitānapadam a**(N 37)**drumagulmalatāvitānapadaṃ

(102) vaicitryapadam avaicitryapadaṃ

---

42 (N 36[7]) "lakṣaṇapadam" corrected. G.: 相句非相句 is corrected to 想句非想句 .

43 (N 36[8]) "kalāvidyāpadam" corrected. G.: 巧明処 .

44 (N 36[16]) This is inserted according to G.: 無為句非無為句 .

(103) *deśanā*padam *adeśanā*padaṃ[45]

(104) vinayapadam avinayapadaṃ

(105) bhikṣupadam abhikṣupadam

(106) adhiṣṭhānapadam anadhiṣṭhānapadam

(107) akṣarapadam anakṣarapadaṃ

(108) [*dharmapadam adharmapadam*]

idaṃ tan mahāmate aṣṭottarapadaśataṃ pūrvabuddhānuvarṇitam *atra tvayā śikṣitavyam anyaiś ca bodhisattvair mahāsattvaiḥ* //[46]

6. (NII, 2-1) *"dvividho vijñānānām utpattisthtinirodho bhavati"*

atha khalu mahāmatir bodhisattvo mahāsattvaḥ punar api bhagavantam etad avocat / katividho bhagavan vijñānānām utpādasthitinirodho bhavati / bhagavān āha / dvividho mahāmate vijñānānām utpattisthitinirodho bhavati na ca tārkikā avabudhyante yaduta dvividha utpādo[47] vijñānānāṃ prabandhotpādo lakṣaṇotpādaś ca / dvividhā sthitiḥ prabandhasthitir lakṣaṇasthitiś ca / *dvividho nirodhaḥ* prabandhanirodho lakṣaṇanirodhaś ca / trividhaṃ vijñānaṃ pravṛttilakṣaṇaṃ karmalakṣaṇaṃ jātilakṣaṇaṃ ca / *tri*vidhaṃ[48] mahāmate vijñānaṃ saṃkṣepeṇa aṣṭalakṣaṇoktaṃ *jātivijñānaṃ* khyātivijñanaṃ vastuprativikalpavijñānaṃ ca / yathā mahāmate darpaṇasya rūpagrahaṇaṃ *tathā* khyātivijñānasy*ākhyāpy evaṃ asti* [49] / khyātivijñānaṃ ca mahāmate vastuprativikalpavijñānaṃ ca dve 'py ete *bhinnā*bhinnalakṣaṇe[50] 'nyonyahetuke / tatra khyātivijñānaṃ mahāmate 'cintyavāsan*ācintya*pariṇāmahetukam / vastupratiᅟ(**N 38**)vikalpavijñānaṃ ca mahāmate viṣaya*vaicitryagrahaṇa*hetukam[51] anādikālaprapañcavāsanāhetukaṃ ca //

tatra sarvendriyavijñānanirodho mahāmate yaduta ālayavijñānasyābhūtaparikal-

45 (N 37[1-2]) "deśanāvatāra-" corrected. G.: 説句非説句

46 (N 37[4-5]) The 108th padas are supplied by the editor; the second sentence of the Buddha's closing remarks is added according to G.: 汝及諸菩薩摩訶薩応当修学 .

47 (N 37[10]) The "nirodha" phrases, which precede the "utpāda" phrases in the Nanjio text, are shifted after the "sthiti" phrases according to G.

48 (N 37[14-15]) The Nanjio text and the other Chinese versions speak of two kinds alone, without the "jātivijñānam".

49 (N 37[16-17]) "evaṃ khyātivijñānasyākhyāsyati" corrected. G.: 現識処亦復如是 .

50 (N 37[18]) "abhinnalakṣaṇe" corrected. G.: 此二壊不壊相 .

51 (N 38[1]) "-vikalpa-" corrected. G.: 取種々塵 .

pavāsanāvaicitryanirodhaḥ[52] eṣa hi mahāmate lakṣaṇanirodhaḥ / prabandhanirodhaḥ punar mahāmate yasmā*n na* pravartate / yasmād iti mahāmate yadāśrayeṇa yadālambanena ca / *yad āśrayasya ca yad ālambanasya ca nirodhaḥ prabandhanirodho bhavati*[53] tatra yad āśrayam anādikālaprapañcadauṣṭhulyavāsanā / yad ālambanaṃ svacittadṛśyaviṣaye vikalpāḥ / tadyathā mahāmate mṛtparamāṇubhyo mṛtpiṇḍo na cānyo nānanyas tathā suvarṇaṃ bhūṣaṇāt / yadi ca mahāmate mṛtpiṇḍo mṛtparamāṇubhyo 'nyaḥ syāt tair nārabdhaḥ syāt sa cārabdhas tair mṛtparamāṇubhiḥ tasmān nānyaḥ / athānanyaḥ syāt mṛtpiṇḍaparamāṇvoḥ pratibhāgo na syāt / evam eva mahā(**T 483b**)mate pravṛttivijñānāny ālayavijñānajātilakṣaṇād anyāni syur anālayavijñānahetukāni syuḥ / athānanyāni pravṛttivijñānanirodha ālayavijñānanirodhaḥ syāt sa ca na bhavati svajātilakṣaṇanirodhaḥ / tasmān mahāmate na svajātilakṣaṇanirodho vijñānānāṃ kiṃ tu karmalakṣaṇanirodhaḥ / svajātilakṣaṇe punar nirudhyamāna ālayavijñānanirodhaḥ syāt / ālaya(**N 39**)vijñāne punar *nirudhyamāṇe* [54] nirviśiṣṭas tīrthakarocchedavādenāyaṃ vādaḥ syāt / tīrthakarāṇāṃ mahāmate ayaṃ vādo yaduta viṣayagrahaṇoparamād vijñānaprabandhoparamo bhavati vijñānaprabandhoparamād anādikālaprabandhavyucchittiḥ syāt / kāraṇataś ca mahāmate tīrthakarāḥ prabandhapravṛttiṃ varṇayanti na cakṣurvijñānasya rūpālokasamudayata utpattiṃ varṇayanti anyatra kāraṇataḥ / kāraṇaṃ punar mahāmate pradhānapuruṣeśvarakālā*nu*pravādāḥ //

7. (NII, 2-2) ***"saptavidho bhāvasvabhāvaḥ saptavidhaḥ paramārthaś ca"***

punar aparaṃ mahāmate saptavidho bhāvasvabhāvo bhavati yaduta samudaya*bhāva*svabhāvo bhāvasvabhāvo lakṣaṇa*bhāva*svabhāvo mahābhūta*bhāva*svabhāvo hetu*bhāva*svabhāvaḥ pratyaya*bhāva*svabhāvo niṣpatti*bhāva*svabhāvaś[55] ca saptamaḥ //

punar aparaṃ mahāmate saptavidhaḥ paramārtho yaduta cittagocaraḥ prajñāgocaro[56] jñānagocaro dṛṣṭidvayagocaro dṛṣṭidvayātikrāntagocaraḥ sutabhūmy*ati*kramaṇagocaraḥ[57] tathāgatasya pratyātmagatigocaraḥ //

(**N 40**) etan mahāmate atītānāgatapratyutpannānāṃ tathāgatānām arhatāṃ

---

52 (N 38[3]) This part of the Nanjio Sanskrit text corresponds to G's expression: 若覆彼真識種々不実諸虚妄滅 (literally, yadi tajjātivijñānasaṃvārābhūtaparikalpavāsanāvaicitryanirodhaḥ syāt). Here we know how the sutracompilers understood the term "jātivijñāna".

53 (N 38[5-7]) "yasmāc ca" corrected, with the insertion that follows. G.: 相続所因滅則相続滅 . 所従滅及所縁滅則相続滅 .

54 (N 39[1]) "nirūpyamāṇe" corrected. G.: 蔵識滅者 .

55 (N 39[10-11]) G.: 集性自性 , 性自性 , 相性自性 , 大種性自性 , 因性自性 , 縁性自性 , 成性自性 .

56 (N 39[14]) In G. "prajñāgocara" precedes "jñānagocara".

57 (N 39[15]) "anukramaṇa" corrected. G.: 超子地境界 .

samyaksaṃbuddhānāṃ bhāvasvabhāvaparamārthahṛdayaṃ yena samanvāgatās tathāgatā laukika*lokottara*lokottaratamān[58] dharmān āryeṇa prajñācakṣuṣā svasāmānyalakṣaṇa*praveśitayā* [59] vyavasthāpayanti / tathā ca vyavasthāpayanti yathā tīrthakaravādakudṛṣṭisādhāraṇā na bhavanti / kathaṃ ca mahāmate tīrthakaravādakudṛṣṭisādhāraṇā bhavanti yaduta *svaviṣaya*vikalpadṛṣṭyanavabodhanād[60] vijñānānāṃ svacittadṛśyamātrānavatāreṇa mahāmate bālapṛthagjanā bhāvābhāvasvabhāvaparamārthadṛṣṭidvayavādino bhavanti //

8. (NII, 2-3a) ***"ye kecid abhūtvā hetuphalābhivyaktidravyaṃ ca kālāvasthitam icchanti bhūtvā vyayam"***

punar aparaṃ mahāmate vikalpabhavatrayaduḥkhavinivartanam ajñānatṛṣṇākarmapratyayavinivṛttiṃ svacittadṛśyamāyāviṣayānudarśanaṃ bhāṣiṣye / ye kecin mahāmate śramaṇā vā brāhmaṇā vābhūtvā[61] hetuphalābhivyaktidravyaṃ ca kālāvasthitaṃ pratyayeṣu ca skandhadhātvāyatanānām utpādasthitiṃ cecchanti bhūtvā ca vyayam / te mahāmate saṃtatikriyotpādabhava[62]-nirvāṇamārgakarmaphalasatyavināśocchedavādino bhavanti / **(N 41)** tat kasya hetor yad idaṃ pratyakṣānupalabdher ādyadarśan**(T 483c)**ābhāvāt / tadyathā mahāmate ghaṭakapālābhāvo ghaṭakṛtyaṃ na karoti nāpi dagdhabījam aṅkurakṛtyaṃ karoti / evam eva mahāmate ye skandhadhātvāyatanabhāvā niruddhā nirudhyante nirotsyante svacittadṛśyavikalpadarśanāhetutvān nāsti nairantaryapravṛttiḥ //

9. (NII, 2-3b) ***"yady abhūtvā vijñānānāṃ trisaṃgatipratyayakriyāyogenotpattir abhaviṣyad"***

yadi punar mahāmate abhūtvā[63] vijñānānāṃ trisaṃgatipratyayakriyāyogenotpattir abhaviṣyad asatām api mahāmate kūrmaromnām utpattir abhaviṣyat sikatābhyo vā tailasya / pratijñāhānir niyamanirodhaś ca mahāmate prasajyate kriyākarmakaraṇavaiyarthyaṃ ca sadasato bruvataḥ / teṣām api mahāmate trisaṃgatipratyayakriyāyogenopadeśo vidyate hetuphalasvalakṣaṇatayā atītānāgatapratyutpannāsatsallakṣaṇāstitāṃ yuktyāgamais tarkabhūmau vartamāna*ḥ*

58 (N 40[3]) "laukikalokottaratamān" corrected. G.: 世間出世間出世間上々.
59 (N 40[4]) "lakṣaṇapatitān" corrected. G.: 聖慧眼入自共相.
60 (N 40[7]) "svacittaviṣaya-" corrected. G.: 不覚自境界妄想見識.
61 (N 40[14]) "śraddhā" after "abhūtvā" is deleted. G.: 令無種 (=abhūtvā) 有種 (=bhūtvā).
62 (N 40[16]) "utpādabhaṅgabhava-" corrected. G.: 若生若有.
63 (N 41[6]) "śraddhā" after "abhūtvā" is deleted.

svadṛṣṭidoṣavāsanatayā nirdekṣyanti / evam eva mahāmate bālapṛthagjanāḥ kudṛṣṭidaṣṭā viṣamamatayo 'jñaiḥ praṇītaṃ sarvajñapraṇītam iti vakṣyanti //

10. (NII, 2-3c) ***"bodhisattvena mahāsattvena svasiddhāntakuśalena bhavitavyam"***

ye punar anye mahāmate śramaṇā vā brāhmaṇā vā niḥsva(**N 42**)bhāvaghanālātacakragandharvanagarānutpādamāyāmarīcyudakacandrasvapnasvabhāvādhyātmabāhyacittadṛśyavikalpānādikālaprapañcadarśanena svacittavikalpapratyayavinivṛtty*a*rahitāḥ parikalpitābhidhānābhidheyalakṣyalakṣaṇarahitā dehabhogapratiṣṭhābhāsālayavijñānaviṣayagrāhyagrāhakavisaṃyuktaṃ nirābhāsagocaram utpādasthitibhaṅgavarjyaṃ svacittotpādānugataṃ vibhāvayiṣyanti nacirāt te mahāmate bodhisattvā mahāsattvāḥ saṃsāranirvāṇasamatāprāptā bhaviṣyanti / mahākaruṇopāyakauśalyānābhogagatena mahāmate prayogena sarvasattvamāyāpratibimbasamatayā anārabdhapratyayatayā adhyātmabāhyaviṣayavimuktatayā cittabāhyādarśanatayā animittādhi*ṣṭhān*ānugatā anupūrveṇa bhūmikramasamādhiviṣayānugamanatayā traidhātuka*māyā*dhimuktitaḥ[64] prativibhāvayamānā māyopamasamādhiṃ pratilabhante / svacitta*dṛśya*nirābhāsāvatāreṇa[65] prajñāpāramitāvihārānuprāptā*s* *tad*utpādakriyāyogavirahitāḥ[66] samādhivajrabimbopamaṃ tathāgatakāyānugataṃ tathatānirmāṇānugataṃ balābhijñāvaśitākṛpākaruṇopāyamaṇḍitaṃ sarvabuddhakṣetratīrthyāyatanopagataṃ (**N 43**) cittamanomanovijñānarahitaṃ parāvṛtty*ā*śrayānupūrvakaṃ[67] tathāgatakāyaṃ mahāmate te bodhisattvāḥ pratilapsyante / tasmāt tarhi mahāmate bodhisattvair mahāsattvaiḥ tathāgatakāyānugamena pratilābhinā skandhadhātvāyatanacittahetupratyayakriyāyogotpādasthitibhaṅgavikalpaprapañcarahitair bhavitavyaṃ cittamātrānusāribhiḥ //

anādikāla(**T 484a**)prapañcadauṣṭhulyavikalpavāsanāhetukaṃ tribhavaṃ paśyataḥ nirābhāsabuddhabhūmyanutpādasmaraṇatayā pratyātmāryadharmagatiṃgataḥ svacittavaśavartyanābhogacaryāgatiṃgato viśvarūpamaṇisadṛśaḥ sūkṣmaiḥ sattvacittānupraveśakair nirmāṇavigrahaiś cittamātrāvadhāraṇatayā bhūmikramānusaṃdhau pratiṣṭhāpayati / tasmāt tarhi mahāmate bodhisatvena mahāsattvena svasiddhāntakuśalena bhavitavyam //

---

64 (N 42[12]) "traidhātukasvacittatayā " corrected. G.: 解三界如幻 .
65 (N 42[14]) "svacittanirābhāsamātrāvatāreṇa" corrected. G.: 度自心現無所有 .
66 (N 42[15]) "tad" is added. G.: 捨離彼生所作方便 .
67 (N 43[1]) "parāvṛttyanuśraya-" corrected. G.: 転身 .

11. (NII, 3) ***"caturbhiḥ kāraṇaiś cakṣurvijñānaṃ pravartate"***

punar api mahāmatir āha / deśayatu me bhagavaṃś cittamanomanovijñānapañcadharmasvabhāva*lakṣaṇaṃ* [68] buddhabodhisattvānuyātaṃ svacittadṛśyagocaravisaṃyojanaṃ sarvabhāṣyayuktitattvalakṣaṇa*prakāśanaṃ* [69] sarvabuddhapravacanahṛdayaṃ laṅkāpuri*samudra*girimalaye[70] nivāsino bodhisattvān ārabhyodadhitaraṅgāla(**N 44**)yavijñānagocaraṃ dharmakāyaṃ tathāgatānugītaṃ prabhāṣasva //

atha khalu bhagavān punar eva mahāmatiṃ bodhisattvaṃ mahāsattvam etad avocat / caturbhir mahāmate kāraṇaiś cakṣurvijñānaṃ pravartate / katamaiś caturbhir yaduta svacittadṛśyagrahaṇ*ānavabodha*to[71] 'nādikālaprapañcadauṣṭhulyarūpavāsanābhiniveśato vijñānaprakṛtisvabhāvato vicitrarūpalakṣaṇakautūhalataḥ / ebhir mahāmate caturbhiḥ kāraṇair oghāntarajalasthānīyād ālayavijñānāt pravṛttivijñānataraṅga utpadyate / yathā mahāmate cakṣurvijñānam evaṃ sarvendriyaparamāṇuromakūpeṣu yugapatpravṛttikramaviṣayādarśabimbadarśanavat udadheḥ pavanāhatā iva mahāmate viṣayapavana*kampita* [72]-cittodadhitaraṅgā avyucchinnahetukriyālakṣaṇā *anyānanyasaṃyutāḥ* [73] karmajātilakṣaṇasuvinibad*dhāḥ* rūp*ādi*svabhāvānavadhāriṇo[74] mahāmate pañcavijñānakāyāḥ pravartante / saha tair eva mahāmate pañcabhir vijñānakāyair hetu*viśeṣa* [75]-paricchedalakṣaṇāvadhārakaṃ nāma manovijñānaṃ taddhetujaśarīraṃ pravartate / na ca teṣāṃ tasya caivaṃ bhavati vayam atrānyonyahetukāḥ svacittadṛśyavikalpābhiniveśapravṛttā iti //

atha ca anyony*a*bhinna[76]-lakṣaṇasahitāḥ pravartante vijñaptivi(**N 45**)ṣayaparicchede / tathā ca pravartamānāḥ pravartante yathā samāpannasyāpi yoginaḥ sūkṣumagativāsanāpravṛttā na prajñāyante / yogināṃ caivaṃ bhavati nirodhya vijñānāni samāpatsyāmaha iti / te ca aniruddhair eva vijñānaiḥ samāpadyante vāsanābījānirodhād aniruddhā viṣayapravṛttagrahaṇavaikalyān niruddhāḥ / evaṃ sūkṣumo mahāmate ālayavijñānagatipracāro yat tathāgataṃ sthāpayitvā bhūmipratiṣṭhitāṃś ca hodhisattvān na sukaram anyaiḥ śrāvakapratyekabuddhatīrthyayogayogibhir abhigantuṃ samādhiprajñābalādhānato 'pi vā paricchettum / anyatra bhūmilakṣaṇaprajñā(**T**

---

68 (N 43[15]) "-lakṣaṇakusumadharmaparyāyaṃ" corrected. G.: 五法自性相 .
69 (N 43[17]) "vidāraṇam" corrected. G.: . 顕示
70 (N 43[18-19]) "laṅkāpurigirimalaye" corrected. G.: 楞伽国海浜山中摩羅耶 .
71 (N44[4]) "anabodha" corrected. G.: 不覚 .
72 (N 44[11]) "viṣayapavana-" corrected. G.: 外境界風飄蕩 .
73 (N 44[12]) "anyonyavinirmuktāḥ" corrected. G.: 異不異合 .
74 (N 44[13]) "rūpa" corrected. G.: 色等自性 .
75 (N 44[14]) "hetuviṣaya-" corrected. G.: 因差別
76 (N 44[18]) "anyonyābhinna-" corrected. G.: 彼各々壊相 .

484b)jñānakauśalapadaprabhedaviniścayajinānantakuśalamūlopacayasvacittadṛśyavikalpaprapañcavirahitair vanagahanaguhālayāntargatair mahāmate hīnotkṛṣṭamadhyamayogayogibhiḥ na śakyaṃ svacittavikalpadṛśyadhārā*draṣṭum* [77] anantakṣetrajinābhiṣekavaśitābalābhijñāsamādhayaḥ prāptum / kalyāṇamitrajina*putra* [78]-puraskṛtair mahāmate śakyaṃ citta*mano*manovijñānaṃ[79] svacittadṛśyasvabhāvagocaravikalpasaṃsārabhavodadhiṃ karmatṛṣṇājñānahetukaṃ tartum / ata etasmāt kāraṇāt mahāmate yoginā kalyāṇamitrajinayoge **(N 46)** yogaḥ prārabdhavyaḥ //

atha khalu bhagavāṃs tasyāṃ velāyām imā gāthā abhāṣata //

taraṅgā hy udadher yadvat pavanapratyayeritāḥ /

nṛtyamānāḥ pravartante vyucchedaś ca na vidyate // 96 (NII. 99, X. 56)

ālayaughas tathā nityaṃ viṣayapavaneritaḥ /

citrais taraṅgavijñānair nṛtyamānaḥ pravartate // 97 (NII. 100, X. 57)

nīle rakte *ca citre*[80] śaṅkhe kṣīre ca śārkare /

kaṣāyaiḥ phalapuṣpādyaiḥ kiraṇā yatha bhāskare // 98 (NII. 101, X. 385)

na cānyena ca nānanyena taraṅgā hy udadher matā /

vijñānāni tathā sapta cittena saha saṃyutāḥ // 99 (NII. 102, X. 386)

udadheḥ pariṇāmo 'sau taraṅgāṇāṃ vicitratā /

ālaye hi[81] tathā citraṃ vijñānākhyaṃ pravartate // 100 (NII. 103, X. 387)

atra [82] manaś ca vijñānaṃ lakṣaṇārthaṃ prakalpyate /

abhinnalakṣaṇā hy aṣṭau na lakṣyā na ca lakṣaṇam // 101 (NII. 104, X. 388)

udadheś ca taraṅgāṇāṃ yathā nāsti viśeṣaṇam /

vijñānānāṃ tathā citteḥ pariṇāmo na labhyate // 102 (NII. 105, X. 389)

cittena cīyate karma manasā ca vicīyate /

vijñānena vijānāti dṛśyaṃ kalpeti pañcabhiḥ // 103 (NII. 106, X. 390)**(N 47)**

atha mahāmatir bodhisattvo gāthayā praśnaṃ paripṛcchati sma [83] /

nīlaraktaprakāraṃ hi vijñānaṃ khyāyate nṛṇām /

77 (N 45[13]) "dhārādraṣṭṛ-" corrected.
78 (N 45[14]) "jina" corrected. G.: 勝子 .
79 (N 45[15]) "cittamanovijñānam" corrected. G.: 心意意識 .
80 (N 46[7]) "atha lavaṇe" corrected. G.: 種々色 .
81 (N 46[12]) "ālayaṃ hi" corrected. G.: 謂彼蔵識処 .
82 (N 46[13]) "cittam" corrected. G.: 謂以彼意識 .
83 The three Chinese versions have such references to speakers, which the Nanjio Sanskrit text lacks. G.: 爾時大慧菩薩以偈問曰 .

taraṅga*citra* [84]-sādharmyaṃ vada kasmān mahā*mune* [85] // 104 (NII. 107, X. 391)

atha bhagavān gāthābhir āha /**(T 484c)**

nīlaraktaprakāraṃ hi taraṅgeṣu na vidyate /

vṛttiś ca varṇyate cittaṃ *bodhanārthaṃ* [86] hi bāliśān // 105 (NII. 108, X. 392)

na tasya vidyate vṛttiḥ svacittaṃ grāhyavarjitam /

grāhye *nāsti* hi vai *grāhyas* [87] taraṅgaiḥ saha sādhyate // 106 (NII. 109, X. 393)

dehabhogapratiṣṭhānaṃ vijñānaṃ khyāyate nṛṇām /

tenāsya dṛśyate vṛttis taraṇgaiḥ saha sādṛśā // 107 (NII. 110, X. 394)

punar mahāmatir bodhisattvo gāthayā etad avocat /

udadhis taraṅgabhāvena nṛtyamāno vibhāvyate /

ālayasya tathā vṛttiḥ kasmād buddhyā na gamyate // 108 (NII. 111, X. 395)

bhagavān gāthayāha /

bālānāṃ buddhivaikalyād ālayaṃ hy udadhir yathā /

taraṅgavṛttisādharmyaṃ dṛṣṭāntenopanīyate // 109 (NII. 112, X. 396)

punar mahāmatir bodhisattvo gāthayā etad avocat /

udeti bhāskaro yadvat samahīnottame j*a*ne[88] /

tathā tvaṃ lokapradyota tattvaṃ deśesi bāliśān / (NII. 113, X. 397) **(N 48)**

kṛtvā dharmeśv *avasthānaṃ* [89] kasmāt tattvaṃ na bhāṣase // (NII. 114ab, X. 398ab) 110

punar bhagavān gāthābhir āha /

bhāṣase yadi vā tattvaṃ citte tattvaṃ na vidyate / (NII. 114cd, X. 398cd)

udadher yathā taraṅgā hi darpaṇe supine yathā /

dṛśyan*te* yugapat kāle tathā cittaṃ svagocare // (NII. 115, X. 399abcd-) 111

vaikalyād viṣayāṇāṃ hi kramavṛttyā pravartate /

vijñānena vijānāti manasā manyate punaḥ / (NII. 116, X. 399ef, 400ab)

pañcānāṃ khyāyate dṛśyaṃ kramo nāsti samāhite // (NII. 117ab, X.400cd) 112

citrācāryo yathā kaścic citrāntevāsiko 'pi vā / (NII. 117cd, X. 401ab)

84 (N 47[2]) "taraṅgacitta-" corrected. G.: 如浪種々法 .
85 Ibid. "mahāmate" corrected. G.: 唯願説 .
86 (N 47[4]) "lakṣaṇārthaṃ" corrected. G.: 開悟 .
87 (N 47[6]) "grāhye sati hi vai grāhas" corrected. G.: 所摂無所摂 .
88 (N 47[13]) "jine" corrected. G.: 下中上衆生 .
89 (N 48[1]) "avasthānām" corrected. G.: 已分部諸法 .

citrārthe nāmayed raṅgān deśayāmi tathā hy aham // (NII. 118ab, X. 401cd) 113
raṅge na vidyate citraṃ na bhūmau na ca bhājane / (NII. 118cd, X. 402ab)
sattvānāṃ *harṣaṇā*rthāya[90] raṅgaiś citraṃ vikalpyate // (NII. 119ab, X. 402cd) 114
deśanā vyabhi*cārī*[91] ca tattvaṃ hy akṣaravarjitam / (NII. 119cd, X. 403ab)
kṛtvā *ādikarmikebhyas*[92] tattvaṃ deśemi yoginām // (NII. 120ab, X. 403cd) 115
(T 485a) tattvaṃ pratyātmagatikaṃ kalpyakal*pa*navarjitam / (NII. 120cd, X. 404ab)
deśemi jinaputrāṇāṃ neyaṃ bāla*nāṃ* deśanā // (NII. 121ab, X. 404cd) 116
vicitrā hi yathā māyā dṛśyate na ca vidyate / (NII. 121cd, X. 405ab)
deśanāpi tathā citrā deśyate vyabhicāriṇī // (NII. 122ab, X. 405cd) 117 **(N 49)**
deśanā hi yad anyasya tad anyasyāpy adeśanā / (NII. 122cd, X. 406ab)
āture āture yadvad bhiṣag dravyaṃ prayacchati /
buddhā hi tadvat sattvānāṃ cittamātraṃ vadanti vai // (NII. 123, X. 406cdef) 118
tārkikāṇām aviṣa*yaḥ* śrāvakānāṃ na caiva hi /
yaṃ deśayanti vai nāthāḥ pratyātmagatigocaram // (NII. 124, 129, X. 437) 119

12. (NII, 4-1) ***"upariṣṭādāryajñānalakṣaṇatrayam"***

punar aparaṃ mahāmate bodhisattvena svacittadṛśyagrāhyagrāhakavikalpagocaraṃ parijñātukāmena saṃgaṇikāsaṃsargamiddhanivaraṇavigatena bhavitavyam / prathamamadhyamapaścādrātrajāgarikāyogam anuyuktena bhavitavyam / kutīrthyaśāstrākhyāyikāśrāvakapratyekabuddhayānalakṣaṇavirahitena ca bhavitavyam / svacittadṛśyavikalpalakṣaṇagatiṃgatena ca bhavitavyaṃ bodhisattvena mahāsattvena //

punar aparaṃ mahāmate bodhisattvena mahāsattvena citta*prajñājñāna*[93]lakṣaṇavyavasthāyāṃ sthitvā upariṣṭād āryajñānalakṣaṇatrayayogaḥ karaṇīyaḥ / tatra upariṣṭādāryajñānalakṣaṇatrayaṃ mahāmate katamad yaduta nirābhāsalakṣaṇaṃ sarvabuddhasvapraṇidhānādhiṣṭhānalakṣaṇaṃ pratyātmāryajñānagatilakṣaṇaṃ ca / yāny adhi**(N 50)**gamya yogī khañjagarda*bham* iva[94] cittaprajñājñānalakṣaṇaṃ hitvā jinasutāṣṭamīṃ prāpya bhūmiṃ taduttare lakṣaṇatraye yogam āpadyate //

90 (N 48[11]) "karṣaṇārthāya" corrected. G.: 為悦衆生故 .
91 (N 48[12]) "vyabhicāram" corrected. Cf. Nanjio fn. 13.
92 (N 48[13]) "kṛtvā dharmeṣvavasthānaṃ" corrected. G.: 分別 [諸法] 応初業 .
93 (N 49[13-14]) "cittavijñānaprajñā-" corrected. Cf. below (*N* 50[1])..
94 (N 50[1]) "khañjagardabha iva" corrected. G.: 能捨跛驢心慧智相 .

tatra nirābhāsalakṣaṇaṃ punar mahāmate sarvaśrāvakapratyekabuddhatīrthalakṣaṇaparicayāt pravartate / adhiṣṭhānalakṣaṇaṃ punar mahāmate pūrvabuddhasvapraṇidhānādhiṣṭhānataḥ pravartate / pratyātmāryajñānagatilakṣaṇaṃ punar mahāmate sarvadharmalakṣaṇānabhiniveśato māyopamasamādhikāyapratilambhād buddhabhūmigatigamanapracārāt pravartate / etan mahāmate āryajñānalakṣaṇatrayaṃ yenāryeṇa lakṣaṇatrayeṇa samanvāgatā āryāḥ svapratyātmāryajñānagatigocaram adhigacchanti / tasmāt tarhi mahāmate āryajñānalakṣaṇatrayayogaḥ karaṇīyaḥ //

13. (NII, 4-2) *"āryajñānavastupravicayo nāma aṣṭottarapadaśataprabhedāśrayo dharmaparyāyaḥ"*

atha khalu mahāmatir bodhisattvo mahāsattvaḥ punar eva tasyā bodhisattvaparṣadaś cittāśayavicāram ājñāya āryajñānavastupravicayaṃ nāma dharmaparyāyaṃ sarvabuddhādhiṣṭhānādhiṣṭhito bhagavantaṃ paripṛcchati sma / deśayatu me bhagavān āryajñānavastupravicayaṃ nāma dharmaparyāyam aṣṭottarapadaśataprabhedāśrayaṃ yam āśritya tathāgatā arhantaḥ samyak(**T 485b**)saṃbuddhā bodhisattvānāṃ (**N 51**) mahāsattvānāṃ svasāmānyalakṣaṇapatitānāṃ parikalpitasvabhāvagatiprabhedaṃ deśayanti / yena parikalpitasvabhāvagatiprabhedena suprativibhāgaviddhena [*bodhisattvā mahāsattvāḥ*] pudgaladharmanairātmya*parīkṣaṇaṃ* [95] prativiśodhya bhūmiṣu kṛtavidyāḥ sarvaśrāvakapratyekabuddhatīrthakaradhyānasamādhisamāpattisukham atikramya tathāgatācintyaviṣayapracāragati*pravicayāt* [96] pañcadharmasvabhāvagativinivṛttaṃ tathāgat*ānāṃ* dharmakāyaṃ[97] prajñājñānasunibaddhadharmaṃ māyāviṣayābhi*nir*vṛttaṃ[98] sarvabuddhakṣetratuṣitabhavanākaniṣṭhālayopagaṃ tathāgata*nityadharma*kāyaṃ[99] pratilabheran //

bhagavān āha / iha mahāmate eke tīrthyās tīrthyadṛṣṭayo nāstitvābhiniviṣṭā vikalpabuddhihetu*kṣayān* [100] nāsti śaśasya viṣāṇaṃ vikalpayanti / yathā śaśaviṣāṇaṃ nāsti evaṃ sarvadharmāḥ //

anye punar mahāmate bhūtaguṇāṇudravyasaṃsthānasaṃniveśaviśeṣaṃ dṛṣṭvā nāsti

95 (N 51^{3}) "-pracaraṃ" corrected. G.: 周遍観察人法無我浄除妄想 .
96 (N 51^{6}) "-gatipracāraṃ" corrected. G.: 観察 … 境界
97 (N 51^{6}) "tathāgataṃ" corrected. G.: 諸仏如来法身 . .
98 (N 51^{7}) "-abhinivṛttaṃ" corrected. G.: 幻境界 [起]. B.: 如幻境界所成 .
99 (N 51^{8}) "tathāgatakāyaṃ" corrected. G.: 如来常住法身 .
100 (N 51^{11}) "vikalpabuddhihetukṣayasvabhāvābhāvān" corrected. G.: 覚知因尽 .

śaśaśrṅ*gam* [*ity*] abhiniveśābhiniviṣṭā asti gośṛṅgam iti kalpayanti //

te mahāmate antadvayadṛṣṭipatitāś cittamātrānavadhāritamatayaḥ svacitta-dhātu*vikalpanaṃ*[101] te puṣṇanti dehabhogapratiṣṭhāgativi(**N 52**)kalpamātre[102] / tathā mahāmate sarvabhāvānāṃ nāstyastivinivṛttam na kalpayitavyam //

ye punar mahāmate nāstyastivinivṛttā nāsti śaśaśṛṅgam na kalpayanti tair anyony-*āpekṣa*hetutvān[103] nāsti śaśaviṣāṇam iti na kalpayitavyam //

āparamāṇupravicayād vastvanupalabdhabhāvān mahāmate āryajñānagocaravinivṛttam asti gośṛṅgam iti na kalpayitavyam //

atha khalu mahāmatir bodhisattvo mahāsattvo bhagavantam etad avocat / nanu bhagavan vikalpasyāpravṛttilakṣaṇaṃ dṛṣṭvā anumimīmahe vikalpāpravṛttyapekṣaṃ tasya nāstitvam / bhagavān āha / na hi mahāmate vikalpāpravṛttyapekṣam tasya nāstitvam / tat kasya hetor vikalpasya tat pravṛttihetutvāt / tadviṣāṇāśrayapravṛtto hi mahāmate vikalpo yasmād viṣānāśrayapravṛtto mahāmate vikalpas tasmād āśrayahetutvād anyānanyavivarjitatvān na hi tadapekṣaṃ nāstitvaṃ śaśaviṣāṇasya / yadi punar mahāmate vikalpo 'nyaḥ syāc chaśaviṣāṇād avi(**N 53**)ṣāṇahetukaḥ syād athānanyaḥ syāt taddhetukatvād āparamāṇupravicayānupalabdher viṣāṇād ananyatvāt tadabhāvaḥ syāt / tadubhayabhāvābhāvāt kasya kim apekṣya nāstitvaṃ bhavati //

atha na bhavati mahāmate [*kiṃcid*] apekṣya nāstitvaṃ śaśaviṣāṇasya astitvam apekṣya nāstitvaṃ śaśaviṣāṇaṃ na (**T 485c**) kalpayitavyaṃ viṣamahetutvān mahāmate nāstyastitvaṃ siddhir na bhavati nāstyastitvavādinām //

anye punar mahāmate tīrthakaradṛṣṭayo rūp*ākāśa*kāraṇa[104]-saṃsthānābhiniveśābhiniviṣṭā ākāśabhāvāparicchedakuśalā rūpam ākāśabhāvavigataṃ paricchedaṃ dṛṣṭvā vikalpayanti / ākāśam eva ca mahāmate rūpam / rūpabhūtānupraveśān mahāmate rūpam evākāśam / ādheyādhāravyavasthānabhāvena mahāmate rūpākāśakāraṇayoḥ pravibhāgaḥ pratyetavyaḥ / [*catur-*]bhūtāni mahāmate pravartamānāni parasparasvalakṣaṇabhedabhinnāni ākāśe cāpratiṣṭhitāni na ca teṣv ākāśaṃ nāsti / evam eva śaśasyāviṣāṇaṃ mahāmate goviṣāṇam apekṣya bhavati / goviṣāṇaṃ punar mahāmate aṇuśo vibhajyamānaṃ punar apy aṇavo vibhajyamānā

---

101 (N 51[17]) "-vikalpena" corrected. G.: 自心境界妄想増長 .
102 (N 52[1-2]) "mahāmate śaśaśṛṅgaṃ nāstyastivinivṛttaṃ na kalpayet" , the words which come between "-mātre" and "tathā", are deleted; G. lacks them.
103 (N 52[5])"anyonyopekṣahetutvān" corrected. G.: 因待観故 .
104 (N 53[8]) "rūpakāraṇa-" corrected. G.: . 色空事 .

aṇutvalakṣaṇe na *kṣaṇam apy* avatiṣṭhante[105] / tasya kim apekṣya nāstitvaṃ bhavati / athānyad apekṣya **(N 54)** vastu tad apy evaṃ dharmi //

atha khalu bhagavān punar api mahāmatiṃ bodhisattvaṃ mahāsattvam etad avocat / śaśagośṛṅgākāśarūpadṛṣṭivikalpavigatena mahāmate bhavitavyam / sarvajinasutakṣetramaṇḍale ca tvayā svacittadṛśyayogopadeśaḥ karaṇīyaḥ //

atha khalu bhagavāṃs tasyāṃ velāyām imā gāthā abhāṣata //

dṛśyaṃ na vidyate cittaṃ cittaṃ dṛśyāt prapuṣyate[106] /
dehabhogapratiṣṭhānam ālayaṃ khyāyate nṛṇām // 120 (NII 125, X. 435)
cittaṃ manaś ca vijñānaṃ svabhāvaṃ dharmapañcakam /
nairātmyaṃ dvitayaṃ śuddhaṃ prabhāṣante vināyakāḥ // 121 (NII. 126, X. 436)
dīrghahrasvādi*saṃbaddham*[107] anyonyataḥ pravartate /
astitvasādhakaṃ nāsti asti nāstitvasādhakam // 122 (NII. 127, X. 438)
aṇuśo *vibhajya dravyaṃ*[108] naiva rūpaṃ vikalpayet /
cittamātraṃ vyavasthānaṃ kudṛṣṭyā na prasīdati // 123 (NII. 128, X. 439)
tārkikāṇām aviṣayaḥ śrāvakāṇāṃ na caiva hi /**(N 55)**
yaṃ deśayanti vai nāthāḥ pratyātmagatigocaram // 124 (NII. 124, 129, X. 437)

14. (NII, 5) ***"kathaṃ svacittadṛśyadhārā viśudhyati"***

atha khalu mahāmatir bodhisattvo mahāsattvaḥ punar api svacittadṛśyadhārāviśuddhyarthaṃ bhagavantam adhyeṣate sma / kathaṃ bhagavan svacittadśyadhārā viśudhyati yugapat kramavṛttyā vā /

15-1. (NII, 5-1) ***"kramavṛttyā na yugapat"***

bhagavān āha / kramavṛttyā na yugapat[109] / tadyathā mahāmate āmraphalāni kramaśaḥ pacyante na yugapat **(T 486a)** evam eva mahāmate svacittadṛśyadhārā sattvānāṃ kramaśo viśudhyati na yugapat / tadyathā mahāmate kumbhakāraḥ kramaśo bhāṇḍāni kurute na yugapat evam eva mahāmate tathāgataḥ sattvānāṃ svacittadṛśyadhārāṃ kramaśo viśodhayati na yugapat / tadyathā

105 (N 53[17]) "kṣaṇam apy" are inserted. G.: 刹那不住 .
106 (N 54[9]) "pravartate" corrected. G.: 色等長養心 .
107 (N 54[13]) "-saṃbandham" corrected. G.: 長短有無等展転相生 .
108 (N 54[15]) "bhajyamānaṃ hi" corrected. G.: 微塵分別事 .
109 (N 55[5-6]) "kramavṛttyā mahāmate svacittadṛśyadhārā viśudhyati na yugapat" corrected. G.: 漸浄非頓 .

mahāmate pṛthivyāṃ tṛṇagulmauṣadhivanaspatayaḥ kramavṛttyā virohanti na yugapat evam eva mahāmate sattvānāṃ tathāgataḥ kramaśaḥ svacittadṛśyadhārāṃ viśodhayati na yugapat / tadyathā mahāmate[110] gītavāditravīṇālekhyayogyāḥ kramaśaḥ pravartante na yugapat evam eva mahāmate tathāgataḥ sarvasattvānāṃ kramaśaḥ svacittadṛśyadhārāṃ viśodhayati na yugapat /

15-2. (NII, 5-2) ***"svacittadṛśyadhārāṃ yugapat tathāgataḥ sarvasttvānāṃ viśodhayati"***

tadyathā mahāmate darpaṇāntargatāḥ sarvarūpāvabhāsāḥ saṃdṛśyante **(N 56)** nirvikalpā yugapat evam eva mahāmate svacittadṛśyadhārāṃ yugapat tathāgataḥ sarvasattvānāṃ viśodhayati nirvikalpāṃ nirābhāsagocarām / tadyathā mahāmate somādityamaṇḍalaṃ yugapat sarvarūpāvabhāsān kiraṇaiḥ prakāśayati evam eva mahāmate tathāgataḥ svacittadṛśyadauṣṭhulyavāsanā*vigamānāṃ*[111] sattvānāṃ yugapad acintyajñānajinagocaraviṣayaṃ saṃdarśayati / tadyathā mahāmate ālayavijñānaṃ svacittadṛśyadehapratiṣṭhābhogaviṣayaṃ yugapad vibhāvayati evam eva mahāmate [dharmatā-]niṣyandabuddho yugapat sattvagocaraṃ paripācya akaniṣṭhabhavanavimānālayayogaṃ yoginām arpayati / tadyathā mahāmate dharmatābuddho yugapan niṣyandanirmāṇakiraṇair virājate evam eva mahāmate pratyātmāryagatidharmalakṣaṇaṃ bhāvābhāvakudṛṣṭivinivartanatayā yugapad virājate //

16. (NII, 5-3) ***"dharmatāniṣyandabuddho nirmitanirmāṇabuddho dharmatābuddhaś ca"***

punar aparaṃ mahāmate dharmatāniṣyandabuddhaḥ svasāmānyalakṣaṇapatitāt sarvadharmāt svacittadṛśyavāsanāhetulakṣaṇopanibaddhāt parikalpitasvabhāvābhiniveśa*hetukād*[112] atadātmakavividhamāyāvaicitryābhiniveśānupa*labdhitāṃ*[113] mahāmate deśayati // punar aparaṃ mahāmate parikalpitasvabhāvalakṣaṇaṃ paratantrasvabhāvābhiniveśataḥ pravartate / tadyathā tṛṇa(**N 57**)kāṣṭhagulma*śilā*śrayān[114] māyāvidyāpuruṣasaṃyogāt *vividhamāyā*sarvasattvarūpadhāri*taṃ*[115] vividhakalpavikalpitaṃ khyāyate tathā khyāyann api mahāmate tadātmako na bhavati evam eva mahāmate paratantrasvabhāve parikalpita*svabhāvo*[116] vividhavikalpacitta-

110 (N 55[15]) "hāsyalāsya" deleted according to G.
111 (N 56[5]) "vigatānām" corrected. G.: 為離自心現習気過患衆生 . B.: 為令衆生離自心煩悩見薫習気過患 .
112 (N 56[16]) "-hetukān" corrected. G.: . 妄想自性計著因 .
113 (N 56[17]) "-anupalabdhito" corrected. G.: 計著不可得 .
114 (N 57[1]) "tṛṇakāṣṭhagulmalatāśrayān" corrected. G.: 依草木瓦石 .
115 (N 57[1-2]) "sarvasattvarūpadhāriṇaṃ māyāpuruṣavigraham abhiniṣpannaikasattvaśarīraṃ"corrected. G.: 作種々幻起一切衆生若干形色 .
116 (N 57[5]) "parikalpitasvabhāve" corrected. G.: 起妄想自性 .

vicitralakṣaṇaṃ khyāyate / vastuparikalpalakṣaṇābhiniveśavāsanāt parikalpayan mahāmate parikalpitasvabhāvalakṣaṇaṃ bhavati / eṣā mahāmate niṣyandabuddhadeśanā / dharmatābuddhaḥ punar mahāmate cittasvabhāvalakṣaṇavisaṃyuktāṃ pratyātmāryagatigocaravyavasthāṃ karoti / nirmitanirmāṇabuddhaḥ punar mahāmate dānaśīlakṣāntivīryadhyānasamādhicittaprajñājñānaskandhadhātvāyatana*vigata*vimokṣa[117]-vijñānagatilakṣaṇaprabheda(**T 486b**)*pravicayavyavasthānaṃ*[118] tīrthya*dṛṣṭyārūpyadarśana*samatikramaṇa[119]-lakṣaṇaṃ deśayati / dharmatābuddhaḥ punar mahāmate nirālamba ālambavigataṃ sarvakriyendriyapramāṇalakṣaṇavinivṛttam aviṣayaṃ bālaśrāvakapratyekabuddhatīrthakarātmakalakṣaṇābhiniveśābhiniviṣṭānāṃ *pratyātmāryaniṣṭhāviśeṣalakṣaṇaṃ vyavasthāpayati*[120] / tasmāt tarhi mahāmate pratyātmāryagativiśeṣalakṣaṇe yogaḥ karaṇīyaḥ / svacittala(**N 58**)kṣaṇadṛśyavinivṛttidṛṣṭinā ca te bhavitavyam //

17. (NII, 6) *"dvividhaṃ śrāvakayānanayaprabhedalakṣaṇam"*

punar aparaṃ mahāmate dvividhaṃ śrāvakayānanayaprabhedalakṣaṇaṃ yaduta pratyātmāryādhigamaviśeṣalakṣaṇaṃ ca bhāvavikalpasvabhāvābhiniveśalakṣaṇaṃ ca / tatra mahāmate pratyātmāryādhigamaviśeṣalakṣaṇaṃ śrāvakāṇāṃ katamad yaduta śūnyatānātmaduḥkhānityaviṣayasatyavairāgyopaśamāt skandhadhātvāyatanasvasāmānyalakṣaṇabāhyārth*āvināś*alakṣaṇād[121] yathābhūtaparijñānāc cittaṃ samādhīyate / svacittaṃ samādhāya dhyānavimokṣasamādhimārgaphalasamāpattivimuk*tiṃ*[122] vāsanācintyapariṇaticyuty*avigataṃ*[123] pratyātmāryagatilakṣaṇasukhavihāraṃ mahāmate adhigacchanti śrāvakāḥ / etadd hi mahāmate śrāvakāṇāṃ pratyātmāryādhigamavihārasukham adhigamya bodhisattvena mahāsattvena nirodhasukhaṃ samāpattisukhaṃ ca sattva*kṛpā*pekṣayā[124] pūrvasvapraṇidhānābhinirhṛtatayā ca na sākṣātkaraṇīyam / etan mahāmate śrāvakāṇāṃ pratyātmāryagatilakṣaṇasukhaṃ yatra bodhisattvena mahāsattvena pratyātmāryagatilakṣaṇasukhe na śik(**N 59**)ṣitavyam / bhāvavikalpasvabhāvābhiniveśaḥ punar mahāmate śrāvakāṇāṃ katamo yaduta

117 (N 57[11]) "-skandhadhātvāyatanavimokṣa-" corrected. G.: 離陰界入解脱 .
118 (N 57[12]) "prabhedapracāraṃ vyavasthāpayati" corrected. G.: 分別観察建立 .
119 (N 57[12-13]) "tīrthyadṛṣṭyā ca rūpya-" corrected. G.: 外道見無色見 .
120 (N 57[16]) "-abhiniviṣṭānām" supplemented with these words that follow. G.: 我相所著境界自覚聖究竟差別相建立 .
121 (N 58[7]) "-vināśa-" corrected. G.: 不壊 .
122 (N 58[9]) "-vimukti-" corrected.
123 (N 58[9]) "-cyutivigatam" corrected. G.: 不離習気不思議変易死 .
124 (N 58[14]) "sattvakriyā" corrected. G.: 顧愍衆生 .

nīlapīta*raktaśveta*[125]-uṣṇadravacalakaṭhināni mahābhūtāny akriyāpravṛttāni svasāmānyalakṣaṇayuktyāgamapramāṇasuvinibaddhāni dṛṣṭvā tat svabhāvābhiniveśavikalpaḥ pravartate / etan mahāmate bodhisattvenādhigamya vyāvartayitavyam / dharmanairātmyalakṣaṇānupraveśatayā pudgalanairātmyalakṣaṇadṛṣṭiṃ nivārya bhūmikramānusaṃdhau pratiṣṭhāpayitavyam / etan mahāmate śrāvakāṇāṃ bhāvavikalpasvabhāvābhiniveśalakṣaṇaṃ yad uktam idaṃ tat pratyuktam //

18. (NII, 7-1) *"tīrthakarāṇāṃ nityācintyam"*

atha khalu mahāmatir bodhisattvo mahāsattvo bhagavantam etad avocat / nityam acintyaṃ ca bhagavatā pratyātmāryagatigocaraṃ paramārthagocaraṃ ca prabhāṣitam / nanu bhagavaṃs tīrthakarā api nityācintyavādinaḥ kāraṇānām / bhagavān āha / na mahāmate tīrthakarāṇāṃ *kāraṇam*[126] nityācintyatāṃ prāpnoti / tat kasya hetos tīrthakarāṇāṃ mahāmate nityācintyaṃ na hetusvalakṣaṇayuktam / yasya mahāmate nityācintyaṃ na hetusvalakṣaṇayuktaṃ tat kathaṃ kena abhivyajyate **(N 60)** nityam acintyam iti / **(T 486c)** *punar aparaṃ mahāmate acintyaṃ yadi* hetusvalakṣaṇa*yuktaṃ*[127] syān nityaṃ kāraṇādhīnahetusvalakṣaṇatvān nityam acintyaṃ na bhavati / mama tu mahāmate paramārthanityācintyaṃ paramārthalakṣaṇahetuyuktaṃ bhāvābhāvavigataṃ pratyātmāryādhigamalakṣaṇatvāl lakṣaṇavat paramārthajñānahetutvāc ca hetumad bhāvābhāvavigatatvād akṛtakākāśanirvāṇanirodhadṛṣṭāntasādharmyān nityam / ata etan mahāmate tīrthakaranityācintyavādatulyaṃ na bhavati / nityācintyataiveyaṃ mahāmate tathāgatānāṃ pratyātmāryajñānādhigamatathatā / tasmāt tarhi mahāmate bodhisattvena mahāsattvena nityācintyapratyātmāryajñānādhigamāya yogaḥ karaṇīyaḥ / punar aparaṃ mahāmate nityācintyatā tīrthakarāṇām anityabhāvavilakṣaṇahetutvān na svakṛtahetulakṣaṇaprabhāvitatvān nityam / yadi punar mahāmate tīrthakarāṇāṃ nityācintyatā kṛtakabhāvābhāvād anityatāṃ dṛṣṭvā anumānabuddhyā nityaṃ samāpyate / tenaiva hetunā mamāpi **(N 61)** mahāmate kṛtakabhāvābhāvād anityatāṃ dṛṣṭvā *yat pratyātmāryagatigocaraṃ tan* nityam *iti vadāmy* ahetūpadeśāt[128] //

yadi punar mahāmate hetulakṣaṇasaṃyuktaṃ nityācintyatā tīrthakarāṇāṃ

125 (N 59[2]) "nīlapīta" corrected. G.: 青黄赤白 .
126 (N 59[15]) "kāraṇasya" corrected. G.: 非諸外道因縁得常不思議 .
127 (N60[1-2]) "nityācintyavādaḥ punar mahāmate yadi hetusvalaṣaṇayuktaḥ" corrected. G.: 復次大慧不思議若因自相成者彼則応常 .
128 (N 61[1-2]) "nityam ahetūpadeśāt" supplemented. G.: 自覚聖境界説彼常、無因 .

hetusvalakṣaṇabhāvābhāvāc[129] chaśaviṣāṇatulyā mahāmate nityācintyatā vāgvikalpamātrā ca mahāmate tīrthakarāṇāṃ prasajyate / tat kasya hetor yaduta vāgvikalpamātraṃ hi mahāmate śaśaviṣāṇaṃ svahetulakṣaṇābhā*vāt* / mama tu mahāmate nityācintyatā pratyātmāryādhigamalakṣaṇahetutvāt kṛtakabhāvābhāvavarjitatvān nityaṃ na bāhyabhāvābhāv*ānityānumānān* [130] nityaṃ / yasya punar mahāmate bāhya*bhāvābhāvānityān* [131] nityānumānān *nityācintyatā* [132] *sa* [133] tasyā nityācintyatāyāḥ svahetulakṣaṇaṃ na jānīte / pratyātmādhigamāryajñānagocara*lakṣaṇād* [134] bahirdhā te mahāmate asaṃkathyāḥ //

19. (NII, 7-2) ***"śrāvakā nirvāṇaṃ vikalpayanti"***

punar aparaṃ mahāmate *śrāvakāḥ*[135] saṃsāravikalpaduḥkhabhayabhītā nirvāṇam anveṣante saṃsāranirvāṇayor aviśeṣajñāḥ sarvabhāvavikalpābhāvād indriyāṇām anāgataviṣayoparamāc ca mahāmate **(N 62)** nirvāṇaṃ vikalpayanti na pratyātm*āryajñānagativijñānālaya*[136]-parāvṛttipūrvakaṃ mahāmate / atas te mahāmate mohapuruṣā yānatrayavādino bhavanti na cittamātragatinirābhāsavādinaḥ / atas te mahāmate atītānāgatapratyutpannānāṃ tathāgatānāṃ svacittadṛśyagocarānabhijñā bāhyacittadṛśyagocarābhiniviṣṭās te saṃsāragaticakre punar mahāmate caṅkrāmyante //

20. (NII, 7-3) ***"pratyātmāryajñānagatigocaro hi sarvabhāvasvabhāvalakṣaṇānutpādaḥ"***

punar aparaṃ mahāmate anutpannān sarvadharmān atītānāgatapratyutpannās tathāgatā bhāṣante / tat kasya hetor yaduta svacittadṛśyabhāvābhāvāt sad**(T 487a)**asator utpattivirahitatvān mahāmate anutpannāḥ sarvabhāvāḥ *śaśahayādi*[137]-viṣāṇatulyā mahāmate sarvadharmā bālapṛthagjanābhūtaparikalpitasvabhāvavikalpitatvān mahāmate anutpannāḥ sarvabhāvāḥ / pratyātmāryajñānagatigocaro hi mahāmate sarvabhāvasvabhāvalakṣaṇ*ānutpādaḥ*[138] na bālapṛthagjanavikalpadvayagocarasvabhāvaḥ / dehabhogapratiṣṭhāgatisvabhāvalakṣaṇaṃ mahāmate āla-

129 (N 61[4]) "hetubhāvasvalakṣaṇa-" corrected. G.: 因自相 .
130 (N 61[10]) "-nityānityānupramāṇān" corrected. G.: 非外性非性無常思量 .
131 (N 61[11]) "bāhyābhāvān" corrected. G.: 外性非性無常 .
132 (N 61[11]) "nityācintyatvān nityaṃ" corrected. G.: 不思議常 .
133 (N 61[11]) "sa" inserted. G.: 而彼不知常不思議自因之相 .
134 (N 61[13]) "lakṣaṇaṃ" corrected.
135 (N 61[15]) "śrāvakāḥ" inserted. G.: 諸声聞 .
136 (N 62[1]) "pratyātmagativijñānālayaṃ" corrected. G.: 自覚聖智趣蔵識転 .
137 (N 62[10]) "śaśahayakharoṣṭra-" corrected. G.: 兎馬等 .
138 (N 62[13]) "-lakṣaṇotpādaḥ" corrected. G.: 相不生 .

yavijñānagrāhyagrāhakalakṣaṇena pravartamānaṃ bālā utpādasthitibhaṅgadṛṣṭidvayapatitāśayā utpādaṃ sarvabhāvānāṃ sadasator vikalpayanti / **(N 63)** *na tv āryāḥ*[139] / atra te mahāmate yogaḥ karaṇīyaḥ //

21. (NII, 8) ***"pañcābhisamayagotrāṇi"***

punar aparaṃ mahāmate pañcābhisamayagotrāṇi katamāni pañca yaduta śrāvakayānābhisamayagotraṃ pratyekabuddhayānābhisamayagotraṃ tathāgatayānābhisamayagotram aniyataikataragotraṃ *viśeṣa*gotraṃ[140] ca pañcamam /

22. (NII, 8-1) ***"śrāvakayānābhisamayagotram"***

kathaṃ punar mahāmate śrāvakayānābhisamayagotraṃ pratyetavyam / yaḥ skandhadhātvāyatanasvasāmānyalakṣaṇaparijñānādhigame deśyamāne romāñcitatanur bhavati / lakṣaṇaparicayajñāne cāsya buddhiḥ praskandati na pratītyasamutpādāvinirbhāgalakṣaṇa[141]-paricaye / idaṃ mahāmate śrāvakayānābhisamayagotram / yaḥ śrāvakayānābhisamayaṃ dṛṣṭvā *aṣṭamyāṃ* bhūmau[142] paryutthānakleśaprahīṇo vāsanakleśāprahīṇo 'cintyapariṇaticyuty*anatigataḥ prabandhoparamacyuty*atigataḥ[143] *sa* samyaksiṃhanādaṃ nadati / kṣīṇā me jātir uṣitaṃ brahmacaryaṃ *nāparam itthatvāya* ity[144] evam ādi nigadya *yathābhūtajñānena*[145] pudgalanairātmyaparicayād yāvan nirvāṇabuddhir bhavati //

anye punar mahāmate *viśeṣābhisamayatayā* ātmasattvajīvapoṣapuruṣapudgalāvabodhān[146] nirvāṇam anveṣante / anye punar mahāmate kāraṇādhīnāṃ sarvadharmān dṛṣṭvā nirvāṇagatibuddhayo bhavanti / dharmanairā**(N 64)**tmyadarśanābhāvān nāsti mokṣo mahāmate / eṣā mahāmate śrāvakayānābhisamaya*tīrthakara*[147]-gotrakasyāniryāṇaniryāṇabuddhiḥ / atra te mahāmate kudṛṣṭivyāvṛttyarthaṃ yogaḥ karaṇīyaḥ //

---

139 (N 63[1]) "na tv āryāḥ" inserted before the closing remark of this paragraph. G.: 非賢聖也 .
140 (N 63[5]) "agotraṃ" corrected. G.: 各別種性 .
141 (N 63[11]) G.: 縁起発悟之相 .
142 (N 63[11]) "ṣaṭpañcamyāṃ bhūmau" corrected. G.: 第八地 .
143 (N 63[12]) "acintyacyutigataḥ" corrected and supplemented. G.: 不度不思議変易死、度分段死 . For 分段死 cf. the *Śrīmālādevīsiṃhanādasūtra*'s Tibetan term, "rgyun chad paḥi ḥpho"; and the *Mahāvyutpatti* 2012: "prabandhoparamaḥ: rgyun chad pa; 間断 ".
144 (N 63[13]) "nāparam itthatvāya" inserted. G.: 梵行已立、不受後有 .
145 (N 63[13]) "yathābhūtajñānena" inserted. G.: 如実知修習人無我 .
146 (N 63[15]) "viśeṣābhisamayatayā" supplemented. G.: 各別無間者　作如是覚 .
147 (N 64[2]) "tīrthakara" inserted. G.: 外道種性 .

23. (NII, 8-2) ***"pratyekabuddhayānābhisamayagotrakaḥ"***

tatra mahāmate pratyekabuddhayānābhisamayagotrako yaḥ pratyekābhisamaye deśyamāne 'śruhṛṣṭaromāñcitatanur bhavati / asaṃsargapratyayād bhāv*ānabhiniveśāc ca*[148] vividhasvakāyavaicitryarddhivyastayamakaprātihāryadarśane nirdiśyamāne 'nunīyate sa pratyekabuddhayānābhisamayagotraka iti viditvā pratyekabuddhayānābhisamayānurūpā kathā karaṇīyā / etan mahāmate pratyekabuddhayānābhisamayagotrakasya lakṣaṇam //

24. (NII, 8-3) ***"tathāgatayānābhisamayagotram"***

tatra mahāmate tathāgatayānābhisamayagotraṃ *catur*vidhaṃ[149] yaduta svabhāva*dharmābhisamayagotraṃ* niḥ**(T 487b)**svabhāvadharmābhisamayagotram adhigamasvapratyātmāryābhisamayagotraṃ bāhyabuddhakṣetraudāryābhisamayagotraṃ ca / yadā punar mahāmate *caturṇām*[150] apy eṣām anyatame deśyamāne svacittadṛśyadehālayabhogapratiṣṭhā'cintyaviṣayadeśyamāne *ca* nottrasati na saṃtrasati na saṃtrāsam āpadyate veditavyam ayaṃ tathāgatayānābhisamayagotraka iti / etan mahāmate tathāga**(N 65)**tayānābhisamayagotrakasya lakṣaṇam //

25. (NII, 8-4) ***"aniyatagotrakaḥ"***

aniyatagotrakaḥ punar mahāmate triṣv apy eteṣu deśyamāneṣu yatrānunīyate tatrānuyojyaḥ syāt / parikarmabhūmir iyaṃ mahāmate gotravyavasthā nirābhāsabhūmyavakramaṇatayā vyavasthā kriyate / pratyātmālaye tu svakleśavāsanāśuddhasya dharmanairātmyadarśanāt samādhisukhavihāraṃ prāpya śrāvako jinakāyatāṃ pratilapsyate //

atha khalu bhagavāṃs tasyāṃ velāyām imā gāthā abhāṣata //

srotāpattiphalaṃ caiva sakṛdāgāminas tathā /
anāgāmiphalaṃ caiva arhattvaṃ cittavibhramam // 125 (GII. 36; NII. 130, X. 115)
triyānam ekayānaṃ ca ayānaṃ ca vadāmy aham /
bālānāṃ mandabuddhīnām āryāṇāṃ ca viviktatām // 126 (NII. 131, X. 245)
dvāraṃ hi paramārthasya vijñaptidvayavarj*itam* /
yānatrayavyavasthānaṃ nirābhāse sthite kutaḥ // 127 (NII. 132, X. 104)
dhyānāni cāpramāṇāni ārūpyāś ca samādhayaḥ /

148 (N 64[6]) "bhāvābhiniveśabahu-" corrected. G.: 所有不著 .
149 (N 64[11]) "trividham" corrected. G.: 有四種 .
150 (N 64[14]) "trayāṇām" corrected.

saṃjñānirodho nikhilaṃ cittamātre na vidyate // 128 (NII. 133, 176, X. 114)

26. (NII, 8-5) ***"viśeṣagotram yaduta icchantikānām anicchantikatā mokṣam"***

punar aparaṃ mahāmate viśeṣagotraṃ kim yaduta icchantikānām anicchantikatā mokṣam[151] / tatrecchantikānāṃ punar mahāmate anicchantikatā mokṣaṃ kena **(N 66)** pravartate yaduta sarvakuśalamūlotsargataś ca sattvānādikālapraṇidhānataś ca / tatra sarvakuśalamūlotsargaḥ katamo yaduta bodhisattvapiṭakanikṣepo 'bhyākhyā*naṃ* ca naite sūtrāntavinayamokṣānukūlā iti bruvataḥ sarvakuśalamūlotsargatvān na nir*vāti* // dvitīyaḥ punar mahāmate bodhisattvo mahāsattva evaṃ bhavapraṇidhānopāyapūrvakatvān nāparinirvṛtaiḥ sarvasattvaiḥ parinirvāsyāmīti tato na parinirvāti / etan mahāmate aparinirvāṇadharmakāṇāṃ lakṣaṇaṃ yenecchantikagatiṃ samadhigacchanti //

punar api mahāmatir āha / katamo 'tra bhagavann atytantato na parinirvāti / bhagavān āha / bodhisattvecchantiko 'tra mahāmate ādiparinirvṛtān sarvadharmān viditvā atyantato na parinirvāti / na punaḥ sarvakuśalamūlotsargecchantikaḥ //

sarvakuśalamūlotsargecchantiko hi mahāmate **(T 487c)** punar api tathāgatādhiṣṭhānāt kadācit karhicit kuśalamūlān vyutthāpayati / tat kasya hetor yadutāparityaktā hi mahāmate tathāgatānāṃ sarvasattvāḥ / ata etasmāt kāraṇān mahāmate bodhisattveccha**(N 67)**ntiko na parinirvātīti //

27. (NII, 9) ***"bodhisattvena mahāsattvena svabhāvalakṣaṇatrayakuśalena bhavitavyam"***

punar aparaṃ mahāmate bodhisattvena mahāsattvena svabhāvalakṣaṇatrayakuśalena bhavitavyam / *katamaḥ svabhāvalakṣaṇatrayo yaduta parikalpitasvabhāvaḥ paratantrasvabhāvaḥ pariniṣpaṇṇasvabhāvaś ca*[152] / tatra mahāmate parikalpitasvabhāvo nimittāt pravartate / *mahāmatir avocat* / kathaṃ *bhagavan* parikalpitasvabhāvo nimittāt pravartate / *bhagavān āha*[153] / tatra mahāmate paratantrasvabhāvo vastunimittalakṣaṇākāraḥ khyāyate / tatra mahāmate vastunimittalakṣaṇābhiniveśaḥ punar dviprakāraḥ / parikalpitasvabhāvaṃ vyavasthāpayanti tathāgatā arhantaḥ samyaksaṃbuddhā nāma*nimittā*bhiniveśalakṣaṇena ca

151 (N 65[17]) "tatrecchantikānāṃ" should be preceded by these words. G. : 各別種性者、大慧、謂一闡提非一闡提世間解脱 .

152 (N 67[3]) "tatra" should be preceded by these words. G.: 云何三自性 . 謂妄想自性 , 縁起自性 , 成自性 .

153 (N 67[4-5]) The three corrections, an insertion at the first and the third, and a correction at the second place, follow G.: . 大慧白仏言 , / 世尊 . / 仏告大慧 .

*vastu*nimittābhiniveśalakṣaṇena ca[154] / tatra *nāma*nimittābhiniveśalakṣaṇaṃ[155] punar mahāmate yaduta adhyātmabāhyadharmābhiniveśaḥ / *vastunimittābhiniveśalakṣaṇaṃ*[156] punar yaduta teṣv evādhyātmikabāhyeṣu dharmeṣu svasāmānyalakṣaṇ*ābhiniveśaḥ*[157] / etan mahāmate dviprakāraṃ parikalpitasvabhāvasya lakṣaṇam / yad āśrayālambanāt pravartate tat paratantram / tatra mahāmate pariniṣpaṇṇasvabhāvaḥ katamo yaduta nāmanimittavastunimittavikalpavirahi*ta ārya*-jñānagatigamanapratyātmāryajñānagatigocara[158] e(**N 68**)ṣa mahāmate pariniṣpaṇṇasvabhāvas tathāgatagarbhahṛdayam //

atha khalu bhagavāṃs tasyāṃ velāyām imām gāthām abhāṣata //

nimittaṃ nāma saṃkalpaḥ svabhāvadvayalakṣaṇam /
samyagjñānaṃ hi tathatā pariniṣpaṇṇalakṣaṇam // 129 (NII. 134, VI. 6, X. 156)

eṣa mahāmate pañcadharmasvabhāvalakṣaṇapravicayo nāma dharmaparyāyaḥ pratyātmāryajñānagatigocaro yatra tvayā anyaiś ca bodhisattvaiḥ śikṣitavyam //

28. (NII, 10-1) ***"pudgalanairātmyam"***

punar aparaṃ mahāmate bodhisattvena mahāsattvena nairātmyadvayalakṣaṇapravicayakuśale-na bhavitavyam / tatra mahāmate kataman nairātmyadvayalakṣaṇaṃ yaduta *pudgalanairātmyaṃ dharmanairātmyaṃ ca / katamaṃ pudgalanairātmyaṃ yaduta*[159] ātmātmīyarahitaskandha-dhātvāyatanakadambakam ajñānakarmatṛṣṇāprabhavaṃ cakṣuṣā rūpādigrahaṇābhiniveśāt pravartamānaṃ vijñānaṃ sarvendriyaiḥ svacittadṛśyabhājanadeh*ādy*ālaya*svavikalpa*[160]-vikalpitaṃ vijñāpayati / nadībījadīpavāyumeghasadṛśakṣaṇaparamparābhedabhinnaṃ capalaṃ vānaramakṣikāsadṛśam acaukṣam acaukṣaviṣayacāryanātho nala i(**N 69**)vātṛptaṃ anādikālaprapañcav*āsanāhetukam*[161] araghaṭṭacakrayantracakravat saṃsārabhavagaticakre vicitradeharūpadhārī māyāvetālayantrapratimaṃ pravartamānaṃ pravartate / yad atra mahāmate lakṣaṇakauśalajñānam idam ucyate pudgalanairātmyajñānam //

154 (N 67[9-10]) "nāma-" and "nāmavastunimitta-" corrected. G.: 名相；事相 .
155 (N 67[10]) "vastunimitta-" corrected. G.: 名相 .
156 (N 67[11-12]) "nimittalakṣaṇābhiniveśaḥ" corrected. G.: 事相計著相者 .
157 (N 67[13]) "-parijñānāvabodhaḥ" corrected. G.: 計著 .
158 (N 67[17]) "tathatāryajñāna-" corrected. G.: 聖智 .
159 (N 68[10]) These words are supplemented to precede "ātmātmīya-".G.: 謂人無我及法無我。云何人無我 .
160 (N 68[13]) "svacittavikalpa-" corrected. G.: 自妄想相 .
161 (N 69[1]) "-viṣayavāsanārahitam" corrected. G.: 無始虚偽習気因 .

29. (NII, 10-2) ***"dharmanairātmyajñānam"***

tatra mahāmate dharmanairātmyajñānaṃ katamad yaduta skandhadhātvāyatanānāṃ parikalpitalakṣaṇasvabhāvāvabodhaḥ / yathā mahāmate skandhadhātvāyatanāny ātm*ātmīyarahitāni*[162] skandhasamūhamātraṃ hetukarmatṛṣṇāsūtropanibaddham anyonyapratyayatayā pravartate nirīham tathā *dharmā*[163] api mahāmate svasāmānyalakṣaṇavirahitā abhūtaparikalpalakṣaṇavicitraprabhāvitā bālair vikalpyante na tv āryaiḥ / cittamanomanovijñānapañcadharmasvabhāvarahitān mahāmate sarvadharmān vibhāvayan bodhisattvo mahāsattvo dharmanairātmyakuśalo bhavati / dharmanairātmyakuśalaḥ punar mahāmate bodhisattvo mahāsattvo na cirāt prathamāṃ bodhisattvabhūmiṃ nirābhāsapravicayāṃ pratilabhate / bhūmilakṣaṇapravicayāvabodhāt pramuditānantaram anupūrvaṃ navasu bhūmiṣu kṛta*vidyo* mahādharmameghāṃ pratilabhate / sa tasyāṃ pratiṣṭhito **(N 70)** anekaratnamuktopaśobhite mahāpadmarāje padm*ā*kṛtau mahāratnavimāne māyāsvabhāvagocaraparicayābhinirvṛte niṣaṇṇas tadanurūpair jinaputraiḥ parivṛtaḥ sarvabuddhakṣetrāgatair buddhapāṇyabhiṣekaiś cakravartiputravad abhiṣicyate buddhasutabhūmim atikramya pratyātmāryadharmagatigamanatvāt tathāgato dharmakāyavaśavartī bhaviṣyati dharmanairātmyadarśanāt / etan mahāmate sarvadharmanairātmyalakṣaṇam / atra te mahāmate śikṣitavyam anyaiś ca bodhisattvair mahāsattvaiḥ //

30. (NII, 11-1) ***"samāropāpavādakudṛṣṭivarjitamatayaḥ"***

atha khalu mahāmatir bodhisattvo mahāsattvaḥ punar api bhagavantam etad avocat / samāropāpavādalakṣaṇaṃ me bhagavān deśayatu yathāhaṃ cānye ca bodhisattvāḥ samāropāpavādakudṛṣṭivarjitamatayaḥ kṣipram anuttarāṃ samyaksaṃbodhim abhisaṃbudhyeran / abhisaṃbudhya śāśvatasamāropāpavādocchedadṛṣṭivivarjitās tava buddhanetrīṃ nāpavadiṣyante //

atha khalu bhagavān punar api mahāmater bodhisattvasya mahāsattvasyādhyeṣaṇāṃ viditvā imām gāthām abhāṣata //

samāropāpavādo hi cittamātre na vidyate /
dehabhogapratiṣṭhābhaṃ ye cittaṃ nābhijānate /

---

162 (N 69[7]) "ātmavirahitāni" corrected. G.: 離我我所 .
163 (N 69[9]) "skandhā" corrected. G.: 諸法亦爾 .

samāropāpavādeṣu te caranty avipaścitāḥ // 130 (NII. 135)

31. (NII, 11-2) **“caturvidho 'satsamāropaḥ”**

(**N 71**) atha khalu bhagavān etam eva gāthārtham ud*dyo*tayan punar apy etad avocat / caturvidho mahāmate asatsamāropaḥ katamaś caturvidho yaduta asallakṣaṇasamāropo 'saddṛṣṭisamāropo 'saddhetusamāropo 'sadbhāvasamāropaḥ / eṣa hi mahāmate caturvidhaḥ samāropaḥ //

apavādaḥ punar mahāmate katamo yadutāsyaiva kudṛṣṭisamāropasyānupalabdhipravicayābhāvād apavādo bhavati / etadd hi mahāmate samāropāpavādasya lakṣaṇam //

punar aparaṃ mahāmate asallakṣaṇasamāropasya lakṣaṇaṃ katamad yaduta skandhadhātvāyatanānām asatsvasāmānyalakṣaṇābhiniveśaḥ idam evam idaṃ nānyatheti / etadd hi mahāmate asallakṣaṇasamāropasya lakṣaṇam eṣa hi mahāmate asallakṣaṇasamāropavikalpo 'nādikālaprapañcadauṣṭhulyavicitravāsanābhiniveśāt pravartate / etadd hi mahāmate asallakṣaṇasamāropasya lakṣaṇam //

asaddṛṣṭisamāropaḥ punar mahāmate yas teṣv eva skandhadhātvāyataneṣv ātmasattvajīvajantupoṣapuruṣapudgaladṛṣṭisamāropaḥ / ayam ucyate mahāmate asaddṛṣṭisamāropaḥ //

asaddhetusamāropaḥ punar mahāmate yadutāhetusamutpannaṃ prā(**N 72**)gvijñānaṃ paścād abhūtvā māyāvad anutpannaṃ pūrvaṃ cakṣūrūpālokasmṛtipūrvakaṃ pravartate / pravṛtya bhūtvā ca punar vinaśyati / eṣa mahāmate asaddhetusamāropaḥ //

asadbhāvasamāropaḥ punar mahāmate yadutākāśanirodhanirvāṇākṛtakabhāvābhiniveśasamāropaḥ / ete ca mahāmate bhāvābhāvavinivṛttāḥ śaśaha*yādi*viṣāṇakeśoṇḍukaprakhyā mahāmate sarvadharmāḥ sadasatpakṣavigatāḥ samāropāpavādaiś ca bālair vikalpyante svacittadṛśyamātrānavadhāritamatibhir na tv āryaiḥ / etan mahāmate asadbhāva*samāropasya* lakṣaṇam[164] / tasmāt tarhi mahāmate samāropāpavādadṛṣṭivigatena bhavitavyam //

32. (NII, 12) **“bodhisattvā anekarūpaveṣadhāriṇo bhavanti”**

punar aparaṃ mahāmate bodhisattvāḥ cittamanomanovijñānapañcadharmasvabhāvanairātmyalakṣaṇadvayagatiṃgatvā parahitahetor anekarūpaveṣadhāriṇo bhavanti parikalpitasvabhāvā iva paratantr*āśrayā*[165] viśvarūpacintāmaṇisadṛśāḥ sarvabuddhakṣetraparṣanmaṇḍalaga-

---

164 (N 72$^{9-10}$) “asadbhāvavikalpasamāropāpavādasya lakṣaṇam” corrected. G.: 非有性建立相 .
165 (N 72^{15}) “-āśayā” corrected. G.: 依於縁起 .

tā māyāsvapnapratibhāsodakacandragatisamān[166] utpādabhaṅgaśāśvatocchedarahitān sarvadharmān saṃmukhaṃ sarvatathāgatebhyaḥ sarvaśrāvakapratyekabuddhayānarahitān dharmadeśanān śṛṇvanti / samādhimukhaśatasahasrāṇi ca pratilabhante / yā(**N 73**) vad anekāni samādhikoṭīniyutaśatasahasrāṇi pratilabhya taiḥ samādhibhiḥ kṣetrāt kṣetraṃ saṃkrāmanti / buddhapūjābhiyuktāś ca sarvopapattidevabhavanālayeṣu ratnatrayam upadeśya buddharūpam āsthāya śrāvakagaṇabodhisattvagaṇaparivṛtāḥ svacittadṛśyamātrāvatāraṇatayā bāhyabhāvābhāvopadeśaṃ kurvanti sadasatpakṣavinivṛttyartham //

atha khalu bhagavāṃs tasyāṃ velāyām imāṃ gāthām abhāṣata //

cittamātraṃ yadā lokaṃ prapaśyanti jinātmajāḥ /
tadā *naikāyikaṃ* kāyaṃ[167] kriyāsaṃskāravarjitam /
labhante te balābhijñāvaśitaiḥ saha saṃyutam // 131 (NII. 136, X. 92)

33. (NII, 13) *"śūnyatānutpādādvayaniḥsvabhāvalakṣaṇaṃ sarvadharmāṇām"*

atha khalu mahāmatir bodhisattvo mahāsattvaḥ punar api bhagavantam adhyeṣate sma / deśayatu bhagavān chūnyatānutpādādvaya(**T 488c**)niḥsvabhāvalakṣaṇaṃ sarvadharmāṇāṃ yena *śūnya*tānutpādādvayaniḥsvabhāvalakṣaṇāvabodhenā ahaṃ cānye ca bodhisattvā mahāsattvā nāstyastivikalpavarjitāḥ kṣipram anuttarāṃ samyaksaṃbodhim abhisaṃbudhyeran //

atha khalu bhagavān mahāmatiṃ bodhisattvaṃ mahāsattvam etad avocat / tena hi mahāmate śṛṇu tat sādhu ca suṣṭhu ca manasikuru / bhāṣiṣye 'ham te / sādhu bhagavann iti mahāmati(**N 74**)r bodhisattvo mahāsattvo bhagavataḥ pratyaśrauṣīt /

34. (NII, 13-1) *"saptavidhā śūnyatā"*

bhagavān etad avocat / śūyatā śūnyateti mahāmate parikalpitasvabhāvapadam etat / parikalpitasvabhāvābhiniveśena punar mahāmate śūnyatānut*pādādvayaniḥsvabhāvalakṣaṇa*vādino bhavanti / tatra mahāmate saṃkṣepeṇa saptavidhā śūnyatā yaduta lakṣaṇaśūnyatā bhāvasvabhāvaśūnyatā *pracaritaśūnyatāpracaritaśūnyatā*[168] sarvadharmanirabhilāpyaśūnyatā paramārthāryajñānamahāśūnyatetaretaraśūnyatā ca saptamī //

---

166 (N 72[16]) "pratibimba", after "pratibhāsa", is deleted. G.: 光影水月 .
167 (N 73[13]) "nairmāṇikaṃ" corrected. G.: 種類之身 . Cf. "āryagatinikāyasahajo manaḥ" (N 81; G. 聖種類身 .) "nikāyasahajāsaṃskārākriyā manomayaś ca" (N 136, 137; G. 種類俱生無作行)
168 (N 74[6]) "apracaritaśūnyatā pracaritaśūnyatā" exchanged in order. G.: 行空無行空 .

tatra mahāmate lakṣaṇaśūnyatā katamā yaduta svasāmanyalakṣaṇaśūnyāḥ sarvabhāvāḥ parasparasamūhāpekṣitatvāt pravicayavibhāgābhāvān mahāmate svasāmānyalakṣaṇasyāpravṛttiḥ svaparobhayābhāvāc ca mahāmate lakṣaṇaṃ nāvatiṣṭhate / atas tad ucyate *lakṣaṇa*[169]-śūnyāḥ sarvabhāvā iti //

bhāvasvabhāvaśūnyatā punar mahānate katamā yaduta svayaṃ *bhāvasvabhāvānutpattito*[170] mahāmate bhāvasvabhāvaśūnyatā bhavati sarvadharmāṇām / tenocyate bhāvasvabhāvaśūnyateti //

(**N 75**[1]) pracaritaśūnyatā[171] punar mahāmate katamā yaduta skandhā ātmātmīyarahitā hetuyuk*ta* [172]-kriyākarmayogaiḥ pravartamānāḥ pravartante / tenocyate pracaritaśūnyatā //

(**N 74**[17]) apracaritaśūnyatā punar mahāmate katamā yadut*āsyaivam eva pracaritaśūnyatāyāḥ [skandhānām] anyonyapratyayotpannānāṃ na svabhāvo bhavati*[173] / tenocyate 'pracaritaśūnyatā //

(**N 75**[4]) sarvadharmanirabhilāpyaśūnyatā punar mahāmate katamā yaduta parikalpitasvabhāvānabhilāpyatvān *nirabhilāpyāḥ*[174] sarvadharmāḥ / tenocyate *sarvadharma*nirabhilāpyaśūnyateti //

paramārthāryajñānamahāśūnyatā punar mahāmate katamā yaduta svapratyātmāryajñānādhigamaḥ sarvadṛṣṭidoṣavāsanābhiḥ śūnyaḥ / tenocyate paramārthāryajñānamahāśūnyateti //

itaretaraśūnyatā punar mahāmate katamā yaduta yad yatra nāsti tat tena śūnyam ity ucyate / tadyathā mahāmate *mṛgāra*mātuḥ[175] prāsāde hasty*aśva*gavaiḍakādyā na santi / aśūnyaś ca bhikṣubhir iti bhāṣitaṃ mayā sa ca taiḥ śūnya ity ucyate / na ca punar mahāmate prāsādaḥ prāsādabhāvato nāsti bhikṣavaś ca bhikṣubhāvato na santi / na ca te 'nyatra hasty*aśva*gavaiḍakādyā bhāvā nāvatiṣṭhante / idaṃ mahāmate *sva*lakṣaṇaṃ[176] sarvadharmāṇām itaretaraṃ tu na saṃvidyate / tenocyata itaretaraśūnyateti / eṣā mahāmate saptavidhā śūnyatā / eṣā ca mahāmate itaretaraśūnyatā sarvajaghanyā sā ca tvayā parivarjayitavyā //

---

169 (N 74[13]) "svalakṣaṇa-" corrected. G.: 相空 .
170 (N 74[15]) "svabhāvābhāvotpattito" corrected. G.: 性自性不生 .
171 (N 75[1]) The order being exchanged, this term precedes the other as in G.
172 (N 75[2]) "hetuyukti" corrected. G.:. 因所成 .
173 (N 74[17-18]) "yaduta apracaritapūrvaṃ nirvāṇaṃ skandheṣu" corrected. G.: 即此如是行空展転縁起自性無性 .
174 (N 75[5]) "nirabhilāpyaśūnyāḥ" corrected. G.: 一切法離言説 .
175 (N 75[11]) "śṛgālamātuḥ" corrected. G.: 鹿子母舎 .
176 (N 75[16]) "svasāmānyalakṣaṇaṃ" corrected. G.: 自相 .

35. (NII, 13-2) ***"niḥsvabhāvāḥ sarvabhāvāḥ"***

(N 76) na [*bhāvāḥ*] svayam utpad*yan*te na ca punar mahāmate te notpadyante 'nyatra samādhyavasthāyāṃ tenocyante 'nutpannā niḥsvabhāvāḥ / anutpattiṃ saṃdhāya mahāmate niḥsvabhāvāḥ kṣaṇasaṃtati*prabandhāc* [177] cānyathābhāvadarśanān mahāmate niḥsvabhāvāḥ sarvabhāvāḥ / tenocyante niḥsvabhāvāḥ sarvabhāvā iti //

36. (NII, 13-3) ***"advayāḥ sarvadharmāḥ"***

advayalakṣaṇaṃ punar mahāmate katamad yaduta **(T 489a)** cchāyātapavad dīrgha-hrasvakṛṣṇaśuklavan mahāmate *advayāḥ sarvadharmāḥ* [178] / na yatra mahāmate nir-vāṇaṃ tatra saṃsāraḥ / na ca yatra saṃsāraḥ tatra nirvāṇaṃ vilakṣaṇahetusadbhāvāt / tenocyante 'dvayā saṃsāraparinirvāṇavat sarvadharmā iti / tasmāt tarhi mahāmate śūnyatā 'nutpādādvayaniḥsvabhāvalakṣaṇe yogaḥ karaṇīyaḥ //

atha khalu bhagavāṃs tasyāṃ velāyām ime gāthe 'bhāṣata /
deśemi śūnyatāṃ nityaṃ śāśvatocchedavarjitam /
saṃsāraṃ svapnamāyākhyaṃ na ca karma vinaśyati // 132 (NII. 137)
ākāśam atha nirvāṇaṃ nirodhaṃ dvayam eva ca / **(N 77)**
bālā*ḥ* kalpenty akṛtakān āryā nāstyastivarjitāḥ // 133 (NII. 138)

37. (NII, 13-4) ***"arthānusāriṇā bhavitavyaṃ na deśanābhilāpābhiniviṣṭena"***

atha khalu bhagavān punar api mahāmatiṃ bodhisattvaṃ mahāsattvam etad avocat / etadd hi mahāmate śūnyatānutpādādvayaniḥsvabhāvalakṣaṇaṃ sarvabuddhānāṃ sarvasūtrāntagataṃ yatra kvacit sūtrānte 'yam evārtho vibhāvayitavyaḥ / eṣa hi mahāmate sūtrāntaḥ sarvasattvāśaya*pravṛttatvāt prabhedadeśanayā tad arthaṃ prakāśayati*[179] na sā tattv*āvasthāna*kathā[180] / tadyathā mahāmate mṛgatṛṣṇikā mṛgollāpinyudakabhāvābhiniveśenā-bhiniveśyate tasyāṃ codakaṃ nāsti / evam eva mahāmate sarvasūtrāntadeśanā dharmā bālānāṃ svavikalpasaṃtoṣaṇaṃ na tu sā tattvāryajñān*āvasthāna*kathā[181] / tasmāt tarhi mahāmate

177 (N 76[4]) "prabandhābhāvāc" corrected. G.: 流注及異性現 .
178 (N 76[8-9]) "dvayaprabhāvitā na pṛthakpṛthak / evaṃ saṃsāranirvāṇavan mahāmate sarvadharmā advayāḥ" corrected. G.: 一切法不二
179 (N 77[6]) "-deśanārthavyabhicāraṇī" corrected. G.: 随衆生悕望心故為分別説顕示其義
180 (N 77[7]) "tattvapratyavasthānakathā" corrected. G.: 真実在於言説 . .
181 (N 77[10]) "vyavasthānakathā" corrected. G.: 在於言説 .

arthānusāriṇā bhavitavyaṃ na deśanābhilāpābhiniviṣṭena //

iti laṅkāvatārasūtre prathamaḥ parivartaḥ // 1 //

Laṅkāvatārasūtre

Sarvabuddhapravacanahṛdaye Parivarto Dvitīyaḥ [1]

(The Second Volume has forty-seven divisions, from L38 through L84)

Contents

38. na tathāgatagarbhopadeśo tīrthakarātmavādatulyo bhavati *42*

39. caturbhir dharmaiḥ samanvāgatā bodhisattvā mahāyogayogino bhavanti *43*

40. svacittadṛśyavibhāvanatayā *43*

41. bāhyabhāvābhāvopalakṣaṇatayā *43*

42. utpādasthitibhaṅgadṛṣṭivivarjanatayā *44*

43. svapratyātmāryajñānādhigamābhiramaṇatayā *44*

44. manomayakāyaḥ *44*

45. svapratyātmāryajñānādhigamābhiramaṇakuśalaḥ *45*

46. mahāyogayogino bhavanti *45*

47. pratyayalakṣaṇaṃ bāhyaṃ cādhyātmikaṃ ca *45*

48. hetuḥ ṣaḍvidhaḥ *46*

49. hetupratyayakriyāyogalakṣaṇakramayugapaddṛṣṭivigatena te bhavitavyam *46*

50. vāgvikalpalakṣaṇahṛdayam *47*

51. vāgvikalpābhivyaktigocaram *48*

52. na vāgvikalpaḥ paramārtham udbhāvayati *48*

53. svacittadṛśyamātrānavabodhān bālapṛthagjanā vikalpayanti *49*

54. catuṣṭayavinirmuktā tathāgatānāṃ dharmadeśanā *52*

55. tāthāgataṃ dhyānam *53*

56. kasyādhivacanaṃ nirvāṇam *54*

57. tathāgatādhiṣṭhānadvayādhiṣṭhitā bodhisattvāḥ *55*

58. hetupratyayasāmagryāṃ sarvadharmā utpadyante nāhetoḥ *56*

59. nābhilāpasadbhāvāt santi sarvabhāvāḥ *57*

60. nityaśabdaḥ kvābhihitaḥ - bhrāntau *58*

1 The second volume corresponds to the remaining twenty-three sections, divided by the present editor, of Chapter Two of the Nanjio ed. Sanskrit text, pp. 77~135; in the Taisho edition Chinese Tripiṭaka vol. 16, no. 670, the Guṇabhadra version (G), it covers pages 489a~497c.

61. bhrāntis tattvaṃ bhavati 58

62. bhrāntir viparyāsāviparyāsena vikalpyamānā gotradvayāvahā bhavati 58

63. māyāvan na lakṣaṇābhiniveśato bhrāntir vidyate 59

64. vitathāśuvidyutsadṛśasādharmyeṇa sarvadharmā māyopamāḥ 60

65. hetukriyotpattipratyayasvabhāvalakṣaṇābhiniṣṭānāṃ nivāraṇārthaṃ māyāsvapnasvabhāvalakṣaṇān sarvadharmān deśayāmi 60

66. nāmapadavyañjanakāyāḥ 61

67. caturvidhapadapraśnavyākaraṇam 62

68. lakṣaṇotpannānutpannabhāvād anityatayā nityāḥ sarvadharmāḥ 63

69. srotāpattiphalaprabhedāḥ 63

70. trīṇi saṃyojanāni 64

71. satkāyadṛṣṭiprahīṇaḥ 64

72. vicikitsā dharmeṣu na bhavati 65

73. śīlaṃ na parāmṛśati srotāpannaḥ 65

74. sakṛdāgāmiphalalakṣaṇam 65

75. anāgāmiphalalakṣaṇam 65

76. arhatphalalakṣaṇam 66

77. dhyānāpramāṇārūpyadhātusamatikramāya 66

78. dviprakārā buddhiḥ 67

79. bodhisattvo mahābhūtabhautikakuśalo bhavati 67

80. skandhānāṃ skandhasvabhāvalakṣaṇam 68

81. caturvidhaṃ tīrthakarāṇāṃ nirvāṇam 69

82. parikalpitasvabhāvaprabhedanayalakṣaṇam 70

83. pratyātmāryajñānagatilakṣaṇam ekayānaṃ ca 72

84. na ekayānaṃ yānatrayaṃ deśayāmi śrāvakānām 73

Text

38. (NII. 14) ***"na tathāgatagarbhopadeśo tīrthakarātmavādatulyo bhavati "***

(N 77^{13}) atha khalu mahāmatir bodhisattvo mahāsattvo bhagavantam etad avocat / tathāgatagarbhaḥ punar bhagavatā sūtrāntapāṭhe 'nuvarṇitaḥ / sa ca kila tvayā [*tathāgatadharmatayā*][2] prakṛtiprabhāsvaraviśuddhyādiviśuddha eva varṇyate dvātṛṃśallakṣaṇadharaḥ sarvasattvadehāntargato mahārghamūlyaratnamalina*vastra*[3]-pariveṣṭitam iva skandhadhātvāyatana*vastra*veṣṭito rāgadveṣamohābhūtaparikalpamalamalino **(N 78)** nityo dhruvaḥ śivaḥ śāśvataś ca *sarvabuddhair*[4] **(T 489b)** varṇitaḥ / tat katham ayaṃ bhagavaṃs tīrthakarātmavādatulyas tathāgatagarbhavādo na bhavati / tīrthakarā api bhagavan nityaḥ kartā nirguṇo vibhūr avyaya ity ātmavādopadeśaṃ kurvanti //

bhagavān āha / na hi mahāmate tīrthakarātmavādatulyo mama tathāgatagarbhopadeśaḥ / kiṃ tu mahāmate tathāgatāḥ śūnyatānimittāpraṇihita*tathatā*bhūtakoṭi*dharmatādharmakāya*nirvāṇa*niḥsvabhāvā*nutpāda*nirodhaprakṛtiviviktaprakṛtiparinirvṛtā*dyānāṃ[5] mahāmate padārthānāṃ tathāgatagarbhopadeśaṃ kṛtvā tathāgatā arhantaḥ samyaksaṃbuddhā bālānāṃ nairātmyasaṃtrāsapadavivarjitārthaṃ nirvikalpanirābhāsagotraṃ tathāgatagarbhamukhopadeśena deśayanti / na cātra mahāmate anāgatapratyutpannaiḥ bodhisattvair mahāsattvair ātmābhiniveśaḥ kartavyaḥ / tadyathā mahāmate kumbhakāra ekasmān mṛtparamāṇurāśer vividhāni bhāṇḍāni karoti hastaśilpadaṇḍodaka*cakra*sūtraprayatnayogāt[6] evam eva mahāmate tathāgatās tad eva dharmanairātmyaṃ sarvavikalpalakṣaṇavinivṛttaṃ vividhaiḥ prajñopāyakauśalyayogair garbhopadeśena vā nairatmyopadeśena vā kumbhakāravac citraiḥ padavyañjanaparyāyair deśayanti / etasmāt kāraṇān mahāmate tīrthakarātmavādopadeśatulyas tathā**(N 79)**gatagarbhopadeśo na bhavati / evaṃ hi mahāmate tathāgatagarbhopadeśam / ātmavādābhiniviṣṭāṇāṃ tīrthakarāṇām ākarṣaṇārthaṃ tathāgatagarbhopadeśena nirdiśanti / kathaṃ vata abhūtātmavikalpadṛṣṭipatitāśayā vimokṣatrayagocarapatitāśayopetāḥ kṣipram anuttarāṃ samyaksaṃbodhim abhisaṃbudhyerann iti / etad arthaṃ mahāmate tathāgatā arhantaḥ samyaksaṃbuddhās tathāgatagarbopadeśaṃ

---

2 A key word of the *Tathāgatagarbha sūtra*, "de bshin gśegs pa'i chos nyid" (tathāgatadharmatā, Tib. Tri. Peking, vol. 36, no. 924, $262b^{5}$) is inserted in the instrumental form here by the present editor, so as to have readers see a connection between Mahāmati's doubt and the Buddha's response, which follows. The Buddha in that sutra explains the term not as an absolute idea but as the living truth.

3 (N $77^{17\text{-}18}$) "vastu" corrected. G.: 垢衣 .

4 (N 78^{1}) "bhagavatā " corrected. G.: 一切諸仏之所演説 .

5 (N $78^{6\text{-}7}$) The italicized terms are inserted as they appear in G.

6 (N 78^{14}) A word is inserted: G.: 輪 .

kurvanti / *anyathā etan bhavet*[7] tīrthakarātmavādatulyam / tasmāt tarhi mahāmate tīrthakaradṛṣṭivinivṛttyartham tahāgatanairātmyagarbhānusāriṇā ca te bhavitavyam //

atha khalu bhagavāṃs tasyāṃ velāyām imāṃ gāthām abhāṣata //

pudgalaḥ saṃtatiḥ skandhāḥ pratyayā aṇavas tathā /

pradhānam īśvaraḥ kartā cittamātraṃ vikalpyate // 1 (NII. 139, X. 133)

39. (NII. 15) *"caturbhir dharmaiḥ samanvāgatā bodhisattvā mahāyogayogino bhavanti"* [8]

atha khalu mahāmatir bodhisattvo 'nāgatāṃ janatāṃ samālokya punar api bhagavantam adhyeṣate sma / deśayatu me bhagavān yogābhisamayaṃ yathā bodhisattvā mahāsattvā mahāyogayogino bhavanti / bhagavān āha / caturbhir mahāmate dharmaiḥ samanvāgatā bodhisattvā mahāyogayogino bhavanti / katamaiś caturbhir yaduta svacittadṛśyavibhāvanatayā ca **(N 80[1])** *bāhyabhāvābhāvopalakṣaṇatayā ca* **(N 79[18])** *utpādasthi***(N 80)***tibhaṅgadṛṣṭivivarjanatayā ca*[9] **(N 80[2])** svapratyātmāryajñānādhigamābhi*ramaṇa*tayā[10] ca / ebhir mahāmate caturbhir dharmaiḥ samanvāgatā bodhisattvā mahāsattvā **(T 489c)** mahāyogayogino bhavanti //

40. (NII. 15-1) *"svacittadṛśyavibhāvanatayā"*

tatra kathaṃ mahāmate bodhisattvo mahāsattvaḥ svacittadṛśyavibhāvanākuśalo bhavati / yaduta sa evaṃ pratyavekṣate cittamātram idaṃ traidhātukam ātmātmīyarahitaṃ nirīham āyūhaniryūhavigatam anādikālaprapañcadauṣṭhulyavāsanābhiniveśavāsitaṃ traidhātukavicitra-rūpopacāropanibaddhaṃ dehabhogapratiṣṭhāgativikalpānugataṃ khyāyate / evaṃ hi mahāmate bodhisattvo mahāsattvaḥ svacittadṛśyavibhāvanākuśalo bhavati **(N 80[12])** //

41. (NII. 15-2) *"bāhyabhāvābhāvopalakṣaṇatayā"*

(N 81[17]) tatra kathaṃ mahāmate bodhisattvo mahāsattvo bāhyabhā**(N 82)**vābhāvopalakṣaṇakuśalo bhavati / yaduta marīcisvapnaprakhyā mahāmate sarvabhāvā anādikālaprapañcadauṣṭhu-

---

7 (N79[7]) "ata etan na bhavati" corrected. G.: 若不如是則同 .

8 (N 79[13]-82[7]) The text in this section has had to go through many, large scale corrections, made by the present editor, based on the Guṇabhadra Chinese version (G.) (Taisho Tripiṭaka no. 670, vol. 16, 489b-490a; Chos grub's Tibetan version, Peking no. 776, vol. 29, pp. 96, 235c - 97, 237c).

9 (N 79[18] – 80[1]) The order of the two conditions, 2 and 3, is exchanged according to G.

10 (N 80[2]) "abhilakṣaṇatayā" corrected. G.: 得自覚聖智善楽 .

lyavikalpavāsanāhetukāḥ sarvabhāvasvabhāvā iti saṃpaśyan *bodhisattvo mahāsattvo bāhyabhāvābhāvopalakṣaṇakuśalo bhavati / evaṃ hi mahāmate bodhisattvo mahāsattvo bāhyabhāvābhāvopalakṣaṇakuśalo bhavati* //[11]

42. (NII. 15-3) ***"utpādasthitibhaṅgadṛṣṭivivarjanatayā"***

(**N** 80^{13}) kathaṃ punar mahāmate bodhisattvo mahāsattva utpādasthitibhaṅgadṛṣṭivivarjito bhavati / yaduta māyāsvapnarūpajanmasadṛśāḥ sarvabhāvāḥ svaparobhayābhāvān notpadyante / svacittamātrānusāritvād bāhyabhāvābhāvadarśanād vijñānānām apravṛttiṃ dṛṣṭvā pratyayānām akūṭarāśitvaṃ ca vikalpapratyayodbhavaṃ traidhā(**N 81**)tukaṃ paśyanto 'dhyātmabāhyasarvadharmānupalabdhibhir niḥsvabhāvadarśanād utpādadṛṣṭivinivṛttau māyādidharmasvabhāvānugamānutpattikadharmakṣāntiṃ pratilabhante (**N** 81^{3}) / *anutpattikadharmakṣāntiṃ pratilabhya utpādasthitibhaṅgadṛṣṭivivarjito bhavati* / (**N** 81^{15}) evaṃ hi mahāmate bodhisattvo mahāsattva utpādasthitibhaṅgadṛṣṭivivarjita*vibhāvanākuśalo* bhavati //[12]

43. (NII. 15-4a) ***"svapratyātmāryajñānādhigamābhiramaṇatayā"***

kathaṃ mahāmate bodhisattvo mahāsattvaḥ svapratyātmāryajñānādhigamābhiramaṇakuśalo bhavati / yadutānutpattikadharmakṣāntiṃ pratilabhya[13](**N** 81^{3}) aṣṭamyāṃ *bodhisattva*bhūmau sthitāḥ cittamanomanovijñānapañcadharmasvabhāvanairātmyadvayagati*rahitān*[14] manomayakāyaṃ pratilabhante //

44. (NII. 15-4b) ***"manomayakāyaḥ"***

mahāmatir āha / manomayakāya iti bhagavan kena kāraṇena / bhagavān āha / manomaya iti mahāmate manovad apratihataśīghragāmitvān manomaya ity ucyate / tadyathā mahāmate mano 'pratihataṃ girikūḍyādiṣv anekāni yojanaśatasahasrāṇi pūrvadṛṣṭānubhūtān viṣayān anusmaran svacittaprabandhāvicchinnaśarīram apratihatagati*ḥ* pravartate evam eva mahāmate *manomayakāyaḥ / bodhisattvo mahāsattvo*[15] manomayakāyasahapratilambhena

---

11 The above passage, which explains the second condition, has been shifted from Nanjio ed. 81^{17}~82^{4}. The closing part, which is italicized, is inserted by the editor according to G.

12 The italicized parts are inserted by the editor according to G.: 得無生法忍已離生住滅見 . 是名菩薩摩訶薩善分別離生住滅見 .

13 The italicized part is inserted: G.: 云何菩薩摩訶薩得自覚聖智善楽 . 謂得無生法忍 .

14 (N 81^{5}) "-gatiparāvṛttyadhigamān" corrected. G.: 得離心意意識五法自性二無我相故得意生身 .

15 (N 81^{12}) Three words are inserted according to G.: 如是意生身 . 菩薩摩訶薩意生身得一時倶如幻三昧 .

māyopamasamena samādhinā balavaśitābhijñālakṣaṇakusumi*to* āryagatinikāyasahajo mana iva pravartate 'pratihatagatiḥ pūrvapraṇidhānaviṣayānusmaran sattvaparipākārthaṃ / *sa evaṃ pravṛtya svapratyātmārtyajñānagativiṣayam abhiramate*[16]//

45. (NII. 15-4c) **"*svapratyātmāryajñānādhigamābhiramaṇakuśalaḥ*"**

evaṃ hi mahāmate bodhisattvo mahāsattvo 'nutpattikadharmakṣāntiṃ pratilabhya aṣṭamyāṃ bhūmau sthitaḥ cittamanomanovijñāṇapañcadharmasvabhāvanairātmyadvayagatiparāvṛttim adhigamān manomayakāyaṃ pratilabhate / taṃ pratilabhya bodhisasttvo mahāsattvaḥ svapratyātmāryajñānādhigamābhiramaṇakuśalo bhavati //[17]**(T 490a)**

46. (NII. 15-5) **"*mahāyogayogino bhavanti*"**

(N 82[5]) ebhir mahāmate caturbhir dharmaiḥ samanvāgatā bodhisattvā mahāsattvā mahāyogayogino bhavanti / atra te mahāmate yogaḥ karaṇīyaḥ //

47. (NII. 16-1) **"*pratyayalakṣaṇaṃ bāhyaṃ cādhyātmikaṃ ca*"**

atha khalu mahāmatir bodhisattvaḥ punar api bhagavantam adhyeṣate sma / deśayatu me bhagavān hetupratyayalakṣaṇāvabodhenāhaṃ cānye ca bodhisattvā mahāsattvā sadasaddṛṣṭivikalparahitā*ḥ* sarva*bhāvānāṃ*[18] kramaṃ yugapad utpattiṃ na kalpayeyuḥ //

bhagavān āha / dviprakāraṃ mahāmate *pratyaya*lakṣaṇaṃ[19] sarvadharmāṇāṃ yaduta bāhyaṃ cādhyātmikaṃ ca / tatra bāhya*pratyayo yaduta*[20] mṛtpiṇḍadaṇḍacakrasūtrodaka*kāṣṭha*[21]-puruṣaprayatnādipratyayair mahāmate ghaṭa utpadyate / yathā ca mahāmate ghaṭo mṛtpiṇḍād eva tantubhyaḥ paṭaḥ vīranībhyaḥ kaṭā bījād aṅkuraḥ[22] dadhno navanīta u**(N 83)**tpadyate evam eva mahāmate bāhyaḥ *pratyay*otpādaḥ[23] pūrvottarottaro draṣṭavyam // tatra ādhyātmikaḥ *pratyayo* yadutāvidyā tṛṣṇā karmety evam ādyā mahāmate dharmāḥ *pratyaya*saṃjñāṃ pratilabhante / ebhya

16 (N 81[15]) A passage is inserted. G.: 得自覚聖智善楽 .
17 The whole paragraph is inserted. G.: 如是菩薩摩訶薩得無生法忍住第八菩薩地転捨心意意識五法自性二無我相身得自覚聖智善楽 .
18 (N 82[11]) "-bhāvanā-" corrected. G.: 離一切性有無妄見 .
19 (N 82[13]) "pratītyasamutpādahetulakṣaṇam" corrected. G.: 二種縁相 .
20 (N 82[15]) "bāhyapratītyasamutpādo mahāmate" corrected. G.: 外縁者 .
21 (N 82[16]) A word is inserted. G.: 木 .
22 (N 83[1]) The five words inbetween, which are lacking in G., are deleted.
23 (N 83[1]) "pratītyasamutpādaḥ" corrected. G.: 外縁前後転生 .

utpannā mahāmate skandhadhātvāyatanākhyā dharmāḥ *pratyayotpāda*saṃjñāṃ[24] pratilabhante / te cāviśiṣṭāḥ kalpyante ca bālaiḥ / *evam eva mahāmate ādhyātmikapratyayadharmā bhavanti*[25]//

48. (NII. 16-2) ***"hetuḥ ṣaḍvidhaḥ"***

tatra hetur mahāmate ṣaḍvidho yaduta bhaviṣyaddhetuḥ saṃbandhahetuḥ lakṣaṇahetuḥ kāraṇahetur vyañjanahetur *apekṣā*hetur[26] mahāmate ṣaṣṭhaḥ / tatra bhaviṣyaddhetur mahāmate hetukṛtyaṃ karoty adhyātmabāhyotpattau dharmāṇām / saṃbandhahetuḥ punar mahamate ālambanakṛtyaṃ karoty ādhyātmikabāhyotpattau skandhabījādīnām / lakṣaṇahetuḥ punar aparaṃ mahāmate anantarakriyālakṣaṇopa*ni*baddhaṃ[27] janayati / kāraṇahetuḥ punar mahāmate ādhipatyādhikārakṛtyaṃ karoti cakravartinṛpavat / vyañjanahetuḥ punar mahāmate utpannasya vikalpasya bhāvasya lakṣaṇod*d*yotanaṃ kṛtyaṃ karoti pradīpavad rūpādīnām / *apekṣā*hetuḥ punar mahāmate vinivṛttikāle praba**(N 84)**ndhakriyāvyucchittiṃ karoty avikalpa*bhāvo*tpattau[28] //

49. (NII. 16-3) ***"hetupratyayakriyāyogalakṣaṇakramayugapaddṛṣṭivigatena te bhavitavyam"***

ete hi mahāmate svavikalpakalpitā bālapṛthagjanair na kramavṛttyā na yugapat pravartante / tat kasya hetor yadi punar mahāmate yugapat pravarteran kāryakāraṇavibhāgo na syād apratilabdhahetulakṣaṇatvāt / atha kramavṛttyā pravarteran alabdhasya lakṣaṇātmakatvāt kramavṛttyā na pravartate / ajātaputrapitṛśabdavan mahāmate kramavṛttisaṃbandhayogā na ghaṭante / *te kalpanāmātrāḥ*[29] / tārkikāṇāṃ hetvārambaṇanirantarādhipatipratyayādibhir janyajanakatvān mahāmate kramavṛttyā notpadyante / parikalpitasvabhāvābhiniveśalakṣaṇān mahāmate *krameṇa yugapad vā*[30] na utpadyate svacittadṛśyadehabhoga*pratiṣṭhāna*tvāt[31] svasāmānyalakṣaṇabāhyabhāvābhāvān mahāmate krameṇa yugapad vā notpadyante / anyatra svacittadṛśyavikalp*ānavabodhād lakṣaṇaṃ*[32] pravartate / tasmāt tarhi mahāmate hetupratyayakriyāyogalakṣaṇakramayugapaddṛṣṭivigatena te bhavitavyam //

24 (N 83[6]) "pratītyasamutpādasaṃjñām" corrected. G.: 縁所起名 .
25 This remark is inserted according to G.: 是名内縁法 .
26 (N 83[9]) "upekṣā" corrected. G.: 待因 .
27 (N 83[13]) "uparibaddhaṃ" corrected. G.: 相続 .
28 (N 84[1]) "avikalpotpattau" corrected. G.: 不妄想性生 .
29 (N 84[7]) The three words are inserted. G.: 但妄想耳 .
30 (N 84[10]) "yugapan" corrected. G.: 漸次倶不生 .
31 (N 84[11]) "praviṣṭāna" corrected. G.: 自心現受用 [処] 故 .
32 (N 84[13]) "-vikalpitatvād vijñānaṃ" corrected. G.: 自心現不覚妄想故相生 .

tatredam ucyate // **(T 490b)**

na hy atrotpadyate kiṃcit pratyayair na *nirudhyate*[33] /

utpadyante nirudhyante pratyayā eva kalpitāḥ // 2 (NII. 140, X. 85)

(N 85) na bhaṅgotpāda*saṃśleṣaḥ*[34] pratyayānāṃ nivāryate /

yat tu bālā vikalpanti pratyayaiḥ sa nivāryate // 3 (NII. 141, X. 90)

sadasatoḥ[35] pratyayeṣu dharmāṇāṃ nāsti saṃbhavaḥ /

vāsanair bhrāmitaṃ cittaṃ *tribhavaḥ*[36] khyāyate yataḥ // 4 (NII. 142, X. 34)

nābhūtvā jāyate kiṃcit pratyayair na *ni*rudhyate /

bandhyāsutākāśapuśpaṃ[37] yadā paśyanti saṃskṛtam /

tadā grāhaś ca grāhyaṃ ca bhrāntiṃ dṛṣṭvā nivartate // 5 (NII. 143, 144ab, X. 24)

na cotpādyaṃ na cotpannaḥ pratyayo 'pi na kiṃcana /

saṃvidyante kvacit kecid vyavahāras tu kathyate // 6 (NII. 144cdef, X. 89)

50. (NII. 17-1) ***"vāgvikalpalakṣaṇahṛdayam"***

atha khalu mahāmatir bodhisattvo mahāsattvaḥ punar api bhagavantam etad avocat / deśayatu me bhagavān vāgvikalpalakṣaṇahṛdayaṃ nāma dharmaparyāyaṃ yena vāgvikalpalakṣaṇahṛdayena bhagavan suprativibhāga*viddhena* ahaṃ cānye ca bodhisattvā mahāsattvā abhilāpābhilāpyārthadvayagatiṃgatāḥ kṣipram anuttarāṃ samyaksaṃbodhim abhisaṃbudhyābhilāpābhilāpyārthadvayagatiṃ sarvasattvānāṃ viśodhayeyuḥ / bhagavān āha / tena hi mahāmate śṛṇu sādhu ca suṣṭhu ca manasikuru /**(N 86)** bhāṣiṣye 'haṃ te / sādhu bhagavann iti mahāmatir bodhisattvo mahāsattvo bhagavataḥ pratyaśrauṣīt / bhagavān asyaitad avocat / caturvidhaṃ mahāmate vāgvikalpalakṣaṇaṃ bhavati yaduta lakṣaṇavāk svapnavāg dauṣṭhulyavikalpābhiniveśavāg anādi[*kāla*]vikalpavāk //

tatra mahāmate lakṣaṇavāk svavikalparūpanimittābhiniveśāt pravartate / svapnavāk punar mahāmate pūrvānubhūtaviṣayānusmaraṇāt prativibuddhaviṣayābhāvāc ca pravartate / dauṣṭhulyavikalpābhiniveśavāk punar mahāmate śatrupūrvakṛtakarmānusmaraṇāt pravartate / anādikālavikalpavāk punar mahāmate anādikālaprapañcābhiniveśadauṣṭhulyasvabījavāsanā-

33 (N 84[16]) "virudhyate" corrected. G.: 滅.
34 (N 85[1]) "saṃkleśaḥ" corrected. G.: 相続.
35 (N 85[3]) "yac cāsataḥ" corrected. G.: 有無.
36 (N 85[4]) "tribhave" corrected. G.: 従是三有現.
37 (N85[6]) "bandhyāsuta," which is not seen in G, is necessary for the pada-rhythm.

taḥ pravartate / etaddhi mahāmate caturvidha*ṃ* vāgvikalpalakṣaṇam iti me yad utktam idaṃ tat pratyuktam //

51. (NII. 17-2) ***"vāgvikalpābhivyaktigocaram"***

atha khalu mahāmatir bodhisattvo mahāsattvaḥ punar api bhagavantam etam evārtham adhyeṣate sma / deśayatu me bhagavān punar api vāgvikalpābhivyaktigocaraṃ kutra kasmāt kathaṃ kena bhagavan nṛīṇāṃ vāgvijñaptivikalpaḥ pravartate / bhagavān āha / śirauronāsākaṇṭhatālvoṣṭhajihvādantasamavāyān mahāmate vāk pravartamānā pravartate / mahāmatir āha / kiṃ punar bhagavan vā(**N 87**)g vikalpād anyotānanyā / bhagavān āha / na hi mahāmate vāg vikalpād anyā nānanyā / tat kasya hetor yaduta taddhetūtpattilakṣaṇatvān mahāmate vāgvikalpaḥ pravartate / yadi punar mahāmate vāg vikalpād anyā syād avikalpahetukī syāt / athānanyā syāt arthābhivyaktitvād vāg na kuryāt sā ca kurute / tasmān nānyā nānanyā //

52. (NII. 17-3) ***"na vāgvikalpaḥ paramārtham udbhāvayati"***

punar api mahāmatir āha / kiṃ punar bhagavan vacanam eva paramārtha uta yad vacanenābhilapyate sa paramārthaḥ / bhagavān āha / na mahāmate vacanaṃ paramārthaḥ na ca yad vacanenābhilapyate sa paramārthaḥ / tat kasya hetor yaduta paramārthāryasukhābhilāpapraveśitvāt paramārthasya vacanaṃ na paramārthaḥ / paramārthas tu mahāmate āryajñānapratyātmagatigamyo na vāgvikalpabuddhigocaraḥ tena vikalpo nodbhāvayati paramārtham / vacanaṃ punar mahāmate utpannapradhvaṃsi capalaṃ parasparaṃ pratyayahetusamutpannaṃ yac ca mahāmate parasparaṃ pratyayahetusamutpannaṃ tat paramārthaṃ nodbhāvayati svaparalakṣaṇābhāvān mahāmate vāglakṣaṇaṃ nodbhāvayati //

(**N 88**) punar aparaṃ mahāmate svacittadṛśyamātrānusāritvād vividhavicitralakṣaṇabāhyabhāvābhāvād vāgvikalpaḥ paramārthaṃ nodbhāvayati / tasmāt tarhi mahāmate vāgvicitravikalparahitena te bhavitavyam //

tatredam ucyate //

sarvabhāvo 'svabhāvo hi san vacanaṃ tathāpy asat /

śūnyatā*ṃ* śūnyatārthaṃ vā bālo 'paśyan vidhāvati // 7 (NII. 145, X. 265)

sarvabhāvasvabhāvā *hi vai vāgdharmāś chāyopamāḥ*[38]/

38 (N 88[7]) "ca vacanam api nṛṇām" corrected. G.: 一切性自性言説法如影 .

pratyātmavedyāṃ putrebhyo bhūtakoṭiṃ vadāmy aham // 8 (NII. 148cd, X. 55cd)[39]

53. (NII. 18) ***"svacittadṛśyamātrānavabodhān bālapṛthagjanā vikalpayanti"***

atha khalu mahāmatir bodhisattvo mahāsattvaḥ punar api **(N 89)** bhagavantam etad avocat / deśayatu me bhagavān nāstyastitvaikatvānyatvobhayanobhayanaivāstinanāstinityānityavarjitaṃ sarvatīrthyāgatipracāram āryapratyātmajñānagatigamyaṃ parikalpitasvasāmānyalakṣaṇavinivṛttaṃ paramārthatattvāvatāraṃ bhūmyanusaṃdhikramottarottaraviśuddhilakṣaṇaṃ tathāgatabhūmyanupraveśalakṣaṇam anābhogapūrvapraṇidhānaviśvarūpamaṇisadṛśaviṣayānantalakṣaṇapracāraṃ svacittadṛśyagocaragativibhāgalakṣaṇaṃ sarvadharmāṇāṃ yathā cāhaṃ cānye ca bodhisattvā mahāsattvā evam ādiṣu parikalpitasvabhāvasvasāmānyalakṣaṇavinivṛttadṛṣṭayaḥ kṣipram anuttarāṃ samyaksaṃbodhim abhisaṃbudhya sarvasattvānāṃ sarva**(T 491a)**guṇasaṃpattīḥ paripūrayema //

bhagavān āha / sādhu sādhu mahāmate sādhu khalu punas tvaṃ mahāmate yat tvam etam artham adhyeṣitavyaṃ manyase bahujanahitāya tvaṃ mahāmate pratipanno bahujanasukhāya lokānukampāyai mahato janakāyasyārthāya hitāya sukhāya devānāṃ ca manuṣyāṇāṃ ca / tena hi mahāmate śṛṇu sādhu ca suṣṭhu ca manasikuru / bhāṣiṣye 'haṃ te / sādhu bhagavann iti mahāmatir bodhisattvo mahāsattvo bhagavataḥ pratyaśrauṣīt / bhaga**(N 90)**vāṃs tasyaitad avocat / *citta*mātrānavabodhān[40] mahāmate bālapṛthagjanā *adhyātma*bāhyavicitrabhāvābhiniveśena[41] ca nāstyastitvaikatvānyatvobhayanobhayanaivāstinanāstinityānityasvabhāvavāsanāhetuvikalpābhiniveśena vikalpayanti / (1) tadyathā mahāmate mṛgatṛṣṇodakaṃ mṛgā udakabhāvena vikalpya grīṣmābhitaptāḥ pātukāmatayā pradhavanti svacittadṛṣṭibhrāntyanavabodhān[42] na prajānanti nātrodakam iti evam eva mahāmate bālapṛthagjanā anādikālavividhaprapañcavikalpavāsitamatayo rāgadveṣamohāgnitāpitamanaso vicitrarūpaviṣayābhilāṣiṇa utpādabhaṅgasthitidṛṣṭyāśayā ādhyātmikabāhya*bhāvābhiniviṣṭās*[43] ta ekatvānyatvanāstyastitvagrāhe prapatanti / (2) tadyathā mahamate gandharvanagare 'viduṣām anagaraṃ nagarasaṃjñā bhavati / sā ca nagarākṛtir anādikālanagarabījavāsanā 'bhiniveśāt khyāti tac ca nagaraṃ nānagaraṃ na nagaram evam eva mahāmate anādikālatīrthyaprapañcavādavāsanā 'bhiniviṣṭā ekatvānyatvāstitvanāstitvavādān

39 The five lines, which G. lacks, between the two lines are omitted--146cd & ef, 147ab & cd, and 148ab.
40 (N 90[1]) "svacittadṛśyamātra-" corrected. G.: 心量 .
41 (N 90[2]) A word is inserted before "bāhya". G: 取内外性 .
42 (N 90[6-7]) G.: 迷乱馳趣 . The extamt Sanskrit text conveys a deeper meaning than G.
43 (N 90[11]) "-bhāvābhāvākuśalās" corrected. G.: 取内外性 .

abhiniviśante svacittadṛśyamātrānavadhāritamatayaḥ /**(N 91)** (3) tadyathā mahāmate kaścid eva puruṣaḥ śayitaḥ svapnāntare strīpuruṣahastyaśvarathapadātigrāmanagara*-vanodyānavividhagirinadītaḍāgopaśobhitaṃ* praviśya prativibudhyeta sa prativibuddhaḥ saṃs tad eva *[44] samanusmaret / tat kiṃ manyase mahāmate api nu sa puruṣaḥ paṇḍitajātīyo bhavet yas tad abhūtaṃ svapnavaicitryam anusmaret / āha / no hīdaṃ bhagavan // bhagavān āha / evam eva mahāmate bālapṛthagjanāḥ kudṛṣṭi*daṣṭās*[45] tīrthyamatayaḥ svapnatulyāṃ svacittadṛśyabhāvān na prativijānanta ekatvānyatvanāstyastitvadṛṣṭiṃ samāśrayante / (4) tadyathā mahāmate citrakarakṛtapradeśā animnonnatāḥ santo nimnonnatā bālaiḥ kalpyante evam eva mahāmate bhaviṣyanty anāgate 'dhvani tīrthyadṛṣṭivāsanāśayaprativikalpapuṣṭāḥ / ta ekatvānyatvobhayānubhayavādābhiniviṣṭāḥ svayaṃ naṣṭā anyān api sadasatpakṣaviviktānutpādavādino nāstikā iti vakṣyanti / ete hetuphalāpavādino durdarśanonmūlita*kuśalaśuklahetunaṣṭāḥ*[46]/ ete śreyo 'rthibhir dūrataḥ parivarjyā iti vakṣyante / te ca svaparobhayadṛṣṭipatitāśayā nāstya**(N 92)**stitvavikalpasamāropāpavādakudṛṣṭipatitāśayā narakaparāyaṇā bhaviṣyanti / (5) tadyathā mahāmate taimirikāḥ keśoṇḍukaṃ dṛṣṭvā **(T 491b)** parasparam ācakṣata idaṃ citram idaṃ citram iti paśyantu bho mārṣāḥ tac ca keśoṇḍukam *atyantaṃ*[47] na bhāvo nābhāvo darśanādarśanataḥ evam eva mahāmate tīrthyakudṛṣṭivikalpāśayābhiniviṣṭāḥ sadasatpakṣaikatvānyatvobhayānubhayatvavādābhiniviṣṭāḥ saddharmāpavādakā ātmānaṃ parāṃś ca vinipātayiṣyanti / (6) tadyathā mahāmate acakram alātacakraṃ bālaiś cakrabhāvena parikalpyate na paṇḍitaiḥ evam eva mahāmate kudṛṣṭitīrthyāśayapatitā ekatvānyatvobhayānubhayatvaṃ parikalpayiṣyanti sarvabhāvotpattau / (7) tadyathā mahāmate deve pravarṣati jalabudbudakāḥ sphaṭikamaṇisadṛśāḥ khyāyante / tatra ca bālāḥ sphaṭikamaṇibhāvam abhiniveśya pradhāvanti / te ca mahāmate udakabudbudakā na maṇayo nāmaṇayo grahaṇāgrahaṇataḥ / evam eva mahāmate tīrthyadṛṣṭivikalpāśayavāsanāvāsitā asataś cotpādaṃ varṇayiṣyanti pratyayaiḥ sataś ca vināśam //

punar aparaṃ mahāmate pramāṇatrayāvayava*pañca*pratyavasthānaṃ kṛtvā[48] ā**(N 93)**ryajñānapratyātmādhigamyaṃ svabhāvadvayavinirmuktaṃ vastu svabhāvato vidyata iti vikalpayiṣyanti / na ca mahāmate cittamanomanovijñānacittaparāvṛttyāśrayāṇāṃ svacittadṛśyagrāhyagrāhakavikalpaprahīṇānāṃ tathāgatabhūmipratyātmāryajñānagatānāṃ yogināṃ

44 (N 91[2,3,4]) At the three places marked by * a few words, which G. lacks, are omitted:
45 (N91[9]) "-dṛṣṭās" corrected. G.: 所噬 .
46 (N 91[17]) "hetukuśalaśuklapakṣāḥ" corrected. G.: 拔善根本壞清浄因 .
47 (N 92[4]) "abhayānutpannatayā" corrected. G.: 畢竟非性非無性 .
48 (N 92[18]) Supplemented with "pañca". G.: 有三種量五分論各建立已 .

bhāvābhāvasaṃjñā pravartate //

yadi punar mahāmate yoginām evaṃgativiṣayāṇāṃ bhāvābhāvagrāhaḥ pravartate sa evaiṣām ātmagrāhaḥ poṣagrāhaḥ puruṣagrāhaḥ pudgalagrāhaḥ syāt / yā punar evaṃ mahāmate bhāvasvabhāvasvasāmānyalakṣaṇadeśanā eṣā mahāmate nairmāṇikabuddhadeśanā na dharmatābuddhadeśanā / deśanā punar mahāmate bālāśayagatadṛṣṭipravṛttā na ca pratyavasthānagatisvabhāvadharmāryajñanapratyātmādhigamasamādhisukhavihāram udbhāvayati /(8) tadyathā mahāmate jalāntargatā vṛkṣacchāyā khyāyate sā ca na chāyā nācchayā na vṛkṣasaṃsthānanāsaṃsthānataḥ[49] evam eva mahāmate tīrthyadṛṣṭivāsanāvāsitavikalpā ekatvānyatvobhayānubhayatvanāstyastitvaṃ vikalpayiṣanti svacittadṛśyamātratānavadhāritamatayaḥ / (9) tadyathā mahāmate darpaṇāntargatāni sarvarūpapratibimbakāni khyāyante **(N 94)** yathā pratyayato *'vikalpanāc* [50] ca na tāni bimbāni nābimbāni bimbābimbadarśanataḥ / atha ca mahāmate *vikalpāḥ* [51] khyāyante bālānāṃ bimbākṛtayaḥ / evam eva mahāmate *tīrthyakudṛṣṭivikalpābhiniviṣṭāni* [52] svacittapratibimbāni khyāyante ekatvānyatvobhayānubhayadṛṣṭyākāreṇa / (10) tadyathā mahāmate pratiśrutkā puruṣanadīpavanasaṃyogāt pravartamānā 'nuśrūyate sā ca na bhāvā nābhāvā evam[53] eva mahāmate *tīrthyakudṛṣṭi*nāstyastitvaikatvānyatvobhayanobhaya*dṛṣṭayo vikalpyante* [54] / (11) tadyathā mahāmate nistṛṇagulmalatāvanāyāṃ medinyām **(T 491c)** ādityasaṃyogān mṛgatṛṣṇikās taraṅgavat syandante te ca na bhāvā nābhāvā lobhyālobhyataḥ evam eva mahāmate bālānām anādikālaprapañcadauṣṭhulyavāsanāvāsitaṃ vikalpavijñānam utpādasthitibhaṅgaikatvānyatvobhayānubhayanāstyasti*pratyātmasthāna*vastumukhena[55] mṛgatṛṣṇikāvat taraṅgāyate / (12) tadyathā mahāmate vetālayantrapuruṣau niḥsattvau piśācayuktiyogāt spandanakriyāṃ kurvāte / tatra cāsadvikalpe bālā abhiniviśante gamanāgamanataḥ / evam eva mahāmate **(N 95)**[56] kudṛṣṭitīrthyāśayapatitā ekatvānyatvavādān abhiniviśante sa cāsadbhūtasamāropaḥ / tasmāt tarhi mahāmate *āryapratyātmavastvadhigamārthibhir* utpādasthitibhaṅgaikatvānyatvobhayānubhayanāstyasti*kudṛṣṭi*vikalparahitena[57] bhavitavyam //

49 (N 93[14-15]) "vṛkṣasaṃsthānāsaṃsthānataḥ" corrected. G.: 非樹形非非樹形 .
50 (N 94[1]) "svavikalpanāc" corrected. G.: 無妄想
51 (N 94[2-3]) "atha ca te mahāmate svacittadṛśyavikalpāḥ" corrected. G.: 妄想愚夫而作像想 ..
52 (N 94[4-5]) "svacittapratibimbāni" be preceded by the four words. G.: 外道悪見自心像現妄想計著 .
53 (N 94[7]) "ghoṣāghoṣaśravanataḥ," a phrase which precedes "evam," is omitted as G lacks it.
54 (N 94[8-9]) "nāsti- …khyāyante" corrected. G.: 外道悪見妄想依於一異 … 見 .
55 (N 94[14]) "-āryapratyātmajñāna-" corrected. G.: 縁自住事門 .
56 (N 95[1]) The two words before "kudṛṣṭi-," which G lacks, are omitted.
57 (N 95[3-4]) "utpāda-...-astyārya-...-adhigama-" corrected. G.: 欲得自覚聖智事当離生住滅 … 等悪見妄想 .

tatraedam ucyate //

māyāsvapnakeśoṇḍukaṃ jalavṛkṣacchāyāprakhyam /

marīcyudakaṃ tribhavaṃ vibhāvento vimucyate //[58] 9 (NII. 149, 150; X.11, 130)

mṛgatṛṣṇā yathā grīṣme spandate cittamohanī /

mṛgā gṛhṇanti pānīyaṃ na cāsyāṃ vastu vidyate // 10 (NII. 11, X. 7)

tathā vijñānabījaṃ hi spandate dṛṣṭigocare /

bālā gṛhṇanti jāyantaṃ timiraṃ taimirā yathā // 11 (NII. 152, X. 8)

anādigatisaṃsāre bhāvagrāhopagūhitam /

bālāḥ kīle yathā kīlaṃ pralobhya vinivartayet // 12 (NII. 153, X. 209)

māyāvetālayantrābhaṃ svapnavidyudghanaṃ sadā /**(N 96)**

trisaṃtativyavacchinnaṃ jagat paśya vimucyate // 13 (NII. 154, X. 12)

na hy atra kācid vijñaptir marīcīnāṃ yathā nabhe /

evaṃ dharmān vijānanto na kiṃcit pratijānate // 14 (NII. 155, X. 33)

vijñaptir nāmamātreyaṃ lakṣaṇena na vidyate /

skandhāḥ keśoṇḍukākārā yatra cāsau vikalpyate // 15 (NII. 156, X. 23)

citraṃ [59] keśoṇḍukaṃ māyāsvapnagandharvam eva ca /

alātaṃ mṛgatṛṣṇā ca asantaḥ khyāti vai nṛṇām // 16 (NII. 157, X. 443)

nityānityaṃ *ekānya*tvam ubhay*ānu*bhayaṃ[60] tathā /**(T 492a)**

anādidoṣa*saṃbaddhā* bālāḥ kalpanti mohitāḥ // 17 (NII. 158, X. 444)

darpaṇe udake netre bhāṇḍeṣu ca maṇiṣu ca /

bimbaṃ hi dṛśyate teṣu bimbaṃ nāsti ca kutracit // 18 (NII. 159, X. 186)

bhāvābhāsaṃ tathā citraṃ mṛgatṛṣṇā yathā nabhe /

dṛśyate citrarūpeṇa svapne bandhyauraso yathā // 19 (NII. 160, X. 187)

54. (NII. 19) ***"catuṣṭayavinirmuktā tathāgatānāṃ dharmadeśanā"***

punar aparaṃ mahāmate catuṣṭayavinirmuktā tathāgatānāṃ dharmadeśanā yaduta ekatvānyatvobhayānubhayapakṣavivarjitā nāstyastisamāropāpavādavinirmuktā satyapratītyasamutpādanirod-

---

58 (N 95[6-9]) GII.verse 9 includes NII. verses 149 & 150: 幻夢水樹影,垂髮熱時炎,如是觀三有,究竟得解脱.
59 (N 96[6]) "cittaṃ" corrected. G.: 画 .
60 (N 96[8]) "tathaikatvam… nobhayaṃ" corrected. G.: 一異俱不俱亦然 .

hamārgavimokṣa*vibhāgasaṃgīti*pūrvakā[61] mahāmate tathāgatānāṃ dharmadeśanā / na prakṛtīśvarāhetv*aṇu*kālasvabhāvopani**(N 97)**baddhā[62] mahāmate tathāgatānāṃ dharmadeśanā //

punar aparaṃ mahāmate kleśajñeyāvaraṇadvayaviś*u*ddhyarthaṃ sārthavāhavad ānupūrvyā aṣṭottare nirābhāsapadaśate pratiṣṭhāpayanti yānabhūmyaṅgasuvibhāgalakṣaṇe ca //

55. (NII. 20) **"*tāthāgataṃ dhyānam*"**

punar aparaṃ mahāmate caturvidhaṃ dhyānaṃ katamac caturvidhaṃ yaduta bālopacārikaṃ dhyānam arthapravicayaṃ dhyānaṃ tathatālambanaṃ dhyānaṃ tāthāgataṃ caturthaṃ dhyānam / (1) tatra mahāmate bālopacārikaṃ dhyānaṃ katamad yaduta śrāvakapratyekabuddha*tīrthya*yogayoginām[63] pudgalanairātmyabhāvasvasāmānya*lakṣaṇa[asthi]śaṅkalā*nityaduḥkhāśubhalakṣaṇābhiniveśapūrvakam[64] evam idaṃ lakṣaṇaṃ nānyatheti paśyataḥ pūrvottarottarata āsaṃjñānirodhād bālopacārikaṃ bhavati / (2) tatrārthapravicayadhyānaṃ punar mahāmate katamad yaduta pudgalanairātmyasvasāmānyalakṣaṇabāhyatīrthakarasvaparobhayābhāvaṃ kṛtvā dharmanairātmyabhūmilakṣaṇārthaṃ pravicayānupūrvakam arthapravicayadhyānaṃ bhavati / (3) tatra tathatālambanaṃ dhyānaṃ mahāmate katamad yaduta parikalpitanairātmyadvayavikalpayathābhūtāvasthānād apravṛtter vikalpasya tathatālambanam iti vadāmi / (4) tā**(N 98)**thāgataṃ punar mahāmate dhyānam katamad yaduta tāthāgatabhūmyākārapraveśaṃ pratyātmāryajñānalakṣaṇatrayasukhavihārācintyasattvakṛtyakaraṇatayā tāthāgataṃ dhyānam iti vadāmi //

tatredam ucyate //

bālopacārikam dhyānaṃ dhyānaṃ *arthapravicayaṃ*[65] /
tathatālambanaṃ dhyānaṃ dhyānaṃ tāthāgataṃ śubham // 20 (NII. 161, X. 149)
somabhāskarasaṃsthānaṃ padmapātālasādṛśam /
gaganāgnicitrasadṛśaṃ yogī puñjā*n* prapaśyati // 21 (NII. 162, X. 352)
(T 492b) nimittāni ca citrāṇi tīrthamārgaṃ nayanti te /
śrāvakatve nipāta*ya*nti pratyekajinagocare // 22 (NII. 163, X. 353)
vidhūya sarvāṇy etāni nirābhāsaṃ yadā bhavet /
tadā buddhakarācintyāḥ sarvakṣet*ra*samāgatāḥ /

61 (N 96[17]) "-pravṛtti-" corrected. G.: 分別結集.
62 (N 96[18]) "yadṛcchā" which G. lacks is omitted. 非無因非微塵.
63 (N 97[8]) A word is inserted before "yogayoginām". G.: 外道修行者.
64 (N 97[9]) "-bimbasaṃkalā" corrected. G.: 自相共相骨鎖.
65 (N 98[5]) The order of the first two dhyanas is corrected according to G.

śiro hi tasya mārjanti nimittaṃ tathatānugam // 23 (NII. 164, X. 354)

56. (NII. 21) *"kasyādhivacanaṃ nirvāṇam"*

atha khalu mahāmatir bodhisattvo mahasattvaḥ punar api bhagavantam etad avocat / *parinirvāṇam*[66] iti bhagavann ucyate kasyaitad bhagavann adhivacanaṃ yaduta nirvāṇam iti / bhagavān āha / sarva*svabhāva*vāsanālayamanomanovijñānadṛṣṭivāsanāparāvṛttir[67] nirvāṇam ity ucyate sarvabuddhair mayā ca nirvāṇagatisvabhāvaśūnyatāvastugocaram //

(N 99) punar aparaṃ mahāmate nirvāṇam āryajñānapratyātmagatigocaraṃ śāśvatocchedavikalpabhāvābhāvavivarjitam / kathaṃ na śāśvataṃ yaduta svasāmanyalakṣaṇavikalpaprahīṇam ato na śāśvatam / tatrānucchedo yaduta sarvāryā atītānāgatapratyutpannāḥ pratyātma*gatiṃ* gacchanty[68] ato nocchedaḥ //

punar mahāmate nirvāṇaṃ* na nāśo na maraṇam / yadi punar mahāmate nirvāṇaṃ* maraṇaṃ syāt punar api janmaprabandhaḥ syāt / atha vināśaḥ syāt saṃskṛtalakṣaṇapatitaṃ syāt / ata etasmāt kāraṇān mahāmate nirvāṇaṃ* na nāśaṃ na maraṇam / *tasmāt tac caraṇam yaṃ gacchanti* yoginaḥ[69] / punar aparaṃ mahāmate nirvāṇam* aprahīṇāsaṃprāpto 'nucchedāśāśvato naikārthato *na nānārthato*[70] nirvāṇam ity ucyate //

punar aparaṃ mahāmate śrāvakapratyekabuddhānāṃ nirvāṇaṃ svasāmānyalakṣaṇāvabodhād asaṃsargato viṣayāviparyāsadarśanād vikalpo na pravartate / tatas teṣāṃ tatra nirvāṇabuddhir bhavati //

punar aparaṃ mahāmate dviprakāraṃ svabhāva*lakṣaṇaṃ*[71] bhavati / **(N 100)** katamad dviprakāraṃ yadutābhilāpasvabhāvābhiniveśataś ca vastusvabhāvābhiniveśataś ca / tatra mahāmate abhilāpasvabhāvābhiniveśo 'nādikālavākprapañcavāsanā 'bhiniveśāt pravartate / tatra vastusvabhāvābhiniveśaḥ punar mahāmate svacittadṛśyamātrānavabodhāt pravartate //

---

66 (N 98[15]) "nirvāṇaṃ nirvāṇam" corrected. G. 般涅槃. G. uses "nirvāṇa" three times below where the Nanjio ed. Sanskrit text puts "parinirvāṇa" (marked with * below).
67 (N 98[17]) "sarvavijñānasvabhāva-" corrected. G.: 一切自性 .
68 (N 99[5]) "pratyātmam api" corrected. G.: 得自覚 .
69 (N 99[10]) "cyutivigataṃ maraṇam adhigacchanti yoginaḥ" corrected. G.: 是故修行者之所帰依 .
70 (N 99[12]) "nānarthato" corrected. G.: 非種々義 .
71 (N 99[17]) "svabhāvadvayalakṣaṇam" corrected. G.: 自性相 .

57. (NII. 22) ***"tathāgatādhiṣṭhānadvayādhiṣṭhitā bodhisattvāḥ"***

punar aparaṃ mahāmate *tathāgatā*dhiṣṭhānadvayādhiṣṭhitā[72] bodhisattvās tathāgatānām arhatāṃ samyaksaṃbuddhānāṃ caraṇayor nipatya praśnān paripṛcchanti / katamenādhiṣṭhānadvayenādhiṣṭhitā yaduta samādhi*samāpannānāṃ* sarvakāyamukha*vācāsaṃdarśanā*dhiṣṭhānena pāṇyabhiṣekādhiṣṭhānena ca[73] / (1) tatra mahāmate bodhisattvā mahāsattvāḥ prathamāyāṃ bhūmau buddhādhiṣṭhānādhiṣṭhitā mahāyānaprabhāsaṃ nāma bodhisattvasamādhiṃ samāpadyante / samanantarasamāpannānāṃ ca teṣāṃ bodhisattvānāṃ mahāsattvānām atha[74] daśadiglokadhātuvyavasthitās tathāgatā arhantaḥ samyaksaṃbuddhāḥ **(T 492c)** sarvakāyamukhavācāsaṃdarśanenādhiṣṭhānaṃ[75] kurvanti / yathā mahāmate vajragarbhasya bodhisattvasya mahāsattvasya anyeṣāṃ ca tādṛglakṣa**(N 101)**ṇaguṇasamanvāgatānāṃ bodhisattvānāṃ mahāsattvānām evaṃ mahāmate prathamāyāṃ bhūmau bodhisattvā mahāsattvāḥ samādhisamāpattyadhiṣṭhānaṃ pratilabhante / (2) kalpaśatasahasraṃ saṃcitaiḥ kuśalamūlair anupūrveṇa bhūmipakṣavipakṣalakṣaṇagatiṃga*tād* dharmameghāyāṃ bodhisattvabhūmau mahāpadmavimānāsanasthasya bodhisattvasya mahāsattvasya tadanurūpair bodhisattvair mahāsattvaiḥ parivṛtasya sarvaratnābharaṇavibhūṣitakirīṭasya kanaka[76]-campakacandrāṅśumayūkhasadṛśā[77] daśadiglokadhātvāgatā jinakarās tasya bodhisattvasya mahāsattvasya padmavimānāsanasthasya mūrdhany abhiṣiñcanti vaśavarticakravartīndrarājavat[78] / sa ca bodhisattvas te ca bodhisattvāḥ pāṇyabhiṣekādhiṣṭhānādhiṣṭhitā ity ucyante / etan mahāmate bodhisattvānāṃ mahāsattvānām adhiṣṭhānadvayaṃ yena adhiṣṭhānadvayenādhiṣṭhitā bodhisattvā mahāsattvāḥ sarvabuddha*tathāgata*mukhāny[79] avalokayanti / anyatrāvyavalokyās tathāgatā arhantaḥ samyaksaṃbuddhāḥ //

punar aparaṃ mahāmate yat kiṃcid bodhisattvānāṃ mahāsattvānāṃ **(N 102)** pratibhā*ti* samādhyṛddhideśanākāreṇa tat sarva*ṃ* buddhādhiṣṭhānadvayādhiṣṭhitānām / yadi punar mahāmate bodhisattvānāṃ mahāsattvānām adhiṣṭhānam antareṇa pratibhānaṃ pratibhāyāt bālapṛthagjanānām api mahāmate pratibhānaṃ pratibhāyāt / tat kasya hetor

---

72 (N 100^{6}) "adhiṣṭhāna-" be preceded by "tathāgata". G.: 如来異以二種神力建立 .
73 (N 100^{9}) "samādhisamāpatty-...pāṇy-" corrected. G.: 三昧正受為現一切身面言説神力及手潅頂神力 .
74 (N $100^{13\text{-}14}$) The four words before "atha", which G. lacks, are omitted.
75 (N 100^{15}) The two words before "sarvakāya-" , which G. lacks, are omitted.
76 (N 101^{7}) The word before "kanaka-", which G. lacks, is omitted.
77 (N 101^{8}) The word before "-sadṛśā", which G. lacks, is omitted.
78 (N 101^{11}) The five words, which succeed "-rājavat" and which G. lacks, are omitted.
79 (N 101^{14}) "-buddha" be followed by "tathāgata-". G.: 諸仏如来 .

yadutādhiṣṭhānānadhiṣṭhitatvāt / *śilā*vṛkṣaparvatā[80] api mahāmate vividhāni ca vādyabhāṇḍāni nagarabhavanagṛhavimānāsanasthānāni tathāgatapraveśādhiṣṭhānena *svayaṃ*[81] pravādyante/ kiṃ punar mahāmate sacetanā mūkāndhabadhirā api mahāmate svadoṣebhyo vimucyante / evaṃ mahāguṇaviśeṣaṃ mahāmate *sattvārthe*[82] tathāgatādhiṣṭhānam //

punar aparaṃ mahāmatir āha / kim *iti* punar[83] bhagavaṃs tathāgatā arhantaḥ samyaksaṃbuddhā bodhisattvānāṃ mahāsattvānāṃ samādhisamāpattyavasthānakāle viśeṣabhūmau cābhiṣeka*kāle*[84] 'dhiṣṭhānaṃ prakurvanti / bhagavān āha / mārakarmakleśaviyuktārthaṃ śrāvakadhyānabhūmyaprapatanatayā ca tathāgatabhūmipratyātmādhigamanatayā ca prāptadharmādhigamavivṛdhāya ca / etena mahāmate kāraṇena tathāgatā arhantaḥ samyaksaṃbuddhā bodhisattvānāṃ mahāsattvānām adhiṣṭhānair adhitiṣṭhanti / anadhiṣṭhitāś ca mahāmate **(N 103)** bodhisattvā mahāsattvāḥ kutīrthyaśrāvakamārāśayapatitā nānuttarāṃ samyaksaṃbodhim abhisaṃbudhyeran / atas tena kāraṇena **(T 493a)** bodhisattvā mahāsattvās tathāgatair arhadbhiḥ samyaksaṃbuddhair anugṛhyante //

tatredam ucyate //

adhiṣṭhānaṃ narendrāṇāṃ praṇidhānair viśodhitam /
abhiṣekasamādhyādyāḥ prathamād daśamāya vai // 24 (NII. 165, X. 452)

58. (NII. 23) ***"hetupratyayasāmagryāṃ sarvadharmā utpadyante nāhetoḥ"***

atha khalu mahāmatir bodhisattvaḥ punar api bhagvantam etad avocat / pratītyasamutpādaṃ punar bhagavatā deśayatā kāraṇavyapadeśa eva kṛto na svanayaprakṛtyavasthānakathā / tīrthakarā api bhagavan kāraṇata utpattiṃ varṇayanti yaduta pradhāneśvarapuruṣakālāṇupratyayebhyo bhāvānām utpattayaḥ / kiṃ tu bhagavatā pratyayaparyāyāntareṇotpattir varṇyate bhāvānāṃ na ca siddhāntaviśeṣāntaram / sadasato hi bhagavaṃs tīrthakarā apy utpattiṃ varṇayanti / *bhagavatāpy asato utpattiṃ varṇyate*[85] bhūtvā ca vināśaṃ pratyayair bhāvānām / yad apy uktaṃ bhagavatā avidyāpratyayāḥ saṃskārā yāvaj jarāmaraṇam iti ahetuvādavyapadeśa eṣa bhagavatā 'nuvarṇito na sa hetuvādaḥ / yugapad vyavasthitānāṃ bhagavann etad bhavati / asmin satīdaṃ bhavatīti

80 (N 102[5]) "tṛṇagulmavṛkṣaparvatā" correcrted. G.: 山石樹木 .
81 (N 102[8]) A word is inserted before "pravādyante". G.: 自然出音楽之声
82 (N 102[10]) Two words are inserted. G.: 利安衆生 .
83 (N 102[11]) "kiṃ punar" corrected. G.: 以何因縁
84 (N 102[13]) "abhiṣekādhiṣṭhānaṃ" corrected. G.: 潅頂時加其神力 .
85 (N 103[14]) Between "varṇayanti" and "bhūtvā" the five words are inserted G.: 世尊亦説無有生生已滅 .

na kramavṛttyapekṣā 'vasthitānām / kiṃ tu tī(**N 104**)rthakaravyapadeśa eva bhagavan viśiṣyate na tvadīyam / tat kasya hetos tīrthakarāṇāṃ hi bhagavan kāraṇam apratītyasamutpannaṃ kāryam abhinivartayati / tava tu bhagavan kāraṇam api kāryāpekṣaṃ kāryam api kāraṇāpekṣaṃ hetupratyayasaṃkaraś caivam anyonyānavasthā prasajyate[86] / bhagavān āha / na mahāmate mamāhetukakāraṇavādo hetupratyayasaṃkaraś ca prasajyate / asmin satīdaṃ bruvato grāhyagrāhakābhāvāt svacittadṛśyamātrāvabodhāt / ye tu mahāmate grāhyagrāhakābhinivṣṭāḥ svacittadṛśyamātraṃ nāvabudhyante bāhyaviṣayabhāvābhāvatvena[87] teṣāṃ mahāmate eṣa doṣaḥ prasajyate na tu mama pratītyakāraṇavyapadeśaṃ kurvataḥ / *idaṃ sadoktaṃ mayā hetupratyayasāmagryāṃ sarvadharmā utpadyante nāhetor iti*[88] //

59. (NII. 24) ***"nābhilāpasadbhāvāt santi sarvabhāvāḥ"***

punar api mahāmatir āha / nanu bhagavann abhilāpasadbhāvāt santi sarvabhāvāḥ / yadi punar bhagavan bhāvā na syur abhilāpo na pravartate ca tasmād abhilāpasadbhāvād bhagavan santi sarvabhāvāḥ / bhagavān āha / asatām api mahāmate bhāvānām abhilāpaḥ kriyate yaduta śaśaviṣāṇakūrmaromādīnāṃ[89] (**N 105**) loke *dṛṣṭo* 'bhilāpaḥ[90] te ca mahāmate na bhāvā nābhāvā abhilāpyante ca / tad yad avocas tvaṃ mahāmate abhilāpasadbhāvāt santi sarvabhāvā iti sa hi vādaḥ prahīṇaḥ / na ca mahāmate sarvabuddhakṣetreṣu prasiddho 'bhilāpaḥ / abilāpo mahāmate kṛtakaḥ / kvacin mahāmate buddhakṣetre 'nimiṣaprekṣayā dharmo deśyate kvacid iṅgitaiḥ kvacid bhrūvikṣepeṇa kvacin netrasaṃcāreṇa kvacidd *hāsyena*[91] kvacid vijṛmbhitena kvacid utkāsanaśabdena kvacit kṣetrasmṛtyā (**T 493b**) kvacit spanditena / yathā mahāmate animiṣāyāṃ gandhasugandhāyāṃ ca lokadhātau samantabhadrasya tathāgatasya arhataḥ samyaksaṃbuddhasya buddhakṣetre 'nimiṣair netraiḥ prekṣamānās te bodhisattvā mahāsattvā anutpattikadharmakṣāntiṃ pratilabhante 'nyāṃś ca samādhiviśeṣān / ata evāsmāt kāraṇān mahāmate nābhilāpasadbhāvāt santi sarvabhāvāḥ / dṛṣṭaṃ caitan mahāmate iha loke kṛmimakṣikaivamādyāsattvaviśeṣā anabhilāpenaiva svakṛtyaṃ kurvanti //

tatredam ucyate //

---

86 (N 104[5]) The sentence of eight words which succeeds "prasajyate" is omitted as it is lacking in G.
87 (N 104[10]) "-sva-" of "bāhyasvaviṣaya-" is omitted as it is lacking in G.: 外境界 .
88 (N 104[11]) This closing passage of the Buddha is not seen in the extant Sanskrit text; it is seen in both G. and B., but strangely not in G.'s Tibetan version. G.: 我常説言 , 因縁和合而生諸法 , 非無因生 .
89 (N 104[16]) "bandhyāputra" which comes after "kūrmaroma" is omitted as it is lacking in G.
90 (N 105[1]) "loke 'dṛṣṭo 'bhilāpaḥ" corrected. G.: 世間現言説 .
91 (N 105[7]) "āsyena" corrected. G.: 或笑 .

ākāśaṃ śaśaśṛṅgaṃ ca bandhyāyāḥ putra eva ca /

asanto hy abhilapyante tathā bhāveṣu kalpanā // 25 (NII. 166, X. 453)

hetupratyayasāmagryāṃ bālāḥ kalpanti saṃbhavam /**(N 106)**

ajānānā nayam idaṃ bhramanti tribhavālaye // 26 (NII. 167, X. 47)

60. (NII. 25-1) *"nityaśabdaḥ kvābhihitaḥ - bhrāntau"*

atha khalu mahāmatir bodhisattvo mahāsattvaḥ punar api bhagavantam etad avocat / nityaśabdaḥ punar bhagavan kvābhihitaḥ / bhagavān āha / bhrāntau mahāmate yasmād iyaṃ bhrāntir āryāṇām api khyāyate 'viparyāsataḥ / tadyathā mahāmate mṛgatṛṣṇālātacakrakeśoṇḍukagandharvanagaramāyāsvapnapratibimbākṣapuruṣā loke 'vidvadbhir viparyasyante na tu vidvadbhir na ca punar na khyāyante / sā punar bhrāntir mahāmate anekaprakārā khyā*yan* na bhrānter aśāśvatāṃ kurute / tat kasya hetor yaduta bhāvābhāvavivarjitatvāt / kathaṃ punar mahāmate bhāvābhāvavivarjitā bhrāntir yaduta sarvabālavicitragocaratvāt gaṅgodakavat[92] pretānāṃ darśanādarśanataḥ / ata etasmāt kāraṇān mahāmate bhrāntibhāvo na bhavati yasmāc ca tad udakam anyeṣāṃ khyāyate 'to hy abhāvo na bhavati evaṃ bhrāntir āryāṇāṃ viparyāsāviparyāsavarjitā ataś ca mahāmate 'smāt kāraṇāc chāśvatā bhrāntir yaduta nimittalakṣaṇābhedatvāt / na hi mahāmate bhrāntir vividhavicitranimittavikalpena vikalpya**(N 107)**mānā bhedam upayāti / ata etasmāt kāraṇān mahāmate bhrāntiḥ śāśvatā //

61. (NII. 25-2) *"bhrāntis tattvaṃ bhavati"*

kathaṃ punar mahāmate bhrāntis tattvaṃ bhavati / yena punaḥ kāraṇena mahāmate āryāṇām asyāṃ bhrāntau viparyāsabuddhir na pravartate nāviparyāsabuddhir *anyatra* mahāmate *āryāṇām*[93] asyāṃ bhrāntau yat kiṃcit saṃjñino bhavanti nāryajñānavastusaṃjñinaḥ / yat kiṃcid iti mahāmate bālapralāpa eṣa nāryapralāpaḥ /

62. (NII. 25-3) *"bhrāntir viparyāsāviparyāsena vikalpyamānā gotradvayāvahā bhavati"*

sā punar bhrāntir viparyāsāviparyāsena vikalpyamānā gotradvayāvahā bhavati yadutāryagotrasya vā bālapṛthagjanagotrasya vā / āryagotraṃ punar mahāmate triprakāram upayāti yaduta śrāvaka-

92 (N 106[11]) "samudrataraṅga-" which precedes "gaṅgodakavat" is omitted as it is lacking in G.
93 (N 107[5]) "nānyatra...āryā" corrected.G.: 除諸聖 .

pratyekabuddhabuddhaprabhedataḥ / tatra kathaṃ punar mahāmate bālair bhrāntir vikalpyamānā śrāvakayānagotraṃ janayati yaduta mahāmate svasāmānyalakṣaṇābhiniveśenābhinivisyamānā śrāvakayānagotrāya saṃvartate / evaṃ mahāmate sā bhrāntiḥ śrāvakayānagotrāvahā bhavati / tatra kathaṃ punar mahāmate saiva bhrāntir vikalpyamānā pratyekabuddhayānagotrāvahā **(T 493c)** bhavati yaduta tasyā eva mahāmate bhrānteḥ svasāmānyalakṣaṇābhi**(N 108)**niveśāsaṅsargataḥ pratyekabuddhayānagotrāvahā bhavati / tatra kathaṃ punar mahāmate paṇḍitaiḥ saiva bhrāntir vikalpyamānā buddhayānagotrāvahā bhavati yaduta mahāmate svacittadṛśyamātrāvabodhād bāhyabhāvābhāvavikalpanatayāvikalpyamānā buddhayānagotrāvahā bhavati[94] vicitravastu*bhāvena*[95] punar mahāmate bālair bhrāntir vikalpyamānā bālagotrāvahā bhavati[96] / sā ca na vastu nāvastu / *eṣa gotrārthaḥ*[97]/ saiva mahāmate bhrāntir avikalpyamānā āryāṇāṃ cittamanomanovijñānadauṣṭhulyavāsanāsvabhāvadharmaparā*vṛ*ttibhāvād bhrāntir āryāṇāṃ tathatety ucyate / ata etad uktaṃ bhavati mahāmate tathatāpi cittavinirmuktety asyaiva mahāmate padasyābhidyotanārtham idam uktaṃ mayā kalpanaiś ca vivarjitaṃ sarvakalpanāvirahitam iti yāvad uktaṃ bhavati //

63. (NII. 25-4) ***"māyāvan na lakṣaṇābhiniveśato bhrāntir vidyate"***

mahāmatir āha / bhrāntir bhagavan vidyate neti / bhagavān āha / māyāvan mahāmate na lakṣaṇābhiniveśato bhrāntir vidyate / yadi punar mahamate bhrāntir lakṣaṇābhiniveśena vidyate a**(N 109)**vyāvritta eva mahāmate bhāvābhiniveśaḥ syāt pratītya*samutpādo 'pi* tīrthakarakāraṇotpādavad[98] etat syān mahāmate / mahāmatir āha / yadi bhagavan māyāprakhyā bhrāntis tenānyasyā bhrānteḥ kāraṇī bhaviṣyati / bhagavān āha / na mahāmate māyā bhrāntikāraṇam adauṣṭhulyadoṣāvahatvān na hi mahāmate māyā dauṣṭhulyadoṣam āvahate / avikalpyamānā māyā punar mahāmate parapuruṣavidyādhiṣṭhānāt pravartate / na svavikalpadauṣṭhulyavāsanādhiṣṭhānataḥ sā na doṣāvahā bhavati / cittadṛṣṭimohamātram etan mahāmate bālānāṃ yatkiṃcidabhiniveśato na tvāryāṇām //

tatredam ucyate //

āryo na paśyati bhrāntiṃ nāpi tattvaṃ tadantare /
bhrāntir eva bhavet tattvaṃ yasmāt tattvaṃ tadantare // 27 (NII. 168, X. 127)

---

94 (N 108[5]) The seven words which follow are omitted as they are lacking in G.
95 (N 108[6]) "bhāvanaḥ" corrected. G.: 種々事性 .
96 (N 108[7-9]) The fourteen words which follow are omitted as they are lacking in G.
97 (N 108[9]) Three words are inserted according to G.: 是名種性義。
98 (N 109[2]) "-samutpādavat" corrected. G.: 縁起応如外道説因縁生法 .

bhrāntiṃ vidhūya sarvāṃ hi nimittaṃ jāyate yadi /

saiva tasya bhaved bhrāntir aśuddhaṃ timiraṃ yathā // 28 (NII. 169, X. 128)

64. (NII. 26-1) ***"vitathāśuvidyutsadṛśasādharmyeṇa sarvadharmā māyopamāḥ"***

punar aparaṃ mahāmate na māyā nāstisādharmyadarśanāt sarvadharmāṇāṃ māyopamatvaṃ bhavati / mahāmatir āha / kiṃ punar bhagavan vicitramāyā*lakṣaṇābhiniveśena*[99] sarvadharmāṇāṃ māyo**(N 110)**pamatvaṃ bhavati atha vitatha*lakṣaṇābhiniveśena* / tad yadi bhagavan vicitramāyā*lakṣaṇābhiniveśena* sarvadharmāṇāṃ mayopamatvaṃ bhavati hanta bhagavan na bhāvā māyopamāḥ / tat kasya hetor yaduta rūpasya vicitralakṣaṇāhetudarśanān na hi bhagavan kaściddhetur asti yena rūpaṃ vicitralakṣaṇākāraṃ khyāyate māyāvat / ata etasmāt kāraṇād bhagavan na vicitramāyālakṣaṇābhiniveśasādharmyād bhāvā māyopamāḥ //

bhagavān āha / na mahāmate vicitramāyālakṣaṇābhiniveśasādha*rmyāt* **(T 494a)** sarvadharmā māyopamāḥ / kiṃ tarhi mahāmate vitathāśuvidyutsadṛśasādharmyeṇa sarvadharmā māyopamāḥ / tadyathā mahāmate vidyullatākṣaṇabhaṅgadṛṣṭanaṣṭadarśanaṃ punar *na* bālānāṃ khyāyate[100] evam eva mahāmate sarvabhāvā*ḥ* svavikalpa*sva*sāmānyalakṣaṇāḥ *pravicaye* 'bhāvān[101] na khyāyante rūpalakṣaṇābhiniveśataḥ //

tatredam ucyate //

na māyā nāstisādharmyād bhāvānāṃ kathyate 'stitā /

vitathāśuvidyutsadṛśās tena māyopamāḥ smṛtāḥ // 29 (NII. 170, X. 88)

65. (NII. 26-2) ***"hetukriyotpattipratyayasvabhāvalakṣaṇābhiniṣṭānāṃ nivāraṇārthaṃ māyāsvapnasvabhāvalakṣaṇān sarvadharmān deśayāmi"***

punar aparaṃ mahāmatir āha / yat punar etad uktaṃ bhagavatā anutpannāḥ **(N 111)** sarvabhāvā māyopamāś ceti nanu te bhagavann evaṃ bruvataḥ pūrvottaravacanavyāghātadoṣaḥ prasajyate anutpādaṃ bhāvānāṃ māyopamatvenābhilapataḥ / bhagavān āha / na mahāmate *mamā*nutpādaṃ[102] bhāvānāṃ māyopamatvena abhilapataḥ pūrvottaravacanavyāghātadoṣo bhavati / tat kasya hetor yadutotpādānutpādasvacittadṛśyamātrāvabodhāt sadasator

99 (N 109[17]) "-abhiniveśalakṣaṇena" corrected. G.: 為 … 相計著 .
100 (N 110[11]) "na" is inserted. G.: 非愚夫現 .
101 (N 110[13]) "-sāmānyalakṣaṇāḥ pravicayābhāvān" corrected. G.: 自共相觀察無性 .
102 (N 111[3]) "māyā-" corrected. G.: 非我攝無生 .

bāhyabhāvābhāvānutpattidarśanān na mahāmate pūrvottaravacanavyāghātadoṣaḥ prasajyate / kiṃ tu mahāmate tīrthakarakāraṇapakṣotpattivyudāsārtham idam ucyate[103] anutpannāḥ sarvabhāvāḥ / tīrthakaramohavargā hi mahāmate sadasator bhāvānām utpattim icchanti na s-vavikalpavicitrābhiniveśapratyayataḥ / mama tu mahāmate na *sadasator* utpadyate[104] / ata etasmāt kāraṇān mahāmate anutpādābhidhānam evābhidhīyate / bhāvopadeśaḥ punar mahāmate saṃsāraparigrahārthaṃ ca nāstītyucchedanivāraṇārthaṃ ca mac chiṣyāṇāṃ vicitrakarmopapattyāyatanaparigrahārthaṃ bhāvaśabdaparigraheṇa saṃsāraparigrahaḥ kriyate / māyābhāvasvabhāvalakṣaṇanirdeśena mahāmate bhāvasvabhāvalakṣaṇavyāvṛttyarthaṃ bālapṛthagjanānāṃ **(N 112)** kudṛṣṭilakṣaṇapatitāśayānāṃ svacittadṛśyamātrānavadhāriṇāṃ hetu*kriy*otpatti*pratyayasvabhāva*lakṣaṇābhiniviṣṭānāṃ[105] nivāraṇārthaṃ māyāsvapnasvabhāvalakṣaṇān sarvadharmān deśayāmi ete bālapṛthagjanāḥ kudṛṣṭilakṣaṇāśayābhiniviṣṭā ātmānaṃ paraṃ ca sarvadharmayathābhūtāvasthānadarśanān *na* visaṃvādayiṣyanti[106]/ tatra yathābhūtāvasthānadarśanaṃ mahāmate sarvadharmānāṃ yaduta svacittadṛśyamātrāvatāraḥ //

tatredam ucyate //

anutpāde kāraṇābhāvo bhāve saṃsārasaṅgrahaḥ /

māyādisadṛśaṃ paśyel lakṣaṇaṃ na vikalpayet // 30 (NII. 171, X. 244)

66. (NII. 27) *“nāmapadavyañjanakāyāḥ”*

punar aparaṃ mahāmate nāmapadavyañjanakāyānāṃ lakṣaṇam uddekṣyāmaḥ yair nāmapadavyañjanakāyaiḥ sūpalakṣitair bodhisattvā mahāsattvā arthapadavyañjanānusāriṇaḥ kṣipram anuttarāṃ **(T 494b)** samyaksaṃbodhim abhisaṃbudhya tathaiva sarvasattvān avabodhayiṣyanti / tatra mahāmate *nāmakāyo* yaduta yad vastvāśritya nāma kriyate sa *nāmakāyaḥ*[107] [108]/ padakāyaḥ punar mahāmate yaduta pada*sārthakāyasvabhāvo*[109] niścayo niṣṭhā[110] ity anarthāntaram / eṣa mahāmate padakāyopadeśaḥ kṛto mayā / vyañjanakāyaḥ **(N 113)** punar mahāmate yaduta yena nāmapadayor abhivyaktir bhavati[111] //

103 (N 111[9]) “māyāvad” is deleted as it is lacking in G. : 我説一切性無生 .
104 (N 111[11-12]) “na saṃtrāsam utpadyate” corrected. G.: 我非有無有生 .
105 (N 112[2]) “hetupratyayakriyotpattilakṣaṇābhiniviṣṭānāṃ” corrected. G.: 因所作生縁自性相 .
106 (N 112[5]) “visaṃvādayiṣyanti” corrected. G. 不令愚夫 … 作不正論（→ 令愚夫 … 不作不正論）.
107 (N 112[14-15]) Both “kāyo nāma” and “kāyo vastu” be “nāmakāyaḥ”. G.: 名身 .
108 (N 112[15-16]) The nine words which follow are omitted as they are lacking in G.
109 (N 112[16-17]) “padārthakāyasadbhāvo” corrected. G.: 句有義身自性 .
110 (N 112[17]) “upalabdhir” is omitted as it is lacking in G.:
111 (N113[1-5]) The words on the succeeding five lines, “vyañjanaṃ...hakāraḥ,” are omitted as lackiing in G.

(N 113[5]) tatra vyañjanaṃ punar mahāmate yaduta hrasvadīrghaplutavyañjanāni / tatra padakāyāḥ punar mahāmate ye padavīthīgāmino hastyaśvanarādyāḥ[112] padakāyasaṃjñāṃ labhante / nāma ca vyañjanaṃ ca punar mahāmate catvāra ārūpiṇaḥ skandhā nāmnā abhilapyanta iti kṛtvā nāma svalakṣaṇena vyañjana iti kṛtvā vyañjanam / etan mahāmate nāmapadavyañjanakāyānāṃ nāmapada*vyañjanakāya*lakṣaṇa*paricchedoddeśanam*[113] atra te paricayaḥ karaṇīyaḥ //

tatredam ucyate //

vyañjane padakāye ca nāmni cāpi viśeṣataḥ /

bālāḥ sajjanti durmedhā mahāpaṅke yathā gajāḥ // 31 (NII. 172, X. 456)

67. (NII. 28) ***"caturvidhapadapraśnavyākaraṇam"***

(N 114) punar aparaṃ mahāmate[114] durvidagdhamatayo 'nāgate 'dhvani pṛṣṭā vidvadbhir ekatvānyatvobhayānubhayadṛṣṭilakṣaṇavinirmuktaṃ *man naya*vidhiṃ[115] *pṛcchatām* evaṃ vakṣyanty apraśnam idaṃ nedaṃ yoniśa iti yaduta rūpādibhyo *nityā*nityatā 'nyānanyeti / evaṃ nirvāṇaṃ saṃskārebhyo lakṣaṇāl lakṣyaṇaṃ guṇebhyo guṇī bhūtebhyo bhautikaṃ dṛśyād darśanaṃ pāṃśubhyo aṇavo *yogād*[116] yogina evam ādyenottarottarakramalakṣaṇavidhinā pṛṣṭāḥ sthāpanīyaṃ bhagavatā 'vyākṛtam iti vakṣyanti / na tu te mohapuruṣā evaṃ jñāsyanti yathā śrotṝṇāṃ buddhivaikal*yāt* tathāgatā arhantaḥ samyaksaṃbuddhā uttrāsapadavivarjanārtham *avyākṛtam iti kṛtvā*[117] sattvānāṃ na vyākurvanti / avyākṛtāny api ca mahāmate tīrthakaradṛṣṭivādavyudāsārthaṃ nopadiśyante tathāgataiḥ / tīrthakarā hi mahāmate evaṃvādino yaduta sa jīvas tac charīram[118] ity evam ādyo 'vyākṛtavādaḥ / tīrthakarāṇāṃ hi mahāmate kāraṇavisaṃmūḍhānām avyākṛtaṃ na tu mat pravacane / mat pravacane tu mahāmate grāhyagrāhakavisaṃyukte vikalpo na pravartate / teṣāṃ **(N 115)** kathaṃ sthāpyaṃ bhavet / ye tu mahāmate grāhyagrāhakābhiniviṣṭāḥ svacittadṛśyamātrānavadhāritamatayas teṣāṃ sthāpyaṃ bhavati / caturvidhapadapraśnavyākaraṇena mahāmate tathāgatā arhantaḥ samyaksaṃbuddhāḥ sattvebhyo dharmaṃ deśayanti / sthāpanīyam iti mahāmate kālāntaradeśanaiṣā mayā kṛtāparipakvendriyāṇāṃ na tu paripakvendriyānāṃ sthāpyaṃ bhavati /

---

112 (N 113[7]) The six words after "nara" are omitted as they are laciking in G.
113 (N 113[11]) "nāmapadābhidhānalakṣaṇam" corrected. G.: 説名句形身相分斉 .
114 (N 114[1]) The five words which follow are omitted as they are lacking in G.
115 (N 114[3]) "antadvayavidhiṃ" corrected. G.: 我所通義 .
116 (N 114[7]) "jñānād" corrected. G.: 修与修者 .
117 (N 114[11]) The three words be inserted after "-vivarjanārthaṃ". G.: 令彼離恐怖句故説言無記不為記説 .
118 (N 114[14]) The four words after "charīram" are omitted as they are lacking in G.

68. (NII. 29) ***"lakṣaṇotpannānutpannabhāvād anityatayā nityāḥ sarvadharmāḥ"***

punar aparaṃ mahāmate kriyā*kāraṇa*rahitāḥ[119] sarvadharmā notpadyante 'kārakatvāt **(T 494c)** tenocyante 'nutpannāḥ sarvadharmāḥ / niḥsvabhāvāḥ punar mahāmate sarvabhāvāḥ kena kāraṇena yasmān mahāmate svabuddhyā vicāryamāṇā*ḥ* svasāmānyalakṣaṇa*bhāvā* nāvadhār*yante*[120] tenocyante niḥsvabhāvāḥ sarvadharmā iti / tatrānāyūhāniryūhāḥ punar mahāmate sarvadharmāḥ kena kāraṇena yasmān mahāmate svasāmanyalakṣaṇam āyūhyamānaṃ nāyūhyate niryūhyamānaṃ na niryūhyate 'ta etasmāt kāraṇān mahāmate sarvadharmā āyūhaniryūhavigatāḥ / aniruddhāḥ punar mahāmate sarvadharmāḥ kena kāraṇena yaduta bhāvasvabhāvalakṣaṇāsattvāt sarvadharmā nopalabhyante tenocyante 'niruddhāḥ sarvadharmā iti / tatrānityāḥ punar mahāmate sarvadharmāḥ kena kāraṇenocyante **(N 116)** yaduta lakṣaṇotpattyanityabhāvāt tenocyante 'nityāḥ sarvadharmā iti / tatra nityāḥ punar mahāmate sarvadharmāḥ kena kāraṇena yaduta lakṣaṇotpannānutpanna*bhāvād*[121] anityatayā nityās tenocyante mahāmate nityāḥ sarvadharmā iti //

tatredam ucyate //

caturvidhaṃ vyākaraṇam ekāṅśaṃ paripṛcchanam /
vibhajyaṃ sthāpanīyaṃ ca tīrthavādanivāraṇam // 32 (NII. 173, X. 119)
sadasator *eva utpādaḥ*[122] sāṃkhyavaiśeṣikaiḥ smṛtaḥ /
avyākṛtāni sarvāṇi tair *evaṃ* prakāśitā*ni*[123] // 33 (NII. 174, X. 118)
buddhyā vivecyamānānāṃ svabhāvo nāvadhāryate /
tasmād anabhilāpyās te niḥsvabhāvāś ca deśitāḥ // 34 (NII. 175, X. 167)

69. (NII. 30) ***"srotāpattiphalaprabhedāḥ"***

atha khalu mahāmatir bodhisattvo mahāsattvaḥ punar api bhagavantam etad avocat / deśayatu me bhagavān srotāpannānāṃ srotāpattigatiprabhedanayalakṣaṇaṃ yena srotāpattigatiprabhedana-yalakṣaṇena ahaṃ cānye ca bodhisattvā mahāsattvāḥ srotāpannānāṃ srotāpattigatiprabheda-nayalakṣaṇakuśalā uttarottarasakṛdāgāmyanāgāmyarhattvopāyalakṣaṇavidhijñās tathā sattvebhyo dharmaṃ deśayeyur yathā nairātmyalakṣaṇadvayam āvaraṇadvayaṃ **(N 117)** ca prativiśodhya

119 (N 115[7]) "-kārakara-" corrected. G.: 離所作因縁 .
120 (N 115[10-11]) "vicāryamāṇāṃ", "--abhāvā", "nāvadhāryate", corrected. G.: 以自覚観時自共相性不可得故 .
121 (N 116[3]) "-abhāvād" corrected. G.: 相起無生性 .
122 (N 116[7]) "hy anutpādaḥ" corrected.G.: 有及非有生 .
123 (N 116[8]) "eva hi prakāśitā" corrected. G.: 如是顕示 .

bhūmer bhūmilakṣaṇātikramagatiṃgatās tathāgatācintya*niṣṭhā*gocaraṃ[124] pratilabhya viśvarūpamaṇisadṛśāḥ sarvasattvopajīvyatām adhigaccheyuḥ sarvadharmagaty*akṣaya*kāyopabhogya*tayā sarvo*pajīvyāḥ[125] syuḥ //

bhagavān āha / tena hi mahāmate śṛṇu sādhu ca suṣṭhu ca manasikuru / bhāṣiṣye 'haṃ te / sādhu bhagavann iti mahāmatir bodhisattvo mahāsattvo bhagavataḥ pratyaśrauṣīt / bhagavāṃs tasyaitad avocat / traya ime mahāmate srotāpannānāṃ srotāpattiphalaprabhedāḥ / katame trayo yaduta hīnamadhyaviśiṣṭās tatra mahāmate hīnaḥ saptajanmabhavaparamaḥ madhyaḥ punar mahāmate tripañcabhavaparinirvāyī bhavati uttamaḥ punar mahāmate tajjanmaparinirvāyī bhavati /

70. (NII. 30-1) ***"trīṇi saṃyojanāni"***

eṣāṃ tu mahāmate trayāṇāṃ trīṇi saṃyojanāni mṛdumadhy**(T 495a)**ādhimātrāṇy eva bhavanti / tatra mahāmate katamāni trīṇi saṃyojanāni yaduta satkāyadṛṣṭir vicikitsā śīlavrataparāmarśaś ca / etāni mahāmate trīṇi saṃyojanāṇi viśeṣottarottareṇa arhatām arhatphalī bhavanti /

71. (NII. 30-1a) ***"satkāyadṛṣṭiprahīṇaḥ"***

tatra mahāmate satkāyadṛṣṭir dvividhā yaduta sahajā ca parikalpitā ca paratantraparikalpitasvabhāvavat / **(N 118)** tadyathā mahāmate paratantrasvabhāvāśrayād vicitraparikalpitasvabhāvābhiniveśaḥ pravartate / sa ca tatra na san nāsan na sadasann abhūtaparikalpalakṣaṇatvād atha ca bālair vikalpyate vicitrasvabhāvalakṣaṇābhiniveśena mṛgatṛṣṇikeva mṛgaiḥ / iyaṃ mahāmate srotāpannasya parikalpitā satkāyadṛṣṭir ajñānāc cirakālābhiniveśasaṃcitā / sā ca tasya pudgalanairātmyagrahābhāvataḥ prahīṇā / sahajā punar mahāmate srotāpannasya satkāyadṛṣṭiḥ svaparakāyasamatayā catuḥskandhārūpalakṣaṇatvād rūpasyotpattibhūtabhautikatvāt parasparahetulakṣaṇatvād bhūtānāṃ rūpasyāsamudaya iti kṛtvā srotāpannasya sadasatpakṣadṛṣṭidarśanāt satkāyadṛṣṭiḥ prahīṇā bhavati / ata evaṃ satkāyadṛṣṭiprahīṇasya rāgo na pravartate / etan mahāmate satkāyadṛṣṭilakṣaṇam //

---

124 (N 117[2]) "-gativiṣayagocaraṃ" corrected. G.: 究竟境界 .

125 (N 117[3]) "sarvadharmaviṣayagatikāyopabhogyatopajīvyāḥ" corrected. G.: 以一切法境界無尽身財摂養一切 .

72. (NII. 30-1b) ***“vicikitsā dharmeṣu na bhavati”***

vicikitsālakṣaṇaṃ punar mahāmate yaduta prāptidharmādhigamasudṛṣṭilakṣaṇatvāt pūrvaṃ satkāyadṛṣṭidvayavikalpaprahīṇatvāc ca vicikitsā dharmeṣu na bhavati / na cāsyānyā śāstṛdṛṣṭir bhavati śuddhāśuddhitaḥ / etan mahāmate vicikitsālakṣaṇaṃ **(N 119)** srotāpannasya //

73. (NII. 30-1c) ***“śīlaṃ na parāmṛśati srotāpannaḥ”***

śīlaṃ punar mahāmate kathaṃ na parāmṛśati srotāpannaḥ yaduta duḥkhopapattyāyatanalakṣaṇasaṃdṛṣṭatvān na parāmṛśati / parāmṛṣṭiḥ punar mahāmate yaduta śīlavratataponiyamair bālapṛthagjanā bhogasukhābhilāṣiṇo bhavotpattiṃ prārthayante na ca parāmṛśanty evam anyatra svapratyātmādhigamaviśeṣagāmitāyāṃ pariṇāmayanti nirvikalpānāsravadharmalakṣaṇākāreṇa prasajyante śīlāṅgaiḥ / etan mahamate srotāpannasya śīlavrat*ā*parāmarśalakṣaṇaṃ bhavati / na tu mahāmate srotāpannasya trisaṃyojanaprahīṇasya rāgamohā*ḥ*[126] pravartante **(N 119^{10})** /[127] **(N 121$^{5\text{-}7}$)** yadi srotāpannasyaitad abhaviṣyat imāni saṃyojanāny aham ebhir na saṃyukta iti tad dvitvaprasaṅga*ḥ syāt satkāya*dṛṣṭipatitaś *cā*prahīṇasaṃyojanaś ca //

(N 119^{11}) mahamatir āha / rāgaḥ punar bhagavatā bahuprakāra upadiṣṭaḥ / tat katamas tasyātra rāgaḥ prahīṇo bhavati / bhagavān āha / strīsaṃyogarāgo *vicitropāyakāyavāksāvadyakarmabhiḥ* pratyutpannasukha āyatyā duḥkhajanmahetukaḥ[128] / tasya mahāmate rāgo na pravartate / tat kasya hetor yaduta samādhisukhavihāralābhitvāt / ata eṣa prahīṇo bhavati na nirvāṇādhigamarāgaḥ //

74. (NII. 30-2) ***“sakṛdāgāmiphalalakṣaṇam”***

(N 120) sakṛdāgāmiphalalakṣaṇaṃ punar mahāmate katamad yaduta sakṛdrūpalakṣaṇābhāsavikalpaḥ pravartate / nimittadṛṣṭilakṣyalakṣaṇābhāvāt dhyānagatilakṣaṇasudṛṣṭatvāt sakṛd etaṃ lokam āgamya duḥkhasyāntakriyāyai parinirvāsyati tenocyate sakṛdāgāmīti /

75. (NII. 30-3) ***“anāgāmiphalalakṣaṇam”***

tatrānāgāmīti mahāmate kathaṃ bhavati **(T 495b)** yadutātītānāgatapratyutpannasya

---

126 (N 119^{10}) “rāgadveṣamohā” corrected. G.: 貪痴不生 .
127 The double punctuation mark is changed to a single mark, and is succeeded by a passage which comes later in the extant text (N 121$^{5\text{-}7}$) with a slight alteration, according to G. : 若須陀洹作是念 , 此諸結我不成就者 , 応有二過 , 随身見及諸結不断 .
128 (N 119$^{12\text{-}15}$) “viṣayakāmendriyaḥ...kṣitaiḥ” corrected. G.: 愛楽女人纏綿貪著種々方便身口悪業 .

rūpalakṣaṇabhāvābhāvapravṛtter dṛṣṭidoṣānuśayavikalpasyānāgāmitvād prahīṇatvāc ca saṃyojanānām anāgāmīty ucyate /

76. (NII. 30-4) ***"arhatphalalakṣaṇam"***

arhan punar mahāmate dhyānadhyeyasamādhivimokṣabalābhijñākleśaduḥkhavikalpābhāvād arhann ity ucyate //

mahāmatir āha / trayaḥ punar bhagavatā 'rhanto 'bhihitāḥ / tat katamasyāyaṃ bhagavann arhac chabdo nipātyate / kiṃ bhagavañ chamaikāyanamārgapratilambhikasya uta *bodhisattvamahāsattvasyopāyadarśanārhatas*[129] uta *buddhasya* nirmitanairmāṇikasya / bhagavān āha / śamaikāyanamārgapratilambhikasya mahāmate śrāvakasya na tv anyeṣām / anye punar mahāmate bodhisattvacaryācaritāvinaḥ buddhanirmitanairmāṇikāś copāyakuśalapraṇidhānapūrvakatvā(**N 121**)t[130] parṣanmaṇḍaleṣūpapattiṃ darśayanti buddhaparṣanmaṇḍalopaśobhanārtham / vikalpagatisaṃsthānāntaravicitropadeśo 'yaṃ mahāmate yaduta phalādhigamadhyānadhyātṛdhyeyaviviktatvāt svacittadṛśyopagamāt phalaprāptilakṣaṇaṃ upadiśyate / *eṣā phalaprāptir ity ucyate /*[131]

77. (NII. 30-5) ***"dhyānāpramāṇārūpyadhātusamatikramāya"***

(**N 121**[8]) punar aparaṃ mahāmate dhyānāpramāṇārūpyadhātusamatikramāya svacittadṛśyalakṣaṇavyāvṛttiḥ karaṇīyā / saṃjñāveditanirodhasamāpattiś ca mahāmate svacittadṛśyagativyatikramas tasy*ā* na yujyate citta*dṛśya*tvāt[132] //

tatredam ucyate //

dhyānāni cāpramāṇāni ārūpyāś ca samādhayaḥ /
saṃjñānirodho nikhilaś cittamātre na vidyate // 35 (GI. 128; NII. 176, 133; X. 114)
srotāpattiphalaṃ caiva sakṛdāgāminas tathā /
anāgāmiphalaṃ caiva arhattvaṃ cittavibhramaḥ // 36 (GI.125; NII. 177, 130; X. 115)
dhyātā dhyānaṃ ca dhyeyaṃ ca prahāṇaṃ satyadarśanam /
kalpanāmātram evedaṃ yo budhyati sa mucyate // 37 (NII. 178, X. 9)

---

129 (N 120[13-14]) "bodhipraṇidhānābhyastakuśalamūlasaṃmūdhasya" corr. G.: 菩薩摩訶薩方便示現阿羅漢 .
130 (N 120[17]) "mūla" after "-kuśala-" is omitted as it is lacking in G.
131 (N 121[4]) G. has this: 説名得果 .
132 (N 121[11]) "cittamātratvāt" corrected. G. corrected according to Chos Grubs's Tibetan version (Pek.Tib.Tri. 29, 776, 255b) "raṅ gi sems snaṅ ba yod p'ī phir ro": 有心 (量 →) 現故 .

78. (NII. 31) ***"dviprakārā buddhiḥ"***

(N 122) punar aparaṃ mahāmate dviprakārā buddhiḥ pravicayabuddhiś ca vikalpalakṣaṇagrāhābhiniveśapratiṣṭhāpikā ca / (1) tatra mahāmate pravicayabuddhir nāma yaduta yayā buddhyā bhāvasvabhāvalakṣaṇaṃ pravicīyamānaṃ catuṣkoṭikārahitaṃ nopalabhyate sā pravicayabuddhiḥ / tatra mahāmate catuṣkoṭikā yadutaikatvānyatvobhayanobhayāstināstinityā*nityāṃ*[133] catuṣkoṭikām iti vadāmi / etayā catuṣkoṭikayā mahāmate rahitāḥ sarvadharmā ity ucyate / iyaṃ mahāmate catuṣkoṭikā sarvadharmaparīkṣāyāṃ prayoktavyā / (2) tatra mahāmate vikalpalakṣaṇagrāhābhiniveśapratiṣṭhāpikā buddhiḥ katamā yaduta yena mahāmate **(T 495c)** vikalpalakṣaṇagrāhābhiniveśena[134] uṣṇadravacalakaṭhinān *a*bhūtaparikalpalakṣaṇān mahābhūtān pratijñāhetulakṣaṇadṛṣṭāntābhiniveśād asadbhūtasamāropeṇa samāropayati sā vikalpalakṣaṇagrāhābhiniveśapratiṣṭhāpikā buddhiḥ / (3) etan mahāmate buddhidvayasya lakṣaṇaṃ yena buddhidvayalakṣaṇena samanvāgatā bodhisattvā dharmapudgalanairātmyalakṣaṇagatiṃgatā **(N 123)** nirābhāsabuddhipravicayacaryābhūmikuśalāḥ prathamāṃ bhūmiṃ pratilabhante samādhiśataṃ ca samāpadyante / buddhabodhisattvaśataṃ ca samādhiviśeṣapratilambhena paśyanti kalpaśataṃ ca pūrvāntāparāntato 'nupraviśanti kṣetraśataṃ cāvabhāsayanti kṣetraśataṃ cāvabhāsyottarottarabhūmilakṣaṇavidhijñāḥ praṇidhānavaiśeṣikatayā vikrīḍanto dharmameghābhiṣekābhiṣiktās tathāgatapratyātmabhūmim adhigamya daś*āniṣṭhāp*adasunibaddhadharmānaḥ sattvaparipākāya vicitrair nirmāṇakiraṇair virājante pratyātmagatisukhasamāhitāḥ //

79. (NII. 32) ***"bodhisattvo mahābhūtabhautikakuśalo bhavati"***

punar aparaṃ mahāmate bodhisattvena mahāsattvena mahābhūtabhautikakuśalena bhavitavyam / kathaṃ ca mahāmate bodhisattvo mahābhūtabhautikakuśalo bhavati / tatra mahāmate bodhisattvo mahāsattva itaḥ pratisaṃśikṣate tat satyaṃ yatra mahābhūtānām asaṃbhavo [*bhavaty*] asaṃbhūtāni cemāni mahāmate bhūtānīti prativipaśyati / evaṃ prativipaśyan nāma*nimitta*vikalpamātraṃ[135] svacittadṛśyamātrāvabodhād bāhyabhāvābhāvān nāma svacittadṛśyavikalpamātram idaṃ yaduta traidhātukaṃ mahābhūtabhautikarahitaṃ prativipaśyati **(N 124)** cātuṣkoṭikanayaviśuddh*am* ātmātmīyarahitaṃ yathābhūtasvalakṣaṇāvast-

133 (N 122[6]) "-anityarahitāṃ" corrected according to the context. G. also needs to have 離 deleted.
134 (N 122[11]) "cittavikalpa-" corrected. G.: 妄想 .
135 (N 123[15]) "nāma vikalpa-" corrected. G.: 名相妄想 .

hānāvasthitam anutpādasvalakṣaṇasiddham / tatra mahāmate mahābhūteṣu kathaṃ bhautikaṃ bhavati yaduta snehavikalpamahābhūtaṃ mahāmate abdhātuṃ niṣpādayaty adhyātmabāhyam / utsāhavikalpamahābhūtaṃ mahāmate tejo dhātuṃ niṣpādayaty adhyātmabāhyam / samudīraṇavikalpamahābhūtaṃ mahāmate vāyudhātuṃ niṣpādayaty adhyātmabāhyam / rūpaparicchedavikalpamahābhūtaṃ punar mahāmate pṛthivīdhātuṃ janayati *rūpā*kāśasahitam[136] adhyātmabāhyam / mithyāsatyābhiniveśāt pañcaskandhakadambakaṃ mahābhūtabhautikaṃ pravartate / vijñānaṃ punar mahāmate vicitrapadaviṣayābhiniveśābhilāṣahetutvād vijñānaṃ pravartate 'nyagatisaṃdhau / pṛthivībhūtabhautikānāṃ mahāmate *pratyayāḥ santi*[137] mahābhūtāni na tu mahābhūtānām / tat kasya hetor yaduta *bhāvaliṅgalakṣaṇasaṃsthānakriyāyogābhūtānāṃ mahābhūtānāṃ notpattir bhavati*[138] bhāvaliṅgalakṣaṇasaṃsthānakriyāyogavatāṃ[139] mahāmate kriyāsaṃyogotpattir bhavati nāliṅgavatām / tasmād etan mahāmate mahābhūtabhautikalakṣaṇaṃ tīrthakarair vikalpyate na tu mayā //

80. (NII. 33) ***"skandhānāṃ skandhasvabhāvalakṣaṇam"***

punar aparaṃ mahāmate skandhānāṃ skandhasvabhāvalakṣaṇaṃ nirdekṣyāmaḥ / tatra mahāmate pañcaskandhāḥ katame **(T 496a)** yaduta rūpave**(N 125)**danāsaṃjñāsaṃskāravijñānāni / tatra mahāmate catvāraḥ skandhā arūpiṇo vedanā saṃjñā saṃskārā vijñānaṃ ca / rūpaṃ mahāmate cāturmahābhautikaṃ bhūtāni ca parasparavilakṣaṇāni / na ca mahāmate arūpiṇāṃ catuṣkasaṃkhyā bhavaty ākāśavat / tadyathā mahāmate ākāśaṃ saṃkhyālakṣaṇātītam atha ca vikalpyata evaṃ ākāśam iti evam eva mahāmate skandhāḥ saṃkhyālakṣaṇagaṇanātītā bhāvābhāvavivarjitāś cātuṣkoṭikarahitāḥ saṃkhyāgaṇanānirdeśena nirdiśyante bālair na tv āryaiḥ //

āryaiḥ punar mahāmate māyāvicitrarūpākṛtivad anyānanyavarjitāḥ prajñāpyante svapnabimbapuruṣavat / āryajñānagatisaṃmohān[140] mahāmate skandhavikalpaḥ khyāyate / etan mahāmate skandhānāṃ skandhasvabhāvalakṣaṇam / sa ca vikalpas tvayā vyāvartanīyaḥ vyāvṛtya viviktadharmopadeśaḥ karaṇīyaḥ / sarvabuddhaparṣanmaṇḍaleṣu tīrthyadṛṣṭinivāraṇāya viviktadharmopadeśena mahāmate kriyamāṇena dharmanairātmyadarśanaṃ viśudhyate

136 (N 124⁸) "ākāśasahitam" corrected. G.: 色及虚空倶 .
137 (N 124[12]) "kāraṇam asti" corrected. G.: 有四大縁 .
138 (N 124[13]) After "yaduta" a passage is inserted: G.: 性形相処所作方便無性大種不生 .
139 (N 124[14]) A word between "lakṣaṇa" and "saṃsthāna" is deleted as it is lacking in G.
140 (N 125[11-12]) "āśrayānanyatvād", which precedes "ārya…mohān", is deleted. G.: 聖智趣 (同→) 罔 .

*acala*bhūmipraveśaś[141] ca bhavati / so *'calāṃ* mahābhūmim anupraviśya anekasamādhivaśavartī bhavati / mano(**N 126**)mayakāyapratilambhāc ca samādhiṃ māyopamaṃ pratilabhate / balābhijñāvaśitāgatiṃgataḥ sarvasattvopajīvyo bhavati pṛthivīvat / yathā mahāmate mahāpṛthivī sarvasattvopajīvyā bhavati evam eva mahāmate bodhisattvo mahāsattvaḥ sarvasattvopajīvyo bhavati //

81. (NII. 34) ***"caturvidhaṃ tīrthakarāṇāṃ nirvāṇam"***

punar aparaṃ mahāmate caturvidhaṃ tīrthakarāṇāṃ nirvāṇam / katamac caturvidhaṃ yaduta bhāvasvabhāvābhāvanirvāṇaṃ lakṣaṇavicitrabhāvābhāvanirvāṇaṃ svalakṣaṇasvabhāvābhāvā-vabodhanirvāṇaṃ skandhānāṃ svasāmānyalakṣaṇasaṃtatiprabandhavyucchedanirvāṇam / etan mahāmate caturvidhaṃ tīrthakarāṇāṃ nirvāṇaṃ na tu mat pravacane / mat pravacane punar mahāmate vikalpasya manovijñānasya vyāvṛttir nirvāṇam ity ucyate //

mahāmatir āha / nanu bhagavatā aṣṭau vijñānāni vyavasthāpitāni / bhagavān āha / vyavasthāpitāni mahāmate / mahāmatir āha / tad yadi bhagavan vyavasthāpitāni tat kathaṃ manovijñānasyaiva vyāvṛttir bhavati na tu saptānāṃ vijñānānām / bhagavān āha / taddhetvālambanatvān mahāmate saptānāṃ vijñānānāṃ pravṛttir bhavati[142] / manovijñānaṃ punar mahāmate viṣayaparicchedābhiniveśena pravartamānaṃ vāsanābhir ālaya(**N 127**)vijñā-naṃ prapuṣṇāti / manaḥ sahitam ātmātmīyagrāhābhiniveśamanyanākāreṇānupravartate / abhinnaśarīralakṣaṇam ālayavijñānahetvālambanaṃ svacittadṛśyaviṣayābhiniveśāc cittakalāpaḥ pravartate 'nyonyahetukaḥ / udadhitaraṅga iva mahāmate svacittadṛśyaviṣayapavaneritāḥ pravartante nivartante ca / atas tena mahāmate manovijñanena vyāvṛttena saptānāṃ vijñānānāṃ vyāvṛttir bhavati //

tatredam ucyate // **(T 496b)**

nāhaṃ nirvāmi bhāvena kriyayā lakṣaṇena ca /
vikalpa*jñeya*vijñāne[143] nirvṛte nirvṛto hy aham // 38 (NII. 179, X. 25)
taddhetukaṃ tadālambya*ṃ* manogatisamāśrayam /
hetuṃ dadāti cittasya vijñānaṃ ca samāśritam // 39 (NII. 180, X. 210)
yathā kṣīṇe mahāoghe taraṅgāṇām asaṃbhavaḥ /

141 (N 125[17]) "dūraṃgamabhūmi-" corrected. G.: 不動地 .
142 (N 126[18]) Here the context has G. corrected: 七識不生→七識有生
143 (N 127[9]) "vikalpahetuvijñāne" corrected. G.: 妄想爾炎識 .

tathā vijñāna*niruddhe* vaicitryaṃ na pravartate[144] // 40 (NII. 181, X. 26)

82. (NII. 35) ***"parikalpitasvabhāvaprabhedanayalakṣaṇam"***

punar aparaṃ mahāmate parikalpitasvabhāvaprabhedanayalakṣaṇam upadekṣyāmo yena parikalpitasvabhāvaprabhedanayalakṣaṇena suprativibhāgaviddhena tvaṃ cānye ca bodhisattvā mahāsattvā vikalpakalparahitāḥ pratyātmāryasvagatitīrthyanayagatisudṛṣṭa(**N 128**)buddhyā grāhyagrāhakavikalpaprahīṇāḥ paratantravividhavicitralakṣaṇaṃ parikalpitasvabhāvākāraṃ na prativikalpayiṣyanti / tatra mahāmate katamat parikalpitasvabhāvaprabhedanayalakṣaṇaṃ yadutābhilāpavikalpo 'bhidheyavikalpo lakṣaṇavikalpo 'rthavikalpaḥ svabhāvavikalpo hetuvikalpo dṛṣṭivikalpo yuktivikalpa utpādavikalpo 'nutpādavikalpaḥ saṃbandhavikalpo bandhābandhavikalpaḥ / etan mahāmate parikalpitasvabhāvaprabhedanayalakṣaṇam //

tatra mahāmate abhilāpavikalpaḥ katamad yaduta vicitrasvaragītamādhuryābhiniveśaḥ eṣa mahāmate abhilāpavikalpaḥ / tatra mahāmate abhidheyavikalpaḥ katamad yadutāsti tatkiṃcidabhhidheyavastusvabhāvakam āryajñānagatigamyaṃ yadāśrityābhilāpaḥ pravartata iti vikalpayati / tatra lakṣaṇavikalpaḥ katamad yaduta tasminn evābhidheye mṛgatṛṣṇākhye lakṣaṇavaicitryābhiniveśenābhiniveśate yadutoṣṇadravacalakaṭhinalakṣaṇāt sarvabhāvān vikalpayati / tatra arthavikalpaḥ katamad yaduta suvarṇarūpyavividharatnārthaviṣayābhilā*ṣaḥ*[145] / tatra svabhāvavikalpaḥ katamad yaduta bhāvasvabhāvāvadhāraṇam idam e(**N 129**)vam idaṃ nānyatheti *kudṛṣṭivikalpena*[146] vikalpayanti / tatra hetuvikalpaḥ katamad yaduta yad yena hetupratyayena sadasator vibhajyate hetulakṣaṇotpattitaḥ sa hetuvikalpaḥ / tatra dṛṣṭivikalpaḥ katamad yaduta nāstyastitvaikatvānyatvobhayānubhayakudṛṣṭitīrthyavikalpābhiniveśaḥ / tatra yuktivikalpaḥ katamad yadutātmātmīyalakṣaṇayukti*gṛhy*opadeśaḥ[147] / tatrotpādavikalpaḥ katamad yaduta pratyayaiḥ sadasator bhāvasyotpādābhiniveśaḥ / tatrānutpādavikalpaḥ katamad yadutānutpannapūrvāḥ sarvabhāvā abhūtvā pratyayair bhavanty ahetuśarīrāḥ / **(T 496c)** tatra saṃbandhavikalpaḥ katamad yaduta saha saṃbandhyate suvarṇatantuvat / tatra bandhābandhavikalpaḥ katamad yaduta bandhahetubandhyābhiniveśavat / yathā puruṣaḥ pāśasaṃyogād rajjugranthiḥ kriyate mucyate ca /evaṃ mahāmate parikalpitasvabhāvaprabhedanayalakṣaṇaṃ yasmin parikalpitasvabhāvapra-

144 (N 127[13]) "vijñanavaicityaṃ niruddhaṃ" corrected. G.: 如是意識滅，種々識不生．
145 (N 128[17]) "abhilāpaḥ" corrected. G.: 楽種々金銀珍宝．
146 (N 129[1]) "tīrthyavikalpadṛṣṭyā" corrected. G.: 悪見妄想．
147 (N 129[6]) "yuktivigrahopadeśaḥ" corrected. G.: 成決定論．Cf. Bfn. 6: "gṛhyo in all MSS., but T."

bhedanayalakṣaṇe sarvabālapṛthagjanā abhiniviśante sadasataḥ /[148] paratantrābhiniveśābhiniviṣṭā mahāmate parikalpitasvabhāvavaicitryam abhiniviśante māyāśrayavaicitryadarśanavad anya-māyā*vaicitrya*darśanabuddhyā[149] bālair vikalpyante / **(N 130)** māyā ca mahāmate vaicitryān nānyā nānanyā / yady anyā syād vaicitryaṃ māyāhetukaṃ na syāt / athānanyā syād vaicitryān māyāvaicitryayor vibhāgo na syāt sa ca dṛṣṭo vibhāgas tasmān nānyā nānanyā / ata etasmāt kāraṇān mahāmate tvayānyaiś ca bodhisattvair mahāsattvair māyo*pamaparatantraparikalpitasva-bhāvav anyānanya*nāstyastitvena nābhiniveṣṭavy*au*[150]//

tatredam ucyate //

cittaṃ viṣayasaṃba*d*dhaṃ jñānaṃ tarke pravartate /

nirābhāse viśeṣe ca prajñā vai saṃpravartate // 41 (NII. 182, III. 39, X. 286)

parikalpitasvabhāvo 'sti paratantre na vidyate /

kalpitaṃ gṛhyate bhrāntyā pāratantryaṃ na kalpyate // 42 (NII. 183, X. 289)

vividhāṅgābhinirvṛttyā yathā māyā na sidhyati /

nimittaṃ hi tathā citraṃ kal*pya*mānaṃ na sidhyati // 43 (NII. 184, X. 296)

nimittaṃ dauṣṭhulya*m idaṃ*[151] bandhanaṃ cittasaṃbhavam /

parikalpitaṃ hy ajānā*naiḥ*[152] paratan*tre* vikalpyate // 44 (NII. 185, X. 297)

ya eva kalpito bhāvaḥ paratantraṃ *sa*[153] eva hi /(N 131)

kalpitaṃ hi vicitrābhaṃ paratantre vikalpyate // 45 (NII. 186, X. 298)

saṃvṛtiḥ paramārthaś ca tṛtīyaṃ nāsti hetukam /

kalpitaṃ saṃvṛtir hy uktā tac chedād āryagocaram // 46 (NII. 187, X. 299)

yathā hi yogināṃ vastu citram ekaṃ virājate /

na hy asti citratā tatra tathā kalpitalakṣaṇam // 47 (NII. 188, X. 300)

yathā hi taimiraiś citraṃ kalpyate rūpadarśanam /**(T 497a)**

timiraṃ na rūpaṃ nārūpaṃ paratantraṃ tathābudhaiḥ // 48 (NII. 189, X. 301)

haimaṃ syāt tu yathā śuddhaṃ jalaṃ kaluṣavarjitam /

gaganaṃ hi ghanābhāvāt tathā śuddhaṃ vikalpitam // 49 (NII. 190, X. 302)

148 (N 129[15]) In "/ sadasataḥ" the punctuation mark is shifted.. G.: 計著有無 .
149 (N 129[17]) A word is inserted between "māyā" and "darśana". G.: 凡夫妄想種々異幻 .
150 (N130[5-6]) "māyā nāstyastitvena nābhiniveṣṭavyā" corr.. G.: 如幻縁起妄想自性異不異有無莫計著 .
151 (N 130[13]) "dauṣṭhulyanayaṃ" corrected. G.: 彼相則是過 .
152 (N 130[14]) "ajānānaṃ" corrected. G.: 妄想無所知 ; Tib. Tri. Peking 29, No. 775, 118b[4]:"mi śes rnam kyis kun brtags pa".
153 (N 130[15]) "yadetatkalpitaṃ bhāvaṃ paratantraṃ tad" corrected. Cf. X. 298ab with its fn. 2.

nāsti vai kalpito bhāvaḥ paratantraś ca vidyate /

samāropāpavādaṃ hi vikalpanto vinaśyati // 50 (NII. 191, X. 305)

kalpitaṃ yady abhāvaṃ syāt paratantrasvabhāvataḥ /

vinā bhāvena vai bhāvo bhāvaś cābhāvasaṃbhavaḥ // 51 (NII. 192, X. 306)

parikalpitaṃ samāśritya paratantropalabhyate /

nimittanāmasaṃbandhāj jāyate parikalpitam // 52 (NII. 193, X. 307)

atyantaṃ cāpy aniṣpannaṃ kalpitaṃ na parodbhavam /**(N 132)**

tadā prajñāyate śuddhaṃ svabhāvaṃ pāramārthikam // 53 (NII. 194, X. 308)

dvādaśavidhaṃ kalpitaṃ[154] paratantraṃ ca ṣaḍvidham /

pratyātmatathatājñeyam[155] ato nāsti viśeṣanam // 54 (NII. 195, X. 309)

pañcadharmā bhavet tattvaṃ svabhāvā hi trayas tathā /

etad vibhāvayed yogī tathatāṃ nātivartate // 55 (NII. 196, X.310)

nimittaṃ paratantraṃ hi yan nāma tat prakalpitam /

parikalpitanimittaṃ[156] pāratantryāt pravartate // 56 (NII. 197, X. 373)

buddhyā vivecyamānaṃ tu na tantraṃ nāpi kalpitam /

niṣpaṇṇo nāsti vai bhāvaḥ kathaṃ buddhyā vikalpyate // 57 (NII. 198, X. 374)

parikalpitasvabhāve *ca* svabhāvau dvau pratiṣṭhitau /[157]

kalpitaṃ dṛśyate citraṃ viśuddhaṃ cāryagocaram // 58 (NII. 200, X. 376)

kalpitaṃ hi vicitrābhaṃ paratan*tre* vikalpyate /

anyathā kalpamānaṃ hi tīrthyavādaṃ samāśrayet // 59 (NII. 201, X. 377)

kalpanā kalpitety uktaṃ darśanādd hetusaṃbhavam /**(N 133)**

vikalpadvayanirmuktaṃ niṣpaṇṇaṃ syāt tad eva hi // 60 (NII. 202, X. 378)

83. (NII. 36-1&2) ***"pratyātmāryajñānagatilakṣaṇam ekayānaṃ ca"***

punar api mahāmatir āha / deśayatu me bhagavān pratyātmāryajñānagatilakṣaṇam ekayānaṃ ca yena bhagavan pratyātm*āryajñānaikayānagati*lakṣaṇa*deśanayā*[158] ahaṃ cānye ca bodhisattvā mahāsattvāḥ pratyātmāryajñānaikayānakuśalā aparapraṇeyā bhaviṣyanti buddhadharmeṣu //

---

154 (N 132^{2}) "parikalpitaṃ daśavidhaṃ" corrected. G.: 妄想有十二
155 (T 497a) G. needs corrected: 自覚知爾炎 to 自覚如爾炎 .
156 (N 132^{7}) "tu" after "-nimittaṃ" is deleted.
157 (N 132$^{10-11}$) The verse NII 199 is omitted as it is lacking in G.
158 (N 133$^{3-4}$) "pratyātmaikayānagatilakṣaṇena" corrected. G.: 若説自覚聖智相及一乗 .

bhagavān āha / tena hi mahāmate śṛṇu **(T 497b)** sādhu ca suṣṭhu ca manasikuru / bhāṣiṣye 'haṃ te / sādhu bhagavann iti mahāmatir bodhisattvo mahāsattvo bhagavataḥ pratyaśrauṣīt / bhagavāṃs tasyaitad avocat / (1) *pūrvārya*āptopadeśavikalpābhāvān[159] mahāmate bodhisattvo mahāsattva ekākī rahogataḥ svapratyātmabuddhyā vicārayaty aparapraṇeyo dṛṣṭivikalpavivarjita uttarottaratathāgatabhūmipraveśanatayā vyāyamate / etan mahāmate svapratyātmāryajñānagatilakṣaṇam / (2) tatraikayānagatilakṣaṇaṃ katamad yadutaikayānamārgādhigamāvabodhād ekayānam iti vadāmi / ekayānamārgādhigamāvabodhaḥ katamo yaduta grāhyagrāhakavikalpayathābhūtāvasthānād apravṛtter vikalpasyaikayānāvabodhaḥ kṛto bhavati / eṣa ekayānāvabodho mahāmate **(N 134)** nānyatīrthyaśrāvakapratyekabuddhabrahmādibhiḥ prāptapūrvo 'nyatra mayā / ata etasmāt kāraṇān mahāmate ekayānam ity ucyate //

84. (NII. 36-3) ***"na ekayānaṃ yānatrayaṃ deśayāmi śrāvakānām"***

mahāmatir āha / kiṃ kāraṇaṃ bhagavatā yānatrayam upadiṣṭam ekayānaṃ nopadiśyate / bhagavān āha / svayam aparinirvāṇadharmatvān mahāmate sarvaśrāvakapratyekabuddhānāṃ ekayānaṃ na vadāmi yasmān mahāmate sarvaśrāvakapratyekabuddhās tathāgatavinayavivekayogopadeśena vimucyante na svayam //

punar aparaṃ mahamate *kleśa*karmavāsanāprahīṇatvāt[160] sarvaśrāvakapratyekabuddhānāṃ naikayānaṃ dharmanairātmyānavabodhāc cācintyapariṇāmacyuter *avigamāc*[161] ca yānatrayaṃ deśayāmi śrāvakānām / yadā teṣāṃ mahāmate sarvadoṣavāsanāḥ prahīṇāḥ bhavanti dharmanairātmyāvabodhāt tadā te vāsanādoṣasamādhimadābhavād anāsravadhātau prativibudhyante / punar api lokottarānāsravadhātuparyāpannan saṃbhārān paripūryācintyadharmakāyavaśavartitaṃ pratilapsyante //

tatredam ucyate //

devayānaṃ brahmayānaṃ śrāvakīyaṃ tathaiva ca /**(N 135)**
tathāgataṃ ca pratyekaṃ yānān etān vadāmy aham // 61 (NII. 203, X. 457)
yānānāṃ nāsti vai niṣṭhā yāvac cittaṃ pravartate /
citte tu vai parāvṛtte na yānaṃ na ca yāninaḥ // 62 (NII. 204, X. 458)

159 (N 133[9]) "pramāṇāptopadeśa-" corrected. G.: 前聖所知転相伝授 .
160 (N 134[8]) "jñeyāvaraṇakarma-" corrected. G.: 煩悩業（煩悩障業 corrected）.
161 (N 134[10]) "aprāptitvāc" corrected. Bodhiruci:. 未得離不可思議変易生 . Here G.: 不離分段死 ("*saṃtaty-uparama*cyuter avigamāc"?) is wrong; it should have been 不離不思議変易死 .

yānavyavasthā naivāsti *yānam ekaṃ*[162] vadāmy aham /

parikarṣanārthaṃ bālānāṃ yānabhedaṃ vadāmy aham // 63 (NII. 205, X. 445)

vimuktayas tathā tisro dharmanairātmyam eva ca /**(T 497c)**

samatājñānakleśākhyā vimuktyā te vivarjitāḥ // 64 (NII. 206, X. 446)

yathā hi kāṣṭham udadhau taraṅgair vipravāhyate /

tathā hi śrāvako mūḍho lakṣaṇena pravāhyate // 65 (NII. 207, X. 447)

vāsanākleśasaṃbaddhāḥ paryutthānair visaṃyutāḥ /

samādhimadamattās te dhātau tiṣṭhanty anāsrave // 66 (NII. 208, X. 449)

niṣṭhāgatir na tasyāsti na ca bhūyo nivartate /

samādhikāyaṃ saṃprāpya ā kalpān na prabudhyate // 67 (NII. 209, X. 448)

yathā hi mattapuruṣo madyābhāvād vibudhyate /

tathā te buddhadharmākhyaṃ kāyaṃ prāpsyanty *anuttaram*[163]// 68 (NII. 210, X. 450)

iti laṅkāvatārasūtre parivarto dvitīyaḥ[164] // 2 //

162 (N 135[4]) "yānabhedaṃ" corrected. G.: 我説為一乘 .
163 (N 135[15]) "māmakam" corrected. G.: 得仏無上身 .
164 (N 135[16-17]) The Nanjio-edited text here goes :" iti laṅkāvatāre ṣaṭtriṃśatsāhasre sarvadharmasamuccayo nāma dvitīyaḥ parivartaḥ //2//"

Laṅkāvatārasūtre
Sarvabuddhapravacanahṛdaye Parivartas Tritīyaḥ [1]

(The Third Volume has twenty-one divisions, from L.85 through L.105)

Contents

85. manomayakāyaḥ ... *76*

86. adhyātmikāni pañcānantaryāṇi ... *77*

87. bāhyāni pañcānantaryāṇi ... *77*

88. buddhānāṃ buddhatā ... *78*

89. tathāgatānāṃ caturvidhā samatā ... *79*

90. avacanaṃ buddhavacanam ... *80*

91. dvayaniśrito 'yaṃ lokaḥ ... *80*

92. siddhāntanayaś ca deśanānayaś ca (1) ... *82*

93. katham abhūtaparikalpaḥ pravartate kathaṃ vimucyate ... *83*

94. rutārthakuśalo bhavitavyaṃ bodhisattvena mahāsattvena ... *86*

95. vijñānaṃ laukikaṃ jñānaṃ lokottaraṃ jñānaṃ lokottaratamaṃ jñānaṃ ca ... *87*

96. tīrthakarāṇāṃ pariṇāmadṛṣṭir navavidhā ... *89*

97. sarvadharmasaṃdhyasaṃdhilakṣaṇam ... *89*

98. svayam evādhigatayāthātathyaviviktadharmavihāriṇo bhaviṣyanti ... *91*

99. anutpannāḥ sarvadharmā iti bodhisattvena mahāsattvena pratijñā na karaṇīyā ... *93*

100. svacittadṛśyamātrāvabodhāj jñānam apy arthaṃ nopalabhate ... *94*

101. deśanānayaś ca svasiddhāntanayaś ca (2) ... *96*

102. lokāyatikaḥ (1) ... *97*

103. lokāyatikaḥ (2) ... *98*

104. lokāyatikaḥ (3) ... *100*

105. sarvatīrthakaranirvāṇadṛṣṭir vyāvartanīyā ... *101*

1 The present third volume corresponds to the first seventeen of the whole twenty sections, divided by the present editor, of Chapter Three (NIII) in the Nanjio edited Sanskrit text (N), pp. 136~187. In the Taisho edition Chinese Tripiṭaka vol. 16, no. 670, the Guṇabhadra version (G), it covers pages 497c~505b.

85. (NIII. 1) **"*manomayakāyaḥ*"**

(N 136) atha khalu bhagavān punar api mahāmatiṃ bodhisattvaṃ mahāsattvam etad avocat / manomayakāyagatiprabhedanayalakṣaṇaṃ mahāmate upadekṣyāmi / tac chṛṇu sādhu ca suṣṭhu ca manasikuru / bhāṣiṣye 'haṃ te / sādhu bhagavann iti mahāmatir bodhisattvo mahāsattvo bhagavataḥ pratyaśrauṣīt / bhagavāṃs tasyaitad avocat / triprakāro mahāmate kāyo manomayaḥ / katamas triprakāro yaduta samādhisukhasamāpattimanomayo dharmasvabhāvāvabodhamanomayo nikāyasahaj*ā*saṃskārakriyāmanomayaś[2] ca prathamottarottarabhūmilakṣaṇaparijñānāt *triprakāram* adhigacchanti yoginaḥ / tatra katamo mahāmate samādhisukhasamāpattimanomayaḥ kāyo yaduta tricaturthapañcamyāṃ bhūmau svacittavividhavivekavihāreṇa cittodadhipravṛttitaraṅgavijñānalakṣaṇaḥ *samādhi*sukhasamāpattimanaso[3] 'pravṛttiḥ svacittadṛśyaviṣay*a*bhāvābhāvaparijñānān[4] manaso *samādhisukhasamāpatti*manomayaḥ kāya[5] ity ucyate / **(N 137)** tatra dharmasvabhāvāvabodhamanomayaḥ kāyaḥ katamo yaduta aṣṭamyāṃ bhūmau māyādidharmanirābhāsapravicayāvabodhena cittāśrayaparāvṛttasya māyopamasamādhipratilambhād anyeṣāṃ ca samādhimukhānāṃ pratilambhād **(T 498a)** anekalakṣaṇa*bala*vaśitā 'bhijñākusumitaṃ manojavasadṛśaṃ māyāsvapn*odakacandra*bimbaprakhyam[6] a*bhūtā*bhautikaṃ[7] bhūtabhautikasadṛśaṃ sarvarūpavicitrāṅgasamuditaṃ sarvabuddhakṣetraparṣanmaṇḍalānugataṃ kāyaṃ dharmasvabhāvagatiṃ gatatvād dharmasvabhāvāvabodhamanomaya ity ucyate / tatra nikāyasahajāsaṃskārakriyāmanomayaḥ kāyaḥ katamo yaduta sarvabuddhadharmapratyātmādhigamasukhalakṣaṇāvabodhān nikāyasahajāsaṃskārakriyāmanomaya ity ucyate / atra te mahāmate kāyatrayalakṣaṇapravicayāvabodhe yogaḥ karaṇīyaḥ //

tatredam ucyate //

na me yānaṃ mahāyānaṃ na ghoṣo na ca akṣarāḥ /
na satyā na vimokṣā vai na nirābhāsagocaram // 1 (NIII. 1, X. 188)

---

2 (N 136[8]) "nikāyasahajasaṃskāra-" corrected. G.: 種類倶生無行 .
3 (N 136[13]) Before "sukha" a word is added. G.: 三昧楽正受故 .
4 (N 136[13]) "-viṣayābhāvābhāva-" corrected. G.: 境界性非性 .
5 (N 136[14]) Three words are added before "manomayaḥ kāya".G.: 三昧楽正受意生身 .
6 (N 137[5]) Two words are added before "-bimba-". G.: 猶如幻夢水月鏡像 .
7 (N ibid.) "abhautikaṃ" corrected. G.: 非造非所造 .

kiṃ tu yānaṃ mahāyānaṃ samādhivaśavartitā /

kāyo manomayaś citro vaśitāpuṣpamaṇḍitaḥ // 2 (NIII. 2, X. 189)

86. (NIII. 2-1) *“adhyātmikāni pañcānantaryāṇi”*

(N 138) atha khalu mahāmatir bodhisattvo mahāsattvaḥ punar api bhagavantam etad avocat / pañcānantaryāṇi bhagavatā nirdiṣṭāni *yāny adhyāpadya kulaputro vā kuladuhitā vānavīciko bhavatīti*[8] / katamāni tāni bhagavan pañcānantaryāṇi yāny adhyāpadya kulaputro vā kuladuhitā vā ‘*navīciko* bhavati / bhagavān āha / tena hi mahāmate śṛṇu sādhu ca suṣṭhu ca manasikuru / bhāṣiṣye ‘haṃ te / sādhu bhagavann iti mahāmatir bodhisattvo mahāsattvo bhagavataḥ pratyaśrauṣīt / bhagavān etad avocat / tatra mahāmate pañcānantaryāṇi katamāni yaduta mātṛpitrarhadvadhasaṃghabhedāḥ tathāgatakāye duṣṭacittarudhirotpādaś ca //

tatra mahāmate mātā katamā sattvānāṃ yaduta tṛṣṇā paunarbhavikī nandīrāgasahagatā mātṛtvenottiṣṭhate / avidyā pitṛtvenāyatanagrāmasyotpattaye / anayor ubhayor mātāpitror atyantamūlocchedān mātṛpitṛvadho bhavati / tatrānuśayānām ariprakhyānāṃ mūṣikāviṣavat prakopadharmiṇām atyantasamudghātād arhadvadho bhavati / tatra saṃghabhedaḥ katamo yaduta bhinnānyonyalakṣaṇasya skandhasaṃghātasyātyantamūlopaghātāt saṃghabheda ity ucyate / svasāmānyabāhyasvacittadṛśyamātr*ān*avabodhakānāṃ[9] **(N 139)** mahāmate *saptānāṃ* vijñānakāyānāṃ[10] vimokṣatrayānāsravaduṣṭavikalpenātyantopaghātāt *tatsaptavidha*vijñānabuddhasya[11] *tathāgatakāye* duṣṭacittarudhirot*pāda* ity ucyate[12] / etāni mahāmate ānantaryāṇi[13] yāny adhyāpadya kulaputro vā kuladuhitā vā *pañ*cānantaryakārī bhavaty abhisamitadharmaḥ //

87. (NIII. 2-2) *“bāhyāni pañcānantaryāṇi”*

punar aparaṃ mahāmate bāhyāni te ānantaryāṇy upadekṣyāmi yair upadiṣṭaiḥ tvaṃ ca anye ca **(T 498b)** bodhisattvā anāgate ‘dhvani saṃmohaṃ na gamiṣyanti / tatra katamāni tāni yaduta yāni deśanāpāṭhe ‘nusaṃvarṇitāny ānantaryāṇi yāny adhyāpadya tisṛṇāṃ vimuktīnām anyatarānyatarasyāṃ nābhisamet*adharm*ā[14] bhavanti anyatra nirmitādhiṣṭhanābhisamayāt

---

8 (N 138[2]) Here G. repeats the same expression given immediately below in N.
9 (N 138[18]) “-avabodhakānāṃ” corrected. G.: 不覚外自共自心現量 .
10 (N 139[1]) “aṣṭānāṃ” corrected. G.: 七識身 .
11 (N 139[2]) Before “vijñānabuddhasya” three words are added. G.: 彼七種識仏 .
12 (N 139[3]) “duṣṭacittarudhirotpādanād ānantaryakārī” corrected. G.: 名為悪心出仏身血 .
13 (N 139[4]) “adhyātmikāni pañca-” before “ānantaryāṇi”, lacking in G., are deleted.
14 (N 139[10]) “nābhisametā” corrected. G.: 不得無間等法 .

/ nirmitādhiṣṭhānaśrāvako hi mahāmate nirmitabodhisattvādhiṣṭhānena vā nirmitatathāgatādhiṣṭhānena vā yasya kasyacid anyasyānantaryakāriṇaḥ kaukṛtyaṃ tasya kaukṛtyadṛṣṭivinivartanārthaṃ nikṣiptadhurasya kaukṛtyadṛṣṭyabhāvārthaṃ / punar api protsāhanāṃ kariṣyata iti kṛtvā nirmitādhiṣṭhānābhisamayaḥ pradarśyate mayā / nāsty ekāntena mahāmate ānantaryakāriṇo *dharmā*bhisamayaḥ[15] **(N 140)** anyatra svacittadṛśyamātratāvabodhād[16] dehabhogapratiṣṭhāgativikalpātmātmīyagrāhaviviktadarśanāt kadācit karhicit kalyāṇamitram āsādya anyagatisaṃdhau svavikalpadoṣair vimucyate //

tatredam ucyate //

tṛṣṇā hi mātā ity uktā avidyā ca pitā tathā /

viṣayāvabodhād vijñānaṃ buddho *'rhanto hy anuśayāḥ*[17] // 3 (NIII. 3, X. 462)

saṃghāḥ skandhakadambako[18] *nirantarāntaracchedāt*[19]/

tāni pañcānantaryāṇi karmānavīciko[20] bhavet // 4 (NIII. 4, X. 463)

88. (NIII. 3) ***"buddhānāṃ buddhatā"***

punar aparaṃ mahāmatir āha / deśayatu me bhagavān buddhānāṃ *buddhatām*[21] kathaṃ bhagavān buddhānāṃ buddhatā bhavati / bhagavān āha / dharmapudgalanairātmyāvabodhān mahāmate āvaraṇadvayaparijñānāvabodhāc ca cyutidvaya*vigamāt*[22] kleśadvayaprahāṇāc ca mahāmate buddhānāṃ buddhatā bhavati / eteṣām eva mahāmate dharmāṇām adhigamāc chrāvakapratyekabuddhasaṃbuddhatā bhavati / ata etasmān mahāmate ekayānaṃ deśayāmi //

tatredam ucyate //

nairātmyasya dvayaṃ kleśās tathāvaraṇadvayam /

cyutidvayavigamasya lābhād *buddhānāṃ buddhatā*[23] // 5 (NIII. 5, X. 464)

15 (N 139[17]) "abhisamayaḥ" be preceded by "dharma".G.: 無有一向作無間事 (不得 →) 得無間等法 .
16 (N 140[1]) "-dṛśyabhāvanāmatratā-" corrected. G.: 自心現量 .
17 (N 140[6]) "ity upadiśyate", the final two words of Verse 3, are replaced by the three words.G.: 諸使為羅漢 .
18 (N 140[7]) "arhanto hy anuśayāḥ"(NIII.4a) are replaced by "saṃghāḥ skandhakadambakaḥ" (NIII.4b) without "pañca".G.: 陰集名為僧 .
19 (N ibid.) NIII. 4c is shifted to 4b. 無間次第断 .
20 (N 140[8]) "karmasyānantaraṃ bhavet"(NIII. 4d) corrected for 4cd.G.: 謂是五無間不入無択獄 .
21 (N 140[10]) "bhagavatām" corrected.G.: 仏之知覚 .
22 (N 140[12]) "-adhigamāt" corrected. G.: 離二種死 .
23 (N 140[17]) "acintyapariṇāminyāś cyuter lābhāt tathāgataḥ" corrected. G.: 永離二種死　是名仏知覚 .

89. (NIII. 4) *"tathāgatānāṃ caturvidhā samatā"*

(N 141) atha khalu mahāmatir bodhisattvo mahāsattvaḥ punar api bhagavantam etad avocat / kiṃ saṃdhāya bhagavatā parṣanmadhyagatena vāg bhāṣitā / aham eva sarvabuddhā ye 'tītā jātakopapattivaicitryaṃ ca aham eva ca tena kālena tena samayena rājā māndhātā *ṣaḍviṣāṇamahā*gajaḥ śuka indraḥ[24] sunetra ity evam ādyāni bhagavatā jātakaśatasahasrāṇy upadiṣṭāni / bhagavān āha / caturvidhāṃ samatāṃ saṃdhāya mahāmate tathāgatā arhantaḥ samyaksaṃbuddhāḥ parṣanmadhyagatā vācaṃ niścārayanti yadutāham eva tena kālena tena samayena krakucchandaḥ kanakamuniḥ kāśyapaś cābhavam / katamāṃ caturvidhasamatāṃ saṃdhāya yadutākṣara**(T 498c)**samatāṃ vāksamatāṃ dharmasamatāṃ kāyasamatāṃ ca / imāṃ mahāmate caturvidhāṃ samatāṃ saṃdhāya tathāgatā arhantaḥ samyaksaṃbuddhāḥ parṣanmadhyagatā vācaṃ niścārayanti / tatra mahāmate katarākṣarasamatā yaduta yair akṣarair mama nāma buddha iti tair evākṣarais teṣāṃ buddhānāṃ bhagavatāṃ tānyakṣarāṇi mahāmate nirviśiṣṭ*ākṣara*svabhāvatvena iyaṃ mahāmate akṣarasamatā / tatra mahāmate katamā vāksamatā tathāgatānām a**(N 142)**rhatāṃ samyaksaṃbuddhānāṃ yaduta mamāpi catuṣṣaṣṭyākāro brahmasvararutaghoṣavāgvikalpaḥ pravartate teṣām api mahāmate tathāgatānām arhatāṃ samyaksaṃbuddhānām evam eva catuṣṣaṣṭyākāro brahmasvararutaghoṣo vāgvikalpaḥ pravartate 'nūnānadhikā nirviśiṣṭāḥ kalaviṅkabrahmasvararutaghoṣasvabhāvena / tatra katamā kāyasamatā yadutāhaṃ ca te ca tathāgatā arhantaḥ samyaksaṃbuddhā dharmakāyena ca rūpalakṣaṇānuvyañjanakāyena ca samā nirviśiṣṭā anyatra vaineyavaśam upādāya tatra tatra sattvagativiśeṣena tathāgatā rūpavaicitryam ādarśayanti / tatra dharmasamatā mahāmate katamā yaduta te cāhaṃ ca saptatriṃśatāṃ bodhipakṣyāṇāṃ dharmāṇāṃ *saṃkṣepato buddhadharmāsaṅgajñānasya* adhigantāraḥ[25] / imāṃ mahāmate caturvidhāṃ samatāṃ saṃdhāya tathāgatā arhantaḥ samyaksaṃbuddhāḥ parṣanmadhyagatā vācaṃ niścārayanti //

tatredam ucyate //

kāśyapaḥ krakucchandaś ca konikamunir apy aham /

bhāṣāmi jinaputrāṇāṃ samatāyāṃ samudgataḥ // 6 (NIII. 6, X. 54, NII. 56)

---

24 (N 141[5]) "vyāsaḥ" which comes after this, lacking in G, is deleted.

25 (N 142[12]) "saptatriṃśatāṃ bodhipakṣyāṇāṃ dharmāṇām adhigantāraḥ" be supplied with the five words. G.: 得三十七菩提分法略説仏法無障碍智 .

90. (NIII. 5) ***"avacanaṃ buddhavacanam"***

punar api mahāmatir āha / yad idam uktaṃ bhagavatā yāṃ ca rātriṃ tathāgato 'bhisaṃbuddho yāṃ ca rātriṃ parinirvāsyati **(N 143)** atrāntara ekam apy akṣaraṃ tathāgatena nodāhṛtaṃ na pravyāhariṣyati avacanaṃ buddhavacanam iti tat kim idaṃ saṃdhāyoktaṃ tathāgatenārhatā samyaksaṃbuddhenāvacanaṃ buddhavacanam iti / bhagavān āha / dharmadvayaṃ mahāmate saṃdhāya mayaitad uktaṃ katamad dharmadvayaṃ yaduta pratyātmadharmatāṃ ca saṃdhāya paurāṇasthitidharmatāṃ ca / idaṃ mahāmate dharmadvayaṃ saṃdhāyedam uktaṃ mayā / tatra svapratyātmadharmatānusaṃdhiḥ katamat tais tathāgatair adhigataṃ tan mayāpy adhigatam anūnam anadhikaṃ svapratyātmagatigocaraṃ vāgvikalparahitam akṣaragatidvayavinirmuktam / tatra paurāṇasthitidharmatā katamā yaduta paurāṇam idaṃ mahāmate dharmatā*vartma*[26] hiraṇyarajatamuktākaravan mahāmate dharmadhātusthititotpādād vā tathāgatānām anutpādād vā tathāgatānāṃ sthitaivai*ṣā* dharmāṇāṃ dharmatā[27] paurāṇanagarapathavan mahāmate / tadyathā mahāmate kaścid eva puruṣo 'ṭavyāṃ paryaṭan paurāṇaṃ nagaram anupaśyed avikalapathapraveśaṃ sa taṃ nagaram anupraviśet tatra praviśya pratiniviśya nagaraṃ nagarakriyāsukham anubhave**(N 144)**t / **(T 499a)** tat kiṃ manyase mahāmate api nu tena puruṣeṇa sa panthā utpādito yena *pathena* taṃ nagaram anupraviṣṭo nagaravaicitryaṃ ca / āha / no bhagavan / bhagavān āha / evam eva mahāmate yan mayā taiś ca tathāgatair adhigataṃ sthitaivaiṣā dharmatā / ata etasmāt kāraṇān mahāmate mayedam uktaṃ yāṃ ca rātriṃ tathāgato 'bhisaṃbuddho yāṃ ca rātriṃ parinirvāsyati atrāntara ekam apy akṣaraṃ tathāgatena nodāhṛtaṃ nodāhariṣyati //

tatredam ucyate //

yasyāṃ ca rātryāṃ dhigamo yasyāṃ ca parinirvṛtaḥ /
etasminn antare nāsti mayā kiṃcit prakāśitam // 7 (NIII. 7, X. 470)
pratyātmadharmasthititāṃ saṃdhāya kathitaṃ mayā /
taiś ca buddhair mayā caiva na ca kiṃcid viśeṣitam // 8 (NIII. 8, X. 471)

91. (NIII. 6) ***"dvayaniśrito 'yaṃ lokaḥ"***

atha khalu mahāmatir bodhisattvo mahāsattvaḥ punar api bhagavantam adhyeṣate sma /

26 (N 143[10]) "dharmatāvan me" corrected. G.: 古先聖道 The Tibetan version (Peking no. 775, 123b) goes: "sṅon gyi chos ñid kyi lam 'di ni". Cf. Nanjio fn. 6

27 (N 143[14]) The two redundant phrases which follow, lacking in G., are deleted.

deśayatu me bhagavān nāstyastilakṣaṇaṃ sarvadharmāṇāṃ yathāhaṃ cānye ca bodhisattvā mahāsattvā nāstyastitvavarjitāḥ kṣipram anuttarāṃ samyaksaṃbodhim abhisaṃbu(**N 145**)dhyeran / bhagavān āha / tena hi mahāmate śṛṇu sādhu ca suṣṭhu ca manasikuru / bhāṣiśye 'haṃ te / sādhu bhagavann iti mahāmatir bodhisattvo mahāsattvo bhagavataḥ pratyaśrauṣīt / bhagavān etad avocat / dvayaniśrito 'yaṃ mahāmate loko yadutāstitvaniśritaś ca nāstitvaniśritaś ca bhāvābhāvacchandadṛṣṭipatitaś *cāniḥsaraṇe niḥsaraṇa*buddhiḥ[28] / tatra mahāmate katham astitvaniśrito loko yaduta vidyamānair hetupratyayair loka utpadyate nāvidyamānair vidyamānaṃ cotpadyamānam utpadyate nāvidyamānam / sa caivaṃ bruvan mahāmate *lokasyāhetuvādī* bhavati[29] / tatra mahāmate kathaṃ nāstitvaniśrito bhavati yaduta rāgadveṣamohābhyupagamaṃ kṛtvā punar api rāgadveṣamohabhāvābhāvaṃ vikalpayati yaś ca mahāmate bhāvānām astitvaṃ nābhyupaiti bhāvalakṣaṇaviviktatvād yaś ca buddhaśrāvakapratyekabuddhānāṃ rāgadveṣamohān na abhyupaiti bhāvalakṣaṇavinirmuktatvād vidyante neti //

katamo 'tra mahāmate vaināśiko bhavati / mahāmatir āha / ya eṣa bhagavann abhyupagamya rāgadveṣamohān na punar abhyupaiti / (**N 146**) bhagavān āha / sādhu sādhu mahāmate sādhu khalu punas tvaṃ mahāmate yas tva*yai*vaṃ[30] prabhāṣitaḥ kevalaṃ mahāmate na rāgadveṣamohabhāvābhāvād vaināśiko bhavati buddhaśrāvakapratyekabuddhavaināśiko 'pi bhavati / tat kasya hetor yadutādhyātmabahirdhānupalabdhitvād anyānanyatvāc ca *kleśabhāvānāṃ* /[31] na hi mahāmate rāgadveṣamohā adhyātmabahirdhopalabhyante 'śarīratvād anabhyupagamatvāc ca mahāmate rāgadveṣamoha*bhāvānām / naiśa* [32] buddhaśrāvakapratyekabuddha(**T 499b**)-vaināśiko bhavati prakṛtivimuktās te buddhaśrāvakapratyekabuddhā bandhyabandhahetvabhāvād / bandhye sati[33] bandho bhavati bandhahetuś ca / evam api bruvan mahāmate vaināśiko bhavati / idaṃ mahāmate nāstyastitvasya lakṣaṇam / idaṃ ca mahāmate saṃdhāyoktaṃ mayā varaṃ khalu sumerumātrā pudgaladṛṣṭir na tv eva nāstyastitvābhimānikasya śūnyatādṛṣṭiḥ / nāstyastitvābhimāniko hi mahāmate vaināśiko bhavati / svasāmānyalakṣaṇadṛṣṭipatitāśayaḥ svacittadṛśya*mātraṃ*[34] na pratijānann apratijñānād bāhya*bhāvānitya*darśanāt[35]

28 (N 145[6]) "aniḥśaraṇe niḥśaraṇabuddhiḥ" corrected. G.: 不離離相 .
29 (N 145[9-10]) "bhāvanām astitvahetupratyayānām lokasya ca hetvastivādī bhavati" corrected. G.: 是説世間無因 .
30 (N 146[2]) "tvaṃ" corrected.
31 (N 146[5]) "kleśānāṃ" corrected. G.: 煩悩性 .
32 (N 146[7]) "buddha-...vaināśiko" be preceded by the negative and the pronoun. G.: 非是仏声聞縁覚是壊者 .
33 (N 146[9]) "mahāmate", which follows "sati", be deleted; G. is also wrong, having 大慧 here.
34 (N 146[15]) "-mātrābhāvān" corrected. G.: 不知自心現量 .
35 (N 146[16]) "bāhyabhāvān nityadarśanāt" corrected. G.: 見外性無常 .

kṣaṇaparaṃparābhedabhinnāni skandhadhātvāyatanāni saṃtatiprabandhena *vivṛtya*[36] vi(**N 147**)nivartanta ity *akṣara[dvaya-]lakṣaṇa*rahitāni prativikalpayan[37] punar api vaināśiko bhavati //

tatredam ucyate //

astināstītyubhāv antau yāvac cittasya gocaraḥ /

gocareṇa niruddhena samyak cittaṃ nirudhyate // 9 (NIII. 9, X. 176)

viṣaye grahaṇābhāvān nirodho na ca nāsti ca /

vidyate tathatāvastu āryāṇāṃ gocaro yathā // 10 (NIII. 10, X. 177)

abhūtvā yasya utpādo bhūtvā vāpi vinaśyati /

pratyayaiḥ sadasac cāpi na te me śāsane sthitāḥ // 11 (NIII. 11, X. 180)

na tīrthakair na buddhaiś ca na mayā na ca kenacit /

pratyayaiḥ sādhyate 'stitvaṃ kathaṃ nāsti bhaviṣyati // 12 (NIII. 12, X. 194)

kena prasādhitāstitvaṃ pratyayair yasya nāstitā /

utpādavādadurdṛṣṭyā nāstyastīti vikalpyate // 13 (NIII. 13, X. 195)

yasya notpadyate kiṃcin na ca kiṃcin nirudhyate /

tasyāstināsti nopaiti viviktaṃ paśyato jagat // 14 (NIII. 14, X. 196)

92. (NIII. 7-1) *"siddhāntanayaś ca deśanānayaś ca"*

atha khalu mahāmatir bodhisattvo mahāsattvaḥ punar api bhagavantam adhyeṣate sma / deśayatu me bhagavān deśayatu me sugato deśayatu me tathāgato 'rhan samyaksaṃbuddho vadatāṃ variṣṭhaḥ si(**N 148**)ddhāntanayalakṣaṇaṃ yena siddhāntanayalakṣaṇena suprativibhāgaviddhenāhaṃ cānye ca bodhisattvā mahāsattvāḥ siddhāntanayalakṣaṇagatiṃgatāḥ kṣipram anuttarāṃ samyaksaṃbodhim abhisaṃbhotsyante 'parapraṇeyāś ca bhaviṣyanti sarvatārkika*māra*tīrthakarāṇām / bhagavān āha / tena hi mahamate śṛṇu sādhu ca suṣṭhu ca manasikuru / bhāṣiṣye 'haṃ te / sādhu bhagavann iti mahāmatir bodhisattvo mahāsattvo bhagavataḥ pratyaśrauṣīt / bhagavāṃs tasyaitad avocat / dvividhaṃ mahāmate *naya*lakṣaṇaṃ[38] sarvaśrāvakapratyekabuddhabodhisattvānāṃ yaduta siddhāntanayaś ca deśanānayaś ca / tatra siddhāntanayo mahāmate yaduta pratyātmādhigamaviśeṣalakṣaṇaṃ vāgvikalpākṣara(**T 499c**)

36 (N 146[17]) "vinivṛtya" corrected. G.: 相続流注変滅 .
37 (N 147[1]) "kalpākṣararahitāni" corrected. G.: 離文字相妄想 .
38 (N 148[8]) "siddhāntanaya-" corrected. G.: 二種通相 .

rahitam anāsravadhātugatiprāpakaṃ pratyātmabhūmisvalakṣaṇaṃ[39] sarv*ābhūtatārkika*varjitaṃ[40] vinihatya ca tāṃs tīrthyamārān pratyātmagatir virājate / etan mahāmate siddhāntanayalakṣaṇam / tatra deśanānayaḥ katamo yaduta navāṅgaśāsanavicitropadeśo 'nyānanyasadasatpakṣavarjita upāyakuśalavidhipūrvakaḥ sattveṣu darśanāvatāro yad yad yenādimucyate tat tasya deśayet / etan mahāmate deśanānayalakṣaṇam / atra mahāmate tvayā anyaiś ca bo(**N 149**)dhisattvair mahāsattvaiḥ yogaḥ karaṇīyaḥ //

tatredam ucyate //

siddhānta*deśanānayaḥ*[41] pratyātmaśāsanaṃ ca vai /

ye paśyanti vibhāgajñā na te tarkavaśaṃ gatāḥ // 15 (NIII. 15, X. 465)

na bhāvo vidyate satyaṃ yathā bālair vikalpyate /

abhāvena tu vai mokṣaṃ katham *icchanti* tārkikāḥ[42]// 16 (NIII. 16, X. 466)

utpādabhaṅgasaṃbaddhaṃ saṃskṛtaṃ pratipaśyataḥ /

dṛṣṭidvayaṃ prapuṣṇanti na paśyanti viparyayāt // 17 (NIII. 17, X. 467)

ekam eva bhavet satyaṃ nirvāṇaṃ *mala*varjitam[43] /

kadalī*svapna*māyābhaṃ[44] lokaṃ paśyed vikalpitam // 18 (NIII. 18, X. 468)

rāgo *hi* vidyate[45] dveṣo mohaś cāpi na pudgalaḥ /

tṛṣṇāyā hy uditāḥ skandhā vidyante svapna*māyāvat*[46] // 19 (NIII. 19,X. 469)

93. (NIII. 8) *"katham abhūtaparikalpaḥ pravartate kathaṃ vimucyate"*

atha khalu mahāmatir bodhisattvo mahāsattvaḥ punar api bhagavantam adhyeṣate sma / deśayatu me bhagavān deśayatu me sugato 'bhūtaparikalpasya lakṣaṇaṃ kathaṃ kiṃ kena kasya bhagavann abhūtaparikalpaḥ pravartamānaḥ pravartate 'bhūtaparikalpo 'bhūtaparikalpa iti bhagavann ucyate / katamasyaitad bhagavan dharmasyādhivacanaṃ yadutābhūtaparikalpa iti kiṃ vā prativikalpayann abhūtapari(**N 150**)kalpo bhavati / bhagavān āha / sādhu sādhu mahāmate sādhu khalu punas tvaṃ mahāmate yat tvam etam artham adhyeṣitavyaṃ manyase

39 (N 148[12]) "pratyātmagatibhūmigatisvalakṣaṇaṃ" corrected. G.: 自覚地自相 .
40 (N 148[12-13]) "sarvatarkatīrthyamāravarjitaṃ" corrected. G.: 遠離一切虚妄覚想 .
41 (N 149[2]) "siddhāntaś ca nayaś cāpi" corrected. G.: 宗及説通相 .
42 (N 149[5]) "necchanti" corrected. G.: 云何起欲想 .
43 (N 149[8]) "manavarjitam" corrected. G.: 無罪 .
44 (N 149[9]) "kadalīskandha-" corrected. G.: 夢芭蕉 .
45 (N 149[10]) "na vidyate" corrected. G.: 有貪恚痴 .
46 (N 149[11]) "svapnasadṛśāḥ" corrected. G.: 如幻夢 .

bahujanahitāya tvaṃ mahāmate pratipanno bahujanasukhāya lokānukampāyai mahāmate janakāyasyārthāya hitāya sukhāya devānāṃ ca manuṣyāṇāṃ ca / tena hi mahāmate śṛṇu sādhu ca suṣṭhu ca manasikuru / bhāṣiṣye 'haṃ te / sādhu bhagavann iti mahāmatir bodhisattvo mahāsattvo bhagavataḥ pratyaśrauṣīt //

bhagavāṃs tasyaitad avocat / arthavividhavaicitryābhūtaparikalpābhiniveśān mahāmate vikalpaḥ pravartamānaḥ pravartate / nṛṇāṃ grāhyagrāhakābhiniveśābhiniviṣṭānāṃ ca mahāmate svacittadṛśyamātrānavadhāritamatīnāṃ ca sadasaddṛṣṭipakṣapatitānāṃ ca mahāmate tīrthakaradṛṣṭiprativikalpavāsanāpratipuṣṭānāṃ bāhyavicitrārthopalambhābhiniveśāc cittacaittakalāpo vikalpasaṃśabditaḥ pravartamānaḥ pravartata ātmātmīyābhiniveśāt / mahāmatir āha / tad yadi bhagavann arthavividhavaicitryābhūtaparikalpābhiniveśān nṛṇāṃ vikalpaḥ pravartamānaḥ pravartate sadasaddṛṣṭipakṣapatitānāṃ grāhyagrāhak*ābhiniveśābhiniviṣṭānāṃ*[47] **(T 500a)** tīrthakaradṛṣṭipra**(N 151)**tivikalpa*vāsanā*puṣṭānāṃ[48] bāhyavicitrārthopalambhābhiniveśāc cittacaittakalāpo vikalpasaṃśabditaḥ svacittadṛśyamātrānavabodhād *ātmātmīyā*bhiniveśāt[49] pravartamānaḥ pravartate / tad *yadi* yathaiva[50] bhagavan bāhyārthavicitralakṣaṇaḥ sadasatpakṣapatitalakṣaṇo bhāvābhāvavivikto dṛṣṭilakṣaṇavinivṛttas tathaiva bhagavan paramārthapramāṇendriyāvayavadṛṣṭāntahetulaṣaṇavinivṛttaḥ / tat kathaṃ bhagavann ekatra vicitravikalpo 'bhūtārthavicitrabhāvābhiniveśaṃ prativikalpayan pravartate / na punaḥ paramārthalakṣaṇābhiniveśaṃ prativikalpayan pravartate vikalpaḥ / nanu bhagavan *viṣama*hetuvādas tava prasajyata ekatra pravartata ekatra neti bruvataḥ **(N 151[11])**[51]/ **(N 151[15])** bhagavān āha / na hi mahāmate vikalpaḥ pravartate nivartate vā / tat kasya hetor yaduta sadasato vikalpasyāpravṛttitvād bāhyadṛśyabhāvābhāvāt svacittadṛśyamātrāvabo**(N 152)**dhān mahāmate vikalpo na pravartate[52] / anyatra mahāmate bālānāṃ svacittavaicitryavikalpakalpitatvāt prakriyāpravṛttipūrvako vikalpo vaicitryabhāvalakṣaṇābhiniveśāt pravartata iti vadāmi / kathaṃ khalu mahāmate bālapṛthagjanā[53] ātmātmīyābhi*niveśa*vinivṛttadṛṣṭayaḥ kāryakāraṇapratyayavinivṛttadoṣāḥ sva*vikalpac*ittamātrāvabodhāt parāvṛttacittāśrayāḥ sarvāsu bhūmiṣu kṛtavidyās tathāgatasvapratyātmagatigocaraṃ pañcadharmasvabhāvavastudṛṣṭivikalpavinivṛttiṃ pratilabheran

47 (N 150[18]) "grāhyagrāhaka-" be followed by the two words. G.: 摂所摂計著 .
48 (N 151[1]) Before "puṣṭānāṃ" a word is inserted. G.: 増長 … 習気 .
49 (N 151[3]) "santāsantavicitrabhāvābhiniveśāt" corrected. G.: 我我所計著 .
50 (N 151[4]) "tad yathaiva" corrected. G.: 若如是 .
51 (N 151[11-15]) Four lines after this, lacking in G., are deleted.
52 (N 152[1]) "na nivartate" be deleted, as they are lacking in G.
53 (N 152[5]) "svavikalpacittamātrāvabodhāt", which follows this, lacking in G., is deleted.

/ ata etasmāt kāraṇān mahāmate idam ucyate mayā vikalpo ‘bhūtārthavaicitryād abhiniveśāt pravartate sva*citta*vikalpavaicitryārthayathābhūtārthaparijñānād vimucyata iti //

tatredam ucyate //

kāraṇaiḥ pratyayaiś cāpi yeṣāṃ lokaḥ pravartate /

cātuṣkoṭikayā yuktā na te mannayakovidāḥ // 20 (NIII. 20, X. 474)

asan na jāyate loko na san na sadasan kvacit /

pratyayaiḥ kāraṇaiś cāpi yathā[54] bālair vikalpyate // 21 (NIII. 21, X. 475)

na san nāsan na sadasad yadā lokaṃ prapaśyati / **(N 153)**

tadā vyāvartate cittaṃ nairātmyaṃ cādhigacchati // 22 (NIII. 22, X. 476)

anutpannāḥ sarvabhāvā yasmāt pratyayasaṃbhavāḥ /

kāryaṃ hi pratyayāḥ sarve *kāryaṃ* na *svato vidyate*[55] // 23 (NIII. 23, X. 477)

kāryān na jāyate kāryaṃ dvitvaṃ kārye prasajyate /

na *cādvitva*prasaṅgena *kārya*bhāvopalabhyate[56] // 24 (NIII. 24, X. 478)

ālambālambyavigataṃ yadā paśyati saṃskṛtam / **(T 500b)**

niś*cittaṃ*[57] cittamātraṃ hi cittamātraṃ vadāmy aham // 25 (NIII. 25, X. 479)

mātrā svabhāvasaṃsthānaṃ pratyayair bhāvavarjitam /

niṣṭhābhāvaḥ paraṃ brahma etāṃ mātrāṃ vadāmy aham // 26 (NIII. 26, X. 480)

prajñaptisatyato hy ātmā dravyasan na hi vidyate /

skandhānāṃ skandhatā tadvat prajñaptyā na tu dravyataḥ // 27 (NIII. 27, X. 481)

caturvidhā vai samatā lakṣaṇaṃ hetu*r* bhāvajam /

nairātmyasamatā caiva caturthaṃ yogayoginām // 28 (NIII. 28, X. 482)

(N 154[3]) vikalpavāsanā*vṛttaṃ*[58] vicitraṃ cittasaṃbhavam /

bahir ākhyāyate nṛṇāṃ cittamātraṃ hi laukikam // 29[59] (NIII. 32, X. 486)

dṛśyaṃ na vidyate bāhyaṃ cittaṃ citraṃ hi dṛśyate /

dehabhogapratiṣṭhānaṃ cittamātraṃ vadāmy aham // 30 (NIII. 33, X. 487)

(N 153[14]) vyāvṛttiḥ sarvadṛṣṭīnāṃ kalpyakalpanavarjitā /

---

54 (N 152[16]) The Chinese rendering for “yathā”, 云何 , usually stands for “How?”, an interrogative, but seems to be used as a conjunction as well. Cf. The *Mahāvyutpatti* 5403.

55 (N 153[3]) “na kāryāj jāyate bhavaḥ” corrected. G.: 所作非自有 .

56 (N 153[5]) “ca dvitvaprasaṅgena kāryād” corrected. G.: 無二事過故　非有性可得 .

57 (N 153[7]) “niścitaṃ” corrected. 無心 .

58 (N 154[3]) “-baddhaṃ” corrected. G.: 妄想習気転 .

59 (N 154[3-4]) Notice the change in order of this verse and the next from the Nanjio ed. text.

anupalambho hy ajātiś ca cittamātraṃ vadāmy aham // 31 (NIII. 29, X. 483)

na bhāvaṃ nāpi cābhāvaṃ bhāvābhāvavivarjitam /

tathā tac[60] cittavinirmuktaṃ cittamātraṃ vadāmy aham // 32 (NIII. 30, X 484)

(N 154) tathatā śūnyatā koṭi*r* nirvāṇaṃ dharmadhātukam /

kāyaṃ manomayaṃ citraṃ cittamātraṃ vadāmy aham // 33 (NIII. 31, X. 485)

94. (NIII. 9) ***"rutārthakuśalo bhavitavyaṃ bodhisattvena mahāsattvena"***

atha khalu mahāmatir bodhisattvo mahāsattvo bhagavantam etad avocat / yat punar etad uktaṃ bhagavatā *rutārthakuśalo bhavitavyaṃ*[61] bodhisattvena mahāsattvena anyaiś ceti / kathaṃ ca bhagavan bodhisattvo mahāsattvo *rutārthakuśalo* bhavati / kiṃ ca rutaṃ ko 'rthaḥ / bhagavān āha / tena hi mahāmate śṛṇu sādhu ca suṣṭhu ca manasikuru / bhāṣiṣye 'haṃ te / sādhu bhagavann iti mahāmatir bodhisattvo mahāsattvo bhagavataḥ pratyaśrauṣīt / bhagavāṃs tasyaitad avocat / tatra rutaṃ mahāmate katamad yaduta vāgakṣarasaṃyogavikalpo dantahanutālujihvauṣṭhapuṭavini-ḥsṛta*ḥ* parasparajalpo vikalpavāsanāhetuko rutam ity ucyate / tatrārthaḥ punar mahāmate katamo yaduta *sarvavāgvikalpalakṣaṇavarjito 'rtha ity ucyate / mahāmate bodhisattvo mahāsattva evaṃvidhārthe*[62] śrutacintā(**N 155**)bhāv*a*nāmayyā prajñayaiko rahogato nirvāṇapuragāmimārgaḥ svabuddhyā vāsanāśrayaparāvṛttipūrvakaḥ svapratyātmagatigocarabhūmisthānāntaraviśeṣaga*tya*-rthalakṣaṇaṃ[63] pravicārayan bodhisattvo mahasattvo 'rthakuśalo bhavati //

(T 500c) punar aparaṃ mahamate rutārthakuśalo bodhisattvo mahāsattvo rutam arthād *nā*nyan nā*na*nyad[64] iti samanupaśyati arthaṃ ca rutāt / yadi ca punar mahāmate *rutam arthād* anyaḥ syād[65] *aruta*hetuko *'rthābhivyaktiḥ* syāt[66] sa cārtho rutenānupraviśyate pradīpeneva dhanam /[67] **(N 155[13])** punar aparaṃ mahāmate aniruddhā anutpannāḥ prakṛtiparinirvṛtās triyānam ekayānaṃ ca *cittaṃ svabhāva* ādiṣu[68] yathārutārthābhiniveśaṃ pratītyābhiniveśataḥ samāropāpavādadṛṣṭipatito bhavati / anyathā vyavasthitān anyathā prativikalpayan māyāvaicitrya-

60 (N 153[17]) "tathatā" corrected. G.: 謂彼 .
61 (N 154[8-9]) "yathārutārthagrahaṇaṃ na kartavyaṃ" corrected. G.: 当善語義 .
62 (N 154[17]) The fifteen words be inserted between "yaduta" and "śruta-". G.: 離一切妄想相言説相是名為義大慧菩薩摩訶薩於如是義 .
63 (N 155[3]) "-viśeṣārthalakṣaṇagatiṃ" corrected. G.: 勝進義相 .
64 (N 155[6]) "anyan nānyad" corrected. G.: 語與義非異非不異 .
65 (N 155[7]) "yadi…artho rutād anyaḥ syād" corrected. G.: 若語異義者 .
66 (N 155[8]) "arutārthābhivyaktihetukaḥ" corrected. G.: 則不因語弁義 .
67 (N 155[9-12]) A passage of four lines after this, which begins with "tadyathā" be deleted as it is lacking in G.
68 (N 155[14]) "pañcacittasvabhāvādiṣu" corrected. G.: 心自性等 .

darśanavikalpanavat / tadyathā mahāmate anya(**N 156**)thā hi māyāvaicitryaṃ draṣṭavyam anyathā pratikalpyate bālair na tv āryaiḥ //

tatredam ucyate //

yathārutaṃ vikalpitvā samāropayanti dharm*ān*[69] /

te ca vai tatsamāropāt patanti narakālaye // 34 (NIII. 34)

na hy ātmā vidyate skandh*eṣu*[70] skandhāś caiva hi nātm*ā*[71] /

na te yathā vikalp*ya*nte na ca te vai *nātmā*[72] ca // 35 (NIII. 35, X. 135)

astitvaṃ sarvabhāvānāṃ yathā bālair vikalpyate /

yadi te bhaved yathā *dṛṣṭāḥ*[73] sarve syus tattvadarśinaḥ // 36 (NIII. 36, X. 136)

abhāvāt sarvadharmāṇāṃ saṃkleśo nāsti śuddhiś ca /

na te tathā yathā dṛṣṭā na ca te vai na santi ca // 37 (NIII. 37, X. 137)

95. (NIII. 10) ***"vijñānaṃ laukikaṃ jñānaṃ lokottaraṃ jñānaṃ lokottaratamaṃ jñānaṃ ca"***

(**N 156**[11-15]) punar aparaṃ mahāmate jñānavijñānalakṣaṇaṃ ta upadekṣyāmi yena jñānavijñānalakṣaṇena suprativibhāgaviddhena tvaṃ ca anye ca bodhisattvā mahasattvā jñānavijñānalakṣaṇagatiṃgatāḥ kṣipram anuttarāṃ samyaksaṃbodhim abhisaṃbhotsyante / tatra mahāmate triprakāraṃ jñānaṃ laukikaṃ lokottaraṃ ca lokottaratamaṃ ca //

(**N 157**[8-13])[74] tatra laukikaṃ jñānaṃ sadasatpakṣābhiniviṣṭānāṃ sarvatīrthakarabāla-pṛthagjanānāṃ ca / tatra lokottaraṃ jñānaṃ sarvaśrāvakapratyekabuddhānāṃ ca svasāmā-nyalakṣaṇapatitāśayābhiniviṣṭānāṃ / tatra lokottaratamaṃ jñānaṃ buddhabodhisattvānāṃ nirābhāsadharmapravicayād anirodhānutpādadarśanāt sadasatpakṣavigataṃ tathāgatabhūmi-*pudgaladharma*nairātmyādhigamāt[75] pravartate //

(**N 157**[1]) tatrotpannapradhvaṃsi vijñānam anutpann*ā*pradhvaṃsi jñānam[76] / punar aparaṃ mahāmate nimittānimittapatitaṃ vijñānaṃ nāstyastivaicitryalakṣaṇa*patita*hetukaṃ[77]

69 (N 156[3]) "samāropenti dharmatām" corrected. G.: 建立於諸法 .
70 (N 156[5]) "skandhaiḥ" corrected. G.: 陰中無有我 .
71 (ibid.) "nātmani" corrected. G.: 非即是我 .
72 (N 156[6]) "na santi" corrected. G.: 亦復非無我 .
73 (N 156[8]) "dṛṣṭyāḥ" corrected. G.: 彼所見 .
74 (N 157[8-13]) Here the two paragraphs, second and third in the Nanjio text, are exchanged.
75 (N 157[13]) Between "tathāgatabhūmi-" and "nairātmya-" two words are inserted. G.: 如来地人法無我 .
76 (N 157[1]) "-pradhvaṃsi" corrected. G.: 不生不滅者是智 .
77 (N 157[3]) Between "-lakṣaṇa-" and "hetukam" a word is inserted. G.: 堕有無種々相因 .

ca nimittānimittavyatikrāntalakṣaṇaṃ jñānam / punar aparaṃ mahāmate upacayalakṣaṇaṃ vijñānam *anupacaya*lakṣaṇaṃ[78] jñanam / tatra trividhaṃ jñānam *utpāda*vyayāvadhārakaṃ ca *svasāmānya*lakṣaṇāvadhārakaṃ cānutpādānirodhāvadhārakaṃ ca //

(N 157[14]) punar aparaṃ mahāmate asaṅgalakṣaṇaṃ **(T 501a)** jñānaṃ viṣayavaicitryasaṅgalakṣaṇaṃ ca vijñānam / punar aparaṃ mahāmate trisaṅgati*pratyayayogo*tpādalakṣaṇaṃ[79] vijñānam *asaṅgatipratyayayoga*svabhāvalakṣaṇaṃ[80] jñānam / punar aparaṃ mahāmate *āptilakṣaṇaṃ vijñānam*[81] aprāptilakṣaṇaṃ jñānaṃ svapratyātmāryajñā**(N 158)**nagatigocaram apraveśānirgamatvād udakacandravaj jale //

tatredam ucyate //

cittena cīyate karma jñānena *cāvicīyate*[82] /

prajñayā ca nirābhāsaṃ prabhāvaṃ cādhigacchati // 38 (NIII. 38, X. 285)

cittaṃ viṣayasaṃbaddhaṃ jñānaṃ tarke pravartate /

nirābhāse viśeṣe ca prajñā vai saṃpravartate // 39 (NIII. 39, X. 286)

cittaṃ manaś ca vijñānaṃ saṃjñāvaikalpavarjitāḥ /

*a*vikalpadharmatāṃ prāptā[83] *jinātmajā* na *śrāvakāḥ*[84] // 40 (NIII. 40, X. 287)

śānte kṣāntiviśeṣe vai jñānaṃ tāthāgataṃ śubham /

saṃjāyate viśeṣārth*a*samudācāravarjitam // 41 (NIII. 41, X. 288)

jñānaṃ hi trividha*ṃ*[85] mahyam āryā yena prabhāvitā*ḥ* /

lakṣaṇaṃ kalpyate yena yaś ca bhāvān *saṃgṛhṇāti*[86] // 42 (NIII. 42, X. 292ab; 293cd)

yānadvayavisaṃyukt*aṃ jñānaṃ*[87] hy ābhāsavarjitam[88] /

*sva*bhāvābhiniveśena[89] śrāvakāṇāṃ pravartate /

cittamātrāvatāreṇa *jñanaṃ* tāthāgatāmalam[90] // 43 (NIII. 43, X. 294)

---

78 (N 157[5]) "apacaya-" corrected. G.: 非長養.
79 (N 157[15-16]) "trisaṅgatikṣayotpādayoga-" corrected. G.: 三事和合生方便.
80 (N 157[16]) "asaṅgasvabhāvalakṣaṇam" corrected. G.: 無事方便自性相.
81 (N 157[17]) The three words, which the Nanjio text lacks, are put in here. G.: 得相是識.
82 (N 158[3]) "ca vidhīyate" corrected. G.: 不採集為智.
83 (N 158[8]) "vikalpa-" corrected. G.: 得無思想法.
84 (ibid.) "śrāvakā na jinātmajāḥ" corrected. G.: 仏子非声聞.
85 (N 158[11]) "prajñā hi trividhā" corrected. G.: 三種智.
86 (N 158[12]) "vṛṇoti ca" corrected. G.: 悉摂受諸性.
87 (N 158[13]) "prajñā" corrected. G.: 智.
88 (ibid.) "ābhāvavarjitā" corrected. G.: 離諸所有.
89 (N 158[14]) "sadbhāvābhiniveśena" corrected. G.: 計著於自性.
90 (N 158[15]) "prajñā tāthāgatī matā" corrected. G.: 如来智清浄.

96. (NIII. 11) *"tīrthakarāṇāṃ pariṇāmadṛṣṭir navavidhā"*

punar aparaṃ mahāmate navavidhā pariṇāmavādināṃ tīrthakarāṇāṃ pariṇāmadṛṣṭir bhavati yaduta saṃsthānapariṇāmo lakṣa(**N 159**)ṇapariṇāmo hetupariṇāmo yuktipariṇāmo dṛṣṭipariṇāmo bhāvapariṇāmo pratyayābhivyaktipariṇāmaḥ kriyābhivyaktipariṇāmo *vastu*pariṇāmaḥ[91] / etā mahāmate navapariṇāmadṛṣṭayo yāḥ saṃdhāya sarvatīrthakarāḥ sadasatpakṣotpādapariṇāmavādino bhavanti //

tatra mahāmate saṃsthānapariṇāmo yaduta saṃsthānasyānyathābhāvadarśanāt [*1][92] / tadyathā mahāmate suvarṇa[*2]pariṇāmena pariṇāmyamānaṃ vicitrasaṃsthānapariṇataṃ dṛśyate na suvarṇaṃ bhāvataḥ pariṇamati evam eva mahāmate sarvabhāvānāṃ pariṇāmaḥ kaiścit tīrthakarair vikalpyate 'nyaiś ca *vastupariṇāma iti yāvad vikalpyate*[93] / na ca te tathā [*yathābhūtaṃ*] na cānyathā parikalpam upādāya / evaṃ sarvapariṇāmabhedo draṣṭavyo dadhikṣīramadyaphalapākavat / tadyathā mahāmate evaṃ dadhikṣīramadyaphalādīnām ekaikasya pariṇāmo vikalpasya pariṇāmo vikalpyate tīrthakarair na cātra kaścit pari(**T 501b**) ṇamati sadasatoḥ svacittadṛśyabāhyabhāvābhāvāt / evam eva mahāmate bālapṛthagjanānāṃ *sva*vikalpabhāvanāpravṛttir[94] draṣṭavyā (**N 160**) nātra mahāmate kaścid dharmaḥ pravartate vā nivartate vā māyāsvapnapravṛttarūpadarśanavat [*][95] / tatredam ucyate //

pariṇāmaṃ kālasaṃsthānaṃ bhūtabhāvendriyeṣu ca /
antarābhavasaṃgrāhy*aṃ* ye kalpenti na te buddhāḥ // 44 (NIII. 44, X. 183)
na pratītyasamutpannam *evaṃ*[96] kalpenti vai jināḥ /
kiṃtu pratyaya ev*āyaṃ* loko gandharvasaṃnibha*ḥ* // 45 (NIII. 45, X. 184)

97. (NIII. 12) *"sarvadharmasaṃdhyasaṃdhilakṣaṇam"*

atha khalu mahāmatir bodhisattvo mahāsattvaḥ punar api bhagavantaṃ[97] adhyeṣate sma / deśayatu me bhagavān[98] sarvadharmāṇāṃ *saṃdhyarthaparimocanārthaṃ / yena sarvadharma-*saṃdhyasaṃdhilakṣaṇena suprativibhāgābhividdhenāhaṃ cānye ca bodhisattvā mahāsattvāḥ

91 (N 159[2]) "utpādapariṇāmaḥ" be replaced by "vastupariṇāmaḥ" and placed at the end of the list. G.: 事転変.
92 (N159[7-8])[*1, *2] The two groups of words,, both of which G. lacks, are deleted.
93 (N 159[11]) "kāraṇato" corrected. G.: 乃至事転変妄想.
94 (N 159[17]) "svacittavikalpa-" corrected. G.: 自妄想.
95 (N 160[2-3]) The passages, which G. lacks, are deleted.
96 (N 160[6]) "lokaṃ" corrected. G.: 非如彼妄想.
97 (N 160[9]) The six words which follow are shifted to the beginning part of Mahamati's utterances with a slight change.
98 (N 160[10]) The five words which follow and which are lacking in G.are deleted.

sarvasaṃdhyupāyakuśalā[99] yathārutārthābhiniveśasaṃdhau na prapateyuḥ sarvadharmāṇāṃ saṃdhyasaṃdhi*lakṣaṇa*kauśalena[100] vāgakṣarapratikalpana*buddhiṃ*[101] ca vinihatya sarvabuddhakṣetr*āparimita*parṣaccāriṇo[102] balavaśitābhijñādhāraṇīmudrāsumudritā vicitrair nirmāṇakiraṇair *virājeyuḥ*[103] daś*ā*ni(**N 161**)ṣṭhāpadasunibaddhabuddhayo 'nābhogacandrasūryamaṇimahābhūtacaryāgatisamāḥ sarvabhūmiṣu svavikalpalakṣaṇavinivṛttadṛṣṭayaḥ svapnamāyādisarvadharmānudarśanād buddhabhūmyāśrayānupraviṣṭāḥ sarvasattvadhātuṃ yathārhad dharmadeśanayā ākṛṣya svapnamāyādisarvadharmasadasatpakṣavarjite bhaṅgotpādavikalparahite rutānyathā*rthe tad*āśraya*parāvṛttiviśeṣa*tayā[104] pratiṣṭhāpayeyuḥ / bhagavān āha / sādhu sādhu mahāmate tena hi mahāmate śṛṇu sādhu ca suṣṭhu ca manasikuru bhāṣiṣye 'haṃ te / sādhu bhagavann iti mahāmatir bodhisattvo mahāsattvo bhagavataḥ pratyaśrauṣīt //

bhagavāṃs tasyaitad avocat / aparimito mahāmate sarvadharmāṇāṃ yathārutārthābhiniveśasaṃdhiḥ / lakṣaṇābhiniveśasaṃdhiḥ pratyayābhiniveśasaṃdhir bhāvābhāvābhiniveśasaṃdhir utpādānutpādavikalpābhiniveśasaṃdhir nirodhānirodha*prativikalpābhiniveśa*saṃdhir yānāyāna*prativikalpābhiniveśa*saṃdhiḥ[105] saṃskṛtāsaṃskṛtaprativikalpābhiniveśasaṃdhir bhūmy*ā*bhūmisvalakṣaṇavikalpābhiniveśasaṃdhiḥ[106] svavikalpābhisamayavikalpasaṃdhiḥ sadasatpakṣatīrthyāśrayaprativikalpasaṃdhis triyānaikayanābhisamayavikalpasaṃdhiḥ /(**T 501c**) ete ca anye ca mahāmate bālapṛthagjanā(**N 162**)nāṃ svavikalpasaṃdhayo yāṃ saṃdhiṃ saṃdhāya bālapṛthagjanāḥ prativikalpayamānāḥ kauśeyakrimaya iva svavikalpadṛṣṭisaṃdhisūtreṇātmānaṃ parāṃś ca[107] pariveṣṭayanti bhāvābhāvasaṃdhilakṣaṇābhiniveśābhiniviṣṭāḥ / na cātra mahāmate kaścit saṃdhir nāsaṃdhilakṣaṇaṃ[108] viviktadarśanāt sarvadharmāṇāṃ vikalpasyāpravṛttatvān mahāmate bodhisattvo mahāsattvaḥ sarvadharmeṣu viviktadarśī viharati //

punar aparaṃ mahāmate bāhyabhāvābhāvasvacittadṛśyalakṣaṇāvabodhān *nirābhāsānus*āritvāt svacitta*dṛśya*sadasatoḥ sarvabhāv*ānimittapravicayatvād* vikalpasaṃdhiviviktadarśanān na saṃdhir nāsaṃdhilakṣaṇaṃ sarvadharmāṇāṃ nātra kaścin

99 (N 160[13]) "asaṃdhy", a word after "saṃdhy", is deleted; it is lacking in G.
100 (N 160[14]) A word is inserted before "kauśalaena". G.: 善於 … 相 .
101 (N 160[14-15]) "prativikalpanaṃ ca vinihatya buddhyā" corrected. G.: 離言説文字妄想覚 .
102 (N 160[15]) "parṣac" is supplied with an adjective. G.: 無量大衆 .
103 (N 160[16]) "kiraṇair" is made to be followed by a verb. G.: 種々変化光明照耀 .
104 (N 161[5-6]) "rutānyathāparyāyavṛttyāśrayatayā" corrected. G.: 異言語義其身転勝 .
105 (N 161[13-14]) After "nirodhānirodha-" and "yānāyāna-" the same two-word group is made to follow. G.: 滅不滅妄想計著相続 , 乗非乗妄想計著相続 .
106 (N 161[15]) "bhūmyabhūmi-" corrected. G.: 地地自相 .
107 (N 162[3]) The six-word group after "ca" is deleted as it is lacking in G.
108 (N 162[5]) "na saṃdhi-" corrected. G.: 無相続及不相続相 .

mahāmate badhyate na ca mucyate anyatra vitathapatitayā bu*d*dhyā bandhamokṣau prajñāyete / tat kasya hetor yaduta sadasatoḥ *sattvā*nupalabdhitvāt[109] sarvadharmāṇām //

punar aparaṃ mahāmate trayaḥ saṃdhayo bālānāṃ pṛthagjanānāṃ yaduta rāgo dveṣo mohaś ca tṛṣṇā ca paunarbhavikī nandīrāgasahagatā yāṃ saṃdhāya gatisaṃdhayaḥ prajāyante / tatra saṃdhisaṃdhānaṃ sattvānāṃ gatipañcakaṃ saṃdher vyucchedān mahāmate na **(N 163)** saṃdhir nāsaṃdhilakṣaṇaṃ prajñāyate //

punar aparaṃ mahāmate trisaṅgatipratyayakriyāyogābhiniveśāya saṃdhir vijñānānāṃ [*bhavati* / *tasyā*] nairantaryāt pravṛttiyogena abhiniveśato bhavasaṃdhir bhavati / trisaṅgatipratyayavyāvṛtter vijñānānāṃ vimokṣatrayānudarśanāt sarvasaṃdhayo na pravartante //

tredam ucyate //

abhūtaparikalpo hi saṃdhilakṣaṇam ucyate /

tasya bhūtaparijñānāt saṃdhijālaṃ *prachidyate*[110] // 46 (NIII. 46)

bhāvājñānarutagrāhāt[111] kauśeyakrimayo yathā /

badhyante svavikalpena bālāḥ saṃdhyavipaścitāḥ // 47 (NIII. 47)

98. (NIII. 13-1) ***"svayam evādhigatayāthātathyaviviktadharmavihāriṇo bhaviṣyanti"***

punar api mahāmatir āha / yat punar etad uktaṃ bhagavatā "yena yena vikalpena ye ye bhāvā vikalpyante na hi sa teṣāṃ svabhāvo bhavati parikalpita evāsau"[112] tad yadi bhagavan parikalpita evāsau na bhāvasvabhāvalakṣaṇāvadhāraṇaṃ nanu te bhagavann evaṃ bruvataḥ saṃkleśavyavadānābhāvaḥ prasajyate parikalpitasvabhāv*ā*bhāvitatvāt[113] sarvadharmāṇām / bhagavān āha / evam etan mahāmate yathā vadasi na mahāmate yathā bālapṛthagjanair bhāvasvabhāvo **(T 502a)** vikalpyate tathā bhavati / parikalpita **(N 164)** evāsau mahāmate na bhāvasvabhāvalakṣaṇāvadhāraṇam / kiṃ tu yathā mahāmate āryair bhāvasvabhāvo 'vadhāryate āryeṇa jñānenāryeṇa darśanenāryeṇa prajñācakṣuṣā tathā bhāvasvabhāvo bhavati //

mahāmatir āha / tad yadi bhagavan yathāryair āryeṇa jñānenāryeṇa darśanenāryeṇa prajñācakṣuṣā na divyamāṃsacakṣuṣā bhāvasvabhāvo 'vadhāryate tathā bhavati na tu yathā

109 (N 162[13]) "sandhyanupalabdhitvāt" corrected. G.:（無衆生可得 →）無体可得 . Here "sattva-" is for "sattvam", not for "sattvaḥ".
110 (N 163[7]) "prasīdati" corrected. G.: 相続網則断 .
111 (N 163[8]) "bhāvajñāna-" corrected. G.: 於諸性無知
112 (N 163[11-12]) Cf. Vasubandhu:*Trṃśikāvijñaptikārikāḥ*, verse 20: "yena yena vikalpena yad yad vastu vikalpyate / parikalpita evāsau svabhāvo na sa vidyate//"
113 (N 163[15]) "-bhāvitatvāt" corrected. G.: 一切法妄想自性非性故

bālapṛthagjanair vikalpyate bhāvasvabhāvaḥ / tat kathaṃ bhagavan bālapṛthagjanānāṃ vikalpavyāvṛttir bhaviṣyaty āryabhāvavastvanavabodhān na ca te bhagavan viparyastā nāviparyastāḥ / tat kasya hetor yaduta āryavastubhāvasvabhāvānavabodhāt sadasartor *lakṣaṇāvyāvṛtti*darśanāt[114] / āryair api bhagavan *na* yathā vastu *dṛśyate* tathā *vikalpyate*[115] svalakṣaṇaviṣayāgocaratvāt / sa teṣām api bhagavan bhāvasvabhāvalakṣaṇaḥ parikalpitasvabhāva eva khyāyate hetvahetvavyapadeśād[116] yaduta bhāvasvalakṣaṇadṛṣṭipatitatvāt anyeṣāṃ gocaro bhavati / na yathā teṣām ity evam anavasthā prasajyate / bhagavan bhāvasvabhāvalakṣaṇānavabodhān na ca bhagavan parikalpitasvabhāvahetuko bhāvasvabhāvalakṣaṇaḥ / sa ca kathaṃ parikalpena pra(**N 165**)tivikalpyamāno na tathā bhaviṣyati yathā parikalpyate / anyad eva bhagavan prativikalpasya lakṣaṇam anyad eva svabhāvalakṣaṇaṃ visadṛśahetuke ca bhagavan vikalpasvabhāvalakṣaṇe te ca *kathaṃ* parasparaṃ *na* parikalpyamāne[117] bālapṛthagjanair na tathā bhaviṣyataḥ / kiṃ tu sattvānāṃ vikalpavyāvṛttyartham idam ucyate "yathā prativikalpena vikalpyante tathā na vidyante" //

kim idaṃ bhagavan sattvānāṃ tvayā nāstyastitvadṛṣṭiṃ *ca vastusvabhāvābhiniveśaṃ ca*[118] vinivārya āryajñānagocaraviṣayābhiniveśād *astitva*dṛṣṭiḥ[119] punar nipātyate viviktadharm*ābhāvatvopadeśaś* ca kriyate[120] āryajñānasvabhāvavastudeśanayā / bhagavān āha / na mayā mahāmate viviktadharm*ābhāvatvopadeśaḥ* kriyate na cāstitvadṛṣṭir nipātyate āryavastusvabhāvanirdeśena / kiṃ tūttrāsapadavivarjanārthaṃ sattvānāṃ mahāmate mayānādikālaṃ bhāvasvabhāvalakṣaṇābhiniviṣṭānām āryajñānavastusvabhāvābhiniveśalakṣaṇadṛṣṭyā viviktadharmopadeśaḥ kriyate / na mayā mahāmate bhāvasvabhāvalakṣaṇopadeśaḥ kriyate / kiṃ tu mahāmate svayam evādhigatayāthātathyaviviktadharmavihāriṇo bhaviṣyanti bhrānter nirnimittadarśanāt svacittadṛśyamātram ava(**N 166**)tīrya bāhyadṛśyabhāvābhāvavinivṛttadṛṣṭayo[121] vimokṣatrayādhigatayāthātathyamudrāsumudritā bhāvasvabhāveṣu pratyātmādhigatayā buddhyā pratyakṣavihāriṇo bhaviṣyanti nāstyastitvavastudṛṣṭivivarjitāḥ //

---

114 (N 164[11]) "lakṣaṇasya vṛttidarśanāt" corrected. G.: 不見離有無相故 .
115 (N 164[12]) "yathā vastu vikalpyate na tathā bhavati" corrected. G.: 不如是見如是妄想
116 (N 164[14]) "-vyapadeśād" corrected. G.: 不説因無因故 .
117 (N 165[4]) "parasparqaṃ parikalpyamāne" corrected. G.: 彼云何各々不妄想 .
118 (N 165[7-8]) "-dṛṣṭiṃ vinivārya vastusvabhāvābhiniveśena" corrected. G.: 遮衆生有無見事自性計著 .
119 (N 165[9]) "nāstitvadṛṣṭiḥ" corrected. G.: 堕有見 .
120 (ibid.) "-upadeśābhāvaś" corrected. G.: 説空法非性 .
121 (N 166[1-3]) "vimokṣatrayādhigata-…bhrānter nirnimittadṛṣṭayo", the twelve-word group between "-dṛṣṭayo" and "vimokṣa-" is deleted; it is a confusion by the copyist.

99. (NIII. 13-2) ***"anutpannāḥ sarvadharmā iti bodhisattvena mahāsattvena pratijñā na karaṇīyā"***

punar aparaṃ mahāmate anutpannnāḥ sarvadharmā iti bodhisattvena mahāsattvena pratijñā na karaṇīyā / tat kasya hetoḥ pratijñāyāḥ sarva*bhāvā*bhāvitvāt taddhetupravṛttilakṣaṇatvāc ca **(T 502b)** anutpannān sarvadharmān pratijñāya[122] mahāmate bodhisattvo mahāsattvaḥ pratijñāyā hīyate / yā pratijñānutpannāḥ sarvadharmā iti sāsya pratijñā hīyate pratijñāyās tadapekṣotpattitvāt / atha sāpi pratijñānutpannā sarvadharmābhyantarād *abhinna*lakṣaṇānutpattitvāt pratijñāyā anutpannāḥ sarvadharmā iti sa vādaḥ prahīyate / sadasator anutpattiḥ pratijñāyāḥ / sā hi mahāmate pratijñā sarvabhāvābhyantarā sadasator anutpattilakṣaṇāt / yadi mahāmate tayā pratijñayānutpannayānutpannāḥ sarvabhāvā iti **(N 167)** pratijñāṃ kurvanti evam api pratijñāhāniḥ prasajyate / pratijñāyāḥ sadasator anutpattibhāvalakṣaṇatvāt pratijñā na karaṇīyā /[123] **(N 167[5])** bahudoṣaduṣṭatvāt *pañc*āvayavānāṃ[124] parasparahetuvilakṣaṇakṛtakatvāc cāvayavānāṃ pratijñā na karaṇīyā yadutānutpannāḥ sarvadharmā evaṃ śūnyā asvabhāvāḥ sarvadharmā iti mahāmate bodhisattvena mahāsattvena pratijñā na karaṇīyā / kiṃ tu mahāmate bodhisattvena mahāsattvena māyāsvapnavat sarvabhāvopadeśaḥ karaṇīyo dṛśyādṛśyalakṣaṇatvād dṛṣṭibuddhimohanatvāc ca sarvadharmāṇāṃ māyāsvapnavad bhāvopadeśaḥ karaṇīyo 'nyatra bālānām uttrāsapadavivarjanatayā / bālāḥ pṛthagjanā hi mahāmate nāstyastitvadṛṣṭipatitānāṃ teṣām uttrāsaḥ syān meti uttrāsyamānā mahāmate dūrībhavanti mahāyānāt //

tatredam ucyate //[125]

na svabhāvo na vijñaptir na vastu na ca *saṃtatiḥ*[126] /
bālair vikalpitā hyete śavabhūtaiḥ kutārkikaiḥ // 48 (NIII. 48, X. 91)
(N 168) anutpannāḥ sarvadharmā *na tat* tīrthyaprasiddhaye[127] /
na hi kasyacid utpannā bhāvā vai pratyayānvitāḥ // 49 (NIII. 49)
anutpannāḥ sarvadharmāḥ *pratijñayā* na *kalpayet*[128] /

---

122 (N 166[9]) "pratibruvan", another verb which follows, lacking in G., is deleted.
123 (N 167[3-4]) "anutpanna- …na karaṇīyā", the twelve-word group between "na karaṇīyā" and "bahudoṣa-". which is lacking in G., is deleted.
124 (N 167[5]) "avayavānāṃ" is supplied with "pañca-". G.: 五分論多過故 .
125 Two verses below, 48 & 51, in almost the same forms before corrections here, are quoted in Candrakīrti: *Prasannapadā* Chapter 15 (Poussin ed. p. 262).
126 (N167[16]) "ālayaḥ" corrected. G.: 相続 .
127 (N 168[1]) "sarvtīrthyaprasiddhaye" corrected. G.: 非彼外道宗 .
128 (N 168[3]) "prajṇayā na vikalpayet" corrected. Tib. Peking 29, no. 775, 134b5: dam bca' ba (=pratijñā). G.:（慧者不作想 →） 以宗不作想 .

taddhetumattvāt tatsiddher buddhis teṣāṃ prahīyate // 50 (NIII. 50)

keśoṇḍukaṃ yathā mithyā gṛhyate taimirair janaiḥ /

tath*ābhiniviṣṭabhāvo*[129] mithyā bālair vikalpyate // 51 (NIII. 51, X. 79)

prajñaptimātraṃ tribhavaṃ nāsti vastu svabhāvataḥ /

prajñaptivastu bhāvena kalpayiṣyanti tārkikāḥ // 52 (NIII 52, X. 86)

nimittaṃ vastu vijñaptiṃ manovispanditaṃ ca tat /

atikramya tu putrā me nirvikalpāś caranti te // 53 (NIII. 53, X. 94)

ajale ca jalagrāho mṛgatṛṣṇā yathā nabhe /

dṛśyaṃ tathā hi bālānām āryāṇāṃ ca viśeṣataḥ // 54 (NIII. 54, X. 199)

(T 502c) āryāṇāṃ darśanaṃ śuddhaṃ vimokṣatrayasaṃbhavam /

utpādabhaṅganirmuktaṃ *vaiśāradyaṃ* pracāriṇām[130] // 55 (NIII. 55, X. 200)

nirābhāso hi *bhāvānām abhāvo* nāsti[131] yoginām /

bhāvābhāvasamatvena āryāṇāṃ jāyate phalam // 56 (NIII. 56, X. 207)

(N 169) kathaṃ hy abhāvo bhāvānāṃ kurute samatāṃ katham /

yadā cittaṃ na jānāti bāhyam adhyātmikaṃ calaṃ /

tadā tu kurute nāśaṃ samatācittadarśanam // 57 (NIII. 57, X. 208)

100. (NIII. 14) ***"svacittadṛśyamātrāvabodhāj jñanam apy arthaṃ nopalabhate"***

punar api mahāmatir āha / yat punar idam uktaṃ bhagavatā "yadā tv ālambyam arthaṃ nopalabhate jñānaṃ tadā *prajñapti*mātravyavasthānaṃ bhavati *prajñapter*[132] grāhyābhāvād grāhakasyāpy agrahaṇaṃ bhavati / tadagrahaṇān na pravartate jñānaṃ *prajñaptis*aṃśabdita*mātram*" *iti*[133] [134]/ tat kiṃ punar bhagavan bhāvānāṃ svasāmānyalakṣaṇ*ānyānany*ānavabodhān[135] nopalabhate jñānam / atha svasāmānyalakṣaṇavaicitryabhāvasvabhāvābhibhavān nopalabhate jñānam / atha *giriparvata*kuḍya[136]-bhūjalapavanāgni*vyavahitān nopalabhate*

129 (N 168^{6}) "bhāvavikalpo 'yaṃ" corrected. G.: 計著性 .
130 (N 168^{14}) "nirābhāsa-" corrected. G.: 遊行無所畏 .
131 (N 168^{15}) "bhāvanām abhave" corrected. G.: 無性非性 .
132 (N $169^{5,6}$) "vijñaptimātra-" and "vijñapter" corrected. G.: 施設量 and 施設 .
133 (N 169^{7}) "vikalpasaṃśabditam" corrected. G.: 唯施設名耳 .
134 (N 169^{4-7}) Cf. Vasubandhu: *Triṃśikāvijñaptimātrakārikāḥ*, verse 28 (S. Levi, p.43): "yadā tvālambanaṃ jñānaṃ naivopalabhate tadā / sthitaṃ *vijñapti*mātre* grāhyābhāve tadagrahāt //" * "vijñānamātre" corrected according to the Nanjio ed. Laṅkā text.
135 (N $169^{8,12}$) "-ananyavaicitrya-" corrected. G.: 不覚性自相共相異不異故 .
136 (N 169^{10-11}) "kuḍya-" be preceded by two words and have the three words that follow be deleted.G.: 為山巌石壁地水火風障故

*jñānam / ath*ātidūrasāmīpyān nopalabhate jñānaṃ jñeyam[137] / atha bālāndhavṛddhayoga*vaikalyād* indriyāṇāṃ jñeyārthaṃ nopalabhate jñānam / tad yadi bhagavan svasāmānyalakṣaṇ*ānyānany*ānavabodhān nopalabhate jñānaṃ na tarhi bhagavan jñānaṃ vaktavyam ajñānam etad bhagavan yad vidyamānam arthaṃ nopalabhate / atha svasāmānyalakṣaṇavaicitryabhāvasvabhāvābhibhavān nopalabhate jñānaṃ tad ajñānam eva bha(**N 170**)gavan na jñānaṃ *jñeye*[138] sati bhagavan jñānaṃ pravartate nābhāvāt tadyogāc ca jñeyasya jñānam ity ucyate / atha *giriparvata*kuḍyabhūjalapavanāgnivyavahitātidūrasāmīpyān nopalabhate bālavṛddhāndhayogavaikalyād indriyāṇāṃ jñānaṃ nopalabhate tad yad evaṃ nopalabhate na tad bhagavan jñānam ajñānam eva tad vidyamānam arthaṃ buddhivaikalyāt //

bhagavān āha / na hi tan mahāmate evam ajñānaṃ bhavati jñānam eva / tan mahāmate nājñānaṃ na caitat saṃdhāyoktaṃ mayā / "yadā tv ālambyam arthaṃ nopalabhate jñānaṃ tadā *prajñapti*mātravyavasthānaṃ bhavati" iti / kiṃ tu svacittadṛśyamātrāvabodhāt sadasator bāhyabhāvābhāvāj jñānam apy arthaṃ nopalabhate tad anupalambhāj jñānajñeyayor apravṛttir vimokṣatrayānugamāj jñānasyāpy anupalabdhiḥ / na ca tārkikā anādikālabhāvābhāvaprapañcavāsitamataya evaṃ prajānanti te cāprajānanto bāhyadravyasaṃsthānalakṣaṇabhāvābhāvaṃ kṛtvā vikalpasyā*prahīṇaṃ sva*citta*dṛśya*mātratāṃ nirdekṣyanti[139] / (**T 503a**) ātmātmīyalakṣaṇagrāhābhiniveśābhiniviṣṭāḥ svacittadṛśyamātrānavabodhāj jñānaṃ jñeyaṃ (**N 171**) prativikalpayanti / te ca jñānajñeyaprativikalpanayā bāhyabhāvābhāvapravicayānupalabdher ucchedadṛṣṭim āśrayante //

tatredam ucyate //

vidyamānaṃ hi ālambyaṃ yadi jñānaṃ na paśyati /

ajñānaṃ tadd hi na jñānaṃ tārkikāṇām ayaṃ nayaḥ // 58 (NIII. 58)

ananyalakṣaṇ*abhāvaṃ* jñānaṃ[140] yadi na paśyati /

vyavadhānadūrasāmīpyaṃ mithyājñānaṃ tad ucyate // 59 (NIII. 59)

bālavṛddhāndhayogāc ca jñānaṃ yadi na jāyate /

vidyamānaṃ hi taj jñeyaṃ mithyājñānaṃ tad ucyate // 60 (NIII. 60)

137 (N 169[11-12]) "-vyavahitātidūrasāmīpyān" corrected. G.: 障故智不得耶、多面極遠極近故智不得耶 .
138 (N 170[1]) "jñāye sati" corrected. G.: 有爾炎故
139 (N 170[15-16]) "vikalpasyāpravṛttiṃ cittamātratāṃ nirdekśyanti" corrected. G.: 妄想不断自心現量建立説
140 (N 171[6]) "ananyalakṣaṇābhāvāj jñānaṃ" corrected. G.: 於不異相性 .

101. (NIII. 15 (7-2)) ***"deśanānayaś ca svasiddhāntanayaś ca"***

punar aparaṃ mahāmate bālapṛthagjanā anādikālaprapañcadauṣṭhulyasvaprativikalpanānāṭake nṛtyantaḥ svasiddhāntanayadeśanāyām akuśalāḥ svacittadṛśyabāhyabhāvalakṣaṇābhiniviṣṭā upāyadeśanāpāṭham abhiniviśante na svasiddhāntanayaṃ cātuṣkoṭikanayaviśuddhaṃ prativibhāvayanti / mahāmatir āha / evam etad bhagavan yathā vadasi deśayatu me bhagavān deśanāsiddhāntanayalakṣaṇaṃ yenāhaṃ cānye ca bodhisattvā mahāsattvā anāgate 'dhvani deśanāsiddhāntanayakuśalā na *vi*pratilabhyeran *pṛthagjana*śrāvakapratyeka*buddhaiḥ*[141] / **(N 172)** bhagavān āha / tena hi mahāmate śṛṇu sādhu ca suṣṭhu ca manasikuru / bhāṣiṣye 'haṃ te / sādhu bhagavann iti mahāmatir bodhisattvo mahāsattvo bhagavataḥ pratyaśrauṣīt //

bhagavāṃs tasyaitad avocat / dviprakāro mahāmate *tryadhvaka*tathāgatānām[142] dharmanayo yaduta deśanānayaś ca *sva*siddhāntanayaś[143] ca / tatra deśanāpāṭhanayo mahāmate yaduta vicitrasaṃbhārasūtropadeśo yathācittādhimuktikatayā deśayanti sattvebhyaḥ / tatra svasiddhāntanayaḥ punar mahāmate katamo yena yoginaḥ svacittadṛśyavikalpavyāvṛttiṃ kurvanti yadutaikatvānyatvobhayatvānubhayatvapakṣāpatana*ṃ* cittamanomanovijñānātītaṃ svapratyātmāryagatigocaraṃ hetuyuktidṛṣṭilakṣaṇavinivṛttam anālīḍhaṃ sarvatīrthakaraśrāvakapratyekabuddhanāstyastitvāntadvayapatitais[144] tam ahaṃ *sva*siddhānta*nayadharma* iti[145] vadāmi / etan mahāmate *sva*siddhāntanayadeśanā*naya*lakṣaṇaṃ yatra tvayā cānyaiś ca bodhisattvair mahāsattvair yogaḥ karaṇīyaḥ //

tatredam ucyate //

nayo hi dvividho mahyaṃ siddhānto deśanā ca vai /**(T 503b)**
deśemi *hi tāṃ*[146] bālānāṃ siddhāntaṃ yoginām aham // 61 (NIII. 61)

102. (NIII. 16-1) ***"lokāyatikaḥ"***

(N 173) atha khalu mahāmatir bodhisattvo mahāsattvaḥ punar api bhagavantam etad avocat / uktam etad bhagavaṃs tathāgatenārhatā samyaksaṃbuddhenaikasmin kāla ekasmin samaye

141 (N 171[18]) "na pratilabhyeran kutārkikaiś tīrthakarapratyekabuddhayānikaiḥ" corrected. G.: 凡夫声聞縁覚不得其短 .
142 (N 172[4-5]) "atītānāgatapratyutpannānāṃ" corrected. G.: 三世如来 .
143 (N 172[6]) "siddhāntapratyavasthānanayaś" corrected. G.: 自宗通 .
144 (N 172[13]) "kutārkikais" after "sarva-" and "-yānikair" after "pratyekabuddha-" are deleted. G.: 一切外道声聞縁覚堕二辺者所不能知 .
145 (N 172[14]) "siddhānta iti" corrected. G.: 我説是名自宗通法 .
146 (N 172[18]) "yā" corrected. G.: 説者授童蒙 .

yathā lokāyatiko vicitramantrapratibhāno na sevitavyo na bhaktavyo na paryupāsitavyo taṃ ca sevamānasya lokāmiṣasaṃgraho bhavati na dharmasaṃgraha iti / kiṃ kāraṇaṃ punar bhagavatedam uktaṃ[147]/ bhagavān āha / vicitramantrapratibhāno mahāmate lokāyatiko vicitrair padavyañjana*hetudṛṣṭāntopasaṃhārair*[148] bālān vyāmohayaty[149] akṣaravaicitryasauṣṭhavena bālān ākarṣati / na tattvanayapraveśena praviśati svayaṃ sarvadharmānavabodhād antadvayapatitayā dṛṣṭyā bālān vyāmohayati svātmānaṃ ca kṣiṇoti / gatisaṃdhyapramuktatvāt svacittadṛśyamātrānavabodhād bāhyabhāvasvabhāvābhiniveśād vikalpasya vyāvṛttir na bhavati / ata etasmāt kāraṇān mahāmate lokāyatiko vicitrama**(N 174)**ntrapratibhāno 'parimukta eva jātijarā-vyādhimaraṇaśokaparidevaduḥkhadaurmanasyopāyāsādibhyo[150] bālān vyāmohayati //

indro 'pi mahāmate anekaśāstravidagdhabuddhiḥ svaśabdaśāstrapraṇetā tac chiṣyeṇa nāgaveśarūpadhāriṇā svarga indrasabhāyāṃ pratijñāṃ kṛtvā "tava vā sahasrāro ratho bhajyatāṃ mama vaikaikanāgabhāvasya phaṇācchedo bhavati" iti / sahadharmeṇa ca nāgaveśadhāriṇā lokāyatikaśiṣyeṇa devānām indraṃ vijitya sahasrāraṃ rathaṃ bhaṅktvā punar apīmaṃ lokam āgataḥ / evam idaṃ mahāmate lokāyatikavicitrahetudṛṣṭāntopanibaddhaṃ yena tiryañcam apy adhītya devāsuralokaṃ vicitrapadavyañjanair vyāmohayati / āyavyayadṛṣṭābhiniveśenābhi-niveśayati kim aṅga punar mānuṣān / ata etasmāt kāraṇān mahāmate lokāyatikaḥ parivarjitavyo duḥkhajanmahetuvāhakatvān na sevitavyo na bhajitavyo na paryupāsitavyaḥ / śarīrabuddhivi-ṣayopalabdhimātraṃ hi mahāmate lokāyatikair deśyate vicitraiḥ padavyañjanaiḥ śatasahasraṃ mahāmate lo**(N 175)**kāyataṃ kiṃ tu paścime loke paścimāyāṃ pañcāśatyāṃ bhinnasaṃhitaṃ bhaviṣyati kutarkahetudṛṣṭipraṇītatvāt / bhinnasaṃhitaṃ bhaviṣyaty aśiṣyaparigrahāt / etad eva mahāmate lokāyataṃ bhinnasaṃhitaṃ vicitrahetūpanibaddhaṃ tīrthakarair deśyate / svakāraṇābhiniveśābhiniviṣṭair na svanayaḥ / na ca mahāmate kasyacit tīrthakarasya svaśāstranayo 'nyatra lokāyatam eva anekair ākāraiḥ kāraṇamukhaśatasahasrair deśayanti na svanayaṃ ca na prajānanti mohohāl lokāyatam idam iti //

mahāmatir āha / yadi bhagavan sarvatīrthakarā lokāyatam eva vicitraiḥ padavyañjanair dṛṣṭāntopasaṃhārair deśayanti na svanayaṃ svakāraṇābhiniveśābhiniviṣṭā atha kiṃ bhagavān api lokāyatam eva deśayaty āgatāgatānāṃ nānādeśasaṃnipatitānāṃ de**(T 503c)**

147 (N 173[7-8]) The thirteen words which follow for repetition, lacking in G., are deleted.
148 (N 173[9-10]) "victrair hetupadavyañjanair" corrected. G. 種々句味因縁譬喩採集 .
149 (N 173[10-13]) The twenty-three words that follow, lacking in G., are deleted.
150 (N 174[2-3]) The six words that follow, which are lacking in G., are deleted.

vāsuramanuṣyāṇāṃ vicitraiḥ padavyañjanair na svamataṃ sarvatīrthyamatopadeśābhyantaratvāt / bhagavān āha / nāhaṃ mahāmate lokāyataṃ deśayāmi na cāyavyayam / kiṃ tu mahāmate anāyavyayaṃ deśayāmi / tatrāyo nāma mahāmate utpādarāśiḥ samūhāgamā utpadyante / tatra vyayao nāma mahāmate vināśaḥ / anāyavyaya ity anutpād*āvināśasya*[151] etad adhiva**(N 176)** canam / nāhaṃ mahāmate *lokāyata*vikalpābhyantaraṃ[152] deśayāmi / tat kasya hetor yaduta bāhyabhāvābhāv*ā*nabhiniveśāt[153] svacittadṛśyamātrāvasthānād dvidhāvṛttino 'pravṛtter vikalpasya nimittagocarābhāvāt svacittadṛśyamātrāvabodhanāt svacittadṛśyavikalpo na pravartate / apravṛttivikalpasyānimittaśūnyatāpraṇihitavimokṣatrayāvatārān mukta ity ucyate //

103. (NIII. 16-2) ***"lokāyatikaḥ"***

abhijānāmy ahaṃ mahāmate anyatarasmin pṛthivīpradeśe viharāmi / atha yenāhaṃ tena lokāyatiko brāhmaṇa upasaṃkrānta upasaṃkramyākṛtāvakāśa eva mām evam āha / sarvaṃ bho gautama kṛtakam / tasyāhaṃ mahāmate evam āha / sarvaṃ bho *brāhmaṇa* yadi kṛtakam idaṃ prathamaṃ lokāyatam / sarvaṃ bho gautama akṛtakam / yadi brāhmaṇa sarvam akṛtakam idaṃ dvitīyaṃ lokāyatam / evaṃ sarvam anityaṃ sarvaṃ nityaṃ sarvam utpādyaṃ sarvam anutpādyam / idaṃ brāhmaṇa ṣaṣṭhaṃ lokāyatam / punar api mahāmate mām evam āha brāhmaṇo lokāyatikaḥ / sarvaṃ bho gautama ekatvaṃ sarvam anyatvaṃ sarvam ubhayatvaṃ sarvam anubhayatvaṃ sarvaṃ kāraṇādhīnaṃ vicitrahetūpapattidarśanāt / idam api brāhmaṇa ekādaśaṃ lokāyatam / punar api bho gautama sarvam avyākṛtaṃ sarvaṃ vyākṛtam asty ātmā nāsty ātmā asty ayaṃ **(N 177)** loko nāsty ayaṃ loko 'sti paro loko nāsti paro loko nāstyasti ca paro loko 'sti mokṣo nāsti mokṣaḥ sarvaṃ kṣaṇikaṃ sarvam akṣaṇikam ākāśam apratisaṃkhyānirodho nirvāṇaṃ bho gautama kṛtakam akṛtakam asty antarābhavo nāsty antarābhava iti / tasyaitad uktaṃ mahāmate mayā / yadi bho brāhmaṇa evam idam api brāhmaṇa lokāyatikam eva bhavatīti / na madīyaṃ tvadīyam etad brāhmaṇa lokāyatam / ahaṃ bho brāhmaṇa anādikālaprapañcavikalpavāsanādauṣṭhulyahetukaṃ tribhavaṃ varṇayāmi svacittadṛśyamātrānavabodhād brāhmaṇa vikalpaḥ pravartate bāhyabhāvopalambhāt[154] / yathā tīrthakarāṇām ātmendriyārthasaṃnikarṣāt trayāṇāṃ[155] *jñānaṃ pravartate* na tathā mama / ahaṃ bho brāhmaṇa na hetuvādī nāhetuvādī

151 (N 175[18]) "-avināśa-" inserted. G.: 是不生不滅 .
152 (N 176[1]) "sarvatīrthakara-" is replaced by "lokāyata-". G.: 堕世論妄想数中 .
153 (N 176[2]) "bāhyabhāvābhāvād" corrected. G.: 不計著外性非性 .
154 (N 177[10]) "na" before "bāhyabhāvopalambhāt" is deleted; it is lacking in G.: 攀縁外性 .
155 (N 177[11]) After "trayānāṃ" the two words are added. G.: 我諸根義三合智生 .

anyatra vikalpam eva grāhyagrāhakabhāvena prajñāpya pratītyasamutpādaṃ deśayāmi / na ca tvādṛśā anye vā **(T 504a)** budhyanta ātmagrāhapatitayā saṃtatyā / nirvāṇākāśanirodhānāṃ mahāmate tattvam eva nopalabhyate saṃkhyāyām[156] //

punar api mahāmate lokāyatiko brāhmaṇa evam āha / ajñānatṛṣṇākarmahetukam idaṃ bho gautama tribhavam athāhetukam / *uktam mayā*[157] dvayam apy etad brāhmaṇa lokāyatam / *brāhmaṇa āha* svasāmanyalakṣaṇapatitā **(N 178)** bho gautama sarvabhāvāḥ / *tasya punar etad uktaṃ mayā* idam api brāhmaṇa lokāyatam eva bhavati yāvad brāhmaṇa manovispanditaṃ bāhyārthābhiniveśavikalpasya tāval lokāyatam *iti* //

punar aparaṃ mahāmate lokāyatiko brāhmaṇo mām etad avocat / asti bho gautama kiṃcid yan na lokāyataṃ madīyam eva bho gautama sarvatīrthakaraiḥ prasiddhaṃ vicitraiḥ padavyañjanair hetudṛṣṭāntopasaṃhārair deśyate / *tasyaitad uktaṃ mayā* asti bho brāhmaṇa yan na tvadīyaṃ na ca na prasiddhaṃ na deśyate *na* ca na vicitraiḥ padavyañjanair na ca na *hetudṛṣṭāntopasaṃhārair*[158] eva / *brāhmaṇa āha* kiṃ tad alokāyataṃ yan na *ca na* prasiddhaṃ na deśyate / etad uktaṃ mayā asti ca bho brāhmaṇa alokāyataṃ yatra sarvatīrthakarāṇāṃ tava ca buddhir na gāhate bāhyabhāvābhūtavikalpaprapañcābhiniviṣṭānāṃ[159] yaduta vikalpasyāpravṛttiḥ sadasataḥ svacittadṛśyamātrāvabodhād vikalpo na pravartate bāhyaviṣayagrahaṇābhāvād vikalpaḥ svasthāne 'vatiṣṭhate[160] / tenedam alokāyataṃ madīyaṃ na ca tvadīyam /[161] saṃkṣepato brāhmaṇa yatra vijñānasyāgatir gatiḥ cyu**(N 179)**tir upapattiḥ *sukhaṃ duḥkhaṃ* abhiṣvaṅgo dṛṣṭiḥ[162] parāmṛṣṭir vicitralakṣaṇābhiniveśaḥ saṅgatiḥ sattvānāṃ tṛṣṇ*ā*yāḥ kāraṇābhiniveśaś ca / etad bho brāhmaṇa tvadīyaṃ lokāyataṃ na madīyam / evam ahaṃ mahāmate pṛṣṭo lokāyatikena brāhmaṇenāgatya / sa ca mayaivaṃ visarjitas tūṣṇībhāvena prakrāntaḥ /[163] **(N 179[12])** *sa prakrānto 'kṛtāvakāśaḥ*[164] svanayapratyavasthānakathāṃ ciṃtayan śākyaputro mannayabahirdhā varāko 'pravṛttilakṣaṇahetuvādī svavikalpadṛśyalakṣaṇāvabodhād vikalpasyāpravṛttiṃ varṇayati /

156 (N 177[16]) The three words that follow are deleted, as they are lacking in G.
157 (N 177[19]) Here the text is supplied with the two words for the G. expression: 我時報言 .With the words in italics below without notes, the situation is the same.
158 (N 178[8]) “arthopasaṃhitam” corrected. G.: 因譬莊厳 .
159 (N 178[11]) “bāhyabhāvād” corrected. G.: 以於外性不実妄想虚偽計著故 .
160 (N 178[14]) “ca dṛśyate”, the two words which follow, lacking in G., are deleted. 妄想永息 .
161 (N 178[15-18]) The twenty words, which follow, lacking in G., are deleted.
162 (N 179[1]) The two words before “abhiṣvaṅgo” and one word after that, as well as the one word after “dṛṣṭiḥ”, lacking in G., are deleted. 若楽若苦若溺若見 .
163 (N 179[7-11]) The five lines that follow, lacking in G., are deleted.
164 (N 179[12]) G.: 彼即黙然不辞而退 .

104. (NIII. 16-3) *"lokāyatikaḥ"*

tvaṃ caitarhi mahāmate māṃ pṛcchasi kiṃ kāraṇaṃ *bhagavatedaṃ uktaṃ* lokāyatikavicitramantrapratibhānaṃ sevyamānasyāmiṣasaṃgraho bhavati na dharmasaṃgraha iti / mahāmatir āha / atha dharmāmiṣa*saṃgraha* iti[165] bhagavan kaḥ pa(**N 180**)dārthaḥ / bhagavan āha / sādhu sādhu mahāmate padārthadvayaṃ prati mīmaṃsā pravṛttānāgatāṃ janatāṃ samālokya / tena hi mahāmate śṛṇu sādhu ca suṣṭhu ca manasikuru /(**T 504b**) bhāṣiṣye 'haṃ te / sādhu bhagavann iti mahāmatir bodhisattvo mahāsattvo bhagavataḥ pratyaśrauṣīt //

bhagavāṃs tasyaitad avocat / tatrāmiṣa*saṃgraho* mahāmate katamad yadutāmiṣam ākarṣaṇam ām*ar*śanaṃ *parāmarśanaṃ*[166] svādo bāhyaviṣayābhiniveśo 'ntadvayapraveśaḥ kudṛṣṭyā punar *duḥkha*skandhaprādurbhāvo jātijarāvyādhimaraṇaśokaparidevaduḥkhadaurmanasyopāyāsapravṛttis tṛṣṇāyāḥ paunarbhavikyā ādiṃ kṛtvāmiṣam idam ity ucyate mayā cānyaiś ca buddhair bhagavadbhiḥ / eṣa mahāmate āmiṣasaṃgraho na dharmasaṃgraho yaṃ *lokāyataṃ ca* lokāyatikaṃ ca sevamāno labhate //

tatra mahāmate dharmasaṃgrahaḥ katamo yaduta svacitta*dṛśyamātr*āvabodhād *dharmapudgalanairātmyalakṣaṇadarśanād*[167] vikalpasyāpravṛttir bhūmyuttarottaraparijñānāc cittamanomanovijñānavyāvṛttiḥ sarvabuddhajñānābhiṣekagatir da*śā*niṣṭhāpadaparigrahaḥ sarva(**N 181**)dharmānābhogavaśavartitā dharma*saṃgraha* ity ucyate sarvadṛṣṭiprapañcavikalpabhāvāntadvayāpatanatayā / prāyeṇa hi mahāmate tīrthakaravādo bālān antadvaye pātayati na tu viduṣāṃ yadutocchede ca śāśvate cāhetuvādaparigrahāc chāśvatadṛṣṭir bhavati *bāhya*kāraṇavināśahetu*pratyay*ābhāvād[168] ucchedadṛṣṭir bhavati / kiṃ tūtpādasthitibhaṅgādarśanād dharmasaṃgraha ity evaṃ vadāmi / eṣa mahāmate dharmāmiṣasaṃgrahanirṇayaḥ / yatra tvayānyaiś ca bodhisattvair mahāsattvaiḥ śikṣitavyam /

tatredam ucyate //

lokāyatam idaṃ sarvaṃ yat tīrthyair deśyate mṛṣā /
kāryakāraṇāsaddṛṣṭyā svasiddhānto na vidyate // 62 (NIII. 63, X. 657cd-8ab)
aham ekasvasiddhāntaṃ kāryakāraṇavarjitam /
deśemi śiṣyavargasya lokāyatavivarjitam // 63 (NIII. 64, X. 658cd-9ab)

---

165 (N 179^{17}) "dharmāmiṣam iti" corrected. G.: 摂受貪欲及法有何句義 .
166 (N 180^{6-7}) "tatrāmiṣam…parāmṛṣṭir" corrected. G.: 所謂貪者若取若 (捨 →) 摸若触若味 .
167 (N 180^{14-15}) "scvacittadharmanairātmyadvayāvabodhād" corrected. G.: 善覚知自心現量見人無我及法無我相 .
168 (N 181^{5}) Two words are inserted. G.: 外因壊、因縁非性則起断見

cittamātraṃ na dṛśyo 'sti dvidhā cittaṃ na dṛśyate /
grāhyagrāhak*ābhāv*ena śāśvatocchedavarjitam //[169] 64 (NIII. 65, X. 659cd-ef)
(N 182) yāvat pravartate cittaṃ tāval lokāyataṃ bhavet /
apravṛttivikalpasya svacittaṃ paśyate jagat // 65 (NIII. 66, X. 660)
āyaṃ kāry*ābhi*nirvṛttir vyayaṃ kāryasy*ādarś*anam /[170]
āyavyayaparijñānād vikalpo na pravartate // 66 (NIII. 67, X. 661)
nityam anityaṃ kṛtakam akṛtakaṃ parāparam /
evam ādyāni sarvāṇi lokāyatanayaṃ bhavet // 67 (NIII. 68, X. 662)

105. (NIII. 17) ***"sarvatīrthakaranirvāṇadṛṣṭir vyāvartanīyā"***

(T 504c) atha khalu mahāmatir bodhisattvo mahāsattvaḥ punar api bhagavantam etad avocat / nirvāṇaṃ nirvāṇam iti bhagavann ucyate kasyaitad adhivacanaṃ yaduta nirvāṇam iti yat sarvatīrthakarair vikalpyate / bhagavān āha / tena hi mahāmate śṛṇu sādhu ca suṣṭhu ca manasikuru / bhāṣiṣye 'haṃ te / yathā tīrthakarā nirvāṇaṃ vikalpayanti na ca bhavati teṣāṃ vikalpānurūpaṃ nirvāṇam / sādhu bhagavann iti mahāmatir bodhisattvo mahāsattvo bhagavataḥ pratyaśrauṣīt //

bhagavāṃs tasyaitad avocat / tatra (1) kecit tāvan mahāmate tīrthakarāḥ skandhadhātvāyatananirodhād viṣayavairāgyān nitya*vaidhuryadharma*darśanāc[171] cittacaittakalāpo na pravartate 'tītānāgatapratyutpa(**N 183**)nnaviṣayānanusmaraṇād dīpabījānalavad upādānoparamād apravṛttir vikalpasyeti varṇayanti / atas teṣāṃ tatra nirvāṇabuddhir bhavati / na ca mahāmate vināśadṛṣṭyā nirvāyate //

(2) anye punar deśāntarasthānagamanaṃ mokṣa iti varṇayanti viṣayavikalpoparamādiṣu pavanavat / (3) anye punar varṇayanti tīrthakarā buddhiboddhavyadarśanavināśān mokṣa iti / (4) anye[172] nityānityadarśanān mokṣaṃ kalpayanti / (5) anye punar varṇayanti vividhanimittavikalpo duḥkhajanmavāhaka iti svacittadṛśyamātrākuśalā nimittabhayabhītā '*nimitta*darśa*ne* sukhābh*ilāṣā*[173] nirvāṇabuddhayo bhavanti / (6) anye punar adhyātmabāhyānāṃ sarvadharmāṇāṃ svasāmānyalakṣaṇāvabodhād avināśato 'tītānāgatapratyutpannabhāvāstitayā nirvāṇaṃ kalpayanti

169 (N 181[15-16]) "hi dṛśyate" and "-bhāvena" corrected. G.: 不観察 and 非性 .
170 (N 182[3]) "-arthanirvṛttiṃ" and "darśanam" corrected. G.: 事生 and 事不現 .
171 (N 182[16]) "nityavaidharmādarśanāc" corrected. G.: 見法無常 .
172 (N 183[7]) The two words that follow, lacking in G., are deleted.
173 (N 183[10]) "nimittadarśanāt sukhābhilāṣanimitto" corrected. G.: 見無相深生愛楽 .

/ (7) anye punar ātmasattvajīvapudgalasarvadharma*vināśataś* ca nirvāṇaṃ kalpayanti[174] //

(8) anye punar mahāmate tīrthakarā durvidagdhabuddhayaḥ prakṛtipuruṣāntaradarśanād *yasyāḥ puruṣo niryāti sā prakṛtir ity abhidhīyate tasyāḥ prathamakāla iva*[175] guṇapariṇāmakartṛtvāc ca nirvāṇaṃ kalpayanti / (9) anye puṇyāpuṇyaparikṣayād (10) anye kleśakṣayād (11) *anye* jñānena **(N 184)** (12) cānye īśvarasvatantrakartṛtvadarśanāj jagato nirvāṇaṃ kalpayanti / (13) anye 'nyonyapravṛtto 'yaṃ saṃbhavo jagata iti na kāraṇataḥ sa ca kāraṇābhiniveśa eva na cāvabudhyante mohāt tadanavabodhān nirvāṇaṃ kalpayanti / (14) anye punar mahāmate tīrthakarāḥ satyamārgādhigamān nirvāṇaṃ kalpayanti / (15) anye guṇaguṇinor abhisaṃbaddhād ekatvānyatvobhayatvānubhayatvadarśanān nirvāṇabuddhayo bhavanti / (16) anye svabhāvataḥ pravṛttito mayūravaicitryavividharatnākarakaṇṭakataikṣṇyavad *bhāvān* dṛṣṭvā[176] nirvāṇaṃ vikalpayanti / (17) anye punar mahāmate pañcaviṃśatitattvāvabodhād (18) anye prajāpālena ṣaḍguṇopadeśagrahaṇān nirvāṇaṃ kalpayanti / (19) anye kālakartṛdarśanāt kālāyattā lokapravṛttir ity tad avabodhān nirvāṇaṃ kalpayanti / **(T 505a)** (20) anye punar mahāmate bhāvena (21) anye 'bhāvena (22) anye bh*ā*vābhāvaparijñayā (23) anye bhavabuddhinirvāṇaviśeṣadarśane-na nirvāṇaṃ kalpayanti[177] //

(N 185⁶)[178] evam anyāny api yāni tārkikaiḥ kutīrthyapraṇītāni tāny ayuktiyuktāni vidvadbhiḥ parivarjitāni / sarve 'py ete mahāmate antadvayapatitayā saṃtatyā nirvāṇaṃ kalpayanti / evam ādibhir vikalpair mahāmate sarvatīrthakarair nirvāṇaṃ parikalpyate / na cātra kaścit pravartate vā nivartate vā / ekaikasya mahāmate tīrthakarasya nirvāṇaṃ tat svaśāstramatibuddhyā parīkṣyamāṇaṃ vyabhicarati tathā na tiṣṭhate yathā tair vikalpyate manasa āgatigativispandanān nāsti kasyacin nirvāṇam / **(N 184¹⁵)** *kataman mahāmate matpravacane nirvāṇaṃ yaduta*[179] svacittadṛśyamātrāvabodhād bāhyabhāvānabhiniveśāc cātu-ṣkoṭikarahitayathābhūtāvasthānadarśanāt svacittadṛ**(N 185)**śyavikalpasyāntadvayāpatanatayā

174 (N 183¹⁴) "poṣa" and "puruṣa" are deleted, and "-avināśataś" corrected. G.: 我人衆生寿命一切法壊 .
175 (N 183¹⁶) Between "-darśanād" and "guṇa-" the eleven words, so many tentative ones, are inserted. G.: 士夫所出名為自性如冥初比求那転変 .
176 (N 184⁸) "bhāvānāṃ svabhāvaṃ dṛṣṭvā" corrected. G.: 利刺等性見已 .
177 (N 184¹³⁻¹⁴) "bhavena", "abhavena", "bhavābhava-", "bhavanirvāṇāviśeṣa-" corrected. G.: 或謂性、或謂非性、或知性非性、或見有覚與涅槃差別 .
178 The remaining nineteen lines before verses in the Nanjio text are divided into three parts; 1. N184¹⁵-185⁶, 2. 185⁶⁻¹⁴, 3. 185¹⁴⁻¹⁶. 1. and 2. are exchanged, with a correction of the first line of 1., so as to have it represent the buddha's own view on nirvana.
179 (N 184¹⁵) "anye punar mahāmate varṇayanti sarvajñasiṃhanādanādino yathā" corrected. G.: 大慧、如我所説涅槃者謂 .

grāhyagrāhakānupalabdheḥ sarvapramāṇ*āpravṛtti*darśanāt[180] tattvasya vyāmohakatvād agrahaṇaṃ *kṛtvā* tattvasya tadvyudāsāt[181] svapratyātmāryadharmādhigamān nairātmyadvayāvabodhāt kleśadvayavinivṛtter āvaraṇadvayaviśuddhatvāc *cyutidvayavigamād*[182] bhūmyuttarottaratathāgatabhūmimāyādiviśvasamādhicittamanomanovijñāna*vyāvṛttir* nirvāṇam *iti vadāmi*[183] / **(N 185[14])** atra tvayā mahāmate śikṣitvānyaiś ca bodhisattvair mahāsattvaiḥ sarvatīrthakaranirvāṇadṛṣṭir vyāvartanīyā //

tatredam ucyate //

nirvāṇadṛṣṭayas tīrthyā vikalpenti pṛthak pṛthak /**(N 186)**

kalpanāmātraṃ evaiṣāṃ mokṣopāyo na vidyate // 68 (NIII. 69)

bandhyabandhana*mohitā*[184] upāyaiś ca vivarjitāḥ /

tīrthyā mokṣaṃ vikalpenti na ca mokṣo hi vidyate // 69 (NIII. 70)

aneka*mati*bhinno[185] hi tīrthyānāṃ dṛśyate nayaḥ /

atas teṣāṃ na mokṣo 'sti *yasmān*[186] mūḍhair vikalpyate // 70 (NIII. 71)

kāryakāraṇadurdṛṣṭyā tīrthyāḥ sarve vimohitāḥ /

atas teṣāṃ na mokṣo 'sti sadasatpakṣavādinām // 71 (NIII. 72)

jalpaprapañcābhiratā hi bālās tattve na kurvanti matiṃ viśālām /

jalpo hi traidhātukaduḥkhayonis tattvaṃ hi duḥkhasya vināśahetuḥ // 72 (NIII. 73)

yathā hi darpaṇe rūpaṃ dṛśyate na ca vidyate /**(T 505b)**

vāsanādarpaṇe cittaṃ dvidhā dṛśyate bāliśaiḥ // 73 (NIII. 74)

cittadṛśyāparijñānād vikalpo jāyate dvidhā /

cittadṛśyaparijñānād vikalpo na pravartate // 74 (NIII. 75)

cittam eva bhavec citraṃ lakṣyalakṣaṇavarjitam /

dṛśyākāraṃ na dṛśyo 'sti yathā bālair vikalpyate // 75 (NIII. 76)

vikalpamātraṃ tribhavaṃ bāhyam arthaṃ na vidyate /

vikalpaṃ dṛśyate citraṃ na ca bālair vibhāvyate // 76 (NIII. 77)

(N 187) sūtre sūtre vikalpoktaṃ saṃjñānāmāntareṇa ca /

180 (N 185[2]) "-pramāṇāgrahaṇāpravṛtti-" corrected. G.: 一切度量不見所成 .
181 (N 185[2-3]) An Absolutive is supplied by the editor. G.: 愚於真実不応摂受棄捨彼已 .
182 (N 185[4]) The two words are inserted. G.: 浄除二障永離二死上上地 .
183 (N 185[6]) "-vyāvṛtte nirvāṇaṃ kalpayanti" corrected. G.: 離心意意識説名涅槃 .
184 (N 186[2]) "-nirmuktāḥ" corrected. G.: 愚於縛縛者 .
185 (N 186[4]) "-bheda-" corrected. G.: 衆智各異趣 .
186 (N 186[5]) "kasmān" corrected. G.: 愚痴妄想故 .

abhidhānavinirmuktaṃ abhidheyaṃ na lakṣyate // 77 (NIII. 78)

iti laṅkāvatārasūtre parivartas tritīyaḥ // 3 //

Laṅkāvatārasūtre

Sarvabuddhapravacanahṛdaye Parivartaś Caturthaḥ [1]

(The Fourth Volume has fifteen divisions, from L.106 through L.120)

Contents

106. buddhabuddhatā ... *106*

107. so 'nutpādas tathāgatasyaitat paryāyavacanam ... *108*

108. anutpādo 'nirodho nirvāṇam iti vadāmi ... *111*

109. anityatā ... *115*

110. abhisamayaḥ ... *118*

111. tathāgatanityānityaprasaṅgaḥ ... *122*

112. tathāgatagarbhaśabdasaṃśabditālayavijñānam ... *123*

113. pañcadharmāḥ ... *125*

114. gaṅgānadībālukāsamās tathāgatāḥ, A ... *128*

115. gaṅgānadībālukāsamās tathāgatāḥ, B ... *129*

116. gaṅgānadībālukāsamās tathāgatāḥ, C ... *130*

117. kṣaṇikākṣaṇikatā sarvadharmāṇām ... *131*

118. ṣaṭpāramitāḥ ... *132*

119. nairmāṇikaḥ ... *133*

120. māṃsābhakṣabhakṣaṇaguṇadoṣam ... *136*

1 The fourth volume corresponds to the remaining part of Chapter Three (NIII) as well as Chapters Four (NIV), Five (NV), Six (NVI), Seven (NVII), and Eight (NVIII) in the Nanjio edited Sanskrit text, pp. 187~259. In the Taisho edition Chinese Tripiṭaka vol. 16, no. 670, the Guṇabhadra version (G), it covers the final part, 505b-514b.

Text

106. (NIII: 18) *"buddhabuddhatā"*

atha khalu mahāmatir bodhisattvo mahāsattvo bhagavantam etad avocat / deśayatu me bhagavāṃs tathāgato 'rhan samyaksaṃbuddhaḥ svabuddhabuddhatāṃ yenāhaṃ cānye ca bodhisattvā mahāsattvās tathāgatasva*tā*kuśalā[2] svam ātmānaṃ parāṃś cāvabodhayeyuḥ / bhagavān āha / tena hi mahāmate tvam eva paripṛccha yathā te kṣamate tathā visarjayiṣyāmi / mahāmatir āha / kiṃ punar bhagavaṃs tathāgato 'rhan samyaksaṃbuddho 'kṛtakaḥ kṛtakaḥ kāryaṃ kāraṇaṃ lakṣyaṃ lakṣaṇam abhidhānam abhidheyaṃ buddhir boddhavya evam ādyaiḥ padaniruktaiḥ kiṃ bhagavān anyānanyaḥ //

bhagavān āha / na mahāmate tathāgato 'rhan samyaksaṃbuddha evam ādyaiḥ padaniruktaiḥ kāryaṃ na kāraṇaṃ[3] / tat kasya hetor yaduta *ubhaya*doṣaprasaṅgāt[4] / yadi hi mahāmate tathāgataḥ *kāryaṃ* syāt kṛtako *vā*nityatvaṃ *vā* syād[5] / anityatvāt sarvaṃ hi kāryaṃ tathāgataḥ syād aniṣṭaṃ caitan mama cānyeṣāṃ ca tathāgatānām / athākṛtakaḥ syād alabdhātmakatvāt samudāgatasaṃbhāravaiyarthyaṃ **(N 188)** syāc chaśaviṣāṇavad bandhyāputratulyaś ca syād *aśarīra*tvāt[6] / yac ca mahāmate na kāryaṃ na kāraṇaṃ tan **(T 505c)** na san nāsad yac ca na san nāsat tac cātuṣkoṭikabāhyam / cātuṣkoṭikaṃ ca mahāmate lokavyavahāraḥ / yac ca cātuṣkoṭikabāhyam tan na cātuṣkoṭikapatitaḥ[7] / apatitatvāt *pramāṇaṃ* viduṣām[8] evaṃ sarvatathāgatapadārthā vidvadbhiḥ pratyavagantavyāḥ / yad apy uktaṃ mayā nirātmānaḥ sarvadharmā iti tasyāpy arthaṃ niboddhavyaṃ mahāmate nirātmabhāvo mahāmate nairātmyaṃ svātmanā sarvadharmā vidyante na parātmanā go 'śvavat / tadyathā mahāmate na gobhāvo 'śvātmako na cāśvabhāvo gavātmako na san nāsan na caiva tau svalakṣaṇato na vidyete evam[9] eva mahāmate sarvadharmā na ca svalakṣaṇena na saṃvidyante vidyanta eva tena / *na* ca bālapṛthagjanair nirātmārthatāvabudhyate[10] vikalpam upādāya / evaṃ śūnyānutpādāsvābhāvyaṃ sarvadharmāṇāṃ pratyavagantavyam / evaṃ skandhebhyo nānyo

---

2 (N187[6]) "tathāgatasvakuśalā" corrected. G.: 善於如来自性 .
3 (N187[13]) "akṛtako na kṛtakaṃ na kāryaṃ na kāraṇam" corrected. G.: 非事非因 .
4 (N187[14]) "prabhadoṣa-" corrected. G.: 倶有過故 .
5 (N187[15-16]) "tathāgataḥ kṛtakaḥ syād anityatvaṃ syād" corrected. G.: 若如来是事者或作或無常 .
6 (N188[1]) "akṛtakatvāt" corrected. G.: 無所有故 . Another possibility is "nāstitvāt".
7 (N188[4-6]) The seven words between "tad" and "na" are deleted. G.: 若出四句者則不堕四句 .
8 (N188[6]) "apramāṇaṃ" corrected. G.: 智者所取 .
9 (N188[12]) The three words between "vidyete" and "evam," lacking in G., are deleted.
10 (N188[14]) "na" is added at the beginning. G.: 但非無我愚夫之所能知 .

nānanyas tathāgataḥ / yady ananyaḥ skandhebhyaḥ syād anityaḥ syāt **(N 189)**[11] / athānyaḥ syāt *samudāgatasaṃbhāravaiyarthyaṃ syād* [12]/ dvaye saty anyathā bhavati goviṣāṇavat / tatra sādṛśyadarśanād ananyatvaṃ hrasvadīrghadarśanād anyatvam *ity evaṃ* sarvabhāvānām[13] / dakṣiṇaṃ hi mahāmate goviṣāṇaṃ vāmasyānyad bhavati vāmam api dakṣiṇasya evaṃ hrasvadīrghatvayoḥ parasparataḥ evaṃ varṇavaicitryataś ca / ataś cāparasparato 'nyo na cā*nanyas*[14] tathāgataḥ skandhadhātvāyatanebhyaḥ / evaṃ vimokṣāt tathāgato nānyo nānanyas tathāgata eva mokṣaśabdena deśyate / yady anyaḥ syān mokṣāt tathāgato rūpalakṣaṇayuktaḥ syād rūpalakṣaṇayuktatvād anityaḥ syāt / athānanyaḥ syāt prāptilakṣaṇavibhāgo na syād yogināṃ dṛṣṭaś ca mahāmate vibhāgo yogibhir ato nānyo nānanyaḥ / evaṃ jñānaṃ jñeyān nānyan nānanyat / yaddhi mahāmate *jñānaṃ jñeyān nānyan nānanyat tan*[15] na nityaṃ nānityaṃ *nākṛtakaṃ na kṛtakaṃ*[16] na saṃskṛtaṃ nāsaṃskṛtaṃ na buddhir na boddhavyaṃ na lakṣyaṃ na lakṣaṇaṃ na skandhā na skandhebhyo 'nyan nābhidheyaṃ nābhidhānaṃ *naikatvānyatvobhayatvānubhayatvasaṃbaddhāt*[17] tat sarvapramāṇavinivṛttaṃ yat sarvapramāṇavinivṛttaṃ tad *anabhilāpyaṃ* saṃpadyate[18] yad *anabhilāpyaṃ*[19] tad anutpannaṃ yad anutpannaṃ tad aniruddhaṃ yad aniruddhaṃ tat **(N 190)** *praśāntaṃ yad praśāntaṃ tat prakṛtiparinirvṛtaṃ yat prakṛtiparinirvṛtaṃ tan*[20] na kāryaṃ na kāraṇaṃ yac ca na kāryaṃ na kāraṇaṃ tan nirālambyaṃ yan nirālambyaṃ tat sarvaprapañcātītaṃ yat sarvaprapañcātītaṃ sa **(T 506a)** tathāgataḥ / etaddhi mahāmate samyaksaṃbuddhatvam eṣā sā buddhabuddhatā sarvapramāṇendriyavinivṛttā //

tatredam ucyate //

pramāṇendriyanirmuktaṃ na kāryaṃ nāpi kāraṇam /
buddhiboddhavyarahitaṃ lakṣyalakṣaṇavarjitam // 1 (NIII. 79, X. 63)
skandhapratītyasaṃbuddho na dṛṣṭo '*nyānanyatayā*[21]/
yo na dṛṣṭaḥ kvacit kenacit kathaṃ tasya vibhāvanā // 2 (NIII. 80, X. 64)

---

11 (N189[1]) The first two words, lacking in G., are deleted.
12 (N189[1]) The four words are inserted according to G.: 若異者方便則空。若二者 .
13 (N189[3]) After "anyatvam" the two words are inserted. G.: 一切法亦如是 .
14 (N189[7]) "cānyas" corrected. G.: 非不異 .
15 (N189[13]) The five words are inserted. G.: 智及爾炎非異非不異舍非常 .
16 (N189[13-14]) "na kāryaṃ na kāraṇaṃ" corrected. G.: 非作非所作 .
17 (N189[16]) The six words are inserted. G.: 非一非異非俱非不俱故 .
18 (N189[17]) "vāṅmātraṃ" corrected. G.: 則無言説 .
19 (N189[17-18]) "vāṅmātraṃ" corrected. G.: 無言説 .
20 (N189[18]-190[1]) "ākāśasamam ākāśaṃ ca mahāmate" corrected. G.: 則寂滅。寂滅則自性涅槃。自性涅槃則無事 .
21 (N190[8]) "kenacit kvacit" corrected. G.: 一異莫能見 .

na kṛtako nākṛtako na kāryaṃ nāpi kāraṇam /

na ca skandhā na cāskandhā na cāpy anyatra saṃkarāt // 3 (NIII. 81)

na hi yo yena bhāvena kalpyamānaḥ *sa vidyate*[22]/

na taṃ nāsty eva gantavyaṃ dharmāṇām *eṣa* dharmatā[23] // 4 (NIII. 82, X. 500)

astitvapūrvakaṃ nāsti asti nāstitvapūrvakam /

ato nāsti na gantavyam astitvaṃ na ca kalpayet // 5 (NIII. 83, X. 501)

ātmanairātmyasaṃmūḍhād ghoṣamātrāvalambinaḥ /

antadvayanimagnās te naśtā nāśenti bāliśān // 6 (NIII. 84) **(N 191)**

sarvadoṣavinirmuktaṃ yadā paśyanti man nayam /

tadā samyak prapaśyanti na te dūṣenti nāyakān // 7 (NIII. 85)

107. (NIII: 19-1) ***"so 'nutpādas tathāgatasyaitat paryāyavacanam"***

atha khalu mahāmatir bodhisattvo mahāsattvaḥ punar api bhagavantam etad avocat / deśayatu me bhagavān deśayatu sugato yad deśanāpāṭhe bhagavatānirodhānutpādagrahaṇaṃ kṛtam uktaṃ ca tvayā yathā tathāgatasyaitad adhivanacam anirodhānutpāda iti / tat kim ayaṃ bhagavann abhāvo 'nirodhānutpāda uta tathāgatasyaitat paryāyāntaraṃ yad bhagavān evam āha / aniruddhā anutpannāś ca bhagavatā sarvadharmā deśyante sadasatpakṣādarśanāt / yady anutpannāḥ sarvadharmā iti bhagavan dharmagrahaṇaṃ na prāpnoty ajātatvāt sarvadharmāṇām / atha paryāyāntaram etat kasyacid dharmasya tad ucyatāṃ bhagavan / bhagavān āha / tena hi mahāmate śṛṇu sādhu ca suṣṭhu ca manasikuru / bhāṣiṣye 'haṃ te / sādhu bhagavann iti mahāmatir bodhisattvo mahāsattvo bhagavataḥ pratyaśrauṣīt //

bhagavāṃs tasyaitad avocat / (i) na hi mahāmate abhāvas tathāgato na ca sarvadharmāṇām anirodhānutpādagrahaṇaṃ na pratya*yā*pekṣitavyo na ca nirarthakam *anirodhā*nutpādagrahaṇaṃ[24] kriyate mayā / **(N 192)** kiṃ tu mahāmate manomayadharmakāyasya tathāgatasyaitad adhivacanaṃ *yad* anutpādaḥ[25] sarva**(T 506b)**tīrthakaraśrāvakapratyekabuddha-saptabūmipratiṣṭhitānāṃ ca bodhisattvānām aviṣayaḥ / so 'nutpādas tathāgatasyaitan mahāmate paryāyavacanam / tadyathā mahāmate indraḥ śakraḥ puraṃdaraḥ ity[26] evam ādyānāṃ bhāvānām

22 (N190[12]) "na dṛśyate" corrected. G.: 亦非有諸性如彼妄想見 .
23 (N190[13]) "eva" corrected. G.: 此法法自爾 .
24 (N191[18]) "anirodha" is inserted. G.: 不生不滅亦非無義 .
25 (N192[2]) "yatra" corrected. G.: 彼不生者 .
26 (N192[5-6]) The twelve words before "ity", lacking in G., are deleted.

ekaikasya bhāvasya bahavaḥ paryāyavācakāḥ śabdā bhavanti vikalpitā na caiṣāṃ nāmabahutvād bhāvabahutvaṃ vikalpyate na ca svabhāvo na bhavati / evaṃ mahāmate aham api sahāyāṃ lokadhātau tribhir nāmāsaṃkhyeyaśatasahasrair bālānāṃ śravaṇāvabhāsam āgacchāmi taiś cābhilapanti māṃ na ca prajānanti tathāgatasyaite nāmaparyāyā iti / tatra kecin mahāmate tathāgatam iti māṃ saṃprajānanti / kecit sarvajñaṃ buddhaṃ *lokatrāyī ātmavid* nāyakaṃ vināyakaṃ pariṇāyakaṃ ṛṣiṃ brahmaṇaṃ viṣṇum īśvaraṃ pradhānaṃ kapilaṃ *bhūtāntakaṃ* somaṃ bhāskaraṃ varuṇam iti[27] caike saṃjānanti / apare 'nirodh*am* anutpādaṃ śūnyaṃ tathatāṃ satyatāṃ bhūtakoṭiṃ **(N 193)** dharmadhātuṃ nirvāṇaṃ nityaṃ samatām advayam animittaṃ vimokṣaṃ mārgaṃ manomayam iti caike saṃjānanti[28] / evam ādibhir mahāmate paripūrṇaṃ tribhir nāmāsaṃkhyeyaśatasahasrair anūnair anadhikair ihānyeṣu ca lokadhātuṣu māṃ janāḥ saṃjānanta udakacandra ivāpraviṣṭ*ā*nirgatam / na ca bālā avabudhyante dvayāntapatitayā saṃtatyā //

atha ca satkurvanti gurukurvanti mānayanti pūjayanti ca māṃ padārthaniruktyakuśalā abhinnasaṃjñā na svanayaṃ prajānanti deśanārutapāṭhābhiniviṣṭā anirodhānutpādam abhāvaṃ kalpayiṣyanti na ca tathāgatanāmapadaparyāyāntaraṃ *prajānanti* indraśakrapuraṃdaram *iveti*[29] na svanayapratyavasthāna*niṣṭhām* adhimokṣanti[30] yathārutārthapāṭhānusāritvāt sarvadharmāṇām / evaṃ ca mahāmate vakṣyanti te mohapuruṣā yathā ruta evārtho 'nanyo 'rtho rutād iti / tat kasya hetor yadutārthasyāśarīratvād rutād anyo 'rtho na bhavati / kiṃ tu rutam *eveti*[31] rutasvabhāvāparijñānād avidagdhabuddhayaḥ / na tv evaṃ jñāsyanti mahāmate yathā ruta**(N 194)** m utpannapradhvanṃsy artho 'nutpannapradhvaṃsī /

(ii) rutaṃ mahāmate akṣarapatitam **(T 506c)** artho 'nakṣarapatitaḥ / bhāvābhāvavivarjitatvād ajanmāśarīram / na ca mahāmate tathāgatā akṣarapatitaṃ dharmaṃ deśayanti / akṣarāṇāṃ sadasato 'nupalabdher anyatrānakṣarapatitāśayaḥ[32] / punar mahāmate yas *tathāgato* 'kṣarapatitaṃ dharmaṃ deśayat*īti vadet*[33] sa ca pralapati nirakṣaratvād dharmasya /

27 (N192^{13}-193^{3}) These are synonyms of "tathāgata" enumerated in G,, very different in their order and names from those cited in other versions. The term, "bhūtānta," which remains obscure in G. as well, is corrected to "bhūtāntaka" (which means "yamaḥ", destroyer of beings).

28 (N192^{12}-193^{3}) The terms in the Nanjio-ed. Sanskrit version which G. lacks are: svayaṃbhū, vṛṣabha, ariṣṭanemina (a Jaina saint), rāma, vyāsa, śuka, bhūtatā, dharmadhātu pratyaya, buddhahetūpadeśa ('advice for the cause to become a buddha'), satyāni, and jina.

29 (N193$^{11\text{-}12}$) The three words are inserted. G.: 不知如来名号差別如因釈迦不蘭陀羅 .

30 (N193^{12}) "na svanayapratyavasthānapāṭham" corrected. G.: 不解自通会帰終極 .

31 (N193^{16}) "evārtha iti" corrected. G.: 惟止言説 .

32 (N194^{4}) "anyatrākṣara-" corrected. G.: 除不堕文字 .

33 (N194^{5}) The three words are inserted. G.: 若有説言如来説堕文字法者 .

ata etasmāt kāraṇān mahāmate uktaṃ deśanāpāṭhe mayānyaiś ca buddhabodhisattvair yathaikam apy akṣaraṃ tathāgatā nodāharanti na pratyāharantīti / tat kasya hetor yaduta anakṣaratvād dharmāṇām / na ca nārthopasaṃhitaṃ udāharanti / udāharanty eva vikalpam upādāya / an*udāharaṇān* mahāmate sarvadharmāṇāṃ[34] śāsanalopaḥ syāc chāsanānāṃ lopāc ca buddha*bodhisattva*pratyekabuddhaśrāvakānām abhāvaḥ syāt tadabhāvāt *kena* kasya deśyeta[35] / ata etasmāt kāraṇān mahāmate bodhisattvena mahāsattvena deśanāpāṭharutānabhiniviṣṭena bhavitavyam / sa vyabhicārī mahāmate deśanāpāṭhaḥ sattvāśayapravṛttatvān nānādhimuktikānāṃ sattvānāṃ dharmadeśanā kriyate cittamanomanovijñānavyāvṛttyarthaṃ mayānyaiś ca tathāgatair arhadbhiḥ samyaksaṃbuddhair na svapratyātmāryajñānādhigamapratyava*sthāpanāt*[36] sarvadharmanirābhāsasvacittadṛśyamātrāvabodhād dvidhāvikalpasya vyāvṛttitaḥ / arthapratiśaraṇena mahāmate bodhisattvena mahāsa(**N 195**)ttvena bhavitavyaṃ na vyañjanapratiśaraṇena / vyañjanānusārī mahāmate kulaputro vā kuladuhitā vā svātmānaṃ ca nāśayati *paramārthāt parāṃś* ca[37] na avabodhayati / kudṛṣṭipatitayā saṃtatyā svapakṣaṃ vibhrāmyate[38] sarvadharmabhūmisvalakṣaṇākuśalaiḥ padaniruktyanabhijñaiḥ //

atha sarvadharmabhūmisvalakṣaṇakuśalā bhavanti padaparyāyaniruktigatiṃgatā bhāvārthayuktikuśalās tataḥ svātmānaṃ ca samyag animittasukhena prīṇayanti parāṃś ca samyaṅ mahāyāne pratiṣṭhāpayanti / mahāyāne ca mahāmate samyak parigṛhyamāṇe buddha*bodhisattva*pratyekabuddha*śrāvakā*nāṃ parigrahaḥ kṛto bhavati / buddhabodhisattva*pratyekabuddha*śrāvakaparigrahāt sarvasattvaparigrahaḥ kṛto bhavati / sarvasattvaparigrahāt saddharmaparigrahaḥ kṛto bhavati / saddharmaparigrahāc ca mahāmate buddhavaṃśasyānupacchedaḥ kṛto bhavati / buddhavaṃśasyānupacchedād āyatanaviśeṣapratilambhāḥ prajñāyante / atas teṣu viśiṣṭāyatanapratilambheṣu bodhisattvā mahāsattvā upapattiṃ parigṛhya mahāyāne pratiṣṭhāpanatayā daśavaśitāvicitrarūpaveṣadhāriṇo bhūtvā (**N 196**) sattvaviśeṣānuśayalakṣaṇagatibhūtās tathātvāya dharmaṃ deśayanti / tatra tathātvam ananyathātvaṃ tattvam anāyūhāniryūhalakṣaṇaṃ sarvaprapañcopaśamaṃ *tathā*tvam ity ucyate //

(iii) tena na mahāmate kulaputreṇa vā kuladuhitrā (**T 507a**) vā *yathāpāṭhagra-*

34 (N194[10]) "anupādāyān" corrected. G.: 若不説一切法者 .
35 (N194[12]) "kiṃ" corrected. G.: 誰説為誰 .
36 (N194[18]) "-pratyavasthānāt" corrected. G.: 不為得自聖智処 .
37 (N195[3]) "parārthāṃś ca" corrected. G.: 自壊第一義亦不能覚他 .
38 (N195[4]) The word lacking in G. after "vibhrāmyate" is deleted.

haṇābhiniveśena bhavitavyam[39] / nirakṣaratvāt tattvasya /[40] tadyathā mahāmate aṅgulyā kaścit kasyacit kiṃcid ādarśayet sa cāṅgulyagram eva pratisared vīkṣitum evam eva mahāmate bālajātīyā iva bālapṛthagjanavargā yathārutāṅgulyagrābhiniveśābhiniviṣṭā evaṃ kālaṃ kariṣyanti na yathārutāṅguly*agraṃ* hitvā[41] parama*tattvārtham*[42] āgamiṣyanti / tadyathā mahāmate annaṃ bhojyaṃ bālānāṃ *na* kaścid anabhisaṃskṛtaṃ paribhoktum[43] / atha kaścid anabhisaṃskṛtaṃ paribhuñjita sa unmatta iti vikal*pyeta*[44] anupūrvasaṃskārānavabodhād annasya evam eva mahāmate 'nutpādo 'nirodho nānabhisaṃskṛtaḥ śobhate avaśyam evātra abhisaṃskāreṇa bhavitavyam na ca *yathārutāṅgulyagra*darśanavat[45] / ata etena kāraṇena mahāmate *tattvā*(**N 197**) rth*e* 'bhiyogaḥ karaṇīyaḥ / *tattvā*rtho mahāmate vivikto nirvāṇahetuḥ / rutaṃ vikalpasaṃbaddhaṃ *vikalpaḥ* saṃsārāvāha*kaḥ*[46]/ tattvārthaś ca mahāmate bahuśrutānāṃ sakāśāl labhyate / bāhuśrutyaṃ ca nāma mahāmate yadutārthakauśalyaṃ na rutakauśalyam / tatrārthakauśalyaṃ yat sarvatīrthakaravādāsaṃsṛṣṭaṃ darśanaṃ yadā svayaṃ ca na patati parāṃś ca na pātayati / evaṃ saty arthe mahāmate bāhuśrutyaṃ bhavati / tasmād arthakāmena te *bāhuśrutyārthakauśalyāḥ* sevanīyāḥ[47] ato viparītā ye yathā*rutā*bhiniviṣṭās[48] te varjanīyās tattvānveṣiṇā //

108. (NIII: 19-2) ***"anutpādo 'nirodho nirvāṇam iti vadāmi"***

punar aparaṃ mahāmatir *bodhisattvo* buddhādhiṣṭhānādhiṣṭhita evam āha / na bhagavatā 'nirodhānutpādadarśanena kiṃcid viśiṣyate / tat kasya hetoḥ sarvatīrthakarāṇām api bhagavan kāraṇāny anutpannāny aniruddhāni tavāpi bhagavann ākāśam apratisaṃkhyānirodho nirvāṇadhātuś cānirodho 'nutpannaḥ / tīrthakarā api bhagavan kāraṇapratyayahetukīṃ jagata utpattiṃ varṇayanti / bhagavān apy ajñānatṛṣṇākarmavikalpapratyayebhyo jagata utpattiṃ varṇayati / tasyaiva kāraṇasya saṃjñā 'ntaraviśeṣam utpādya pratyayā iti / evaṃ bāhyaiḥ pratyayair bāhyānāṃ te ca tvaṃ ca bhāvānām utpattaye / ato nirviśiṣṭo 'yaṃ bhagavan vādas tīrthakaravādena bhavati / aṇupradhāneśvaraprajāpatiprabhṛtayo navadravyasahitā aniruddhā

39 (N196[5]) "yathārutārthābhiniveśakuśalena" corrected. G.: 不応随説摂受計著 .
40 (N196[6-7]) The five words, lacking in G., which precede "tadyathā" are deleted.
41 (N196[11]) "-agrārthaṃ" corrected. G.: 離言説指 .
42 (N196[11]) "paramārtham" corrected. G.: 第一実義 .
43 (N196[12]) "ca kaścid" corrected. G.: 不応食生 .
44 (N196[14]) "vikalpeta" corrected. Tib. Peking Tripiṭaka 29, no. 775, 147a[1]:"de smyon par brtag par 'gyur ro".
45 (N196[16]) "na cātmānam aṅgulyagragrahaṇārthadarśanavat" corrected. G.: 莫随言説如視指端 .
46 (N197[3]) "saṃsārāvāhakam" corrected, having a word precede it. G.: 妄想者集生死 .
47 (N197[7]) Before "sevanīyāḥ" a word is inserted. G.: 当親近多聞所謂善義者 .
48 (N197[8]) "yathārutārthābhiniviṣṭās" corrected. G.: 計著言説 .

(N 198) anutpannāḥ tavāpi bhagavan sarvabhāvā anutpannā 'niruddhāḥ sadasato 'nupalabdheḥ / *tīrthakarāṇām api*[49] bhūtāvināśāc ca svalakṣaṇaṃ notpadyate na nirudhyate *nityo bhavati bhūto*[50] yāṃ tāṃ gatiṃ gatvā bhūto bhūtasvabhāvaṃ na vijahāti / ayaṃ bhagavan[51] vikalpyate tvayā ca / ata etena kāraṇenāviśiṣṭo 'yaṃ vādaḥ / viśeṣo vā 'tra vaktavyo yena tathāgatavādo viśeṣyate na sarvatīrthakaravādaḥ / aviśiṣyamāṇe bhagavan svavāde **(T 507b)** tīrthakarāṇām api buddhaprasaṅgaḥ syād anirodhānutpādahetutvāt / asthānam anavakāśaṃ coktaṃ bhagavatā yad ekatra lokadhātau bahavas tathāgatā utpadyerann iti / prāptaṃ caitat tathāgatabahutvam[52] aviśiṣyamāne svavāde //

bhagavān āha / na mama mahāmate anirodhānutpādas tīrthakarānutpādānirodhavādena tulyaḥ[53] / tat kasya hetos tīrthakarāṇāṃ hi mahāmate bhāvasvabhāvo vidyate evānutpannāvi*kā*ralakṣaṇaprāptaḥ na tv evaṃ mama sadasatpakṣapatitaḥ / mama tu mahāmate sadasatpakṣavigata utpādabhaṅgavirahito na bhāvo nābhāvo māyāsvapnarūpavai**(N 199)**citryadarśanavan nābhāvaḥ / kathaṃ na bhāvo yaduta rūpasvabhāvalakṣaṇagrahaṇābhāvād dṛśyādṛśyato grahaṇāgrahaṇataḥ / ata etasmāt kāraṇāt sarvabhāvā na bhāvā nābhāvāḥ / kiṃ tu svacittadṛśyamātrāvabodhād vikalpasyāpravṛtteḥ svastho loko niṣkriyaḥ / bālāḥ kriyāvantaṃ kalpayanti na tv āryāḥ / abhūtārtha*vikalpa*[54] eṣa mahāmate gandharvanagaramāyāpuruṣavat / tadyathā mahāmate kaścid gandharvanagare bālajātīyo māyāpuruṣasattvasārthavaicitryaṃ praviśantaṃ vā nirgacchantaṃ vā kalpayet / amī praviśtā amī nirgatāḥ / na ca tatra kaścit praviṣṭo vā nirgato vā / atha yāvad eva vikalpa[55] eṣa teṣām evam eva mahāmate *anirodh*ānutpādavibhrama[56] eṣa bālānām / na cātra kaścit saṃskṛto 'saṃskṛto vā māyāpuruṣotpattivan na ca māyāpuruṣa utpadyate vā nirudhyate vā bhāvābhāvākiṃcitkaratvāt / evam eva sarvadharmā bhaṅgotpādavarjitā anyatra vitathapatitayā saṃjñayā bālā utpādanirodhaṃ kalpayanti na tv āryāḥ / tatra vitatham iti mahāmate na tathā yathā bhāvasvabhāvaḥ kalpyate na apy anyathā / anyathā kalpyamāne sarvabhāvasvabhāvābhi**(N 200)**niveśa eva syān na viviktadarśanā aviviktadarśanād vikalpasya vyāvṛttir eva na syāt / ata etasmāt kāraṇān mahāmate

49 (N198[2]) "bhūtāvināśāc ca" be preceded by the two words. G: 外道亦説四大不壊 .
50 (N198[3]) "yāṃ" be preceded by the three words. G.: 四大常 .
51 (N198[4]) The three words before and two after "ayaṃ bhagavan," lacking in G., deleted.
52 (N198[11]) The five words after "-bahutvaṃ," lacking in G., are deleted.
53 (N198[13-14]) The five words, which succeed "tulyo," lacking in G., are deleted.
54 (N199[6]) "-vikalpārthavibhrama" corrected. G.: 不実妄想 .
55 (N199[11]) "vikalpavibhramabhāva" corrected. G.: 但彼妄想故 .
56 (ibid.) "utpādānutpāda-" corrected. G.: 不生不滅惑 .

animittadarśanam eva śreyo na nimittadarśanaṃ / nimitta*darśanaṃ*[57] punar janmahetutvād aśreyaḥ / animittam iti mahāmate vikalpasyāpravṛttir anutpādo '*nirodho*[58] nirvāṇam iti vadāmi / tatra nirvāṇam iti mahāmate yathābhūtārthasthānadarśanaṃ vikalpacittacaittakalāpasya parāvṛttipūrvakaṃ tathāgatasvapratyātmāryajñānādhigamaṃ nirvāṇam iti vadāmi //

tatredam ucyate //

utpādavinivṛttyartham anutpād*ārthasādha*kam[59] /

tathaiva dharmaṃ[60] deśemi na ca bālair vibhāvyate // 8 (NIII. 86, X. 581abcd)

anutpannam idaṃ sarvaṃ na ca bhāvā na santi ca / **(T 507c)**

gandharvasvapnamāyākhyā bhāvā vidyanty ahetukāḥ // 9 (NIII. 87, X. 581cd, 582ab)

anutpann*ā*svabhāvāś ca śūnyāḥ kena vadāhi me /

sam*a*vāyād vinirmukto buddhyā bhāvo na gṛhyate /

tasmāc chūnyam anutpannaṃ niḥsvabhāvaṃ vadāmy aham // 10 (NIII. 88, X.582cd, 583)

samavāyas tathaikaikaṃ dṛśy*a*bhāvān na vidyate /

na tīrthyadṛṣṭ*irivā* pralayāt samavāyo na vidyate[61] // 11 (NIII. 89, X. 585)

svapnakeśoṇḍukaṃ māyāgandharvaṃ mṛgatṛṣṇikā / **(N 201)**

ahetukāni dṛśyante tathā lokavicitratā // 12 (NIII. 90, X. 584)

nigṛh*ya vai* hetuvād*aṃ* anutpādaṃ prasādhayet /

anutpāde prasādhyante mamanetrī na naśyati /

ahetuvāde deśyante tīrthyānāṃ jāyate bhayam // 13 (NIII. 91, X. 586, 587ab)

kathaṃ kena kutaḥ kutra saṃbhavo 'hetuko bhavet /

nāhetuko na hetubhyo yadā paśyanti saṃskṛtam /

tadā vyāvartate dṛṣṭir vibhaṅgotpādavādinī // 14 (NIII. 92, X. 587cd, 588)

kim abhāvo hy anutpāda uta pratyayavīkṣaṇam /

atha bhāvasya nāmedaṃ nirarthaṃ vā bravīhi me // 15 (NIII. 93, X. 589)

na cābhāvo hy anutpādo na ca pratyayavīkṣaṇam /

na ca bhāvasya nāmedaṃ na ca nāma nirarthakam //16 (NIII. 94, X. 590)

yatra śrāvakapratyekabuddhānāṃ tīrthyānāṃ ca agocaraḥ /

---

57 (N200[3-4]) "nimittaṃ" corrected. G.: 相見者 .
58 (N200[5]) A word is inserted. G.: 不起不滅我説涅槃 .
59 (N200[9]) "anutpādaprasādhakam" corrected. G.: 建立不生義 .
60 (N200[10]) "ahetuvādaṃ" corrected. G.: 我説如是法 .
61 (N200[17]) "-dṛṣṭya" corrected. G.: 分析無和合 , 非如外道見 .

saptabhūmigatānāṃ ca tad anutpādalakṣaṇam // 17 (NIII. 95, X. 591)

hetupratyayavyāvṛttiṃ *sarvakāryavirahitam*[62]/

cittamātravyavasthānaṃ kalpyakalpanavarjitam[63] / **(N 202[3])**

āśrayasya parāvṛttim anutpādaṃ vadāmy aham // 18 (NIII. 96ac, 97b, 98cd; X. 592ac, 593b, 594cd)

na bāhyabhāvaṃ *abhāvaṃ*[64] nāpi cittaparigrahaḥ / **(N 202[6])**

sarvadṛṣṭiprahāṇaṃ ca tad anutpādalakṣaṇam // 19 (NIII. 99abef; X. 595)

evaṃ śūnyāsvabhāvādyān padān sarvān vibhāvayet /

na jātu śūnyayā śūnyā kiṃ tv *anutpādād vai śūnyā*[65]// 20 (NIII. 100, X. 596)

(T 508a) kalāpaḥ pratyayānāṃ ca pravartate nivartate /

kalāpāc ca pṛthag bhūtaṃ na jātaṃ na nirudhyate // 21 (NIII. 101, X. 597)

bhāvo na vidyate *hy anyaḥ*[66] kalāpāc ca pṛthak kvacit /

ekatvena pṛthaktvena yathā tīrthyair vikalpyate // 22 (NIII. 102, X. 598)

asan na jāyate bhāvo na *san*[67] na sadasat kvacit /

nānyatra kalāpād ayaṃ[68] pravartate nivartate // 23 (NIII. 103, X. 599)

saṃketamātram evedam anyonyāpekṣasaṃ*kha*lā / **(N 203)**

janyam arthaṃ na caivāsti pṛthak pratyayasaṃ*kha*lāt // 24 (NIII. 104, X. 600)

janyābhāvād anutpādaṃ tīrthyadoṣavivarjitam /

deśemi saṃkhalāmātraṃ na ca bālair vibhāvyate // 25 (NIII. 105, X. 601)

yasya janyo bhaved bhāvaḥ saṃ*kha*lāyāḥ pṛthak kvacit /

ahetuvādī vijñeyaḥ saṃ*kha*lāyā vināśakaḥ // 26 (NIII. 106, X. 602)

pradīpo dravyajātīnāṃ vyañjakaḥ saṃ*kha*lā bhavet /

yasya bhāvo bhavet kaścic chaṃ*kha*lāyāḥ pṛthak kvacit // 27 (NIII. 107, X. 603)

asvabhāvā hy anutpannāḥ prakṛtyā gaganopamāḥ /

---

62 (N201[14]) "kāraṇasya nirodhanam" corrected. G.: 亦離一切事 .
63 (N201[15]) This latter half part, seen as NIII. 97b, takes this place in G. verse 18, which lacks NIII. 96d, 97acd, and 98ab. The third line of G. is NIII. 98cd (N 202[3]).
64 (N202[4]) "nābhāvam" corrected. G.: 無外性無性 .
(The second of the three lines of NIII. 99, N202[5], does not appear in G.)
65 (N202[8]) "anutpādaśūnyayā" corrected. G.: 無生故説空 .
66 (N202[11]) "anyonyaḥ" corrected. G.: 更無有異性 .
67 (N202[13]) "nāsan" corrected. G.: 有無性不生 .
68 (N202[14]) "anyatra hi kalpo" corrected. G.: 除其数転変　是悉不可得 .

saṃ*kha*lāyāḥ pṛthag bhūtā ye dharmā *buddhyakalpitāḥ*[69] // 28 (NIII. 108, X. 604)

ayam anyam anutpādam āryāṇāṃ prāptidharmatā /

yasya jātim anutpādaṃ tad anutpāde kṣāntiḥ syāt // 29 (NIII. 109, X. 605)

yadā sarvam imaṃ lokaṃ saṃ*kha*lām eva paśyati /

saṃkhalārahitam idaṃ[70] tadā cittaṃ samādhyate // 30 (NIII. 110, X. 606)

ajñānatṛṣṇākarmādiḥ saṃkhalādhyātmiko bhavet /

*khajā*mṛt*piṇḍ*acakrādi[71] bījabhūtādi bāhiram // 31 (NIII. 111, X. 607)

parato yasya vai bhāvaḥ pratyayair jāyate kvacit /

na *saṃkhalārtham*[72] evedaṃ na te yuktyāgame sthitāḥ // 32 (NIII. 112, X. 608)

(N 204) yadi janyo na bhāvo 'sti syād buddhiḥ kasya pratyayāt /

anyonyajanakā hy ete tenaite pratyayāḥ smṛtāḥ // 33 (NIII. 113, X. 609)

uṣṇadravacalakaṭhinā dharmā **(T 508b)** bālair vikalpitāḥ /

kalāpād anyo na dharmo 'sti ato[73] niḥsvabhāvatā // 34 (NIII. 114, X. 610)

vaidyā yathāturavaśāt kriyābhedaṃ prakurvate /

na tu śāstrasya bhedo 'sti doṣabhedāt tu bhidyate // 35 (NIII. 115, X. 611)

tathāhaṃ *sattvasaṃtānakleśadoṣavināśārtham*[74]/

indriyāṇāṃ balaṃ jñātvā nayaṃ deśemi prāṇinām // 36 (NIII. 116, X. 612)

na kleśendriyabhedena śāsanaṃ bhidyate mama /

ekam eva bhaved yānam *idaṃ mahāyānaṃ* śivam[75] // 37 (NIII. 117, X. 613)

109. (NIII: 20) *"anityatā"*

atha khalu mahāmatir bodhisattvo mahāsattvaḥ punar api bhagavantam etad avocat / anityatānityateti bhagavan sarvatīrthakarair vikalpyate / tvayā ca deśyate anityā bata *sarva*saṃskārā utpādavyayadharmiṇa iti / tat kim ayaṃ bhagavaṃs tathyā mithyeti / katiprakārā bhagavann anityatā / bhagavān āha / *sapta*prakārā[76] hi mahāmate sarvatīrthakarair anityatā

---

69 (N203[9]) "kalpitābuddhaiḥ" corrected. G.: 慧無所分別 .
70 (N203[13]) "saṃkalāmātram evedaṃ" corrected. G.: 一切離鉤鎖 .
71 (N203[15]) "khejamṛdbhāṇḍa-" corrected. G.: 鑽燧泥団輪 .
72 (N203[17]) "saṃkalāmātram" corrected. G.: 鉤鎖義 .
73 (N204[4]) "kalāpo yaṃ ...ato vai ..." corrected. G.: 離数無異法　是則説無性 .
74 (N204[7]) "sattvasaṃtānaṃ kleśadoṣaiḥ sadūṣitaiḥ" corrected. G.: 為彼衆生破壊諸煩悩 .
75 (N204[10]) "mārgam aṣṭāṅgikaṃ śivam" correted. G.: 是則為大乗 .
76 (N204[17]) "aṣṭaprakārā" corrected. G.: 七種

kalpyate na tu mayā / katamā *sapta*prakārā / tatra (i) kecit tāvan ma(**N 205**)hāmate āhuḥ / prārambhavinivṛttir anityateti[77] / (ii) anye saṃsthānavinivṛttim anityatāṃ varṇayanti / (iii) anye rūpam eva anityaṃ iti / (iv) anye rūpasya vikārāntaram anityatāṃ nairantaryaprabandhena svarasabhaṅgabhedaṃ sarvadharmāṇāṃ kṣīradadhipariṇāmavikārāntaravad adṛṣṭanaṣṭā sarvabhāveṣu pravartate na nityateti / (v) anye punar bhāvam anityatāṃ kalpayanti / (vi) anye bhāvābhāvam anityatāṃ kalpayanti / (vii) anye *utpād*ānityatāṃ[78] sarvadharmāṇām anityatāyāś ca tadantargatatvāt /

tatra mahāmate (vi') bhāvābhāvānityatā nāma yaduta bhūtabhautikasvalakṣaṇavināśānupalabdhir apravṛttir bhūtasvbhāvasya / tatrānutpādānityatā nāma yaduta *na nityam nānityam*[79] sadasator apravṛttiḥ sarvadharmāṇām adarśanaṃ paramāṇupravicayāt / adarśanam anutpādasyaitad adhivacanaṃ notpādasya / etaddhi mahāmate anutpādānityatāyā lakṣaṇaṃ (vii') yasyānavabodhāt sarvatīrthakarā utpādānityatāvāde prapatanti //

punar aparaṃ mahāmate (v') yasya bhāvo *'nityatā* tasya svamativikal*penaiva* nityatā nānityatā bhāvaḥ[80] / tat kasya heto(**N 206**)r yaduta svayam avināśitvād anityatāyāḥ / iha mahāmate sarvabhāvānām abhāvo 'nityatāyāḥ kāryaṃ na cānitya*tām* antareṇa[81] sarva*dharmāṇāṃ* bhāvābhāva upalabhyate[82] daṇḍaśilānyatarabhedyabhedakavat[83] / anyonyāviśeṣadarśanaṃ dṛṣṭam ato 'nityatā kāraṇaṃ sarvabhāvābhāvaḥ kāryaṃ na ca kāryakāraṇayor viseṣo 'sti iyam anityatedaṃ kāryam iti aviśeṣāt kāryakāraṇayor nityāḥ sarvabhāvā ahetukatvād bhāvasya / sarvabhāvābhāvo hi mahāmate **(T 508c)** *hetukaḥ*[84]/ na ca bālapṛthagjanā avabudhyante / na ca kāraṇaṃ visadṛśaṃ kāryaṃ janayati / atha janayet teṣām anityatā sarvabhāvānāṃ visadṛśaṃ kāryaṃ syāt kāryakāraṇavibhāgo na syāt / dṛṣṭaś ca kāryakāraṇavibhāgas teṣām / yadi vānityatā *bhāvaḥ* syāt[85] [*svavināśa*]kriyāhetubhāvalakṣaṇapatitaś[86] ca syāt / yadi patitaḥ syād ekabhāven*āparisamāptaḥ* syāt sarvabhāveṣu[87] / kriyāhetubhāvalakṣaṇapatitatvāc ca svayam eva

77 (N205$^{1-2}$) The seven words after "iti," lacking in G., are deleted.
78 (N205^{8}) "anutpādanityatām" together with G, corrected. 不生無常 → 生無常 . Cf. (vii').
79 (N205$^{11-12}$) "nityamanityaṃ" corrected. G.: 非常無常 .
80 (N205^{16}) "bhāvo nityatā…vikalpe naiva" corr. G.: 性無常者是自心妄想 (非常 ->) 常非無常性 .
81 (N206^{2}) "anityatānām" corrected. G.: 除無常 .
82 (N206^{3}) "sarvabhāvābhāvaḥ" corrected. G.: 無有能令一切法性無性者 .
83 (N206^{3}) The word after "śilā," lacking in G., is deleted.
84 (N206^{8}) "ahetukaḥ" corrected. G.: 一切性無性有因 .
85 (N206^{12}) "anityatābhāvaḥ" corrected. G.: 若性無常者 .
86 (ibid.) A word is supplemented by the editor before "kriyāhetubhāva-" to clarify the meaning.
87 (N206^{13})"ekabhāvena vā parisamāptaḥ" corrected. G.: 若堕者一性 (← 一切性) 不究竟一切性 .

anityatā anityā syād anityatvād *anityatāyāḥ*[88] sarvabhāvā *nānityāḥ* syur[89] nityā eva bhaveyuḥ //

atha (vii'') sarvabhāvāntargatā anityatā tena tryadhvapatitā syāt / tatra yad atītaṃ rūpaṃ tat tena saha vinaṣṭam anāgatam api notpannaṃ rūpānutpattitayā vartamānenāpi rūpeṇa sahābhinna*vināśa*lakṣaṇam[90] / **(N 207)** rūpaṃ ca *catur*bhūtānāṃ saṃniveśaviśeṣaś *catur*bhūtānāṃ *ca* bhauti*kāṇāṃ* svabhāvo na vinaśyate anyānanyavivarjitatvāt sarvatīrthakarāṇām avināśāt sarvabhūtānāṃ sarvaṃ tribhavaṃ *catur*bhūtabhautika*sthānaṃ*[91] yatrotpāda*nirodhaḥ* pra*jñā*yate[92] / kim anyad anityaṃ bhūtabhautikavinirmuktaṃ yasyānityatā kalpyate tīrthakarair / (vi) *catur*bhūtāni ca na pravartante[93] svabhāvalakṣaṇ*āvināśitvāt*[94]//

tatra (ī') prārambhavinivṛttir nāmānityatā na punar bhūtāni bhūtāntaram ārabhante parasparavilakṣaṇasvalakṣaṇān na viśeṣaḥ prārabhyate / tadaviśeṣāt teṣām apunarārambhād dvidhāyogād anārambhasyānityatā buddhayo bhavanti //

tatra (ii') saṃsthānavinivṛttir nāmānityatā yaduta na bhūtabhautikaṃ vinaśyaty ā pralayāt / pralayo nāma mahāmate ā paramāṇoḥ pravicayaparīkṣā vināśo bhūtabhautikasya saṃsthānasyānyathābhūtadarśanād dīrghahrasvānu*pa*labdhir na paramāṇubhūteṣu vināśād bhūtānāṃ saṃsthānavinivṛttidarśanāt sāṃkhyavāde prapatanti //

tatra (iii') *rūpā*nityatā[95] nāma yaduta yasya rūpam evānityaṃ **(N 208)** tasya saṃsthānasyānityatā na bhūtānām / atha bhūtānām anityatā syāl lokasaṃvyavahārābhāvaḥ syāl lokasaṃvyavahārābhāvāl lokāyatikadṛṣṭipatitaḥ syād vāgmātratvāt sarvabhāvānāṃ na punaḥ svalakṣaṇotpattidarśanāt //

tatra (iv') vikārānityatā nāma yaduta rūpasyānyathābhūtadarśanaṃ na bhūtānāṃ suvarṇasaṃsthānabhūṣaṇavikāradarśanavat / na suvarṇ*aṃ* bhāvād vinaśyati kiṃ tu bhūṣaṇasaṃsthānavināśo bhavati //

ye cānye *bhāva*vikārapatitā*py evaṃvidhā*[96] / evamādyādibhiḥ prakārais tīrthakarair anityatādṛṣṭir vikalpyate / bhūtāni hi dahyamānāny agninā svalakṣaṇatvān na dahyante 'nyonyataḥ svalakṣaṇavigamān mahābhūtabhautikabhāvocchedaḥ syāt //

88 (N206[15]) "anityatvādayāḥ" corrected. G.: 無常無常故 .
89 (ibid.) "sarvabhāvā nityāḥ" corrected. G.: 一切性不無常 .
90 (N206[19]) Before "-lakṣaṇam" a word is inserted. G.: 色與壊相倶 .
91 (N207[3]) "bhūtabhautikaṃ" corrected. G.: 四大及造色在所 .
92 (N207[3-4]) "yatrotpādasthitivikāraḥ prajñāpyate" corrected. G.: 知有生滅 .
93 (N207[5-6]) "na pravartante na nivartante" corrected. G.: 四大不生 .
94 (N207[6]) "-lakṣaṇābhiniveśāt" corrected. G.: 自性相不壊故 .
95 (N207[17]) "saṃsthānānityatā" corrected. G.: 色則無常者 .
96 (N208[8]) Four words are inserted. G.: 余性転変等亦如是 .

mama tu mahāmate *śāsanam utpannaṃ yaduta* na nitya*ṃ* nānitya*ṃ*[97] / tat kasya hetor yaduta bāhyabhāvānabhyupagamāt tribhavacittamātropadeśād vicitralakṣaṇa*pravṛttinivṛtti***(T 509a)**mahābhūtasaṃniveśaviśeṣabhūtabhautik*ānupadeśād*[98] vikalpasya dvidhā pravartate grāhyagrāhakalakṣaṇatā vikalpasya pravṛttidvayaparijñānād bāhyabhāvābhāvadṛṣṭivigamāt svacittamātrāvabodhād vikalpo **(N 209)** vikalpābhisaṃskāreṇa pravartate nānabhisaṃskurvataḥ cittavikalpabhāvābhāvavigamāt / laukikalokottaralokottaratamānāṃ sarvadharmāṇāṃ na nityatā nānityatā svacittadṛśyamātrānavabodhāt kudṛṣṭyāntadvayapatitayā saṃtatyā sarvatīrthakaraiḥ svavikalpānavabodhād *ebhiḥ* puruṣair asiddha*mūlair* anityatā kalpyate[99] / trividhaṃ ca mahāmate laukikalokottaralokottaratamānāṃ sarvadharmāṇāṃ lakṣaṇaṃ vāgvikalpaviniḥsṛtānāṃ na ca bālapṛthagjanā avabudhyante //

tatredam ucyate //

prārambhavinivṛttiṃ ca saṃsthānasyānyathātvatāṃ /
bhāvam anityatāṃ rūpaṃ tīrthyāḥ kalpenti mohitāḥ // 38 (NIII. 118)
bhāvānāṃ nāsti vaināśaṃ bhūtā bhūtātmanā sthitāḥ /
nānādṛṣṭinimagnās te tīrthyāḥ kalpenty *anityatām*[100]// 39 (NIII. 119)
kasyacin na hi tīrthyasya vināśo na ca saṃbhavaḥ /
bhūtā bhūtātmanā nityāḥ kasya kalpenty anityatām // 40 (NIII. 120)
cittamātram idaṃ sarvaṃ dvidhā cittaṃ pravartate /
grāhyagrāhakabhāvena ātmātmīyaṃ na vidyate // 41 (NIII. 121)
brahmādisthānaparyantaṃ cittamātraṃ vadāmy aham /**(N 210)**
cittamātravinirmuktaṃ brahmādir nopalabhyate // 42 (NIII. 122)

110. (NIV.) *“abhisamayaḥ”*

(N 211) atha khalu mahāmatir bodhisattvo mahāsattvaḥ punar api bhagavantam etad avocat / deśayatu me bhagavān sarvabodhisattvaśrāvakapratyekabuddhanirodha*samāpatti*kramānusa-

97 (N208[12]) “na nityā nānityā” corrected. G.: 我法起 (=”mentioned above as”) 非常非無常 .
98 (N208[13-15]) “vicitralakṣaṇānupadeśān na pravartate na nivartate mahābhūtasaṃniveśaviśeṣo na bhūtabhautikatvād” corrected. G.: 不説種々相有生有滅四大合会差別四大及造色故 . For reading this, the present editor follows the way of reading it by Kokan Shiren 虎関師錬 , commentator of the Gunabhadra version of the present sutra in the Kamakura period Japan in his *Butsugoshinron* 仏語心論：諸相生滅四大差別能所造色三種不説
99 (N209[5]) “kathā puruṣair asiddhapūrvair” corrected. G.: 此凡夫無有根本著無常
100 (N209[12]) “nityatām” corrected. G.: 外道無常想 .

ṃdhilakṣaṇakauśalyaṃ[101] yena kramānusaṃdhilakṣaṇakauśalyenāhaṃ cānye ca bodhisattvā mahāsattvā nirodha*samāpattisukhamukhaṃ* na *mithyā trajyema*[102] na ca śrāvakapratyekabuddha-tīrth*a*karavyāmohe prapatema / bhagavān āha / tena mahāmate śṛṇu sādhu ca suṣṭhu ca manasikuru / bhāṣiṣye 'haṃ te / sādhu bhagavann iti mahāmatir bodhisattvo mahāsattvo bhagavataḥ pratyaśrauṣīt //

bhagavāṃs tasyaitad avocat / ṣaṣṭhīṃ mahāmate bhūmim upādāya bodhisattvā mahāsattvāḥ sarvaśrāvakapratyekabuddhāś ca nirodhaṃ samāpadyante / saptamyāṃ bhūmau punaś cittakṣaṇe cittakṣaṇe bodhisattvā mahāsattvāḥ sarvabhāvasvabhāvalakṣaṇavyudā-sāt samāpadyante / na tu śrāvakapratyekabuddhāḥ / teṣāṃ hi śrāvakapratyekabuddhānām ābhisaṃskārikī grāhyagrāhakalakṣaṇapatitā ca nirodhasamāpattiḥ / atas te saptamyāṃ bhūmau cittakṣaṇe cittakṣaṇe *na* samāpadyante[103] / **(T 509b)** mā sarvadharmāṇām aviśeṣalakṣaṇaprāptiḥ **(N 212)** syād vicitralakṣaṇabhāva*prāpteḥ*[104] kuśalākuśalasvabhāvalakṣaṇ*āvabodhāc ca* sarvadharmāṇāṃ samāpattir bhavat*īti*[105]/ ataḥ saptamyāṃ bhūmau cittakṣaṇe cittakṣaṇe samāpattikauśalyaṃ nāsti yena samāpadyeran //

aṣṭamyāṃ mahāmate bhūmau bodhisattvānāṃ mahāsattvānāṃ śrāvakapratyeka-buddhānāṃ ca cittamanomanovijñānavikalpasaṃjñāvyāvṛttir bhavati / prathama*saptamyāṃ* bhūmau *bodhisattvo mahāsattvaḥ*[106] cittamanomanovijñānamātraṃ traidhātukaṃ samanupaśyati / ātmātmīyavigataṃ *sva*vikalpodbhavaṃ ca bāhyabhāvalakṣaṇavaicitryapatitam[107]/ svacittam eva dvidhā bālānāṃ grāhyagrāhakabhāvena pariṇāmya sv*ā*jñānān na cāvabudhyanta anādikāladauṣṭh-ulyavikalpaprapañcavāsanāvāsitāḥ //

aṣṭamyāṃ mahāmate nirvāṇaṃ śrāvakapratyekabuddhabodhisattvānāṃ / bodhisattvāś ca samādhi[*samāpannānaṃ bodhisattvānām adhiṣṭhānakurvadbhir daśadiglokadhātuvyavasthitais tathāgatair arhadbhiḥ samyaksaṃ*]buddhaiḥ *saṃdhāryante*[108] tasmāt samādhi*mukha*sukhāt[109]

---

101 (N211^{3}) "nirodhakrama-" corrected. G.: 滅正受次第 .
102 (N211^{5}) "nirodhasukhasamāpattimukhena na pratimuhyema" corrected. G.: 終不妄捨滅正受楽門 .
103 (N211^{17}) "na" inserted. G.: 非念正受 .
104 (N212^{1}) "syād iti vicitralakṣaṇābhāvaś ca" corrected with "iti" shifted. G.: 得種々相性
105 (N212^{2}) "-anavabodhāt" corrected. G.: 覚一切法善不善性相 .
106 (N212^{7}) "prathamaṣaṣṭhyāṃ bhūmau" corrected. G.: 初地乃至七地菩薩摩訶薩 .
107 (N212$^{9\text{-}10}$) "svacittavikalpodbhavaṃ na ca ...-patitam anyatra svacittam eva" corrected. G.: 自妄想修随外性種々相 . 愚夫二種自心 …
108 (N212^{14}) "samādhibuddhair vidhāryante" corrected. The above expression with the part in the square brackets supplied by the editor represents the situation in which "adhiṣṭhānadvaya" was explained in L. 57; NII. 22 (*N* **100^{6}-103^{6}**). The same expression appears in L. 112; NIV. (*N* **222^{1}**)
109 (ibid.) "samādhisukhāt" corrected. G.: 三昧門楽 .

yena na parinirvānti / aparipūrṇatvāt tathāgatabhūmeḥ sarvakāryapratiprasraṃbhaṇaṃ ca syād yadi na saṃdhārayet tathāgatakulavaṃśocchedaś ca syād / acinty*āparimita*buddhamāhātmyaṃ ca deśayanti te **(N 213)** buddhā bhagavantaḥ /[110] śrāvakapratyekabuddhās tu samādhi*mukha*sukhenāpahriyante / atas teṣāṃ tatra parinirvāṇabuddhir bhavati //

saptasu mahāmate bhūmiṣu cittamanomanovijñānalakṣaṇaparicayakauśalyāt-mātmīya*grāha*[111]-dharmapudgalanairātmyapravṛttinivṛttisvasāmanyalakṣaṇaparicayaka-uśalya[112]-catuḥpratisaṃvidviniścaya*balasamādhimukha*[113]-kauśalyabhūmikram*ānusa-ṃdhi*praveśa[114]-bodhipākṣikadharmavibhāgaḥ kriyate mayā / mā bodhisattvā mahāsattvāḥ svasāmānyalakṣaṇānavabodhāt *sapta*bhūmyakuśalās[115] tīrthakarakudṛṣṭimārge prapateyur ity ato bhūmikramavyavasthā kriyate / na tu mahāmate 'tra kaścit pravartate vā nivartate vānyatra svacittadṛśyamātram idaṃ yaduta bhūmikramānusaṃdhis traidhātukavicitropacāraś ca / na ca bālā avabudhyante 'navabodhād bālānāṃ bhūmikramānusaṃdhivyapadeśaṃ traidhātukavicitropacāraś ca vyavasthāpyate *mayā cānyair buddhaiś* ceti *bhavati*[116]//

punar aparaṃ mahāmate śrāvakapratyekabuddhā aṣṭamyāṃ bodhisattvabhūmau nirodha*samādhi*sukhamadamattāḥ[117] svacittadṛśyamātrākuśalāḥ svasāmānyalakṣaṇāvara-ṇavāsanāpudgaladharmanairātmya*dharma*(**N 214**)grāhakadṛṣṭipatitā[118] vikalpanirvāṇamati-buddhayo bhavanti na viviktadharmamatibuddhayaḥ / bodhisattvāḥ punar mahāmate nirodhasamādhi*mukha*sukhaṃ dṛṣṭvā pūrvapraṇidhānakṛpākaruṇopetā *daśāniṣṭh*āpada-gativibhāgajñā[119] na *nirvāṇaṃ vikalpayanti* parinivṛtāś ca te vikalpasyāpravṛttatvāt / grāhyagrāhakavikalpas teṣāṃ vinivṛttaḥ svacittadṛśyamātrāvabodhāt sarvadharmāṇāṃ vikalpo na pravartate / cittamanomanovijñānabāhyabhāvasvabhāvalakṣaṇābhiniveśa*vikalpe na prapatanti*[120]/ *teṣāṃ na*[121] punar buddhadharmahetur na pravartate jñānapūrvakaḥ pravartate tathāgatasvapratyā tmabhūmyadhigamanatayā svapnapuruṣaughottaraṇavat //

---

110 (N213[1]) The three words preceding "śravaka-" are deleted, lacking in G.
111 (N213[5]) "-grāhyagrahaka-" corrected. G.: 我我所摂受 .
112 (N213[6-7]) "-kauśalyavaśitā-" corrected. G.: 善 … 決定力 .
113 (N213[7]) "-vaśitāsvādasukha-" corrected. G: 力三昧門 .
114 (ibid.) "-anupraveśa-" corrected. G.: 相続入 .
115 (N213[9]) "bhūmikramānusaṃdhyakuśalās" corrected. G.: 不善七地 .
116 (N213[14-15]) "buddhadharmālayā ca" corrected. G.: 謂我及諸仏説地次第相続及説三界種々行 .
117 (N213[17]) "samāpattisukha" corrected. G.:(三昧楽門 ->) 三昧楽 .
118 (N213[18]) A word is inserted after "-nairātmya-". G.: 堕人法無我法摂受見 .
119 (N214[3-4]) "niṣṭhapada-" corrected. G.: 知分別十無尽句 .
120 (N214[8]) "-abhiniveśaṃ vikalpayati" corrected. G.: 不堕 … 計著妄想 .
121 (ibid.) "tena" corrected. G.: 非 .

tadyathā punar mahāmate kaścic chayitaḥ **(T 509c)** svapnāntare mahāvyāyāmautsukyena mahaughād ātmānam uttārayet sa cānuttīrṇa eva pratibudhyeta pratibuddhaś ca sann evam upaparīkṣyeta kim idaṃ satyam uta mityeti / sa evaṃ samanupaśyen nedaṃ satyaṃ na mi thyānyatr*ānādikāla*dṛṣṭaśrutamatavijñātānubhūtavikalpavāsanāvicitrarūpasaṃsthāna-*nāstyastivikalpapatitāś cittamano*mano*vijñānānubhūtāḥ*[122] svapne dṛśyante / evam eva mahāmate bodhisattvā mahāsattvā aṣṭamyāṃ bodhisattvabhūmau **(N 215)** vikalpasya *pravṛttiṃ* dṛṣṭvā[123] prathamasaptamībhūmisaṃcārāt sarvadharmābhisamayān māyādidharmasamatayā grāhyagrāhakavikalpoparataṃ[124] cittacaitasikavikalpaprasaraṃ dṛṣṭvā buddhadharmeṣu prayujyante / anadhigatānām adhigamāya prayoga eṣa mahāmate nirvāṇaṃ bodhisattvānāṃ na vināśaś cittamanomanovijñānavigamāc[125] cānutpattikadharmakṣāntipratilambho bhavati / na cātra mahāmate paramārthe kramo na kramānusaṃdhir nirābhāsavikalpaviviktadharmopadeśāt //

tatredam ucyate //

cittamātre nirābhāse vihār*o* buddhabhūmi*ś* ca /
etaddhi bhāṣitaṃ buddhair *bhāṣiṣyate ca bhāṣyate* [126]// 43 (NIV. 1, X. 105)
citta*mātraṃ* hi sapta*mī* nirābhāsā tv aṣṭamī[127] /
dve hi bhūmī vihāro 'tra *varā* bhūmir mamātmikā[128] // 44 (NIV. 2, X. 106)
pratyātmavedyā śuddhā ca bhūmir eṣā mamātmikā /
māheśvaraṃ paraṃ sthānam akaniṣṭho virājate // 45 (NIV. 3, X. 107)
hutāśanasya hi yathā niścerus tasya raśmayaḥ /
citrā manoharāḥ saumyās tribhavaṃ nirmiṇanti te // 46 (NIV. 4, X. 108)
nirmāya tribhavaṃ kiṃcit kiṃcid vai pūrvanirmitam /
tatra deśemi yānāni eṣā bhūmir mamātmikā // 47 (NIV. 5, X. 109)
(N 216) daśamī tu bhavet prathamā cāṣṭamī bhavet /
navamī saptamī cāpi saptamī cāṣṭamī bhavet // 48 (NIV. 6, X. 205)
dvitīyā ca tṛtīyā syāc caturthī pañcamī bhavet /

122 (N214[15-17]) "dṛṣṭaśrutamata...saṃsthānānādikālavikalpapatitā nāstyastidṛṣṭivikalpaparivarjitā manovijñānānubhūtāḥ" corrected. G.: 無始見聞覚識因想種々習気種々形処堕有無想心意意識 .
123 (N215[1]) "-apravṛttiṃ" corrected. G.: 見妄想生 .
124 (N215[2]) The three words preceding "grāhya-", lacking in G., are deleted.
125 (N215[6]) The two words between "-manovijñāna-" and "-vigamāc", lacking in G., are deleted.
126 (N215[10]) "bhāṣante bhāṣayanti ca" corrected. G.: 去来及現在三世諸仏説 .
127 (N215[11]) "cittaṃ hi bhūmayaḥ sapta...iha..." corrected. G.: 心量地第七
128 (N215[12]) "śeṣā" corrected. G.: 仏地名最勝 .

tṛtīyā ca bhavet ṣaṣṭhī nirābhāse kramaḥ kutaḥ // 49 (NIV. 7, X. 206)

111. (NV.) *"tathāgatanityānityaprasaṅgaḥ"*

(N 217) atha khalu mahāmatir bodhisattvo mahāsattvaḥ punar api bhagavantam etad avocat / kiṃ bhagavaṃs tathāgato 'rhan samyaksaṃbuddho nitya utāho 'nityaḥ / bhagavān āha / na mahāmate tathāgato nityo nānityaḥ / tat kasya hetor yadutobhayadoṣaprasaṅgāt[129] / nitye sati kāraṇaprasaṅgaḥ syāt / nityāni hi mahāmate sarvatīrthakarāṇāṃ kāraṇāny akṛtakāni ca / ato na nityas tathāgato 'kṛtakanityatvāt / anitye sati **(T 510a)** kṛtakaprasaṅgaḥ syāt / [*na tu kṛtakas tathāgatas tathāgatasyaiva*][130] skandhalakṣyalakṣaṇābhāvāt / skandhavināśād ucchedaḥ syān na cocchedo bhavati tathāgataḥ / *na* sarvaṃ hi mahāmate kṛtakam anityaṃ ghaṭapaṭādi*vat*[131] sarvānityatvaprasaṅgāt / sarvajñajñānasaṃbhāravaiyarthyaṃ bhavet kṛtakatvāt / sarvaṃ hi kṛtakaṃ tathāgataḥ syād viśeṣahetvabhāvāt / ata etasmāt kāraṇān mahāmate na nityo nānityas tathāgataḥ / punar api mahāmate *nākāśavad* nityas[132] tathāgataḥ kasmād *yady ākāśavad nityaḥ syāt pratyātmāryajñāna*saṃbhāravaiyarthyaprasaṅgāt[133] / tadyathā mahāmate ākāśaṃ na nityaṃ nānityaṃ nityānityavyu**(N 218)**dāsād ekatvānyatvobhayatvānubhayatvanityānityadoṣair avacanīyaḥ / *tato na nityas tathāgataḥ* [134]/ punar aparaṃ mahāmate *yadi tathāgato 'nutpādanityaḥ syāt* śaśahay*ādi*viṣāṇatulyaḥ[135] syād anutpādanityatvāt / ato *prayogavaiyarthyo bhavet*[136] 'nutpādanityatvaprasaṅgān na nityas tathāgataḥ //

punar aparaṃ mahāmate asty asau paryāyo yena nityas tathāgataḥ / tat kasya hetor yadutābhisamayādhigamajñānanityatvān nityas tathāgataḥ /[137] utpādād vā tathāgatānām anutpādād vā sthitaivaiṣā dharmatā[138] śrāvakapratyekabuddha*buddhatathāgat*ābhisamayeṣu[139] na tu gagane dharmasthitir bhavati / na ca bālapṛthagjanā avabudhyante / adhigamajñānaṃ

---

129 (N217[6]) The part which follows,"ubhayathā…syāt", lacking in G., is deleted.
130 (N217[9]) The six words in the square brackets are supplied by the editor, where G.. has none.
131 (N217[10-11]) "na" is added before "sarvam", according to the context, while the three words before "-ādi-" are deleted, with "-vat" added thereafter. G.:(一切 ->) 非一切所作皆無常如瓶衣等 .
132 (N217[14-15]) "na nityas" corrected. G.: 非如虚空常 .
133 (N217[15]) "ākāśasaṃbhāravaiyarthyaprasaṅgāt" corrected. G.: 如虚空常者自覚聖智衆具無義過 .
134 (N218[2]) The four words are supplied. G.: 是故如来非常 .
135 (N218[2-3]) "śaśahaya…-tulyaḥ" corrected. G.:. 若如来無生常者如兎角馬等過 .
136 (N218[3]) The three words are inserted. G.: 方便無義 .
137 (N218[7-8]) The nine words before "utpādād vā", lacking in G., are deleted.
138 (N218[9-10]) The two words after "dharmatā", lacking in G., are deleted.
139 (N218[10]) "sarvaśrāvakapratyekabuddhatīrthakara-" corrected. G.: 声聞縁覚諸仏如来 .

ca mahāmate tathāgatānāṃ prajñā*vāsa*prabhāvitaṃ[140] na mahāmate tathāgatāś[141] cittamanomanovijñānaskandhadhātvāyatanāvidyāvāsanāprabhāvitāḥ[142] / sarvaṃ hi mahāmate tribhavam abhūtavikalpaprabhavaṃ na ca tathāgatā abhūtavikalpaprabhavāḥ / dvaye hi sati mahāmate nityatā cānityatā ca bhavati / nādvayāt / *advayaṃ*[143] hi mahāmate viviktam advayo*t*pādalakṣaṇāt[144] sarvadharmāṇām / ata etasmāt kāraṇān mahāmate tathāgatā arhantaḥ samyaksaṃbuddhā na nityā nānityāḥ / yāvan mahāmate vāgvikalpaḥ pravartate **(N 219)** tāvan nityānityadoṣaḥ prasajyate / vikalpabuddhikṣayān mahāmate nityānityagrāho nivāryate bālānāṃ *viviktabuddhis tu nityānityavinirmuktā nityānityāvāsitatvāt*[145]/

tatredam ucyate[146] //

*saṃbhāra*vaiyarthyam *eva* nityānitye prasajyate[147] /
vikalpabuddhivaikalyān nityānityaṃ nivāryate // 50 (NV. 2)
yāvat pratijñā kriyate tāvat sarvaṃ sasaṃkaram /
svacittamātraṃ saṃpaśyan na vivādaṃ samārabhet // 51 (NV. 3)

112. (NVI: 1) ***"tathāgatagarbhaśabdasaṃśabditālayavijñānam"***

(N 220) atha khalu mahāmatir bodhisattvo mahāsattvaḥ punar api bhagavantam adhyeṣate sma / deśayatu me bhagavān **(T 510b)** deśayatu me sugataḥ skandhadhātvāyatanānāṃ pravṛttinivṛttim / asaty ātmani kasya pravṛttir vā nivṛttir vā bālāś ca pravṛttinivṛttyāśritā duḥkhakṣayānavabodhān nirvāṇaṃ na prajānanti / bhagavān āha / tena hi mahāmate śṛṇu sādhu ca sūṣṭhu ca manasikuru / bhāṣiṣye 'haṃ te / sādhu bhagavann iti mahāmatir bodhisattvo mahāsattvo bhagavataḥ pratyaśrauṣīt //

bhagavān tasyaitad avocat / tathāgatagarbho mahāmate kuśalākuśalahetukaḥ sarva*gati*janmakartā / pravartate naṭavad gatisaṃkaṭa ātmātmīyavarjitas tadanavabodhāt trisaṅgatipratyayakriyāyogaḥ pravartate / na ca tīrthyā avabudhyante kāraṇābhiniveśābhiniviṣṭāḥ / anādikālavividhaprapañcadauṣṭhulyavāsanāvāsita ālayavijñānasaṃśabdito 'vidyā*vāsa*bhūmijaiḥ

---

140 (N218[12]) "-jñāna-" is replaced by "-vāsa-". G.: 般若所熏 .
141 (N218[13]) The two words after "tathāgatāḥ", lacking in G., are deleted.
142 (N218[14]) "-avidyā-" after "-āyatana-", though lacking in G., is preserved.
143 (N218[17]) "dvayaṃ" corrected. G.: 不二者 .
144 (N218[18]) "advayānutpāda-" corrected. G.: 無二生相故 .
145 (N219[2-3]) "na tu viviktadṛṣṭibuddhikṣayāt" corrected. G.: 寂静慧者永離常無常非常無常薫 .
146 (N219[4-5]) G. lacks NV. verse 1
147 (N219[6]) "samudāgama-" corrected. G.: 衆具無義者 .

saptair vijñānaiḥ saha mahodadhitaraṅgavan nityam avyucchinnaśarīraḥ pravartate anityatādoṣarahita ātmavādavi(**N 221**)nivṛtto atyantaprakṛty*amala*pariśuddhiḥ / tadanyāni vijñānāny utpannāpavargāni manomanovijñānaprabhṛtīni kṣaṇikāni saptā*ny* abhūtaparikalpahetujanitasaṃsthānākṛtiviśeṣasamavāyāvalambīni nāmanimittābhiniviṣṭāni svacittadṛśyarūpalakṣaṇā*na*vabodhakāni[148] sukhaduḥkhāpratisaṃvedakāny amokṣakāraṇāni nāmanimittaparyutthānarāgajanitajanakataddhetvālamb*an*āni / teṣāṃ copāttānām indriyākhyānāṃ parikṣayanirodhe samanantarānutpatter anyeṣāṃ svamativikalpasukhaduḥkhāpratisaṃvedināṃ saṃjñāveditanirodhasamāpattisamāpannānām [*ārūpya*]*caturtha*dhyānasatyavimokṣakuśalānāṃ yogināṃ[149] vimokṣabuddhir bhavaty *avinivṛtteḥ*[150]//

aparāvṛtte ca tathāgatagarbhaśabdasaṃśabditālayavijñāne nāsti saptānāṃ pravṛttivijñānānāṃ nirodhaḥ / tat kasya hetos taddhetvālambanapravṛttatvād vijñānānām aviṣayatvāc ca sarvaśrāvakapratyekabuddha[151]-yogayogināṃ nairātmyānavabodhāt svasāmānyalakṣaṇaparigrahāt skandhadhātvāyatanānāṃ pravartate tathāgatagarbhaḥ pañcadharmasvabhāva*pudgala*dharmanairātmyadarśanān nivartate / bhūmikramānusaṃdhiparāvṛttyā nānyatīrthyamārgadṛṣṭibhir vicārayituṃ śakyate / *ayaṃ* bodhisattvācalābhū*mi*pratiṣṭhita *ity ucyate*[152]/(**N 222**) daśasamādhi*mārgamukhasukhān*[153] pratilabhate / samādhi*[samāpannānāṃ bodhisattvānām adhiṣṭhānakurvadbhir daśadiglokadhātuvyavasthitais tathāgatair arhadbhiḥ samyaksaṃ]*buddhaiḥ saṃdhāryamāṇo 'cintyabuddhadharmavyavalokanatayā *svapraṇidhānatayā ca*[154] samādhi*mukha*sukhabhūtakoṭyā vinivārya pratyātmāryagatigamyaiḥ sarvaśrāvakapratyekabuddhatīrthakarāsādhāraṇair yogamārgair daśāryagotramārgaṃ pratilabhate kāyaṃ ca jñānamanomayaṃ samādhyabhisaṃskārarahitam / tasmāt tarhi mahāmate tathāgatagarbha ālayavijñānasaṃśabdito viśodhayitavyo viśeṣārthibhir bodhisattvamahāsattvaiḥ //

yadi hi mahāmate ālayavijñānasaṃśabditas tathāgatagarbho 'tra na syād[155] na pravṛttir na nivṛttiḥ syāt / bhavati ca mahāmate pravṛttir nivṛttiś ca bālāryāṇām / svapratyātmāryagatidṛṣ-

148 (N221[5]) "-avabodhakāni" corrected. G.: 不覚自心所現色相 .
149 (N221[9]) "caturdhyāna-" corrected. G.: 第四禅 . The contents of the above paragraph correspond to what is mentioned in the *Abhidharmakośa* VIII, verses 33 and 34 with explanations under them.
150 (N221[10-11]) "apravṛtteḥ" corrected. G.: 不離 .
151 (N221[15]) "-tīrthya-" deleted. G.: 縁覚修行 .
152 (N221[19]) "tato 'calāyāṃ bhūmau bodhisattvabhūmau pratiṣṭhito" corr. G.: 是名住菩薩不動地 .
153 (N222[1]) "sukhamukhamārgān" corrected. G.: 道門楽 .
154 (N222[2]) "-svapraṇidhānavyavalokanatayā" corrected. G.: 観察不思議仏法自願 .
155 (N222[9-11]) The six words after "na syād" and before "na pravṛtir", lacking in G., are deleted.

ṭadharmasukhavihāreṇa ca viharanti yogino 'nikṣipta*prayogāḥ*[156]/ **(T 510c)** mahāmate ayaṃ tahāgatagarbhālayavijñānagocaraḥ sarvaśrāvakapratyekabuddha[157]-vitarkadarśanānāṃ prakṛtipariśuddho 'pi sann aśuddha ivāgantukleśopakliṣṭatayā teṣām ābhāti na tu tathāgatānām / tathāgatānāṃ punar mahāmate karatalāmalakavat pratyakṣagocaro bhavati //

etad ev*ārthaṃ* mahāmate *saṃdhāya* maya*iṣābhipretā yaduta* śrīmālāṃ devīm adhikṛty*ā***(N 223)**[158]nyāṃś ca sūkṣmanipuṇaviśuddhabuddhīn bodhisattvān adhiṣṭhāya tathāgatagarbha ālayavijñānasaṃśabditaḥ saptabhir vijñānaiḥ saha pravṛttir *ity upadiṣṭo* 'bhiniviṣṭānāṃ śrāvakāṇāṃ *pudgala*dharmanairātmyapradarśanārthaṃ / śrīmālāṃ devīm adhiṣṭhāya tathāgataviṣayo deśito na śrāvakapratyekabuddhānyatīrthakaratarkaviṣayo 'nyatra mahāmate tathāgataviṣaya eva tathāgatagarbha ālayavijñān*aṃ* viṣayas tvatsadṛśānāṃ ca sūkṣmanipuṇamatibuddhiprabhedakānāṃ bodhisattvānām arthapratisaraṇānām / tasmāt tarhi mahamate tvayānyaiś ca bodhisattvair mahāsattvair[159] asmiṃs tathāgatagarbha ālayavijñanaparijñāne yogaḥ karaṇīyo na śrutamātrasaṃtuṣṭair bhavitavyam //

tatredam ucyate //

garbhas tathāgatānāṃ hi vijñānais saptabhir yutaḥ /
pravartate dva*ya*grāhāt parijñānān nivartate // 52 (NVI. 1)
bimbavad dṛśyate cittam anādi*vāsa*bhāvitam[160] /
arthākāro na cārtho 'sti yathābhūtaṃ vipaśyataḥ // 53 (NVI. 2, X. 708)
aṅgulyagraṃ yathā bālo na gṛhṇāti niśākaram /**(N 224)**
tathā hy akṣarasaṃsak*ta*s tattvaṃ na vetti māmakam // 54 (NVI. 3, X. 715)
naṭavan nṛtyate cittaṃ mano vidūṣasādṛṣam /
vijñānaṃ pañcabhiḥ sārdhaṃ dṛśyaṃ kalpeti raṅgavat // 55 (NVI. 4, X. 433)

113. (NVI: 2) ***"pañcadharmāḥ"***

atha khalu mahāmatir bodhisattvo mahāsattvaḥ bhagavantam adhyeṣate sma / deśayatu me bhagavān deśayatu me sugataḥ pañcadharmasvabhāvavijñānanairātmyadvayaprabhedaga-

---

156 (N222[14]) "anikṣiptadhurā duṣprativedhāś ca" corrected. G.: 不捨方便 .
157 (N222[15]) "-tīrthya-", lacking in G., is deleted.
158 (N222[19]-223[1]) "etad eva mahāmate mayā śrīmālāṃ devīm adhikṛtya deśanāpaṭhe" corrected. G.: 大慧、我於此義以神力建立令勝鬘夫人及 .
159 (N223[11]) The three succeeding words, lacking in G., are deleted.
160 (N223[16]) "anādimatibhāvitam" corrected. G.: 無始習所熏 .

tilakṣaṇaṃ / yenāhaṃ[161] cānye ca bodhisattvā mahāsattvāḥ sarvabhūmikramānusaṃdhiṣv etān dharmān vibhāvayema / yathā tair dharmaiḥ sarvabuddhadharmānupraveśo bhavet sarvabuddhadharmānupraveśāc ca yāvat tathāgatasvapratyātmabhūmipraveśaḥ syād iti / bhagavān āha / tena hi mahāmate śṛṇu sādhu ca suṣṭhu ca manasikuru / bhāṣiṣye 'haṃ te / sādhu bhagavann iti mahāmatir bodhisattvo mahāsattvo bhagavataḥ pratyaśrauṣīt //

bhagavāṃs tasyaitad avocat / pañcadharmasvabhāvavijñānanairātmyadvayaprabheda-gatilakṣaṇaṃ te mahāmate deśayiṣyāmi / *[tatra pañcadharmāḥ katamā]* yaduta nāma nimittaṃ vikalpaḥ samyagjñānaṃ tathātā ca / tathāgatapratyātmāryagatipraveśaḥ śāśvatocchedasadasa-ddṛṣṭivivarjitaḥ dṛṣṭadha**(N 225)**rmasukhasamāpattivihāra[162] āmukhī bhavati yogayoginām / tatra mahāmate **(T 511a)** pañcadharmasvabhāvavijñānanairātmyadvayasvacittadṛśyabāhyabhāvānava-bodhād[163] vikalpaḥ pravartate bālānāṃ na tv āryāṇām //

mahāmatir āha / kathaṃ punar bhagavan bālānāṃ vikalpaḥ pravartate na tv āryāṇām / bhagavān āha / (a.i) nāma*nimitta*saṃketābhiniveśena[164] mahāmate bālāś cittam anusaranti / anusaranto vividhalakṣaṇopacāreṇa ātmātmīyadṛṣṭipatitāśayā varṇapuṣkalatām abhiniviśante / abhiniviśantaś cājñānāvṛtāḥ saṃrajyante saṃraktā rāgadveṣamohajaṃ karmābhisaṃskurvanti / abhisaṃskṛtya punaḥ punaḥ kośakārakīṭakā iva svavikalpapariveṣṭitamatayaḥ *saṃsāra*samudra-*gati*kāntāraprapatitā[165] ghaṭīyantravan nātipravartante / na ca prajānanti mohān māyāmarīcyudaka-candrasvabhāvakalpanātmāmīyarahitān sarvadharmān abhūtavikalpoditāṃl lakṣyalakṣaṇāpagatān bhaṅgotpādasthitigativinivṛttān svacittadṛśyavikalpaprabhavān īśvarakālāṇupradhān*ā*prabhavān[166] nāmanimittānuplavena mahāmate bālā nimittam anusaranti //

(a.ii) tatra nimittaṃ punar mahāmate yac cakṣurvijñānasyābhāsam āga**(N 226)**cchati rūpasaṃjñakam evaṃ śrotraghrāṇajihvākāyamanovijñānānāṃ śabdagandharasaspraṣṭavyadha-rmasaṃjñakam etaṃ nimittam iti vadāmi / (a.iii) tatra vikalpaḥ punar mahāmate yena nāma samudīrayati / nimittavyañjakam idam evam idaṃ nānyatheti hastyaśvarathapadātistrīpuruṣādisa-ṃjñakaṃ tad vikalpaḥ pravartate / (a.iv) samyagjñānaṃ punar mahāmate yena nāmanimittayor anupalabdhir anyonyāgantukatvād apravṛttir vijñānasyānucchedāśāśvatataḥ sarvatīrthakaraśrā-

161 (N224[7]) The six words preceding "yena", lacking in G., are deleted.
162 (N225[1]) "-sukha-", preceding "-vihāra", lacking in G., is deleted.
163 (N225[3]) "-abhāva-", preceding "-anavabodhād", lacking in G., is deleted.
164 (N225[6]) "-saṃjñā-"preceding "-saṃketa-" corrected. G.: 計著俗数名相 .
165 (N225[12]) "gatisamudrakāntāra-" corrected. G.: 堕生死海諸趣眆野 .
166 (N225[16]) "-prabhavān" corrected. G.: 非 … 生 .

vakapratyekabuddhabhūmyapātanatvāt samyagjñānam ity ucyate / (a.v) punar aparaṃ mahāmate yena samyagjñānena bodhisattvo mahāsattvo na nāma*nimittaṃ* bhāvīkaroti na ca *nāma*nimittam abhāvīkaroti[167] / samāropāpavādāntadvayakudṛṣṭivivarjitaṃ nāma*nimittayor* apravṛtti*jñānam*[168] evam etāṃ tathatāṃ vadāmi tathatāvyavasthitaś ca mahāmate bodhisattvo mahāsattvo nirābhāsagocarapratilābhitvāt pramuditāṃ bodhisattvabhūmiṃ pratilabhate //

sa pratilabhya pramuditāṃ bodhisattvabhūmiṃ vyāvṛttaḥ sarvatīrthyāpāyagatibhyo bhavati lokottaradharmagatisamava*sthitaḥ*[169] / lakṣaṇaparicayān māyādipūrvakāṃ sarvadharmagatiṃ vibhāvayan svapratyātmāryadharmagatilakṣaṇaṃ tarkadṛṣṭivinivṛttakautuko 'nu**(N 227)**pūrveṇa yāvad dharmameghā bhūmir iti / dharmameghānantaraṃ yāvat samādhibalavaśitābhijñākusumitāṃ tathāgatabhūmiṃ pratilabhate / sa pratilabhya sattvaparipācanatayā vicitrair nirmāṇakiraṇair virājate jalacandravat / *sa daśāniṣṭhāpadāni paripūraitvā*[170] nānā*dhimuktikebhyaḥ* sattvebhyo dharmaṃ *vibhāvayan* deśayati[171] / *dharma*kāyaṃ manovijñaptirahitam etan mahamate tathatāpraveśāt pratilabhante bodhisattvā mahāsattvāḥ //

(T 511b) (b) punar api mahāmatir āha / kiṃ punar bhagavan pañcasu dharmeṣv antargatās trayaḥ svabhāvā uta *[pṛthak]* svalakṣaṇasiddhāḥ / bhagavān āha / atraiva mahāmate trayaḥ svabhāvā antargatā aṣṭau ca vjñānāni dve ca nairātmye / tatra nāma ca nimittaṃ ca parikalpitaḥ svabhāvo veditavyaḥ / yaḥ punar mahāmate tadāśrayapravṛtto vikalpaś cittacaittasaṃśabdito yugapat kālodita āditya iva raśmisahito vicitralakṣaṇasvabhāvo vikalpādhārakaḥ sa mahāmate svabhāvaḥ paratantra ity ucyate / samyagjñānaṃ tathatā ca mahāmate avinā*śi*tvāt svabhāvaḥ pariniṣpanno veditavyaḥ //

punar aparaṃ mahāmate svacittadṛśyam abhiniviśyamānaṃ vikalpo 'ṣṭadhā bhidyate / *yadutālayavijñānaṃ mano manovijñanaṃ pañcavijñānakāyāś ca*[172]/ nimittasyābhūtalakṣaṇaparikalpita**(N 228)**tvād ātmātmīyagrāhadvayavyupaśamān nairātmyadvayam ājāyate / eṣu mahāmate pañcasu dharmeṣu sarvabuddhadharmā antargatā bhūmivibhāgānusaṃdhiś ca śrāvakapratyekabuddhabodhisattvānāṃ tathāgatānāṃ ca pratyātmāryajñānapraveśaḥ //

(c) punar aparaṃ mahāmate pañcadhar*mā* nimittaṃ nāma vikalpas tathatā samyagjñānaṃ

---

167 (N226[9-10]) "na nāma...na ca nimittam…" corrected. G.: 不立名相、非不立名相 .
168 (N226[11]) "nāmanimittārthayor apravṛttivijñānam" corrected. G.: 知名相不生 .
169 (N226[16]) "-samavasṛtaḥ" corrected. G.: 正住出世間趣 (→ 正住出世間法趣)..
170 (N227[4-5]) "aṣṭāpadasunibaddhadharma" corrected. G.: 善究竟満足十無尽句 .
171 (N227[5]) "nānā 'dhimuktikatāyā sattvebhyo dharmaṃ deśayati" corrected. G.: 為種々意解衆生分別説法 .
172 (N227[19]) The six words are inserted. G.: 謂蔵識意意識及五識身 .

ca / tatra mahāmate nimittaṃ yat saṃsthānākṛtiviśeṣākārarūpādilakṣaṇaṃ dṛśyate tan nimittam / yat tasmin nimitte ghaṭādisaṃjñākṛtakam evam idaṃ nānyatheti tan nāma / yena tan nāma samudīrayati nimittābhivyañjakaṃ samadharmeti vā sa mahāmate cittacaittasaṃśabdito vikalpaḥ / yan nāmanimittayor atyantānupalabdhitā buddhipralayād anyonyānanubhūtaparikalpitatvād eṣāṃ dharmāṇāṃ tathateti / tattvaṃ niścayo niṣṭhā svabhāvo 'nupalabdhiḥ[173] tat tathālakṣaṇam / mayānyaiś ca tathāgatair anugamya yathāvad deśitaṃ prajñaptaṃ vivṛtam uttānīkṛtaṃ yatra anugamya samyagavabodhānucchedāśāśvatato vikalpasyāpravṛttiḥ svapratyātmāryajñānānukūlaṃ tīrthakarapakṣaparapakṣaśrāvakapratyekabuddhāgatilakṣaṇaṃ tat samyagjñā**(N 229)**nam / ete ca mahāmate pañcadharmāḥ / eteṣv eva trayaḥ svabhāvā aṣṭau ca vijñānāni dve ca nairātmye sarvabuddhadharmāś cāntargatāḥ / atra te mahāmate svamatikauśalaṃ karaṇīyam anyaiś ca kārayitavyaṃ na parapraṇeyena bhavitavyam //

tatredam ucyate //

pañcadharmāḥ svabhāv*āś* ca vijñānānyaṣṭa eva ca /

dve nairātmye bhavet kṛtsno mahāyānaparigrahaḥ // 56 (NVI. 5, X. 638)

nāmanimittasaṃkalpāḥ svabhāvadvayalakṣaṇam /

samyagjñānaṃ tathātvaṃ ca pariniṣpannalakṣaṇam // 57 (GI. 129; NII. 134, VI. 6, X. 156)

114. (NVI: 3) ***"gaṅgānadībālukāsamās tathāgatāḥ" A***

(T 511c) atha khalu mahāmatir bodhisattvo mahāsattvaḥ punar api bhagavantam etad avocat / yat punar etad uktaṃ bhagavatā deśanāpāṭhe yathā gaṅgānadībālukāsamās tathāgatā atītā anāgatā vartamānāś ca / tat kim idaṃ bhagavan yathārutārthagrahaṇaṃ kartavyam āho svid anyaḥ kaścid arthāntaraviśeṣo 'stīti tad ucyatāṃ bhagavan / bhagavān āha / na mahāmate yathārutārthagrahaṇaṃ kartavyam / na ca mahāmate gaṅgānadībālukā pramāṇatayā tryadhvakabuddhapramāṇatā bhavati / tat kasya hetor yaduta lokātiśayātikrāntatvān mahāmate dṛṣṭānto 'dṛṣṭāntaḥ sadṛśāsadṛśatvāt / **(N 230)**[174] *nityā*bhiniveśābhiniviṣṭānāṃ[175] bālapṛthagjanānāṃ tīrthakarāśayakudṛṣṭiyuktānāṃ saṃsārabhavacakrānusāriṇām udvejanārthaṃ katham eta udvignā bhavagatisaṃkaṭād[176] viśeṣārthino viśeṣam ārabherann iti sulabhabuddhatvapradarśanārthaṃ

173 (ibid.) The two words, "bhūtam" and "prakṛtiḥ", lacking in G., are deleted. G.: 真実決定究竟自性不可得 .
174 (N230[1-5]) The beginning part of this page from "na" through "iti", lacking in G., is deleted.
175 (N230[5]) "nityānityā-" corrected. G.: 凡愚計常 .
176 (N230[7]) "-cakra-" is deleted from "bhavagaticakrasaṃkaṭād"; G.: 生死趣転（→ 生死趣難）

na *co*dumbarapuṣpatulyas tathāgatānām utpāda iti kṛtvā vīryaṃ *nā*rapsyante[177] / deśanāpāṭhe tu mayā vaineyajanatāpekṣayodumbarapuṣpasudurlabhaprādurbhāvās tathāgatā iti deśitam / na ca mahāmate udumbarapuṣpaṃ kenacid dṛṣṭapūrvaṃ na drakṣyate / tathāgatāḥ punar mahāmate loke dṛṣṭā dṛśyante ca etarhi / na svanayapratyavasthānakathām adhikṛtya udumbarapuṣpasudurlabhaprādurbhāvās tathāgatā iti / svanayapratyavasthānakathāyāṃ mahāmate nirdiśyamānāyāṃ lokātiśayātikrāntā aśraddheyaṃ[178] syād bālapṛthagjanānāṃ ca / (*N* **231**) svapratyātmāryajñānagocare ca dṛṣṭāntā na pravartante / cittamanomanovijñānadṛṣṭalakṣaṇātikrāntatvāt tattvasya / tattvaṃ ca tathāgatā atas teṣu dṛṣṭāntā nopanyasyante //

115. (NVI: 3) ***"gaṅgānadībālukāsamās tathāgatāḥ" B***

(i) kiṃ tu upamāmātram etan mahāmate mayā kṛtaṃ yaduta gaṅgānadībālukāsamās tathāgatāḥ samā na viṣamā[179] / tadyathā mahamate gaṅgāyāṃ nadyāṃ bālukā mīnakacchapaśiśumārasiṃhahasty*aśvanarapaśv*ādibhiḥ[180] saṃkṣobhyamāṇā na kalpayanti na vikalpayanti saṃkṣobhyāmahe na veti nirvikalpāḥ svacchā malavyapetāḥ evaṃ eva mahāmate tathāgatānām arhatāṃ samyaksaṃbuddhānāṃ svapratyātmāryajñānagaṅgāmahānadībalābhijñāvaśitābālukāḥ sarvatīrthakarabālamīnaparapravādibhiḥ saṃkṣobhyamānā na kalpayanti na vikalpayanti / tathāgat*āḥ kalpanāvikalpaviviktāḥ*[181] pūrvapraṇihitatvāt *samādhi*sukhaparipūryā*ḥ sarva*sattvānāṃ na *saṃkṣobhyante*[182] / atas te gaṅgānadībālukāsamās tathāgatā nirviśiṣṭā anunayapratighāpagatatvāt //

(ii) tadyathā mahāmate gaṅgāyāṃ nadyāṃ bālukā*ḥ* pṛthivīlakṣaṇasvabhāvatvāt *sarva*pṛthivīkalpoddāhe dahyamānāpi na *tat* pṛthivī*dhātuḥ* svabhāvaṃ vijahāti /[183] tejo(**N 232**) dhātupratibaddhatvād anyatra bālapṛthagjanā[184] dahyamānāṃ kalpayanti na ca *pṛthivī* dahyate tadagnihetubhūtatvāt / evam eva mahāmate tathāgatānāṃ dharmakāyo gaṅgānadībālukāsamo 'vināsī / (iii) tadyathā mahāmate nadyāṃ gaṅgāyāṃ bālukā apramāṇāḥ evam eva mahāmate

177 (N230[8-10]) "na nodumbara-...ārapsyante" corrected. G.: 非如優曇鉢華難得見故息方便求 .
178 (N230[16-17]) The preceding four words, lacking in G., are deleted.
179 (N231[5-6]) The two words which succeed, lacking in G., are deleted.
180 (N231[7]) The two words preceding "-siṃhahasty-" are deleted, and succeeding them three words are inserted. G.: 師子象馬人獣践踏 .
181 (N231[13]) "tathāgatapūrva-" corrected. G : 如来寂然無有念想 .
182 (N231[13-14]) "sarvasukhasamāpattiparipūryā …na kalpayanti na vikalpayanti" corrected. G.: 本願以三昧楽安衆生故無有悩乱 .
183 (N231[19]) The five words, lacking in G., are deleted.
184 (N232[1-2]) The succeeding three words, lacking in G., are deleted.

tathāgatānāṃ raśmyāloko 'pramāṇaḥ sattvaparipākasaṃcodanam upādāya **(T 512a)** sarvabuddhaparṣanmaṇḍaleṣu prasarpyate tathāgataiḥ / (iv) tadyathā mahāmate gaṅgāyāṃ nadyāṃ bālukā na bālukāsvabhāvāntaram ārabhante bālukāvasthā eva bālukāḥ evam eva mahāmate tathāgatānām arhatāṃ samyaksaṃbuddhānāṃ saṃsāre na pravṛttir na nivṛttir bhavapravṛttyucchinnahetutvāt / (v) tadyathā mahāmate gaṅgāyāṃ nadyāṃ bālukā apakṛṣṭā api na prajñā*ya*nte[185] prakṣiptā api na prajñāyante evam eva mahāmate tathāgatānāṃ jñānaṃ sattvaparipākayogena na kṣīyate na vardhate 'śarīratvād dharmasya / śarīravatāṃ hi mahāmate nāśo bhavati tathāgatadharmakāyaś cāśarīraḥ[186] / (vi) tadyathā mahāmate gaṅgāyāṃ nadyāṃ bālukā niṣpīdyamānā tailārthibhir tailādivirahitāḥ evam eva **(N 233)** mahāmate tathāgatāḥ sattvaduḥkhair niṣpīdyamānā dharmadhātu*svasamādhi*praṇidhāna*[sattva]*sukhaṃ[187] na vi*jahanti* mahāmate mahākaruṇopetatvād yāvat sarvasattvā na nirvāsyante[188] / (vii) tadyathā mahāmate gaṅgāyāṃ nadyāṃ bālukāḥ pravāhānukūlāḥ pravahanti nānudake evam eva mahāmate tathagatānāṃ sarvabuddhadharmadeśanā nirvāṇapravāhānukūlā saṃvartate tena gaṅgānadībālukāsamās tathāgatā ity ucyante /

116. (NVI: 3) *"gaṅgānadībālukāsamās tathāgatāḥ"* ***C***

nāyaṃ mahāmate gatyarthaḥ tathāgateṣu pravartate / *gatir* mahāmate *vināśā*rtho[189] bhavati / na ca mahāmate saṃsārasya pūrvā koṭiḥ prajñāyate / aprajñāyamānā kathaṃ gatyarthena nirdekśyāmi / ga*tir* mahāmate ucched*ārtho*[190] na ca bālapṛthagjanāḥ saṃprajānanti //

mahāmatir āha / tad yadi bhagavan pūrvā koṭir na prajñāyate sattvānāṃ saṃsaratāṃ tat kathaṃ mokṣaḥ prajñāyate prāṇinām / bhagavān āha / anādikālaprapañcadauṣṭhulyavikalpavāsanāhetuvinivṛttir mahāmate svacittadṛśyabāhyārthaparijñānād vikalpasyāśrayaparāvṛttir mahāmate mokṣo na nāśaḥ / ato nānantakathā mahāmate '*kiṃcitkārī* bhavati[191] / vikalpasyaiva mahāmate paryāyo 'nantakoṭir iti / na cātra vikalpā(*N* **234**)d anyat kiṃcit sattvāntaram asty adhyātmaṃ vā bahirdhā vā parīkṣyamānaṃ buddhyā / jñānajñeyaviviktā hi mahāmate sarvadharmāḥ / anyatra svacitta*dṛśya*vikalpāparijñānād vikalpaḥ pravartate tadavabodhān nivartate //

---

185 (N232[12]) "prajñāpayante" corrected. G.: 不可得知 .
186 (N232[15-16]) "nāśarīravatāṃ dharmaś cāśarīraḥ" corrected. G.: 如来法身非是身法 .
187 (N233[1-2]) "dharmadhatvīśvarapraṇidhāna-" corrected. G.: 法界自三昧願楽 .
188 (N233[3]) The succeeding word, lacking in G., is deleted.
189 (N233[6]) "vināśo gatyartho" corrected. G.: 去是壊義 .
190 (N233[10-11]) "gatyartho…ucchedo" corrected. G.: 去者断義 .
191 (N233[16-17]) "nānantakathā…kiṃcitkārī bhavati" corrected. G.: 無辺非都無所有 .

tatredam ucyate //

gaṅgāyāṃ bālukāsamān ye paśyanti vināyakān /
anāśagatyniṣṭhān vai te paśyanti tathāgatān // 58 (NVI. 7)
gaṅgāyāṃ bālukā yadvat sarvadoṣair vivarjitāḥ /
vāhānukūlā nityāś ca tathā buddhasya buddhatā // 59 (NVI. 8)

117. (NVI: 4) ***"kṣaṇikākṣaṇikatā sarvadharmāṇām"***

atha khalu mahāmatir bodhisattvo mahāsattvaḥ punar api bhagavantam etad avocat / deśayatu bhagavān deśayatu me sugatas tathāgato 'rhan samyaksaṃbuddhaḥ sarvadharmāṇām kṣaṇabhaṅgaṃ bhedalakṣaṇaṃ caiṣām / tat kathaṃ bhagavan sarvadharmāḥ kṣaṇikāḥ / bhagavān āha / tena hi mahāmate śṛṇu sādhu ca suṣṭhu ca manasikuru / bhāṣiṣye 'haṃ te / sādhu bhagavann iti mahāmatir bodhisattvo mahāsattvo bhagavataḥ pratyaśrauṣīt / bhagavāṃs tasyaitad avocat **(T 512b)** / sarvadharmāḥ sarvadharmā iti mahāmate yaduta kuśalākuśal*āvyākṛtāḥ*[192] saṃskṛtāsaṃskṛtā laukikalo**(N 235)**kottarāḥ sāvadyānavadyāḥ sāsravānāsravā upāttānupattāḥ / saṃkṣepeṇa mahāmate pañcopādānaskandhāś cittamanomanovijñānavāsanāhetukāś cittamanomanovijñānavāsanāpuṣṭair bālapṛthagjanaiḥ kuśalākuśalena parikalpyante / samādhisukhasamāpattayo mahāmate dṛṣṭadharmasukhavihārabhāvenāryāṇāṃ kuśalānāsravā ity ucyante / kuśalākuśalāḥ punar mahāmate yadutāṣṭau vijñānāni katamāny aṣṭau yad uta tathāgatagarbh*ā*layavijñānasaṃśabdita*cittaṃ* mano[193] manovijñānaṃ ca pañca ca vijñānakāyās tīrthy*ā*nanuvarṇitāḥ[194] / tatra mahāmate pañcavijñānakāyāś *cittamano*manovijñānasahitāḥ kuśalākuśala*la*kṣaṇaparaṃparābhedabhinnāḥ saṃtatiprabandhanābhinnaśarīrāḥ pravartamānāḥ pravartante / pravṛtya ca vinaśyanti svacittadṛśyānavabodhāt samanantaranirodhe 'nyad vijñānaṃ pravartate saṃsthānākṛtiviśeṣagrāhakaṃ manovijñānaṃ pañcabhir vijñānakāyaiḥ saha saṃprayuktaṃ pravartate / kṣaṇakālānavasthāyi tat kṣaṇikam iti vadāmi / kṣaṇikaṃ punar mahāmate ālayavijñānaṃ tathāgata*garbha*saṃśabditaṃ manaḥsahitaṃ pravṛttivijñānavāsanābhiḥ kṣaṇikam anāsravavā**(N 236)**sanābhir akṣaṇikam / na ca bālapṛthagjanā avabudhyante kṣaṇikavādābhiniviṣṭāḥ kṣaṇikākṣaṇikatām imāṃ sarvadharmāṇāṃ tad anavabodhād ucchedadṛṣṭyā asaṃskṛtān api dharmān nāśayiṣyanti / asaṃsāriṇo mahāmate

192 (N234[17]) Succeeding "-akuśalāḥ", a word is inserted. G.: 善不善無記 .
193 (N235[8]) "cittam" is inserted. G.: 名蔵識心意 .
194 (N235[9]) "-anuvarṇitāḥ" corrected. G.: 非外道所説 .

*sapta*vijñānāny[195] ananubhūtasukhaduḥkhā anirvāṇahetavaḥ / tathāgatagarbhaḥ punar mahāmate anubhūtasukhaduḥkhahetusahitaḥ pravartate nivartate ca catasṛbhir *vāsabhūmibhir cāvidyāvāsabhūmyāpi ca*[196] saṃmūrcchitaḥ / na ca bālā avabudhyante kṣaṇikadṛṣṭivikalpavāsitamatayaḥ //

punar aparaṃ mahāmate[197] suvarṇavajrajinadhātuprāptiviśeṣā abhaṅginaḥ / yadi punar mahāmate abhisamayaprāptiḥ kṣaṇikaḥ syād anāryatvam āryāṇāṃ syān na ca anāryatvam āryāṇāṃ bhavati / suvarṇaṃ vajraṃ ca mahāmate samadhāraṇaṃ kalpasthitā api tulyamānā na hīyante[198] / tat kathaṃ bālaiḥ kṣaṇikār*tho* vikalpyata ādhyātmikabāhyānāṃ sarvadharmāṇām asaṃdhyābhāṣyakuśalaiḥ //

118. (NVI: 5) ***"ṣaṭpāramitāḥ"***

punar api mahāmatir āha / yat punar etad uktaṃ bhagavatā ṣaṭpāramitāṃ paripūrya buddhatvam avāpyata iti / tat katamās tāḥ ṣaṭpā**(N 237)**ramitāḥ[199] / bhagavān āha / traya ete mahāmate pāramitābhedaḥ katame trayo yaduta laukikalokottaralokottaratamāḥ / tatra mahāmate laukikyaḥ pāramitā ātmātmīyagrāhābhiniveśābhiniviṣṭā antadvayagrāhiṇo vicitrabhavopapattyāyatanārthaṃ rūpādiviṣayābhilāṣiṇo dānapāramitāṃ paripūrayanti / evam śīlakṣāntivīryadhyānaprajñāpāramitāṃ mahāmate paripūrayanti **(T 512c)** *pṛthagjanāḥ*[200]/ abhijñāś cābhinirharanti brahmatvāya / tatra lokottarābhiḥ pāramitābhiḥ śrāvakapratyekabuddhā nirvāṇagrāhapatitāśayā dānādiṣu prayujyante[201] ātmasukhanirvāṇābhilāṣiṇaḥ / lokottaratamāḥ punar mahāmate svacittadṛśyavikalpamātragrahaṇāt svacittadvayāvabodhād apravṛtter vikalpasya *gateṣu*[202] grahaṇābhāvāt svacittarūpalakṣaṇānabhiniveśād dānapāramitā sarvasattvahitasukhārtham ājāyate paramayogayoginām[203] / yat tatraivālambane vikalpasyāpravṛttiṃ śīlayanti tac chīlaṃ pāramitā ca sā / yā tasyaiva vikalpasyāpravṛttikṣamaṇatā **(N 238)** grāhyagrāhakaparijñayā sā kṣāntipāramitā / yena vīryeṇa pūrvarātrād *apara*rātraṃ ghaṭate yogānukūladarśād vikalpasya vyāvṛtteḥ sā vīryapāramitā / yad vikalpanivṛttes *śrāvaka*nirvāṇagrāhāpatanaṃ sā dhyānapāramitā

195 (N236[4]) "pañcavijñānakāyāḥ" corrected. G.: 七識 .
196 (N236[6-7]) "catasṛbhir vāsanābhiḥ" corrected. G.: 四住地無明住地 .
197 (N236[9]) The succeeding four words, lacking in G., are deleted.
198 (N236[14]) The succeeding two words, lacking in G., are deleted.
199 (N237[1]) The succeeding four words, lacking in G. are deleted.
200 (N237[8-9]) "bālāḥ" corrected. G.: 凡夫 .
201 (N237[10]) The three succeeding words, lacking in G., are deleted.
202 (N237[13]) "upādānagrahaṇa-" corrected. G.: 於諸趣摂受非分 .
203 (N237[15]) The two preceding words, lacking in G., are deleted.

/ tatra[204] yadā svacittavikalpābhāvād ābuddhipravicayāt prativicinvann antadvaye na pataty āśrayaparāvṛttipūrva*keṇa*[205] avināśataḥ svapratyātmāryagati*ṃ* prati*labhate*[206] sā prajñāpāramitā[207] //

tatredam ucyate //

śūnyam anityaṃ kṣaṇikaṃ bālāḥ kalpenti saṃskṛtam /

nadīdīpabījadṛṣṭāntaiḥ kṣaṇikārtho vikalpyate // 60 (NVI. 9, X. 116)

nirvyāpāraṃ *tu* kṣaṇikaṃ viviktaṃ *kriyā*varjitam[208] /

anutpattiś ca dharmāṇāṃ kṣaṇikārthaṃ vadāmy aham // 61 (NVI. 10, X. 117)

utpattyanantaraṃ bhaṅgaṃ na vai deśemi bāliśān /

nairantaryeṇa bhāvānāṃ vikalpaḥ spandate gatau // 62 (NVI. 11, X. 736)

sāvidyā kāraṇaṃ teṣāṃ cittānāṃ saṃpravartikam /

antarā kim avasthāsau yāvad rūpaṃ na jāyate // 63 (NVI. 12, X. 823)

samanantarapradhvastaṃ cittam anyat pravartate / **(N 239)**

rūpaṃ na tiṣṭhate kāle kim ālambya pravartsyate // 64 (NVI. 13, X. 824)

yasmād yatra pravartate cittaṃ vitathahetukam /

na prasiddhaṃ kathaṃ tasya kṣaṇabhaṅgo 'vadhāryate // 65 (NVI. 14,X. 825)

yogināṃ hi samāpattiḥ *vajraṃ ca*[209] jinadhātavaḥ /

ābhāsvaravimānāś ca abhedyā lokakāraṇāt // 66 (NVI. 15, X. 826)

sthitayaḥ prāptidharmāś ca buddhānāṃ jñānasaṃpadaḥ / **(T 513a)**

bhikṣutvaṃ [*abhi*]samayaprāptir dṛṣṭā vai kṣaṇikāḥ katham // 67 (NVI. 16, X. 827)

gandharvapuramāyādyā rūpā vai kṣaṇikā na kim /

abhautikarūpādiṣu[210] bhūtāḥ kecitkarāgatāḥ // 68 (NVI. 17, X. 828)

119. (NVII) ***"nairmāṇikaḥ"***

(N 240) atha khalu mahāmatir bodhisattvo mahāsattvaḥ punar api bhagavantam etad avocat / (i) arhantaḥ punar bhagavatā vyākṛtā anuttarāyāṃ samyaksaṃbodhau *samāś ca nirviśiṣṭāś ca*

204 (N238[4]) The two succeeding words, lacking in G., are deleted.
205 (N238[6]) "-pūrvakarma-" corrected.G.: 先身転勝而 .
206 (N238[6-7]) "-gatipratilambhāya prayujyate" corrected. G.: 得自覚聖趣 .
207 (N238[7-8]) The succeeding six words, lacking in G., are deleted.
208 (N238[11]) "kṣayavarjitam" corrected. G.: 離所作 .
209 (N239[4]) "suvarṇaṃ" corrected. G.: 金剛 .
210 (N239[9]) "abhūtikāś ca bhūtāś ca" corrected. G.: 於不実色等 .

bodhisattvaiḥ[211]/ aparinirvāṇadharmakāś ca *bodhi*sattvās[212] tathāgatatve *ko 'dhigantāḥ*[213]/ (ii) yasyāṃ ca rātrau tathāgato 'nuttarāṃ samyaksambodhim abhisaṃbuddho yasyāṃ ca rātrau parinirvṛtta etasminn antare bhagavataikam apy akṣaraṃ nodāhṛtaṃ na *prati*vyāhṛtam[214] / sadāsamāhitāś ca tathāgatā na vitarkayanti na vyavacārayanti / nirmāṇāni ca nirmāya tais tathāgatakṛtyaṃ kurvanti / kiṃ kāraṇaṃ vijñānānāṃ ca kṣaṇaparaṃparābhedalakṣaṇaṃ nirdiśy*ate* / (iii) vajrapāṇiś ca satatasamitaṃ nityānubaddhaḥ / pūrvā ca koṭir na prajñāyate /[215] mārāś ca mārakarmāṇi ca karmaplotayaś ca / *ciñcā*māṇavikā *sundarī* pravrājikā[216] yathā dhautapātrādīni ca bhagavan karmāvaraṇāni dṛśyante / tat kathaṃ bhagavatā sarvākārajñatā prāptā aprahīṇair doṣaiḥ / bhagavān āha / tena hi mahāmate śṛṇu sādhu ca suṣṭhu ca manasikurtu / bhāṣiṣye 'haṃ te / sādhu bhagavann iti **(N 241)** mahāmatir bodhisattvo mahāsattvo bhagavataḥ pratyaśrauṣīt //

bhagavāṃs tasyaitad avocat / (i) nirupadhiśeṣaṃ nirvāṇadhātuṃ saṃdhāya bodhisattvacaryāṃ ca caritavatāṃ protsāhanārtham / santi hi mahāmate bodhisattvacaryācāriṇa ihānyeṣu ca buddhakṣetreṣu yeṣāṃ śrāvakayānanirvāṇābhilāṣas teṣāṃ śrāvakayānarucivyāvartanārthaṃ mahāyānagatiprotsāhanārthaṃ ca tāṃś[217] śrāvakān nirmāṇakāyair vyākaroti na ca dharmatābuddhaiḥ / etat saṃdhāya mahāmate śrāvakavyākaraṇaṃ nirdiṣṭaṃ *bodhisattvanirviśeṣa iti*[218]/ na hi mahāmate śrāvakapratyekabuddh*abuddhatathāgat*ānāṃ[219] kleśāvaraṇaprahāṇaviśeṣo vimuktyekarasatayā nātra jñeyāvaraṇaprahāṇam / jñeyāvaraṇaṃ punar mahāmate dharmanairātmyadarśanaviśeṣād viśudhyate / kleśāvaraṇaṃ tu pudgalanairātmyadarśanābhyāsapūrvakaṃ prahīyate / *sapta*vijñānanivṛtteḥ[220] / dharmāvaraṇavinirmuktiḥ punar ālayavijñānavāsanāvinivṛtter *atyantato* viśudhyati /

(ii) pūrvadharmasthititāṃ saṃdhāya *pūrva*caramasya cābhāvāt[221] pūrvapra*ṇihita*ir

---

211 (N240[3]) The five words are inserted. G.: 與諸菩薩等無差別 .
212 (N240[3]) "sattvās" corrected. Cf. N66[5-9]: "bodhisattvo mahāsattva evaṃ bhavapraṇidhānopāyapūrvkatvān nāparinirvṛtaiḥ sarvasattvaiḥ parinirvāsyāmīti tato na parinirvāti / etan mahāmate aparinirvāṇadharmakāṇām lakṣaṇaṃ yenecchantikagatiṃ samadhigacchanti //"
213 (N240[4]) The two words are inserted. G.: 誰至仏道 .
214 (N240[6]) "pravyāhṛtam" corrected. G.: 亦無所答 .
215 (N240[11]) The succeeding three words, lacking in G., are deleted.
216 (N240[12]) "cañcā" and "sundarikā" corrected. Cf. Akanuma Chizen's *Indobukkyou Koyūmeishi Jiten* (赤沼智善 : 印度仏教固有名詞辞典), Houzoukan, Kyoto 1967.
217 (N241[7]) The succeeding two words, lacking in G., are deleted.
218 (N241[8]) The three words are inserted. G.: 記諸声聞与菩薩不異 .
219 (N241[9]) "śrāvakapratyekabuddhānām" corrected. G.: 声聞縁覚諸仏如来 .
220 (N241[12]) "manovijñānanivṛtteḥ" corrected. G.: 七識滅 .
221 (N241[14]) "apūrvacaramasya" corrected. G.: 前後非性 .

evākṣa*ya*is[222] tathāgato na vitarkya na vicārya dharmaṃ deśayati / saṃprajānakāritvād amuṣitasmṛtitvāc ca na vitarkayati na vicārayati catur*vāsa*bhū(**N 242**)my*avidyāvāsabhūmivāsanā*-prahīṇatvāt[223] *kleśadvayaprahāṇāc* cyutidvayavigamāt[224] *pudgaladharmanairātmyāvabodhatvāt* kleśajñeyāvaraṇadvayaprahāṇāc[225] ca //

sapta mahāmate manomanovijñānacakṣurvijñānādayaḥ kṣaṇikā vāsanāhetutvāt kuśalānāsravapakṣarahitā na saṃsāriṇaḥ / tathāgatagarbhaḥ punar mahāmate saṃsarati nirvāṇasukhaduḥkahetukaḥ / na ca bālapṛthagjanā (**T 513b**) avabudhyante śūnyatāvikṣiptamatayaḥ /

(iii) nirmitanairmāṇikānāṃ mahāmate tathāgatānāṃ vajrapāṇiḥ pārśvānugato na maulānāṃ tathāgatānām[226] / maulo hi mahāmate tathāgataḥ sarv*endriyapramāṇavinirmuktaḥ*[227] sarvabālaśrāvakapratyekabuddhatīrthyānām *indriyapramāṇavinivṛttaḥ*[228] / dṛṣṭadharmasukhavihāriṇas tam āgacchanty abhisamayadharmajñānakṣāntyā / ato vajrapāṇis tan nānubadhnāti / sarve hi nirmitabuddhā na karmaprabhavā na teṣu tathāgato na cānyatra tebhyas tathāgataḥ / kumbhakāra*cakr*ādiprayogeneva[229] sattvakṛtyāni karoti lakṣaṇopetaṃ ca deśayati na tu svanayapratyavasthānakathāṃ svapratyātmāryagatigocaram / punar aparaṃ mahāmate *saptānāṃ* vijñānakāyānāṃ[230] nirodhād ucchedadṛṣṭim āśrayanti bālapṛthagjanā ālayān abodhāc chāśvatadṛṣṭayo bhavanti / sva(**N 243**)mativikalpasya mahāmate pūrvakoṭir na prajñāyate / svamativikalpavinivṛtter mokṣaḥ prajñāyate / catur*vāsabhūmyavidyāvāsabhūmi*vāsanāprahāṇāt[231] sarvadoṣaprahāṇam //

tatredam ucyate //

trīṇi yānāny ayānaṃ ca buddhānāṃ nāsti nirvṛtiḥ /
buddhatve vyākṛtāḥ sarve vītadoṣāś ca deśitāḥ // 69 (NVII. 1)
abhisamayāntikaṃ jñānaṃ nirupādigatis tathā /
protsāhan*ārthaṃ* [232] līnānām etat saṃdhāya deśitam // 70 (NVII. 2)

222 (N241[15]) "pūrvaprahīṇair evākṣarais" corrected. G: 無尽本願故 .
223 (N241-242[1]) "caturvāsanābhūmiprahīṇatvāt" corrected. G.: 四住地無明住地習気断故 .
224 (N242[1]) The three words are inserted before "cyuti-". G.: 二煩悩断 .
225 (N242[1]) The four words are inserted before "kleśa-". G.: 覚人法無我 .
226 (N242[8]) The succeeding two words, lacking in G., are deleted.
227 (N242[8-9]) "sarvapramāṇendriyavinivṛttaḥ" corrected. G.: 離一切根量 .
228 (N242[10]) Three words are inserted. G.: 根量悉滅 .
229 (N242[13]) "-ālambanādi-" corrected. G.: 陶家輪等 .
230 (N242[14-15]) "ṣaṇṇāṃ vijñānakāyānāṃ" corrected. G.: 七識身 .
231 (N243[2-3]) The five words are inserted. after "catur-". G.: 四住地無明住地習気断故 .
232 (N243[7]) "protsāhanāṃ ca" corrected. G.: 為 … 誘進諸下劣 .

buddhair utpāditaṃ jñānaṃ mārgas tair eva deśitaḥ /

yānti tenaiva nānyena atas teṣāṃ na nirvṛ*tiḥ* // 71 (NVII. 3)

kāmarūpa*bhava*dṛṣṭi*vāsabhūmiś* [233] caturvidhā /

manovijñānasaṃbhūtā ālayaṃ ca manaḥ sthitāḥ // 72 (NVII. 4)

manovijñānanetrādyair ucchedaś cāpy anityataḥ /

śāśvatam *ālayābodhān*[234] nirvāṇamatidṛṣṭīnām // 73 (NVII. 5)

120. (NVIII.) *"māṃsābhakṣabhakṣaṇaguṇadoṣam"*

(N 244) atha khalu mahāmatir bodhisattvo mahāsattvo bhagavantaṃ gāthābhiḥ *paripṛcchati sma*[235]/ **(N 256**$^{7\text{-}12}$**)**

madyaṃ māṃsaṃ palāṇḍuṃ *kiṃ caiva bhakṣyaṃ* mahāmune[236] /

bodhisattvair mahāsattvair jin*aurasa*iḥ puṅgavaiḥ[237] // 74 (NVIII. 1)

anāryajuṣṭaṃ durgandham akīrtikaram eva ca /

kravyādabhojanaṃ māṃsaṃ brūhy abhakṣyaṃ mahāmune // 75 (NVIII. 2)

bhakṣyamāne ca ye doṣā abhakṣye tu guṇāś ca ye /

tān guṇadoṣān vadahi me māṃs*ābhakṣa*bhakṣaṇe[238] // 76 (NVIII. 3)

(T 513c; N 244^{2}**)** *ābhir* gāthābhiḥ paripṛcchya *mahāmatiḥ* punar api adhyeṣate sma / deśayatu me bhagavāṃs tathāgato 'rhan samyaksaṃbuddho māṃs*ābhakṣa*bhakṣaṇe guṇadoṣaṃ yenāhaṃ cānye ca bodhisattvā mahāsattvā anāgatapratyutpannakāle sattvānāṃ [**N 244**^{5}...][239] māṃsabhojagṛdhrāṇāṃ [^{6}...] dharmaṃ *vibhajya* deśa*ye*ma[240] / yathā ca [^{7}...] sattvā [^{8}...] parasparaṃ mahāmaitrīṃ pratilabheran / pratilabhya sarvabodhisattvabhūmiṣu kṛtayogyāḥ

---

233 (N243^{10}) "bhāvakāmarūpadṛṣṭīnāṃ vāsanā vai" corrected. G.: 欲色有及見説是四住地 .

234 (N243^{13}) "ca anādyena" corrected. Cf. The above text has the expression:"ālayān abodhāc chāśvata-". G. just has: 而為説常住 . .

235 (N244^{2}) The two words are inserted. G.: 爾時大慧菩薩以偈問言 . Hereafter, the G. version picks up the first three of the twenty-four verses of the extant Sanskrit version and have them, in forms slightly changed, precede the whole section

236 (N256^{7}) "na bhakṣayeyaṃ" corrected. G.: 飲食為云何 .

237 (ibid.^{8}) "bhāṣadbhir jinapuṅgavaiḥ" corrected. G.: 志求仏道者 .

238 (N256^{12}) "māhamate nibodha tvaṃ ye doṣā māṃsabhakṣaṇe" corrected. G.: 惟願為我説食不食罪福 .

239 Hereafter in the prose part of this section, the square brackets show that the words inbetween on the line(s) indicated inside, lacking in G., are deleted.

240 (N244^{6}) "dharmaṃ deśayāma" corrected. G.: 当為 … 分別説法 .

kṣipram anuttarāṃ samyaksaṃbodhim abhisaṃbudhyeran / śrāvakapratyekabuddhabhūm*yor* [241] vā viśramyānuttarāṃ tāthāgatīṃ bhūmim upasarpeyuḥ / durākhyātadharmair api tāvad bhagavann anyatīrthikair lokāyatadṛṣṭyabhiniviṣṭaiḥ sadasatpakṣocchedaśāśvatavādibhir māṃsaṃ nivāryate bhakṣyamāṇaṃ svayaṃ ca na bhakṣ*ya*te / prāg eva [14-15...] lokanātha tava śāsane māṃsaṃ *bhakṣyate* / [**N 245**[1-5]...] bhagavān āha / tena hi mahāmate śṛṇu sādhu ca suṣṭhu ca manasikuru / bhāṣiṣye 'haṃ te / sādhu bhagavann iti mahāmatir bodhisattvo mahāsattvo bhagavataḥ pratyaśrauṣīt //

bhagavāṃs tasyaitad avocat / aparimitair mahāmate kāraṇair māṃsaṃ sarvam abhakṣyaṃ [9...] tebhyas tūpadeśamātraṃ vakṣyāmi / iha mahāmate anena dīrgheṇādhvanā saṃsaratāṃ prāṇināṃ nāsty asau kaścit sattvaḥ sulabharūpo yo na mātā abhūt pitā vā bhrātā vā bhaginī vā putro vā duhitā vānyatarānyataro vā svajanabandhubandhūbhūto vā [13-15...] sarvajantuprāṇibhūtasaṃbhūtaṃ māṃsaṃ katham iva bhakṣyam syād [16-**N 246**[5]...] / śvakhara-*prakharo*ṣṭra*śṛgāl*āśvabalīvardamānuṣamāṃsādīni hi mahāmate lokasyābhakṣyāṇi māṃsāni tāni ca mahāmate vīthyantareṣv aurabhrikā bhakṣyāṇīti kṛtvā mūlyahetor vikrīyante yatas tato 'pi mahāmate māṃsam abhakṣyam [9...] //

śukraśoṇitasaṃbhavād api mahāmate śucikāmatām upādāya [11...] māṃsam abhakṣyam udvejanakaratvāt [11-13...] tadyathāpi mahāmate ḍombacāṇḍāla[13...]ādī*ñ chva*piśitāśinaḥ[242] sattvān dūrata eva dṛṣṭvā śvānaḥ prabhayan*te* bhayena maraṇaprāptāś caike bhavanty asmān api mārayiṣyantīti [16-**N 247**[2]...] tasmād api ca mahāmate udvejanakaratvān mahāmaitrīvihāriṇo yogino māṃsam abhakṣyam [3...] / anāryajanajuṣṭaṃ durgandham akīrtikaratvād api mahāmate [4-5...] māṃsam abhakṣyam [5...] / [5-**N 248**[10]...] vidyāsādhayitukāmānāṃ vidyāsādhanamokṣavighnakaratvān [11-14...] māṃsaṃ sarvam abhakṣyaṃ [14...] / *śākunikaurabhrikakaivartādīnāṃ* rūpālambanavijñānapratyayāsvādajanakatvād[243] api [15...] sarvaṃ māṃsam abhakṣyam [16...] / devatā api ca enaṃ *māṃsabhakṣakaṃ* parivarjayantīti kṛtvā mahāmate [17...] sarvaṃ māṃsam abhakṣyam [**N 249**[1]...] / mukhaṃ cāsya paramadurgandhi [1-

241 (N244[11]) "bhūmyā" corrected. For this correction and some others in this section I owe to the Text Corrections shown in the handouts by Dr. Lambert Schmithausen, Professor emeritus of Hamburg University, in his seminar for the Graduate School of Letters, Kyoto University, held from October through December 2005 in the university.

242 (N246[13]) "-ādīcchapiśitāśinaḥ" corrected. Cf. Prof. Schmithausen's Text Corrections.

243 (N248[14]) Before "rūpālambana-" the five words are inserted. G.: 以殺生者見形起識深味著故 . The Chinese rendering in the sense of those who kill living beings does not convey the original meaning, i.e., "bird-catchers, shepherds, fishers, and so on" who catch and kill living beings not for killing but for providing others with food.

[2]...] ity api kṛtvā mahāmate kṛpātmanaḥ sarvaṃ māṃsam abhakṣyam [[3]...] / duḥkhaṃ svapiti duḥkhaṃ pratibudhyate / pāpakāṃś ca romaharṣaṇān svapnān paśyati / śūnyāgārasthitasya caikākino rahogatasya viharato 'syāmanuṣyā *ojo*[244] haranti / [[6-7]...] āhāre ca mātrān na jānāti [[7-9]...] na ca pratikūlasaṃjñāṃ pratilabhate / putramāṃsabhaiṣajyavad āhāraṃ deśayaṃś cāhaṃ mahāmate katham iva [[11-13]...] māṃsarudhirāhāraṃ śiṣyebhyo 'nujñā*syāmi* //

[[14]-N **250**[12]...] bhūtapūrvaṃ mahāmate atīte 'dhvani rājā 'bhūt siṃhasaudāso nāma / sa māṃsabhojanāhārātiprasaṅgena pratisevamāno rasa(**N 251**)tṛṣṇā 'dhyavasānaparamatayā **(T 514a)** māṃsāni mānuṣyāṇy api bhakṣitavān / tan nidānaṃ ca mitrāmātyajñātibandhuvargeṇāpi parityaktaḥ prāg eva paurajānapadaiḥ svarājyaviṣayaparityāgāc ca mahadvyasanam āsāditavān māṃsahetoḥ //

[[5]-N **252**[16]...] mūlyahetor hi mahāmate prāyaḥ **(N 253)** prāṇino niraparādhino vadhyante svalpād anyahetoḥ / [[3]...] prāyo mahāmate māṃsarasatṛṣṇā 'rtair idaṃ tathā tathā jālayantram āviddhaṃ mohapuruṣair yac chākunik*aurabhrika*kaivartādayaḥ khecarabhūcarajalacarān prāṇino 'naparādhino 'nekaprakāraṃ mūlyahetor viśasanti / [[7-9]...] //

na ca mahāmate 'kṛtakam akāritam asaṃkalpitaṃ nāma *matsya*māmsaṃ kalpyam asti yad upādāyānujānīyaṃ śrāvakebhyaḥ / [[11]-N **254**[16]...] **(N 255)** tatra tatra deśanāpāṭhe [[1-3]...] *antaśaḥ pañcāni vā* daśāni *vā* prakṛtimṛtāny api māṃsāni pratiṣiddhāni[245] / iha tu sūtre *sarvathā* sarvaṃ *māṃsaṃ sarvakāle* nirupāyena pratiṣiddham / [[5-14]...] dharmakāyā hi mahāmate tathāgatā dharmāhārasthitayo nāmiṣakāyā na sarvāmiṣāhārasthitayo [[16]-N **256**[1]...] sarvasattvaikaputrakasamadarśino mahākāruṇikāḥ / so 'haṃ mahāmate sarvasattvaikaputrakasaṃjñī saṃ katham iva svaputramāṃsam anujñāsyāmi paribhoktuṃ śrāvakebhyaḥ [[4-6]...] //

tatredam ucyate[246] //

svājanyād vyabhicārāc ca śukraśoṇitasaṃbhavāt /
udvejanīyaṃ bhūtānāṃ yogī māṃsaṃ vivarjayet // 77 (NVIII. 4)
māṃsāni ca palāṇḍūṃś ca madyāni vividhāni ca /
gṛñjanaṃ laśunaṃ caiva yogī nityaṃ vivarjayet // 78 (NVIII. 5)

244 (N249[5]) "tejo" corrected. Cf. Prof. Schmithausen's Text Corrections.
245 (N255[1-4]) Reference to this part of the present sutra is seen in the *śikṣāsamuccayaḥ* vol. 6, Buddhist Sanskrit Texts No. 11, Vaidya edition, p. 75. The text cited sounds more accurate than that of the Nanjio edition, without giving "daśāni".
246 Nineteen verses beginning with the fourth and ending with the twenty-fourth, except for the seventh and the eighth, of the Nanjio edition are seen quoted in śāntideva's *śikṣāsamuccaya* vol. 6, Buddhist Sanskrit Texts no. 11, Vaidya edition, pp. 73-75.

mrakṣaṇaṃ varjayet tailaṃ *śayyā*viddheṣu na svapet[247] / (N 257)

chidrāc chidreṣu sattvānāṃ yac ca sthānaṃ mahad bhayam // 79 (NVIII. 6)

āhārāj jāyate darpaḥ saṃkalpo darpasaṃbhavaḥ /

saṃkalpajanito rāgas tasmād api na bhakṣayet // 80 (NVIII. 7)

āhārāj[248] jāyate rāgaś cittaṃ rāgeṇa muhyate /

mūḍhasya saṃgatir bhavati jāyate na ca mucyate // 81 (NVIII. 8)

lābhārthaṃ hanyate sattvo māṃsārthaṃ dīyate dhanam /

ubhau tau pāpakarmāṇau pacyete rauravādiṣu // 82 (NVIII. 9)[249]

trikoṭiśuddhamāṃsaṃ vai akalpitam ayācitam /

acoditaṃ ca naivāsti tasmān māṃsaṃ na bhakṣayet // 83 (NVIII. 12)

māṃsaṃ na bhakṣayed yogī mayā buddhaiś ca garhitam / **(T 514b)**

anyonyabhakṣaṇāḥ sattvāḥ kravyādakulasaṃbhavāḥ // 84 (NVIII. 13)

durgandhikutsanīyaś ca unmattaś cāpi jāyate / **(N 258)**

caṇḍālapukkasakule ḍombeṣu ca punaḥ punaḥ // 85 (NVIII. 14)

ḍākinījātiyonyā*ṃ* ca māṃsāde jāyate kule /

*rakṣo*mārjārayonau ca jāyate sau nar*ā*dhamaḥ // 86 (NVIII. 15)

hastikakṣye mahāmegha *eva cā*ṅgulimālike[250] /

laṅkāvatārasūtre ca mayā māṃsaṃ vivarjitam // 87 (NVIII. 16)

buddhaiś ca bodhisattvaiś ca śrāvakaiś ca vigarhitam /

khādate yadi nairlajjyād unmatto jāyate sadā // 88 (NVIII. 17)

dṛṣṭaśrutaviśaṅkābhiḥ sarvamāṃsaṃ vivarjayet /

tārkikā nāvabudhyante kravyādakulasaṃbhavāḥ // 89 (NVIII. 19)[251]

yathaiva rāgo mokṣasya antarāyakaro bhavet /

tathaiva māṃsamadyādyā antarāyakaro bhavet // 90 (NVIII. 20)

vakṣyanty anāgate kāle māṃsādā mohavādinaḥ /

kalpikaṃ niravadyaṃ ca māṃsaṃ buddhānuvarṇitam // 91 (NVIII. 21)

bhaiṣajyam *ivā*hāraṃ putramāṃsopamaṃ punaḥ / **(N 259)**

---

247 (N256[17]) "śalya-" corrected. G.: 諸穿孔床 .
248 (N257[4]) "saṃkalpāj" corrected. G.: 由食生貪欲 .
249 Verses 10 & 11 of the Nanjio edition are lacking in G.
250 (N258[4]) "nirvāṇa-", lacking in G., is deleted.
251 Verse 18 of the Nanjio edition is shifted to the end of all the verses.

mātrayā pratikūlaṃ ca yogī piṇḍaṃ samācaret // 92 (NVIII. 22)

maitrīvihāriṇāṃ nityaṃ sarvathā garhitaṃ mayā /

siṃhavyāghravṛkādyaiś ca saha ekatra saṃ*vaset*[252]// 93 (NVIII. 23)

māṃsarudhirāhāraṃ hy udvejanakaraṃ nṛṇām /

tasmād *yogī maitrīmayo* na bhakṣayed *eva* māṃsam // 94[253] (NVIII. 24ba)

niṣkaruṇaṃ hi māṃsādaṃ mokṣadharmaviruddhatvāt /

*nā*ryāṇām eṣa vai dhvajas tasmān na bhakṣayed māṃsam // 95 (NVIII. 24cda)

brāhmaṇeṣu ca jāyate atha vā yogināṃ kule /

prajñāvān dhanavāṃś caiva māṃsādyānāṃ vivarjanāt // 96 (NVIII. 18)

iti laṅkāvatāre mahāyānasūtre parivartaś caturthaḥ // 4 //

252 (N259[3]) "saṃbhavet" corrected. G.: 遊止 .

253 (N259[4]) Each of the first two padas of Verse 24 of the Nanjio edition constitutes half each of this G. verse, so that the remaining parts are supplied by the editor. G.: 若食諸血肉 , 衆生悉恐怖 . 是故修行者 , 慈心不食肉 . Each of the second two padas of Verse 24 of the Nanjio edition is included in G's next verse: 食肉無慈悲 , 永背正解脱 , 及違聖表相 . 是故不応食 .